教育部人文社会科学重点研究基地基金资助项目

厦门大学宏观经济研究丛书

XIAMEN DAXUE HONGGUAN JINGJI YANJIU CONGSHU

中国宏观经济分析与预测（2017年）

——激活民间投资与重塑增长动力

Analysis and Forecasting for China's Macro-economy in 2017

中国季度宏观经济模型
（CQMM）课题组 著

中国财经出版传媒集团

经济科学出版社

Economic Science Press

本书作者：龚　敏　李文溥　王燕武　卢盛荣
　　　　　李　静　林致远　陈贵富　余长林
　　　　　刘　榆　李　昊　蔡群起　谢　攀
　　　　　游云星　刘忠璐　辛明辉　吴华坤

开篇心语

——写在"厦门大学宏观经济研究丛书"出版之际

● 李文溥 ●

"厦门大学宏观经济研究丛书"是体现教育部人文社会科学重点研究基地——厦门大学宏观经济研究中心研究成果的系列丛书。因此，说丛书，还要先谈厦门大学宏观经济研究中心。

众所周知，长期以来——而且至今仍然——我国宏观经济理论与政策的研究中心在北京，其中道理不言自明。可是，教育部却将其唯一一个命名为宏观经济研究的重点基地布点于地处天涯海角，置身政治经济旋涡之外的厦门大学①，似乎有一点不合情理。

当然，这首先是申请者的意愿。厦门大学经济学院五系一所：经济系、财政系、金融系、统计系、国际经济与贸易系、经济研究所，内含四个国家级重点学科：财政学、统计学、金融学和政治经济学。这些系所及其重点学科研究的重点领域是政府经济管理实践及相关的经济学理论。在此基础上，申请建立一个研究政府宏观经济管理实践与理论的研究中心，就其本身而言，是一个合理的选择。尽管正如识者所言：政府的宏观经济管理与规范意义上的宏观经济学还有些差别，但是，在既有基础之上，通过组建这个中心，集中一支队伍，研究宏观经济理论及其在中国的政策实践，带动一个有 85 年悠久历史的学院向适应中国特色社会主义市场经济需要的现代经济学教育和研究体系转轨，却是申请者的决心和期望。因此，尽管知道还有差距，需要付出的努力很多，仍然义无反顾地做出了这一选择。

现在需要谈另一个方面。对于教育部而言，将宏观经济研究中心设立在哪所大学，显然有着诸多选择的可能，然而，最终选择了看似未必具有地利人和的厦门大学。此刻，愚钝的我只能找出两点理由：

1. 申请者的虔诚之心感动了上帝。自古就有民心即天心之说，作为自始参

---

① 根据教育部人文社会科学重点研究基地的设立规则，尽管在全国各大学设立了百余家文科重点研究基地，但是任何一个重点研究基地的名称都是唯一的。

与这个中心的组建和教育部人文社科重点研究基地申报工作的我认为：厦门大学宏观经济研究中心的申报过程及结果可以作为此说的例证之一。

2. 审时度势，反弹琵琶。显然，在北京等政治经济中心设立宏观经济研究中心，可谓顺风顺水，研究者得以享受诸多便利，研究中心成功的概率自然也大，但是，在中国目前的政府主导型市场经济体制下，身处政治经济中心的研究机构不免受磁场中心的引力影响，也是不争的事实。在这种情况下，外地的研究机构或许因此在人所习见的劣势中显出了一点另类优势。网络时代，各种研究所需要的资讯在通都大邑和偏远小城大体都能同样获得，信息差距不断缩小，因此，尽管劣势还存在，要弥补，还要付出艰苦的努力，但是，在非政治经济中心，研究宏观经济理论与实践的条件还是基本具备了。而且，远离磁力场，从学术逻辑角度阐发其观点的欲望可能更强，有可能因此形成不同的见解。这对于中国的宏观经济理论发展以及政策实践而言，未始不是一件好事——这大概是教育部下此决心的依据之一吧。

说了这么多，还都是假说和愿望，到底实绩如何呢？一句老话：实践检验。我们的计划是：这套丛书分文集、专著、研究报告三类出版，以期能够比较全面地反映研究中心的学术活动及其成果。其中，文集与学术活动相联系，主要反映研究中心近期在宏观经济理论与应用方面的探索；专著是研究中心课题研究成果的系统体现；研究报告是在研究中心为社会经济重要决策提供咨询研究的成果中，选择部分兼具出版价值的刊行。我们的设想得到经济科学出版社的大力支持，其慨然提供了舞台，使构想转化为现实，在此先行谢过。

但是，我们最关注的还是真正的上帝——读者。众位读者既是看官又是判官。我们希望你们能关心这套丛书，并给予严格的指正。希望在你们的关心和帮助之下，厦门大学宏观经济研究中心能不负期望，为中国的宏观经济理论的形成与发展，为改善中国特色社会主义市场经济下的宏观经济政策调控略尽绵薄之力。

市场经济是买方市场，酒香不怕巷子深是过去时代的事了。如今的图书市场也是供大于求。开篇伊始，倾吐心语，以期引起注意，虽系未能免俗之举，也是人之常情流露。书有序，大体本意如此。然吾何能，敢为丛书作序！然而，要吸引读者，仅有心愿还是不成的，关键还要做好文章。至于文章是否精彩，就敬请列位指点了。

2006 年 6 月写于厦门大学白城

前　言[*]

　　2016 年，在国内投资疲软、出口增速下滑以及消费增长缓慢的多重压力下，中国经济增长持续减速。GDP 实际增长 6.7%，增速比上年下降了 0.2 个百分点。为稳定经济增长，决策部门再次选择依靠信贷扩张使基础设施投资以及房地产投资来刺激经济增长。然而，从结果看，尽管刺激政策稳住了经济下降的步伐，经济增长在下半年出现回暖迹象，但一方面，在经济持续减速的背景下，中国劳动生产率的增速也在持续下降，并开始抑制居民工资收入的增长，农村居民人均可支配收入实际增速下降的幅度持续大于城镇居民，导致城乡收入差距难以显著改善，整体消费增长乏力；另一方面，政府主导的投资增加并不能弥补民间投资增速大幅下滑对固定资产投资增长的影响。受制于高企的非金融类企业债务负担，企业的新增投资需求有限。同时，信贷资源过度集中配置在房地产业、基础设施以及偏向国有企业，加上各种投资壁垒的存在，导致了实体经济特别是民营企业投资增长乏力。可以说，民间投资增速的大幅度下滑是 2016 年中国宏观经济运行最值得关注的动态。

　　展望未来，随着过剩产能的逐步消化，制造业的结构升级，加上第三产业占比的持续提高对拉动就业的贡献，今后两年，经济增长不乏支撑亮点，但经济下行的压力仍然巨大。首先，再度依靠房地产和基础设施投资快速增长拉动投资的增长模式将难以持续。由于房地产价格的进一步高涨，房地产业对其他行业的挤出效应越来

　　* 本书是教育部人文社会科学重点研究基地——厦门大学宏观经济研究中心"中国季度宏观经济模型（China Quarterly Macroeconomic Model：CQMM）"课题组系列研究成果之一。本项研究获得了国家社科基金重大项目（15ZDC011、13&ZD029）、教育部哲学社会科学重大课题攻关项目（16JZD016、15JZD016、14JZD011）、教育部人文社会科学重点研究基地重大项目（16JJD790031、15JJD790029、14JJD790007、13JJD790026、13JJD790025）、国家社科基金项目（15BJL008、13CJL017、11CJY073）、国家自然科学基金青年项目（71503222）、中央高校基本科研业务费专项基金（20720151037）的资助。

越显著，维持房地产投资快速增长的风险越来越大。同时，民间投资增速在短期内也难以出现内生性快速回升，固定资产投资增长的空间有限。其次，尽管城市化速度的提升可以在一定程度上支持居民消费的扩张，但劳动生产率增速的下降还将持续抑制居民实际收入的增长，进而制约消费的快速增长。最后，外部经济的不确定以及逆全球化趋势将继续压制中国产品出口的增长，服务贸易逆差的持续扩大将进一步减少货物贸易的顺差，从而削弱货物与服务净流出对经济增长的贡献率。根据中国季度宏观经济模型（CQMM）2017 年春季的预测报告显示：2017 年，中国 GDP 增速将为 6.64%，比 2016 年下降 0.06 个百分点；2018 年，GDP 增长率可能进一步下探至 6.59%，比 2017 年下降 0.05 个百分点。

要缓解经济下行压力，首先，重中之重是彻底扭转民间投资增长失速的局面。众所周知，经过近 40 年的改革开放，民营经济已经成为当今中国经济的主体、社会主义市场经济的最重要基础之一。民营企业创造了 60% 左右的国内生产总值、80% 左右的社会就业，提供了超过一半的税收；民间投资占固定资产投资的 60%~65%，在制造业投资和房地产投资中占 85% 以上。民营经济投资增长速度大幅下滑显著地抑制了中国经济增长。运用 CQMM 模型模拟的结果显示，季度民间投资增速若平均提高 5.0 个百分点，那么，每季平均的 GDP 同比增速将比基准值提高 0.94 个百分点（中国季度宏观经济模型课题组，2016 年）。要重新激活民间投资，必须提振民营企业家对国内经济发展的信心；而提振信心的根本是通过全面深化改革，将供给侧结构性改革的侧重点逐步转向降成本、补短板，改善国内经济体制环境，保护企业家精神，支持企业家专心创新创业。其次，以技术革新为核心，以现代化、智能化、信息化为特征，结合劳动者素质提升，通过物质资本和人力资本的双重深化，改善劳动生产效率。同时，进一步推进市场化改革，纠正要素价格扭曲，完善利润分配机制，提高居民实际收入，促进消费长期持续健康增长。中国经济已经进入全要素生产率驱动经济增长的新古典阶段，要顺利实现增长转换，关键在于以提升劳动者素质为特征的第二次人口红利所产生的宏观资源重新配置，以及以创新驱动、市场调节为主的微观企业生产效率改进。当前经济增长放缓的直接原因是，在发展方式转换阶段，以人力资本、全要素生产率等为主的新增长动力难以在短期内全面接替旧的增长动力，导致了增长动力断层。这是发展中经济体在跨越贫困陷阱之后，进一步向高收入经济体发展过程中必然面临的发展转型挑战。最后，继续坚定不移地坚持扩大对外开放，探寻对外开放的新领域、新方向，改变旧有的适用于传统粗放型经济增长模式的国际分工定位，重新构筑新的国际分工体系，提高国际政治经济话语权。现阶段，中国对外经济形势出现了重大转变。部分行业产能过剩，资源能源对外依存度持续提高，使得以往依靠优惠政策、资源损耗的"三来一补"加工贸易模式已经不适应当前经济发展的需要。同时，全球经济复苏前景仍不明朗，投资格局酝酿深刻调整，亚欧国家在基础设施领域有着巨大的投资需求，亟待激发域内发展活力和合作潜力。在此背景下，对外开放政策的战略和重心应当适时调整，以丝路基金和亚洲基础设施投资银行为起点的"一带一路"建设，将成为下一阶段中国对外开放的新思路和新指引。"一带一路"蕴含着以经济合作为基础和主轴的发展内涵，深挖中国与沿线国家的合作潜力，将促进中国中西部地区和沿边地区对外开放，推动东部沿海地区开放型经济率先转型升级，进而形成海陆统筹、东西互济、面向全球的开放新格局。

篇章结构方面，本书共有3篇16章内容。第1篇是"经济运行回顾篇"，包含第1章内容。主要是回顾和总结过去一年中国宏观经济运行和政策执行的情况。2016年，中国经济在步入经济新常态的发展方式转型时期，国际需求疲软、国内需求结构转型、出口增速下滑、国内投资乏力以及消费增长缓慢的多重压力下，经济增长持续减速。GDP实际增长6.7%，增速比上年下降了0.2个百分点。不过，随着制造业过剩产能的逐渐消化、工业结构开始调整优化，工业生产企稳的迹象逐渐明朗；同时，第三产业占比的不断提高减缓了经济减速对就业的压力，在一定程度上产生托底效应，支持了经济增长，增长减速的幅度正在逐步缩小。

第2篇是"研究与分析篇"，包含第2~13章，共12章内容。大致又可分为四个方面：

一是讨论有关居民财产收入和利率市场化改革，涉及第2~5章共4章内容。其中，第2章是中国居民财产收入状况分析。通过国际比较发现，在近20年来的初次分配中，中国居民收入占国民收入的比重平均比美国和日本低了25.32个和16.76个百分点，其中，中国居民财产收入在国民收入中的比重比美、日两国分别低了15.62个和3.36个百分点，而劳动报酬占比则分别低了12.84个和12.77个百分点。财产收入占比过低是导致中国居民收入占比过低的重要原因。进一步地，通过对中、美、日三国国民收入分配结构的分解，本章的研究指出，居民投资回报率过低是导致中国居民财产收入过低的首要原因。与经济学的逻辑相反，近10余年来，中国居民的金融投资回报率反而低于资本更为充裕的美国和日本。究其根源，利率管制下过低的实际利率水平是导致中国居民财产收入过低的首要原因，而金融市场过高的准入限制导致的金融投资品匮乏也进一步限制了中国居民财产收入的增加。

第3章研究利率管制与居民财产收入占比下降之间的关系。本章根据资金流量表的数据估算了利率管制对居民收入占比下降的影响程度。估算结果表明，1992~2012年居民财产收入与其所持有的金融资产规模严重不匹配，居民金融资本回报率远低于同期社会税后资本回报率。利率管制政策导致居民损失的财产收入平均占GDP的3.35%，最终消费下降平均约为当年GDP的2.13%。

第4章研究利率市场化的时机与宏观经济影响。本章从金融市场参与主体行为模式的角度，评估了现阶段解除存款利率上限管制的宏观经济影响，认为在目前资本回报率持续下降的环境下，解除存款利率上限管制不会导致存贷款利率同时大幅上升。根据本章的估算，解除管制后，贷款利率将维持不变或进一步下降，而存贷利差则逐渐收窄至2.54%的水平。进一步的反事实模拟显示，这一政策变化将通过增加居民投资收入的渠道改善当前总需求结构的失衡，并在一定程度上缓解经济增速不断下滑的压力。

第5章研究和估算中国的自然利率水平。本章利用中等规模动态随机一般均衡模型（DSGE）和贝叶斯估计技术，估算了20世纪90年代以来中国的自然产出和自然利率水平。结果表明，2008年全球金融危机以后，中国的自然利率呈现明显的下降趋势。这确认了中国实际利率和企业融资成本过高的判断，在中国货币政策操作框架快速向利率调控过渡的背景下，可以为中央银行确定政策利率基准水平提供一定的参考。

二是研究当前我国要素价格扭曲和资源错误配置的情况，主要包括第6~7章两章内容。其中，第6章讨论地方保护、要素价格扭曲与资源误置。本章将根据中国A股上市公司经审计后公开披露的经营数据，利用对企业层面生产函数估计的改进范式，测算2006~2012年国民经济中13个门类产业因要素价格扭曲而导致的资源误置状况。结果发现：与劳动力、中间产品、中间服务等相比，尽管上市公司的资本要素投入较多，但资本配置的效率却较低，地方保护下的种种壁垒阻碍了资本从制造业向服务业的流动，造成产业间资本配置的扭曲；地方保护对劳动力配置效率的负向效应显著，这一情形不仅存在于三次产业之间，而且延伸至服务业内部。未来应从促进普惠金融发展、放松服务业管制、完善地方税体系等方面着手，发挥要素再配置的正向效应，减少资源误置。

第7章讨论影子银行、信贷资源错配与中国经济波动。本章在考虑企业产权异质性的基础上，构建了一个反映转型期中国经济特征事实的动态随机一般均衡模型（DSGE）。研究发现，由民营企业融资受阻所反映出的信贷资源错配问题，使得我国信贷投放的使用效率低下，无法依靠现有体制内的融资渠道将信贷资源配置于更具活力的民营经济；而游离于体制外的影子银行尽管部分缓解了这一问题，但却加剧了宏观经济的不稳定性。由此，本章认为，当前我国融资体系仍然是以间接融资为主要渠道的信贷资源配置机制，在实体经济融资中，民营中小企业"融资难、融资贵"等问题尤为突出，降低了信贷资源的配置效率，阻碍了中国经济的持续增长。矫正信贷资源错配，提高信贷资源的配置效率，有效化解民营中小企业融资问题，是助力供给侧改革的关键措施之一。

三是讨论人力资本对城镇就业、产业结构、长期经济增长以及跨越中等收入陷阱的作用，强调从劳动者素质提升、劳动生产率提高的视角，研究中国经济的可持续增长问题。这部分内容共包含4章，即第8~11章。其中，第8章研究人力资本、产业结构和我国城镇劳动参与、就业形态。本章主要利用CHNS面板数据和随机效果Probit模型，从人力资本和产业结构变化方面分析了我国城镇劳动参与率和长期被雇佣率的决定因素。结果显示：首先，接受正规教育年数的增加会提高劳动参与率；最高教育程度高的成年人口的劳动参与率较高；第三产业占GDP比重的上升会降低劳动参与率；第二产业就业占比的上升会提高劳动参与率。其次，接受正规教育年数的上升会提高长期被雇佣率，而且提高的幅度越来越大；在其他条件不变的情况下，教育程度越高，长期被雇佣率越高；第二、第三产业占GDP比重的上升会提高长期被雇佣率；第二、第三产业就业占比的上升会降低长期被雇佣率。

第9章研究人力资本空间溢出的产业结构效应。本章主要以人力资本结构（专业人力资本和企业家人力资本）为研究视角，选取中国2003~2012年30个省份的平衡面板数据，运用空间计量模型探讨其对产业结构的影响，特别是两类人力资本的技术外溢性对产业结构升级的影响。研究结果表明：企业家人力资本的技术外溢性显著促进了产业结构高级化与服务化以及产业整体发展水平的提高；东部地区，企业家人力资本负的技术外溢性会抑制产业结构继续向高级化与服务化发展，但是，其专业人力资本能够积极促进产业结构向高级化与服务化发展；此外，相较于全国平均水平而言，西部和中部地区的产业结构服务化、高级化以及层级合理化受企业家人力资本的作用力度更大，但其专业人力资本的作用不明显。

第10章从人力资本的视角讨论跨越"中等收入陷阱"。得益于经济增长理论和国际经验教训的启示，本章认为，人力资本是避免"中等收入陷阱"的关键因素和原动力。人力资本具有多重内涵，提升中国人力资本水平的策略是：以研究型高校及相关科研院所作为达到或逼近科技前沿的主要通道；以职业教育和在职培训作为增进"干中学"技术进步效应的基本手段；通过制度变革改善人力资本的配置效率。

第11章研究生产性消费、人力资本深化与长期经济增长。通过将居民消费划分为生产性消费和非生产性消费，以及将对应生产部门划分为知识部门和通用技术部门，本章利用一个分部门的动态一般均衡模型，模拟检验生产性消费对长期经济增长以及现代服务品供给效率冲击的作用。结果显示：经由人力资本深化的作用渠道，生产性消费将推进均衡状态下的经济增长率，并且，生产性消费对人力资本的贡献弹性越大，经济增长率将越高；生产性消费有助于进一步提高知识部门供给效率，改进对部门产出的正向冲击，并外溢至通用技术部门的产出增长和消费增加；在一定的参数期间范围内，居民消费越偏向于生产性消费，其带来的产出增长效应将越强。参数的敏感性分析证实了模拟结果的稳健性。基于此，本章认为，随着收入水平的提高，偏向"科教文卫"等现代服务产品的居民消费结构蕴含着经由人力资本深化渠道、促进经济持续增长的内生动力。由此，消费需求不仅能够成为下个阶段经济持续增长的主要动力，而且还将扭转传统粗放式经济增长过于依赖资源的弊端，实现向人力资本创新驱动的良性增长模式的转变。当务之急是在现代服务品供给侧方面，要进一步放开市场、突破体制约束和管制造成的现代服务品供给严重不足的障碍，通过供给侧结构性改革，使其顺应居民消费的升级方向，产生有效供给，实现供给和需求的动态匹配，推进经济的可持续增长。

四是讨论对外开放的比较优势和企业"走出去"的状况，包含第12～13章两章内容。其中，第12章研究知识产权保护与中国出口的比较优势。主要是在乔（Chor，2010）的研究基础上，从理论上考察了国家层面的知识产权保护与行业特征的相互匹配效应对出口的影响，以此来揭示知识产权保护对出口比较优势的影响机制。在此基础上，基于中国对主要贸易伙伴国制造业行业出口的面板数据，本章考察了知识产权保护与行业特征的相互匹配效应对中国出口的影响及其作用机制。结果表明：知识产权保护与行业特征的相互匹配效应显著促进了中国总体制造业行业出口的增长；知识产权保护与行业特征的相互匹配效应只能显著促进低研发密集度和低专利密集度行业的出口，但是未能促进高研发密集度和高专利密集度行业的出口；知识产权保护与行业特征的相互匹配效应显著促进了中国对发展中国家制造业行业的出口，但是未能促进中国对发达国家制造业行业的出口。本章还发现，知识产权保护与行业特征的相互匹配效应通过提高行业生产率促进了中国出口增长。

第13章研究境外上市对中国企业经营绩效的影响。本章认为，"一带一路"建设和自贸区试点将给中国企业境外上市创造更好的政策环境和金融环境。福建省是中国传统制造业大省，境外上市对其企业经营绩效是否存在正向影响，在当前产能过剩的背景下，是关系到企业能否有效利用境外资金提升经营绩效并促使产业结构升级的重要问题。实证研究的结果发现，由于境外更加严格的法律监管和市场约束，"捆绑效应"作用显著，使得境外上市能有效提高企业的经营绩效，帮助企业修复市场估值。本章对上海和福建企业境外上市的行业分布进行分析，认为福建省应充分利用福建自贸区的有利条件，重点鼓励优势产业及新兴技术产业通过境外上市"走出去"，以推进福建产业结构的优化升级。

本书第3篇是"预测与政策模拟篇"，包括第14～16章共3章内容。第14章是中国季度宏观经济模型（CQMM）课题组2017年春季预测报告的主体部分；第15章是2016年秋季预测报告的主体部分。这两次报告的第一部分都是对上一次预测报告以来的中国宏观经济形势及宏观经济政策调控进行回顾与分析。在编写本书时，我们另行撰写了2016年的宏观经济运行与宏观经济政策调控情况分析，并作为本书第1章的内容，因此，第14章、第15章仅包括了两次报告的预测、政策模拟、政策分析与政策建议部分。

第16章收录了厦门大学宏观经济研究中心与新华社《经济参考报》分别于2016年2月和8月联合开展的"中国宏观经济形势与政策"问卷调查的结果及其分析。

本书编写过程中，中心的学术秘书崔庆炜做了大量的工作，对此深表感谢！

目 录

Contents

第 3 篇　预测与政策模拟篇

第1篇

经济运行回顾篇

2016年民间投资增速的大幅下滑抑制了固定资产投资的增长，在出口增速下滑以及消费增长缓慢的多重压力下，中国经济增长持续减速。展望未来，过剩产能的逐步消化，制造业结构的转型升级，都将为经济的稳定增长形成支撑的动力。但是，经济下行的压力依然巨大。首先，依靠房地产和基础设施领域投资的快速增长拉动投资增长的模式难以持续；其次，劳动生产率增速的持续下降将抑制居民实际收入的增长，进而制约消费的快速增长；最后，外部经济的不确定性以及逆全球化趋势还将继续压制中国的出口增长。

第1章

2016 年中国宏观经济运行回顾及政策执行情况[*]

2016 年中国国内生产总值（GDP）实际增长 6.7%，增速比上年下降了 0.2 个百分点（见图 1-1）。中国经济增速继续延续 2010 年以来持续下降的态势，但增速下降的幅度正在逐步缩小。随着制造业过剩产能的不断消化以及制造业产品结构的调整，工业增加值增速开始企稳。扣除价格因素后，2016 年工业增加值实际增长 6.0%，增速比上年仅下降了 0.1 个百分点（见图 1-1），工业生产企稳的迹象逐渐明朗。

与此同时，工业结构开始调整优化，工业生产效益有所改善。2016 年中国工业企业利润总额增长 8.5%，增速比上年提高了 10.8 个百分点。全年采矿业增加值增速为 -1.0%，比上年继续大幅下降了 3.7 个百分点；制造业增加值增长 6.8%，增速比上年仅下降了 0.2 个百分点；电力、热力、燃气及水的生产和供应业增加值增长 5.5%，增速比上年大幅提高了 4.1 个百分点。在制造业内部，通用设备制造业增加值增长 5.9%，专用设备制造业增加值增长 6.7%，汽车制造业增加值增长 15.5%，增速分别比上年提高了 3.0 个、3.3 个和 8.8 个百分点；受造船业过剩产能的影响，铁路、船舶、航空航天和其他运输设备制造业增加值增速为 3.2%，比上年下降了 3.6 个百分点。从制造业内部

---

[*] 本章作者：龚敏。

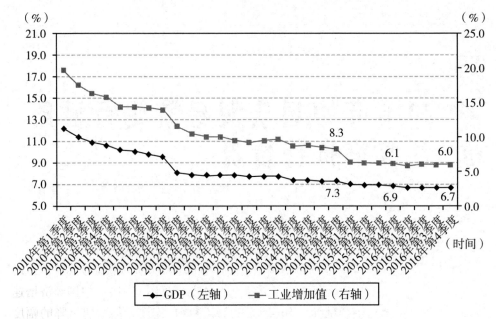

图 1-1　中国 GDP 和工业增加值实际（累计）增速变化

资料来源：CEIC。

不同产业增速的变化中，可以看出制造业的结构升级正在进行。①

此外，整个国民经济的产业结构也在持续优化中。2016 年，第一、第二、第三产业的增加值分别增长 3.3%、6.1% 和 7.8%，分别比上年下降了 0.6 个、0.1 个和 0.4 个百分点；第一、第二、第三产业增加值占 GDP 的比重分别为 8.6%、39.8% 和 51.6%，第三产业的占比比上年提高了 1.4 个百分点。在第二产业吸纳就业人员的比重基本保持稳定的同时，第三产业吸纳就业人员的比重持续提高。②

展望未来，今明两年，中国经济依然面临较大的下行压力：外部经济的不确定性以及贸易保护政策的抬头将继续压制出口的增长；民间投资增速还难以迅速回升；劳动生产率增速的下降以及居民实际收入增速的持续下滑将减缓消费的增长。然而，产业结构、产品结构等经济结构的持续优化、对民间投资进一步开放

---

① 据 2016 年统计公报，2016 年中国高技术产业增加值比上年增长 10.8%，比规模以上工业快 4.8 个百分点，占规模以上工业比重为 12.4%，比上年提高 0.6 个百分点。创新驱动发展战略深入实施，航天空间站、飞船火箭、量子通信、高速计算、对天观测、大飞机等领域一批科技成果不断涌现。新动能快速成长，战略性新兴产业增加值比上年增长 10.5%，增速比规模以上工业高 4.5 个百分点。

② 2015 年第一产业就业人员占全部就业人员的比重为 28.3%，第二产业就业人员占比为 29.3%，第三产业就业人员占比为 42.4%。

投资领域、不断加大对民生领域的财政投入以及对企业实行减费降税等措施，也将在一定程度上减轻经济增长的下行压力。从长期看，随着供给侧结构性改革向生产要素市场的深化改革推进，通过深化市场化改革，不断完善金融资本市场，中国的经济增长方式将能够随着经济发展阶段的转换而转变，劳动生产率增速的稳定提高将成为中国经济转入新常态后持续稳定增长最重要的决定因素。

第 1 节　宏观经济运行情况的回顾和总结

一、投资疲软、出口减速，提高了消费对 GDP 增长的贡献率

2016 年，民间投资的增速大幅度下滑拉低了全社会固定资产投资的增速。全年资本形成对 GDP 增长的贡献率为 42.2%，比上年下降了 0.4 个百分点。尽管 2016 年人民币大幅贬值，但是出口依然继续减速。货物和服务净流出对 GDP 增长的贡献率为 −6.8%，降幅比上年扩大了 4.3 个百分点。居民实际收入增速的持续下滑，减缓了消费的增长；但是，由于投资疲软、出口减速，却使最终消费对 GDP 增长的贡献率从 2015 年的 59.9% 提高到了 2016 年的 64.6%（见图 1 − 2），这是一种被动的贡献率相对提高。

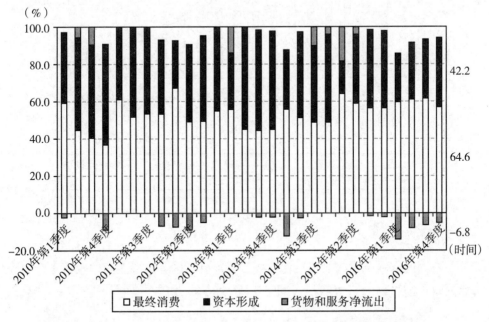

图 1 − 2　按支出法核算的 GDP 增长贡献率变化（季度累计）

资料来源：CEIC。

二、民间投资增速大幅下降，固定资产投资增速继续回落

2016 年，全社会固定资产投资增长 8.1%，比上年下降了 1.9 个百分点（见图 1-3）。不同所有制主体的投资增长出现明显分化：一方面，民间投资增速大幅下滑，全年民间投资仅增长 3.2%，比上年大幅下降了 6.9 个百分点；另一方面，国有及国有控股企业投资增长 18.7%，比上年提高了 7.8 个百分点，港澳台商投资企业投资增长 18.5%，外商投资企业投资增长 12.4%，分别比上年提高了 18.5 个和 15.2 个百分点。国有及国有控股企业的投资迅速增长，在很大程度上来自对房地产行业的投资，[①] 但是，同样作为市场主体的内资（民间企业）与外资企业的投资增长所呈现的完全相反的走势，既体现了不同投资主体对经济增长前景预期的差异，也反映出不同企业自身所面临问题的不同。

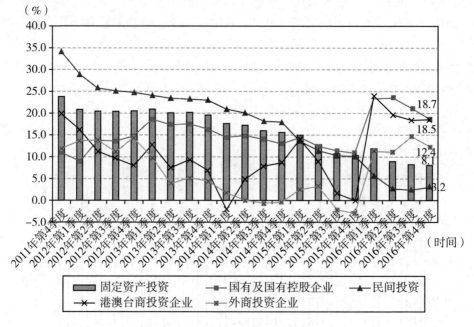

图 1-3 固定资产投资增速变化（累计，分投资主体）

资料来源：CEIC。

从不同所有制企业的投资行业构成看，国有及国有控股企业的投资占全部固定资产投资的比重虽然从 2012 年的 34.1% 下降到 2015 年的 32.4%，但 2016 年

[①] 以国有控股企业为例，自 2009 年开始，国有控股企业对房地产业的投资占其总投资的比重不断提高。2012~2015 年，平均 17.5% 的国有控股企业的投资被投入到了房地产业。

又上升至 35.7%。2015 年①，国有控股企业对采矿业的投资占全部固定资产投资的比重从 2012 年的 1.7% 下降至 1.1%；对制造业的投资占比从 3.6% 下降到 2.5%；对交通运输、仓储及邮政业的投资占比从 6.8% 轻微下降至 6.5%，对房地产业的投资占比从 5.9% 轻微下降至 5.6%。表明，占固定资产投资 30% 以上的国有及国有控股企业的投资主要集中在交通运输、仓储及邮政业、房地产业、制造业和采矿业等行业。2016 年，国有控股企业依托在交通运输以及房地产业等领域的投资，维持了较快的投资增速。

另一方面，民间投资在制造业的投资占全部固定资产投资的比重从 2012 年的 28.3% 下降到 2016 年的 27.5%；在采矿业的投资占全部固定资产投资的比重从 2.0% 下降至 1.0%；② 交通运输、仓储及邮政业投资的占比从 1.6% 轻微提高至 2.0%。近年来民间投资仍然主要集中在制造业、房地产业以及采矿业等产业。③ 2016 年采矿业的过剩产能、制造业的利润减速以及房地产业的过度库存，特别是三、四、五线城市的房价下跌，大幅降低了民间投资的投资收益率，加上其在金融市场上所受到的信贷制约，以及投资行业进入壁垒的限制，对民营经济财产权和企业家精神的保护不够充分、有力，对企业家创新创业的支持有待进一步加强，④ 等等，不可避免地导致了民间投资增速的大幅下滑。

2008 年国际金融危机爆发以来，中国固定资产投资中内资企业投资所占的份额持续不断地提高，2016 年达到 95.3%，比 2008 年提高了 4.8 个百分点。与此同时，港澳台商以及外商投资企业的投资所占的份额不断下降，2016 年分别仅为 2.4% 和 2.0%。民间投资在全部固定资产投资中的比重至 2015 年提高到了 64.2%，比 2011 年提高了近 2.2 个百分点。⑤ 然而，2016 年民间投资增速大幅下滑，这一占比也随之回落至 61.2%（见图 1-4）。民间投资增速的下降成为抑制当年固定资产投资增长的主要因素，对 2016 年的宏观经济运行产生了重要影响。

从投资的产业结构看，2016 年对第一产业的投资增长了 21.1%，对第二产业的投资增长了 3.5%，对第三产业的投资增长了 10.9%，增速分别比上年下降了 1.9 个、10.7 个和 0.3 个百分点。在全部固定资产投资中，对第一产业的投资占比为 3.2%，比上年提高了 0.3 个百分点；第二产业的投资占比为 38.9%，

---

① 目前尚没有 2016 年国有及国有控股企业的行业投资数据。

② 民间投资在采矿业的投资占全部固定资产投资的比重基本与国有控股企业持平。

③ 据课题组估算，民间投资在全部房地产业的投资占比在 2011～2014 年期间可能高达 70% 以上，而且集中在三、四、五线城市。

④ 新华社：“中央经济工作会议在京举行 习近平李克强作重要讲话”，http：//finance. china. com. cn/news/special/2016zyjjgz/20161216/4029731. shtml。

⑤ 图 1-4 的数据来自 CEIC。2011 年民间投资占比的数据与财政部网站上公布的数据（60.3%）有出入。参见 http：//www. mof. gov. cn/pub/mof/zhengwuxinxi/caijingshidian/gmrb/201208/t20120827_678307. html。

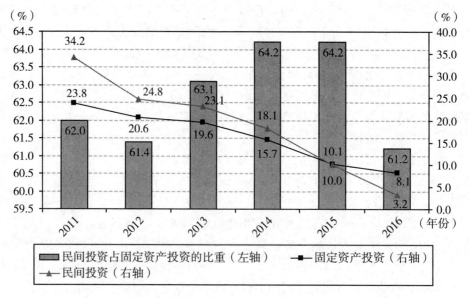

（%）   （%）

图 1-4　民间投资增速及其占固定资产投资的比重变化

资料来源：CEIC。

比上年下降了 1.8 个百分点；对第三产业的投资占比为 58%，比上年提高了 1.4 个百分点。2016 年民间投资增长 3.2%，增速比上年下降了 6.9 个百分点。其中，民间投资对第一、第二、第三产业投资分别增长 18.1%、3.2%、2.0%，比上年分别下降了 15 个、6.2 个、7.4 个百分点。从构成来看，在全部民间投资中，对第一产业的投资占 4.1%，对第二产业的投资占 50.0%，对第三产业的投资占 45.9%。占比基本与上年持平。

从行业来看，受过剩产能的影响，采矿业投资增速为 -20.4%，降幅比上年扩大了 11.6 个百分点；制造业投资增长 4.2%，增速比上年下降了 3.9 个百分点；电力、热力、燃气及水的生产和供应业投资增长 11.3%，增速比上年下降了 5.3 个百分点。尽管存在过度库存，但是，2016 年中国对房地产业的投资仍然增长了 6.8%，增速比上年提高了 4.3 个百分点；[①] 对基础设施投资增长 17.4%，增速比上年提高了 0.2 个百分点。[②] 从投资的行业构成上看，制造业和房地产业投资增速的下滑，降低了这两个行业在投资中的比重。2016 年，在全部投资中，制造业投资占比为 31.5%，比上年下降了 1.2 个百分点；房地产业

---

① 据 2016 年统计公报，2016 年全国房地产开发投资 102581 亿元，比上年名义增长 6.9%，增速提高了 5.9 个百分点；扣除价格因素后实际增长 7.5%，增速提高了 4.7 百分点。

② 自 2015 年第 1 季度开始，国家统计局发布基础设施投资的季度数据。

投资占比为 22.7%，比上年下降了 0.3 个百分点；基础设施建设投资占比为 19.9%，比上年提高了 1.6 个百分点（见图 1-5）。

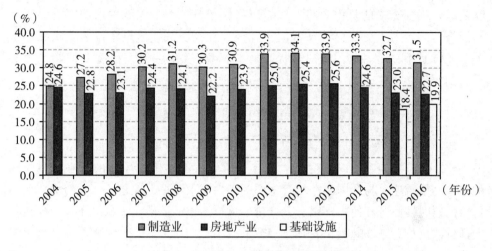

图 1-5   固定资产投资分行业构成变化

资料来源：CEIC。

从资金来源看，2016 年，来自国家预算内资金的投资增长 17.1%，增速比上年增加了 1.5 个百分点；占全部投资资金的比重为 6.0%，比上年提高了 0.6 个百分点。来自国内贷款的投资增速为 9.9%，比上年大幅度提高了 15.7 个百分点；占全部投资的比重为 11.0%，比上年提高了 0.4 个百分点。来自自筹资金的投资增速为 -0.1%，降幅比上年扩大了 9.6 个百分点；占全部投资的比重为 66.7%，比上年下降了 3.9 个百分点。来自利用外资的投资增速为 -20.5%，降幅比上年缩小了 9.1 个百分点；占全部投资的比重为 0.4%，比上年下降了 0.1 个百分点。这表明，相对于 2015 年国内贷款增速的急剧滑落（增速为 -5.8%），2016 年投资资金来源中国内贷款部分有了恢复性的增长；但是，来自自筹资金的投资却几乎没有增长（对比 2015 年 9.5% 和 2014 年 14.4% 的增速）。这在很大程度上说明了独立市场主体投资意愿低迷，市场投资需求疲软。

综上，2016 年，尽管基础设施投资以及房地产投资实现了快速增长，但是民间投资增速的大幅度下滑依然导致了固定资产投资增长的持续减速。从资金需求面看，经济增速回落、国内外市场需求萎缩，使此前在房地产、采矿业以及出口制造业等行业的投资扩张导致了较大亏损，债务高企，抑制了民间投资的进一步扩张，阻碍了新增投资需求的扩大；从资金供给面看，虽然来自国内贷款的投资增速实现了恢复性增长，但是，信贷资源过度集中在房地产业以及偏向国有企业的配置，使亟须得到信贷支持的民营企业仍然难以获得资金支持，信贷结构的扭曲导致了信贷资源配置效率的损失。在各种投资壁垒尚未消除之前，当前宽松的货币政策依然难以将信贷资源有效地配置到切实需要资金的经济部门，尤其是民营经济部门。此外，在经济减速以及企业债务实际负担加重的背景下，金融部门因风险提高而"惜贷"，也在很大程度上抑制了投资资金的供给。

三、人民币大幅贬值，但进出口依然持续减速

2016 年，尽管人民币兑美元大幅贬值，但是，全球经济增长下行，需求萎缩，美国经济复苏乏力以及英国"脱欧"所导致的不确定风险的存在，使中国的出口继续减速。与此同时，尽管中国的国内需求不振，但是，石油等大宗商品价格的暂时性回升却使中国以美元计价的进口增速的下滑大大减缓了。全年按美元计价的出口总额增速为 −7.7%，降幅比上年扩大了 4.9 个百分点；进口总额增速为 −5.5%，降幅比上年缩小了 8.6 个百分点（见图 1 −6）。受人民币兑美元大幅贬值的影响，按人民币计价的出口总额增速为 −2.0%，降幅比上年扩大了 0.2 个百分点；进口总额增速为 0.6%，比上年提高了 3.8 个百分点。全年货物贸易顺差为 5 099.6 亿美元，比上年缩小了 830.4 亿美元。

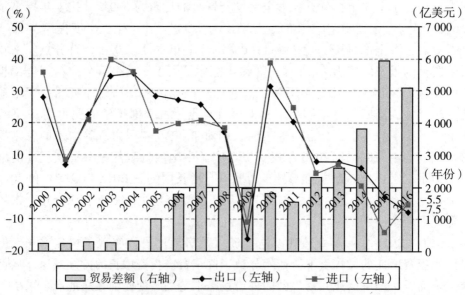

图 1 −6　按美元计价的进出口增速以及贸易顺差的变化
资料来源：CEIC。

从贸易构成看，一般贸易占比持续提高，加工贸易占比继续下降。2016 年，一般贸易出口占总出口的比重为 54.4%，比上年提高了 0.9 个百分点；加工贸易出口占总出口的比重为 33.6%，比上年下降了 1.5 个百分点。一般贸易进口占总进口的比重为 56.4%，比上年提高了 1.4 个百分点；加工贸易进口占总进口的比重为 25.0%，比上年下降了 1.6 个百分点。全年一般贸易顺差 2 660.2 亿美元，顺差规模比上年缩小了 306.6 亿美元；加工贸易顺差 3 194.0 亿美元，顺差规模比上年缩小了 320.3 亿美元。加工贸易顺差的规模依然大于一般贸易顺差。

从长期看，国内工资水平的上升将使传统的劳动密集型产品竞争优势不再。如果中国制造业中不能加快实现出口产品的升级，形成中国新的出口竞争优势，那么，经常项目下货物贸易的顺差状态将会出现逆转。

在人民币汇率方面，自中国人民银行于 2015 年 8 月 11 日启动完善人民币汇率中间价报价机制的改革以来，受美元升值预期和中国经济减速的影响，人民币兑美元汇率一改自 2005 年 7 月以来长达 10 年的单边升值趋势，转变为单边急剧贬值的走势（见图 1-7）。2016 年年末 1 美元兑人民币中间价汇率为 6.937，人民币较上年末贬值了 6.8%。同时，全年人民币汇率指数 CFETS 也曾出现了下降态势，但在下半年终于有所企稳。年末 CFETS 保持在 94.83，比 2014 年 12 月基期下跌了 5.17 点。此外，人民币名义实际有效汇率的变化显示，人民币在 2015

（人民币/美元）

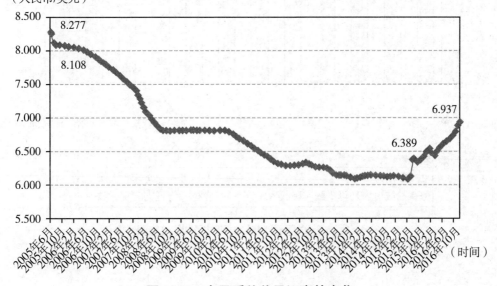

图 1-7　人民币兑美元汇率的变化

资料来源：CEIC。

年及 2016 年第 1 季度出现较大幅度的贬值，随后转为升值，年末再现小幅贬值。人民币贬值的预期加剧了中国资本外流的倾向。央行维持币值相对稳定的努力，使外汇储备持续减少。至 2016 年年末，外汇储备余额下降为 3.01 万亿美元。①

四、居民实际收入增速持续放缓，抑制了消费的增长

2016 年，中国居民人均可支配收入扣除价格变化后实际增长 6.3%，增速比上年下降了 1.1 个百分点，并低于同期 GDP6.7% 的增速（见图 1 - 8）。其中，城镇居民人均可支配收入实际增长 5.6%，增速比上年下降了 1.0 个百分点；农村居民人均可支配收入实际增长 6.2%，增速比上年下降了 1.3 个百分点。农村居民人均可支配收入实际增速下降的幅度持续大于城镇居民，导致城乡收入差距难以继续改善。2016 年城乡实际收入差距为 2.7 倍，与上年持平。

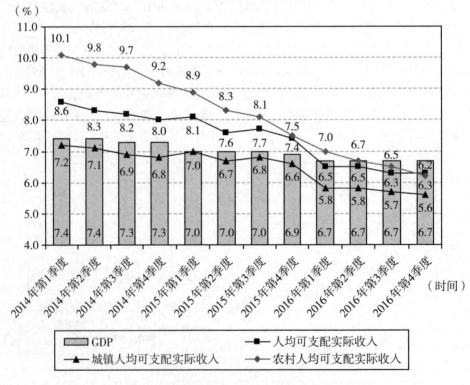

图 1 - 8 全国居民人均可支配收入变化

资料来源：CEIC。

---

① 2017 年 1 月已经低于 3 万亿美元。

在经济持续减速的背景下，中国劳动生产率的增速也在持续下降，并开始抑制居民工资收入的增长。① 2016 年全国居民工资性收入增长 5.9%，增速比上年下降了 1.7 个百分点；城镇居民工资性收入增长 4.7%，增速比上年下降了 1.5 个百分点；农村居民工资性收入增长 7.2%，增速比上年下降了 2.2 个百分点。2016 年居民全部收入中工资性收入的占比为 56.5%，城镇居民的工资性收入占比为 61.5%，农村居民的工资性收入占比为 40.6%。工资性收入增速的减缓直接抑制了居民收入的较快增长。收入增速的下降抑制了消费的增长。2016 年社会商品零售总额名义增长 10.4%，增速比上年下降了 0.3 个百分点；实际增长 9.6%，增速比上年下降了 1 个百分点（见图 1 - 9）。其中，城镇的商品零售额增速基本保持在上年的水平，乡村的商品零售额增速则有所下降。

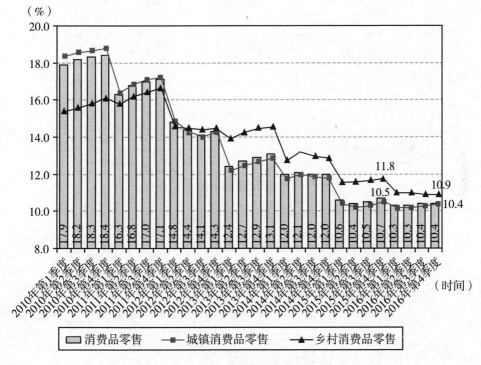

图 1 - 9　社会消费品零售增速变化

资料来源：CEIC。

---

① 据统计局发布的数据计算中国单位就业人员的 GDP（2010 年不变价），2015 年中国全员劳动生产率增长 6.6%，低于当年 GDP6.9% 的增速，并且比 2014 年下降了 1.3 个百分点，比 2010 年下降了 2.5 个百分点。

五、CPI 温和上涨，PPI 降幅收窄

2016 年，中国消费者价格指数（CPI）继续保持温和上涨的态势，增长 2.0%，涨幅比上年提高了 0.6 个百分点（见图 1 - 10）。扣除食品和能源的 CPI 上涨 1.9%，涨幅比上年提高了 0.4 个百分点；非食品 CPI 上涨 2.0%，涨幅比上年提高了 0.9 个百分点；扣除鲜菜鲜果的 CPI 上涨 2.0%，涨幅比上年提高了 0.5 个百分点。

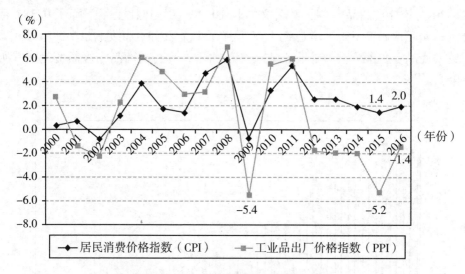

图 1 - 10　CPI 和 PPI 的同比变化

资料来源：CEIC。

受大宗商品价格暂时性上涨的影响，2016 年中国的生产者价格指数（PPI）为 -1.4%，降幅比上年大幅缩小了 3.8 个百分点（见图 1 - 10），自 2012 年起 PPI 连续呈现下降的趋势开始反转。12 月 PPI 同比上涨 5.5%；其中，生产资料 PPI 同比上涨 7.2%，生活资料 PPI 同比上涨 0.8%。PPI 降幅的收窄除了大宗商品价格上涨的因素外，一定程度上还表明中国对过剩产能的消化取得了一定的进展。PPI 的恢复性上涨，将有利于恢复和稳定工业企业的利润增速。

第 2 节　宏观政策执行情况分析

一、货币政策继续宽松，对投资拉动作用依然有限

2016 年，中国的货币政策基本保持上年宽松的基调。全年流通中货币余额

（M0）增长 8.0%，增速比上年提高了 3.1 个百分点；狭义货币余额（M1）增长 21.4%，增速比上年提高了 6.2 个百分点；广义货币余额（M2）增长 11.3%，增速比上年下降了 2 个百分点。活期存款（企业存款）的快速增长导致了 2016 年 M1 和 M2 的增速出现反转。

2016 年，全社会融资总量新增为 17.8 万亿元，规模比上年扩大了 2.4 万亿元。其中，新增人民币贷款 12.65 万亿元，比上年增加了 9 257 亿元；新增人民币贷款占同期社会融资规模的 69.9%，比重比上年下降 3.3 个百分点。在新增的人民币贷款中，仅有不足一半（48.2%）用于对非金融性公司及机关团体的贷款，比重比上年大幅下降了 14.8 个百分点；34.2% 用于对房地产的贷款，比重比上年提高 3.5 个百分点（见图 1 – 11）。表明，信贷资源的使用结构严重不合理。此外，在当前企业债务高企的情况下，信贷资源还可能被用于借新还旧，偿还以往到期的债务。中国金融系统依然面临如何有效提高信贷资源的配置效率，使新增信贷资源最大限度地满足社会经济发展的真实需要，特别是作为市场主体的民间投资的需求，而非投机炒作、推动泡沫经济的问题。

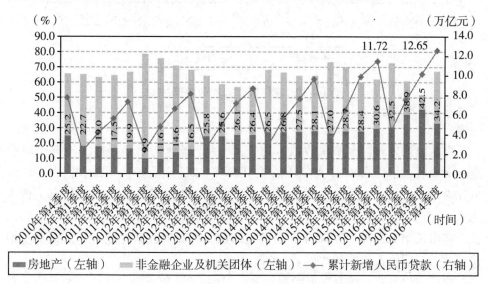

图 1 – 11　新增人民币贷款的构成变化

资料来源：CEIC。

二、财政收入增速下降，大幅拉低财政支出增速

2016 年，受企业利润增长缓慢以及非税收入增速大幅下滑的影响，公共财政收入增长继续减速，增速为 4.8%，比上年下降了 3.7 个百分点；财政收入增

速的下滑抑制了财政支出的增长，全年财政支出增长 6.8%，增速比上年大幅下降了 9.1 个百分点（见图 1 - 12）。

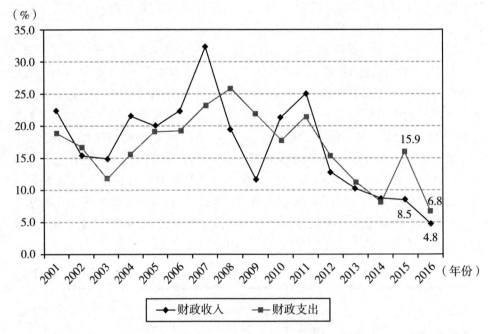

图 1 - 12　财政收支名义增速变化

资料来源：CEIC。

　　财政收入方面，全年税收收入增长 4.3%，增速比上年下降了 0.5 个百分点；非税收入增长 6.8%，增速比上年下降了 22.3 个百分点。税收占财政收入的比重为 81.7%，占比比上年下降了 0.3 个百分点。2016 年，政府性基金收入为 4.66 万亿元，比上年增长了 11.9%；国有土地使用权出让收入 3.75 万亿元，比上年增长了 15.1%。2016 年，公共财政收入、政府性基金收入以及国有土地出让收入三项收入比上年增长了 7.6%。[①]

　　财政支出方面，教育支出增长 6.8%，增速比上年下降了 7.2 个百分点；教育支出占财政支出的比重为 14.9%，与上年持平。社会保障和就业支出增长 13.3%，增速比上年下降了 5.8 个百分点；占比为 11.5%，比上年提高了 0.7 个百分点。医疗卫生与计划生育支出增长 10.0%，增速比上年下降了 7.4 个百分

---

① 2015 年政府性基金收入为 4.17 万亿元，比上年减少了 23.0%；国有土地使用权出让收入 3.25 万亿元，比上年减少了 24.2%。2015 年公共财政收入、政府性基金收入以及国有土地出让收入三项收入的增速为 - 4.6%。

点；占比为 7.0%，比上年提高 0.2 个百分点。2016 年财政支出中用于教育的支出占 GDP 的比重为 3.8%，占比与上年持平；社会保障和就业的支出占 GDP 的比重为 2.9%，比上年提高 0.1 个百分点；医疗卫生与计划生育支出占 GDP 的比重为 1.8%，比上年提高 0.1 个百分点（见图 1－13）。

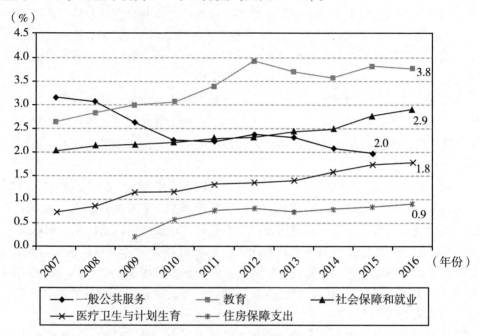

图 1－13　公共财政支出占 GDP 的比重变化

资料来源：CEIC。

　　2016 年财政收入增速的持续下滑对财政支出产生了影响，有关部门和地方开始大幅度抑制财政支出的增长。在政府管理体制、管理方式未能实现重大调整，政府规模、公务员人数、政府管理成本难以大幅度下降的情况下，财政支出结构调整空间必然极其有限，财政向民生领域的支出与上年相比没有改善。

第 3 节　本章小结

　　2016 年，中国经济在步入经济新常态的发展方式转型时期，国际需求疲软、国内需求结构转型、出口增速下滑、国内投资乏力以及消费增长缓慢的多重压力下，经济增长持续减速。GDP 实际增长 6.7%，增速比上年下降了 0.2 个百分点。随着制造业过剩产能的逐渐消化、工业结构开始调整优化，工业生产企稳的迹象逐渐明朗；同时，第三产业占比的不断提高减缓了经济减速对就业的压力，在一定程度上产生托底效应，支持了经济增长，增长减速的幅度正在逐步缩小。

2016 年，为稳定经济增长，依靠信贷扩张使基础设施投资以及房地产投资快速增长，但是，这一措施依然无法弥补民间投资增速大幅度下滑对固定资产投资增长的影响。一方面，非金融企业高企的债务负担抑制了新增投资需求的扩大；另一方面，信贷资源却过度集中地流向房地产业、基础设施领域，在配置上偏向国有企业，加上国内经济体制环境有待进一步改革，各种投资壁垒依然存在，都导致了民营企业家对国内经济信心不足，民营企业投资增长乏力。民营投资大幅度下滑，成为中国经济增长难以承受之痛。

在发展转型、结构调整、经济持续减速的背景下，中国劳动生产率的增速也在持续下降，并开始抑制居民工资收入的增长。由于农村居民人均可支配收入实际增速下降的幅度持续大于城镇居民，致使城乡收入差距难以继续改善，进而抑制了消费的增长。

受企业利润增长缓慢以及非税收入增速大幅下滑的影响，公共财政收入继续减速，并开始抑制财政支出的增长。在政府管理体制、管理方式未能实现重大调整，政府规模、公务员人数、政府管理成本难以大幅度下降的情况下，财政支出结构调整空间必然极其有限，财政向民生领域的支出力度势必难以增强；相反，有些地方、有些政府部门则通过土地财政、股市融资、限制金融竞争、加强垄断等方式，增加了向居民部门的转移杠杆、转嫁债务负担，两者都将对消费增长形成进一步的向下压力。

从短期来看，中国经济依然面临较大的下行压力：外部经济的不确定性以及贸易保护政策的抬头将继续压制出口的增长；继续通过加大基础设施投资，刺激房地产投资快速增长以维持固定资产投资增速的宏观经济风险将越来越大；劳动生产率增速的下降还将持续抑制居民实际收入的增长、消费的扩张。而从长期看，经济减速既是中国经济进入中高收入水平，经济服务化必将带来的增长速度调整的体现，也是长期政府主导型粗放经济发展方式形成的供给结构在人均收入水平逐渐提高之后，难以适应国内需求结构转换，同时遭遇国际金融危机而导致的结构性供需失衡与生产效率下降的结果。同时，收入分配结构失衡、生产要素市场的市场化改革步伐缓慢、金融资本市场的市场化改革滞后且不完善，经济增长方式未能随着经济发展阶段的转换而相应转变，也成为中国经济转入新常态后制约经济持续稳定较快增长的重要因素。

展望 2017 年，我们认为，以下三个方面的问题需要引起宏观经济政策当局的充分重视：

首先，应充分重视总需求结构转变升级的影响。当前，中国的总需求正在逐步从严重依赖国外需求转向依靠国内需求为主；同时，在人均收入进入向高收入经济的过渡阶段，中国国内的需求结构正在发生重大转变，正在从实物商品需求为主转向实物产品与服务产品并重阶段，在今后不长的一段时期内，将逐步转向以服务产品为主。然而，与人均 GDP 水平处在相近水平的其他国家的平均水平（55%）相比，中国第三产业的占比依然是偏低的。更重要的是，中国目前的第三产业仍然以传统服务业为主，劳动生产率较低，现代服务业在解除政府管制、推进市场化进程方面严重滞后。这不仅降低了第三产业而且降低了整个国民经济的生产效率与经济增长速度，并且直接抑制了居民收入的快速提高和居民消费需求的实现。

其次，随着制造业过剩产能的消化，制造业的结构升级进程也开始启动。2016 年，诸如通用设备制造业、专用设备制造业以及计算机、通信和其他电子设备制造业等高端制造业开始快速增长。与此同时，自 2012 年以来，民间投资在制造业的投资占全部固定资产投资的比重都超过了 27%；民间投资对制造业转型升级的贡献不可忽略。如果民间投资增长持续低迷，将不可避免地阻碍制造业的结构升级，并抑制劳动生产率的提高。因此，应加快市场化改革，提高信贷资源的配置效率，充分满足民间投资的需求。与此同时，在投资体制、投资领域上，仍然存在着对民营经济投资有形无形的限制和障碍。

最后，应充分重视非金融企业债务高企的风险。企业的债务负担已成为抑制企业新增投资需求的主要因素。随着 PPI 的逐步回升，企业实际债务负担将有所减轻。宏观政策应利用好这一时机，帮助企业化解债务风险。

我们认为，解决上述问题需要从供给与需求两个方面入手，总量与结构问题都不可偏废，改善供给结构、效率与扩大需求两手都要抓。必须根据人均收入水平上升而产生的需求结构转换趋势，在去过时、过剩、无效产能的同时，扩大投资，增加新产能，扩大有效供给。用扩大有效供给的投资扩大需求，形成供需之间的螺旋形上升正循环，做到"以开放促改革，以创新促增长，以竞争提效率，以需求保就业"。在供给侧，通过供给结构改革，不仅要降低无效供给，而且更为重要的是要根据需求对象及结构的变动扩大有效供给，提高供给效率、供给品质，以及供给结构对需求结构的灵活适应性。在需求侧，通过调整收入分配，切实提高居民收入，扩大居民消费需求；同时，发挥利率市场化有效配置信贷资源的作用，使扩大的信贷资源充分满足民间投资的需要，通过有效投资来促进产业结构的调整。

第 2 篇

研究与分析篇

　　本篇重点研究了现阶段中国经济中存在的主要问题。首先，围绕利率市场化的问题展开分析，包括从中国居民财产收入与利率市场化改革、利率管制与居民财产收入占比的下降、利率市场化时机的选择及其对宏观经济的影响、中国自然利率水平的估算四个方面研究了利率市场化的宏观经济效应；其次，针对中国现阶段存在的要素价格扭曲和资源错误配置的情况，从地方政府的保护和影子银行的存在两个视角分别展开分析；再次，着重讨论了中国人力资本深化与经济长期增长的问题；最后，讨论了中国经济对外开放的比较优势与中国企业"走出去"的新路径、新模式等问题。

第2章 中国居民的财产收入状况分析
——中、美、日的比较研究 *

第 1 节　引　言

　　在国民收入分配结构失衡成因的讨论中，政府主导型经济体制下的粗放经济发展方式（李文溥、龚敏，2010），各级地方政府奉行 GDP 主义，收入分配向资本、政府倾斜（方福前，2009），要素比价扭曲（李文溥、龚敏，2013；李文溥、李静，2011），劳动报酬占比过低（方文全，2011）和宏观税负过重（吕冰洋、禹奎，2009；郭庆旺、吕冰洋，2011）等因素已得到了较多研究。总体而言，对于居民收入占比偏低，现有的研究在要素分配比例上更多地集中于资本与劳动的分配关系；在不同部门之间的分配上，更多地集中于政府与居民的分配关系。但是，国民收入分配不仅涉及不同生产要素之间（劳动报酬和资本报酬）、不同经济部门之间（政府收取的生产税及其他收入）的分配，还包括要素报酬在各部门之间的分配（资本报酬的分配）。现有的研究主要涉及前二者，然而，对资本报酬在各部门之间的分配，尤其是金融市场对于国民收入分配的影响，目前的研究似乎尚不够充分。近期的研究证实（李文溥、李昊，2015），资本报酬在各部门之间的分配状况对国民收入分配

---

　*　本章作者：李文溥、李昊。

结构失衡、居民收入及消费占比有重要影响。尽管世界上不存在什么最优的或标准的国民收入分配比例和居民财产收入占比，但是，通过不同国家之间的国民收入分配比例和居民财产收入占比及其成因的比较，将有助于我们更为深刻地认识本国存在的问题及其成因。因此，本章拟通过国际比较研究，进一步探讨中国居民财产收入严重偏低的原因及其对国民收入分配结构失衡的影响。

第2节　中、美、日居民收入占比与结构差异比较

国际比较要求比较对象之间在统计口径上可比，而且相关数据比较完整，持续的时间较长。考虑到这些要求，我们选取了国民收入账户和资金流量表数据都较完善的美国和日本为比较对象，观察中、美、日三国[1]居民收入占比的差异及其成因。

国民收入分配的格局主要由初次收入分配决定。在初次分配中，居民收入按来源分为劳动报酬、财产收入以及个体经营留存。[2] 从表2-1可以看出，1992～2012年，劳动报酬收入的占比均值为81.36%，是最主要的收入来源；个体经营留存收入的占比均值为12.88%,[3] 远低于劳动报酬；财产收入的占比均值最低，仅为5.97%。

表2-1　　　　中国居民初次分配中各种收入来源绝对值及占比　单位：10亿元

年份	初次分配总收入	劳动报酬收入及占比		财产收入及占比		个体经营留存收入及占比	
1992	1 779.5	573.7	82.59%	119.1	6.70%	190.7	10.72%
1993	2 207.5	694.8	82.32%	180.0	8.15%	210.2	9.52%
1994	3 134.1	985.0	80.43%	277.4	8.85%	336.1	10.72%

---

　　① 之所以选择这三国进行比较，是因为这三国的国民收入分配结构基本具备相互比较的数据基础。其中，中国现有的资金流量表主要参考了1993年SNA的标准，并依据自身情况进行编制；日本的国民账户表也主要是依据这一标准编制的；美国的数据来源于美国经济分析局（Bureau of Economic Analysis）公布的2013年版国民收入和生产账户（NIPA），它主要参照了2008年版SNA，与1993标准最大的不同是将科研与发展项目（R&D）计入固定资本形成项，这一差别对于国民收入项，尤其是居民收入结构数据的影响较小。此外，美、日两国分别以直接融资和间接融资为主，它同时也反映了不同金融市场结构对居民财产收入的影响。

　　② 本章的居民财产收入根据SNA（2008）对居民财产收入的定义："金融资产和自然资源两种类型的资产所有者将其交由其他机构单位支配时所产生的收入。"居民住房既不是金融资产，也不是自然资源，其收入不能列入财产收入。居民自有住房升值带来的资产增加应列为持有收益，出售此类资产获得的增值收入称为已实现的持有收益，出租房屋则被视为经营租赁，该收入应计入经营留存项（许宪春，2014）。

　　③ 此处参照白重恩、钱震杰（2009）的核算方法，将个体经营留存收入定义为居民部门增加值减去该部门劳动报酬支出、生产税净额以及财产支出。

年份	初次分配总收入	劳动报酬收入及占比		财产收入及占比		个体经营留存收入及占比	
1995	3 902.5	1 223.6	82.22%	297.1	7.61%	396.6	10.16%
1996	4 462.9	1 427.5	83.10%	368.9	8.27%	585.4	13.12%
1997	5 153.8	1 625.0	81.24%	337.7	6.55%	629.1	12.21%
1998	5 485.0	1 785.1	80.80%	360.8	6.58%	692.2	12.62%
1999	5 755.3	1 924.3	81.90%	305.0	5.30%	736.9	12.80%
2000	6 581.1	1 913.7	79.38%	306.5	4.66%	1 050.3	15.96%
2001	7 124.9	2 070.1	80.74%	294.4	4.13%	1 077.5	15.12%
2002	7 680.2	2 302.3	83.98%	298.3	3.88%	931.7	12.13%
2003	8 651.2	2 572.6	82.92%	321.2	3.71%	1 156.4	13.37%
2004	9 749.0	2 964.7	83.04%	376.8	3.87%	1 277.1	13.10%
2005	11 252.0	3 422.0	82.78%	448.1	3.98%	1 488.8	13.23%
2006	13 111.0	3 915.4	81.13%	724.6	5.53%	1 749.9	13.35%
2007	15 881.0	4 660.9	80.55%	982.9	6.19%	2 105.7	13.26%
2008	18 540.0	5 472.3	81.18%	1 179.2	6.36%	2 309.1	12.45%
2009	20 654.0	6 018.7	80.84%	1 135.9	5.50%	2 822.6	13.67%
2010	24 186.0	6 853.1	78.92%	1 295.7	5.36%	3 803.8	15.73%
2011	28 428.0	8 038.5	78.24%	1 885.3	6.63%	4 300.5	15.13%
2012	31 946.0	9 366.8	80.31%	2 433.7	7.62%	3 856.7	12.07%

资料来源：根据资金流量表数据计算。

1992~2012 年，中国居民的初次分配收入占国民收入的比重均值是 63.39%，比美国低 25.32 个百分点，比日本低 16.76 个百分点（见表 2-2）。

表 2-2　　中、美、日居民初次分配收入占本国国民收入的比重　　单位：%

年份	中国	美国	日本
1992	66.06	90.92	—
1993	62.61	90.70	—
1994	65.15	89.52	86.64
1995	65.25	89.35	85.40

年份	中国	美国	日本
1996	68.43	88.90	83.08
1997	66.02	88.69	83.04
1998	66.06	89.76	84.05
1999	65.05	89.32	83.02
2000	67.15	90.25	81.34
2001	65.93	90.46	80.69
2002	64.49	89.12	79.40
2003	64.09	88.38	78.32
2004	61.14	87.70	76.33
2005	61.28	86.59	76.11
2006	60.73	86.94	76.37
2007	59.61	88.76	75.46
2008	58.66	90.51	77.74
2009	60.69	87.79	80.42
2010	60.50	85.48	77.72
2011	60.67	86.63	79.20
2012	61.65	87.10	78.58
平均值	63.39	88.71	80.15

资料来源：根据 CEIC 数据库数据计算。

居民收入是三种收入来源的总和，因此，最终收入占比上的差异可以分解为各种收入来源上的差异。分收入来源看（见表 2-3），该时期中国居民的劳动报酬占比均值是 51.47%，美国是 64.31%，前者比后者低了 12.84 个百分点，前者占国民收入的比例与后者占国民收入的比例之比是 0.8∶1，然而，财产收入占比却悬殊得多。中国居民财产收入占国民收入的比例均值只有 3.78%，美国是19.4%，前者比后者低了 15.62 个百分点，两者占比之比是 0.19∶1。显然，财产收入占比差距对中、美两国居民收入占比差距的影响比劳动报酬占比更大。两国居民收入占比差距的 61.69% 是由财产收入占比差距导致的。与日本相比，中国居民劳动报酬占比比日本低 12.77 个百分点，两者占比之比是 0.8∶1，在财产收入占比上，前者则比后者低了 3.36 个百分点，两者占比之比是 0.53∶1。在中、日两国居民收入占比差距上，劳动报酬占比差距是首要影响因素，不过财产收入占比差异也占了整个居民收入占比差额的 20.05%，仍然是不容忽视的重要因素。

表 2-3　　　中、美、日各种收入来源占本国国民收入的比重　　　单位：%

年份	劳动报酬占比			财产收入占比			经营留存收入占比		
	中国	美国	日本	中国	美国	日本	中国	美国	日本
1992	54.56	66.75	—	4.42	19.70	—	7.08	4.46	—
1993	51.54	66.40	—	5.11	19.61	—	5.96	4.69	—
1994	52.39	65.31	66.69	5.77	19.44	11.74	6.99	4.76	8.21
1995	53.65	64.86	66.90	4.97	19.56	10.69	6.63	4.93	7.82
1996	54.42	64.10	65.96	5.41	19.88	9.35	8.59	4.92	7.76
1997	53.64	63.88	66.17	4.33	19.92	8.86	8.06	4.89	8.01
1998	53.38	64.62	66.80	4.35	20.23	8.46	8.34	4.91	8.79
1999	53.27	64.99	66.00	3.45	19.33	7.93	8.33	5.00	9.09
2000	53.31	65.75	65.47	3.13	19.48	7.16	10.72	5.02	8.71
2001	53.23	65.83	65.75	2.72	19.39	6.21	9.97	5.23	8.73
2002	54.16	65.09	64.59	2.50	18.75	5.51	7.82	5.28	9.29
2003	53.15	64.52	63.26	2.38	18.69	5.14	8.57	5.17	9.91
2004	50.77	63.94	61.81	2.36	18.76	5.23	8.01	5.00	9.30
2005	50.73	63.05	61.59	2.44	18.61	5.57	8.11	4.92	8.95
2006	49.27	62.49	61.56	3.36	19.69	6.23	8.11	4.76	8.58
2007	48.01	64.10	60.44	3.69	19.92	6.59	7.90	4.74	8.43
2008	47.62	65.01	62.99	3.73	20.36	6.31	7.31	5.15	8.44
2009	49.06	64.22	65.01	3.34	18.03	6.15	8.29	5.54	9.26
2010	47.75	62.50	62.56	3.24	17.65	6.01	9.52	5.33	9.14
2011	47.47	61.94	63.87	4.02	19.46	6.24	9.18	5.22	9.10
2012	49.51	61.17	63.17	4.70	20.88	6.38	7.44	5.05	9.03
平均值	51.47	64.31	64.24	3.78	19.40	7.15	8.14	5.00	8.77

资料来源：根据 CEIC 数据库数据计算。

尽管财产收入目前在中国居民全部收入中的占比是最低的，但是，这一收入来源上的差距对居民收入占比的影响却十分显著：它是中、美两国居民收入占比差距的首要影响因素，中、日两国居民收入占比差距的第二大影响因素。由于中国目前的人均资本存量和劳动产出效率都低于美、日两国，即使中国的劳动力市场未被扭曲，从逻辑上说，合理的劳动报酬占比也应低于美、日两国现有水平。从中、美、日三国劳动报酬占本国国民收入的比重上看，尽管提高中国居民劳动报酬占比对于改善国民收入分配结构、提高居民收入占比还有较大空间，但是相对有限，相形之下，提高居民财产收入的空间却要大得多。因此，财产收入偏低对中国居民收入占比偏低更为重要。可以说，财产收入过低是导致我国居民收入占比偏低的重要甚至最重要的原因，然而它却被目前的大部分研究忽略了。

第3节　中国居民财产收入偏低的原因分析

居民财产收入在国民收入中的比重可以被分解为该国税后资本报酬占国民收入的比重和居民财产收入占资本报酬的比重，即：

$$\frac{居民财产收入}{国民收入} = \frac{税后资本报酬}{国民收入} \times \frac{居民财产收入}{税后资本报酬}$$

$$= \left(1 - \frac{生产税净额}{国民收入} - \frac{劳动报酬}{国民收入} - \frac{个人经营盈余}{国民收入}\right) \times \frac{居民财产收入}{税后资本报酬}$$

因此，居民财产收入占比是由两个分配过程共同决定的：一是国民收入在各个生产要素之间的分配；二是资本报酬在各个机构部门之间的分配。在第一个分配过程中，1992～2012年，尽管中国的非劳动报酬占比远远高于美、日两国（均值分别高12.84个和12.77个百分点），然而，由于生产税净额占比较高（均值分别比美、日高13.37个和4.49个百分点），因此，中国的税后资本报酬占比均值反而比美国低3.67个百分点，仅比日本高8.89个百分点（见表2-4）。

表2-4　　　中、美、日税后资本报酬占本国国民收入的比重　　单位：%

年份	中国	美国	日本
1992	23.85	28.17	—
1993	26.85	28.39	—
1994	25.04	29.16	16.67
1995	25.51	29.58	16.71
1996	21.29	30.44	17.49
1997	22.54	30.62	17.11

年份	中国	美国	日本
1998	21.60	29.90	14.79
1999	21.90	29.55	15.35
2000	23.75	28.75	16.43
2001	24.79	28.56	15.92
2002	25.62	29.14	16.71
2003	25.31	29.89	17.67
2004	28.30	30.60	19.57
2005	28.26	31.68	19.97
2006	29.82	32.35	20.03
2007	30.83	30.78	21.53
2008	32.55	29.49	18.76
2009	30.31	29.96	16.35
2010	29.56	31.84	18.85
2011	30.06	32.47	17.34
2012	29.76	33.37	18.26
平均值	26.55	30.22	17.66

资料来源：根据 CEIC 数据库数据计算。其中，中国数据来源于资金流量表，美国数据来源于美国联邦储备局，日本数据来源于日本内阁府经济社会综合研究所，下同。

税后资本报酬主要通过金融市场在各机构部门之间进行分配。在分配之前，这一报酬占国民收入的比例，中国虽然略低于美国，但却明显高于日本。然而，经过金融市场的分配之后，中国的居民财产收入占比却远远地低于美国，也明显地低于日本了。说明尽管生产税占比偏高，[①] 是导致中国与美、日两国居民财产收入占比差距的重要原因，但是，导致中、美、日三国居民财产收入占比的主要差距却是由第二个分配过程，即资本报酬在各经济部门之间的分配产生的。

但是，中国居民在第二个分配过程中所获得的资本报酬与美、日两国相比，存在明显差距（见表 2 - 5）。1992 ~ 2012 年，中国居民财产收入占总资本报酬的比例均值仅为 7.77%，而同期美国和日本的占比分别达到了 63.28% 和 20.45%。

---

① 也即通常所说的收入分配向政府倾斜。

在税后资本报酬占比均值仅略低于美国的情况下，中国居民财产收入占总资本报酬的比例比美国低了 55.51 个百分点，仅为美国的 12.28%；在税后资本报酬占比均值比日本还高 8.89 个百分点的情况下，中国居民财产收入占总资本报酬的比例却反而比日本低了 12.69 个百分点，仅为日本的 38%。

表 2-5　　　中、美、日居民财产收入占本国总资本报酬的比例　　　单位：%

年份	中国居民财产收入/总资本报酬（1）	美国居民财产收入/总资本报酬（2）	日本居民财产收入/总资本报酬（3）	(1)/(2)	(1)/(3)
1992	11.48	70.86	—	16.20	—
1993	11.94	69.46	—	17.19	—
1994	14.11	66.22	41.55	21.31	33.96
1995	12.44	67.25	35.93	18.50	34.62
1996	13.48	65.87	27.40	20.46	49.20
1997	11.22	65.02	25.77	17.26	43.54
1998	11.26	68.03	27.46	16.55	41.01
1999	8.90	64.89	24.24	13.72	36.72
2000	5.71	68.66	20.20	8.32	28.27
2001	4.95	68.55	16.45	7.22	30.09
2002	4.60	63.54	13.07	7.24	35.20
2003	4.43	61.17	11.60	7.24	38.19
2004	4.19	57.63	11.18	7.27	37.48
2005	4.39	56.26	12.39	7.80	35.43
2006	5.81	59.18	15.09	9.82	38.50
2007	6.22	65.53	16.53	9.49	37.63
2008	5.86	67.57	18.44	8.67	31.78
2009	5.55	59.44	18.94	9.34	29.30
2010	4.98	51.34	16.17	9.70	30.80
2011	5.40	54.74	18.38	9.86	29.38
2012	6.18	57.71	17.81	10.71	34.70
平均值	7.77	63.28	20.45	12.27	38.00

注：后两列数据的平均值项为前三列平均值项相除，而不是该列数据的平均值。

资料来源：根据 CEIC 数据库数据计算。

居民部门的财产收入主要来自个人持有的金融资产。中国居民的金融资产规模远不及美、日两国，那么财产收入上的巨大差异是否源自资产规模上的差异？我们利用中国人民银行发布的《中国金融稳定报告（2012）》核算了 1992～2012 年中国居民部门持有的金融资产规模，其中，2004～2010 年的数据直接源于该报告。对于 1992～2003 年的金融资产规模，我们以 1991 年为基期[①]，用资金流量表中居民金融交易表的流量数据进行估算[②]，对于 2011 年和 2012 年，则以《中国金融稳定报告（2012）》中 2010 年的存量数据为基期进行估算（见表 2-6）。

表 2-6　　　　　1992～2012 年中国居民的金融资产规模　　　　单位：亿元

年份	金融资产	本币通货	存款	证券	证券：债券	证券：股票	证券投资基金份额	证券客户保证金	保险准备金	代客理财资金	其他（净）
1992	16 744	3 469	11 545	—	—	—	—	—	—	—	—
1993	21 806	4 692	14 764	—	—	—	—	—	—	—	—
1994	29 572	5 831	21 519	—	—	—	—	—	—	—	—
1995	38 440	6 308	29 662	—	—	—	—	—	—	—	—
1996	49 432	7 042	38 521	—	—	—	—	—	—	—	—
1997	60 609	8 142	46 280	—	—	—	—	—	—	—	—
1998	73 074	8 963	53 407	—	—	—	—	—	—	—	—
1999	85 289	10 764	59 622	—	—	—	—	—	—	—	—
2000	96 158	11 722	64 332	—	—	—	—	—	—	—	—
2001	110 276	12 551	73 762	—	—	—	—	—	—	—	—
2002	129 997	13 822	86 911	—	—	—	—	—	—	—	—
2003	153 107	15 797	103 617	—	—	—	—	—	—	—	—
2004	180 369	17 820	129 575	15 190	6 293	8 897	1 905	1 339	14 113	—	—
2005	209 083	19 945	150 551	14 399	6 534	7 865	2 449	1 566	18 315	—	—
2006	251 600	22 469	171 737	23 945	6 944	17 001	5 618	3 128	22 680	—	—

---

① 1991 年的居民金融资产主要由现金、银行存款、国债和股票组成。现金以当年流通货币总额的 80% 估算。银行存款直接使用中国人民银行公布的居民储蓄存款余额数据。中国证监会的数据显示，1991 年，中央政府未偿的国债余额为 1 059.99 亿元，其中，国库券 587.51 亿元、财政债券 201.79 亿元、保值公债 124.83 亿元、特种国债 92.73 亿元、重点建设债券 48.95 亿元。居民主要持有国库券和保值公债，持有的比例大致为 90%。1991 年 A 股市场上市公司数仅 14 家，当年筹资额仅为 5 亿元，居民持有数额有限，可忽略不计。据此，本章估计 1991 年居民部门实际持有的金融资产规模为 12 295.23 亿元。

② 以该方法和数据估算的 2004 年、2005 年居民金融资产规模分别为 174 359.58 亿元、204 272.38 亿元，分别是《中国金融稳定报告》中同期数据的 96.67% 和 97.70%，估算误差在 4% 之内，估算结果是比较接近实际情况的。

年份	金融资产	本币通货	存款	证券	证券：债券	证券：股票	证券投资基金份额	证券客户保证金	保险准备金	代客理财资金	其他（净）
2007	335 495	25 211	181 840	58 311	6 707	51 604	29 716	9 904	27 097	—	
2008	342 870	28 622	228 478	25 139	4 981	20 157	17 011	4 760	37 831	—	
2009	410 869	31 982	268 650	49 997	2 623	47 374	8 383	5 695	46 226	—	
2010	494 832	37 691	315 642	59 169	2 692	56 477	7 346	4 447	52 667	14 975	—
2011	502 246	42 318	352 797	—	—	—	—	—	—	—	—
2012	511 952	45 580	411 352	—	—	—	—	—	—	—	—

注：（1）1992～2003 年以及 2011 年、2012 年的本币通货值为估算结果。1992～2003 年参照王春正（1995）的方法按总通货数量的 80% 计算，2011 年、2012 年则按 2004～2010 年的平均值估算。

（2）保险准备金包含了养老金和保险部分。《中国金融稳定报告（2012）》用该项指标比较了美、英、德、日四国的保险及养老准备金在居民金融资产中的占比。

资料来源：《中国统计年鉴》《中国金融年鉴》《中国金融稳定报告（2012）》。

近 20 多年来，我国居民部门持有的金融资产规模迅速增长。2012 年居民金融资产规模是 1992 年的 30.58 倍，年均增速高达 18.65%。2012 年人均金融资产达到 37 810.34 元，是 1992 年的 26.46 倍，年均增长 17.80%。若以 1978 年不变价格计算，2012 年人均可比价金融资产规模是 1992 年的 10.87 倍，年均增速 12.67%，都超过了同期的经济增速。不过，与美、日两国相比，中国居民的金融资产规模仍然是比较小的。2012 年，中国居民金融资产的总规模仅为美国的 22.73%，日本的 51.91%（见表 2－7）。从人均水平上看，中、美、日三国的差距更大。2012 年，我国人均金融资本存量仅为美国人均水平的 4.23%，日本的 3.93%。

表 2－7　　　　　中、美、日居民金融资产规模比较

年份	居民金融资产总额（10 亿美元）			人均金融资产（美元）		
	中国	美国	日本	中国	美国	日本
1992	304	14 181	—	259	55 606	—
1993	378	15 236	—	319	59 105	—
1994	343	15 701	—	286	60 312	—
1995	460	17 737	—	380	67 493	—
1996	595	18 977	—	486	71 549	—
1997	731	21 719	10 622	591	81 106	84 195

年份	居民金融资产总额（10亿美元）			人均金融资产（美元）		
	中国	美国	日本	中国	美国	日本
1998	883	24 450	10 045	707	90 472	79 424
1999	1 030	28 157	12 305	819	103 254	97 142
2000	1 162	26 914	13 073	916	95 382	102 996
2001	1 332	25 701	11 418	1 044	90 153	89 683
2002	1 571	23 623	11 319	1 223	82 081	88 788
2003	1 850	27 098	12 576	1 431	93 337	98 483
2004	2 179	30 943	13 585	1 676	105 591	106 307
2005	2 552	33 310	14 260	1 951	112 628	111 608
2006	3 155	36 840	13 645	2 400	123 379	106 683
2007	4 410	38 574	13 138	3 338	127 906	102 617
2008	4 935	31 718	14 119	3 716	104 207	110 231
2009	6 015	34 551	15 949	4 507	112 541	124 569
2010	7 309	39 100	17 115	5 451	126 404	133 652
2011	8 363	40 292	18 837	5 769	129 314	147 395
2012	10 098	44 433	19 452	5 990	141 563	152 549

资料来源：根据 CEIC 数据库数据整理。

从金融资产结构上看，储蓄存款仍然是中国居民最主要的金融资产（见表2-8）。尽管居民储蓄存款的规模在近10年间有下降的趋势，然而，2012年储蓄存款占居民金融资产的比重再次回升至80.35%。保险准备金和股票占居民金融资产的比重近年来快速上升。这一变化体现了我国居民对多元化配置金融资产的需求开始上升，投资理财及避险意识逐渐增强。

表2-8　　　　　　1992～2012年中国居民的金融资产结构　　　　单位：%

年份	本币通货	存款	证券：债券	证券：股票	保险准备金	证券投资基金份额	其他
1992	20.72	68.95	—	—	—	—	—
1993	21.52	67.71	—	—	—	—	—
1994	19.72	72.77	—	—	—	—	—
1995	16.41	77.16					

年份	本币通货	存款	证券:债券	证券:股票	保险准备金	证券投资基金份额	其他
1996	14.25	77.93	—	—	—	—	—
1997	13.43	76.36	—	—	—	—	—
1998	12.27	73.09	—	—	—	—	—
1999	12.62	69.91	—	—	—	—	—
2000	12.19	66.90	—	—	—	—	—
2001	11.38	66.89	—	—	—	—	—
2002	10.63	66.86	—	—	—	—	—
2003	10.32	67.68	—	—	—	—	—
2004	9.88	71.84	3.49	4.93	7.82	1.06	0.98
2005	9.54	72.01	3.13	3.76	8.76	1.17	1.64
2006	8.93	68.26	2.76	6.76	9.01	2.23	2.05
2007	7.51	54.20	2.00	15.38	8.08	8.86	3.97
2008	8.35	66.64	1.45	5.88	11.03	4.96	1.69
2009	7.78	65.39	0.64	11.53	11.25	2.04	1.37
2010	7.62	63.79	0.54	11.41	10.64	1.48	4.51
2011	8.43	70.24	—	—	—	—	—
2012	8.90	80.35	—	—	—	—	—

注：该报告仅列出了 2004~2010 年的居民金融资产总额及各分项数据，其余年份的本币通货和存款数据，我们根据资金流量表数据进行了推算。其余的分项数据限于资料，尚无法估算。

资料来源：根据《中国金融稳定报告（2012）》、资金流量表数据计算。

在居民金融资产结构方面，同为银行主导，以间接融资为主的日本与中国较为接近——银行存款都是两国居民最主要的金融资产，而在以直接融资为主的美国，家庭部门金融资产的配置则比较分散（见表2-9）。在日本的家庭金融资产中，银行存款占比基本稳定在50%左右。保险与养老金占比也极其稳定，基本上都在26.5%左右，固定收益类债券占比在近10年也相对稳定。尽管存款占日本家庭金融资产的比重最大，但是在与我们所研究的中国样本相近的时期（1997~2012年）里，其平均水平仍然比中国低了18.15个百分点。日本家庭将更多的金融资源配置在保险与养老金领域，2010年中、日两国居民在该领域的金融资产比重相差17.16个百分点。在美国，直接融资为主的金融市场结构在家庭金融资产的配置上也得到了鲜明体现。美国家庭持有的金融资产中，占比最大的是各类公司股票、保险与养老基金，存款、公司债券和各类投资基金的比例大致相当。

表 2 - 9　　　　　1992 ~ 2014 年日本、美国的家庭金融资产结构　　　　单位：%

年份	通货		存款		债券		股票与基金份额		保险与养老金	
	日本	美国	日本	美国	日本	美国	日本	美国	日本	美国
1992		3.13		13.75		10.88		39.18		33.05
1993		3.29		12.08		10.75		40.38		33.50
1994		3.16		11.21		11.61		40.08		33.94
1995		2.76		10.69		11.42		41.4		33.73
1996		2.34		10.40		10.97		42.96		33.33
1997	2.26	1.92	51.87	9.94	7.00	10.08	6.68	44.67	26.78	33.39
1998	2.44	1.65	52.87	9.19	6.30	9.44	6.17	47.04	27.07	32.67
1999	2.55	1.53	51.03	8.57	5.80	8.75	9.85	49.02	26.08	32.14
2000	2.51	1.20	51.36	8.58	5.83	8.20	8.60	50.18	26.65	31.84
2001	2.82	1.33	52.71	10.09	5.48	8.54	6.53	46.15	27.24	33.89
2002	2.94	1.32	52.18	11.15	4.52	8.28	6.04	43.73	29.37	35.52
2003	2.95	1.31	50.58	11.56	4.40	7.73	7.38	43.56	29.07	35.84
2004	2.97	0.99	50.33	11.05	4.94	9.30	8.22	44.5	28.30	34.15
2005	3.26	0.74	46.85	11.11	5.84	8.95	12.67	45.62	26.58	33.57
2006	3.26	0.53	46.16	11.15	6.81	8.84	12.52	46.86	26.33	32.62
2007	3.39	0.31	47.75	11.20	7.81	8.65	9.03	47.86	27.20	31.97
2008	3.59	0.36	51.11	12.68	6.39	10.60	6.01	42.78	28.75	33.59
2009	3.55	0.73	50.75	13.47	6.72	11.99	6.35	38.29	28.28	35.51
2010	3.63	0.71	51.00	12.90	6.72	10.95	6.75	39.27	27.80	36.17
2011	3.60	1.09	52.09	12.57	5.97	9.79	6.47	40.56	27.84	35.98
2012	3.62	1.42	51.40	12.53	6.03	8.88	7.20	41.4	27.63	35.77
2013	3.50	1.57	49.63	11.85	6.61	7.62	9.46	44.47	26.70	34.50
2014	3.51	1.72	49.03	11.56	7.13	6.53	9.54	46.32	26.37	33.87

注：表中日本的数据来自日本银行公布的家庭金融资产负债表，该表的分项数据与总和数据之间每年均有 5% 左右的误差。

资料来源：根据日本银行、美国联邦储备委员会的数据计算。

投资回报率过低是导致我国居民财产收入占比偏低的主要原因。在人均资本存量更低的中国，居民的实际投资回报率反而低于资本丰裕的美国和日本，这是与经济学的一般原理相悖的。2012年，中国居民的人均财产收入为1 797.42元，是1992年的17.68倍，年均增速15.44%，比同期的人均金融资产增速低了2.36个百分点；若以1978年不变价格计算，2012年人均可比价财产收入是1992年的7.26倍，年均增速10.42%，比可比价人均金融资产增速低了3.07个百分点。人均财产收入平均增速长期低于人均金融资产规模的平均增速，意味着居民金融资产的回报率在这20年里存在着下降趋势。若将投资回报率定义为财产收入除以通货以外的金融资产，我们发现，在数据期内，中国居民的金融投资名义回报率在1994~2004年间急速下降之后始终在低位徘徊。1994~2004年，名义回报率从11.68%迅速下降至2.32%，之后虽有所回升，但是，至2012年也仅仅回升至5.22%，仅仅接近于1998年水平。在考虑了通胀因素后，中国居民的金融资产实际回报率在2002年之后的所有年份都显著低于美国，在大多数年份都明显低于日本（见图2-1）。

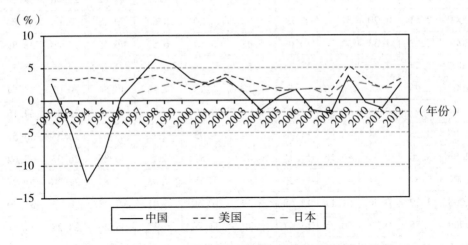

图2-1　1992~2012年居民实际金融资产回报率比较

资料来源：根据《中国金融稳定报告（2012）》《中国统计年鉴》、美国联邦储备局、日本内阁府经济社会综合研究所以及日本银行相关数据整理计算。

与经济学的逻辑相反，在资本更为稀缺的中国，居民的金融投资回报率不是高于反而是低于资本更为充裕的美国和日本。1992~2012年，扣除通胀因素后，中国居民的实际金融投资回报率平均仅为0.26%，这一回报水平尚不及同期美国居民实际投资回报率的1/10。即便将回报率异常低的1993~1996年排除在外，1997~2012年，美、日两国居民的实际金融投资回报率仍然分别是中国的

1. 59倍和1. 17倍。众所周知，在正常的市场经济中，居民金融投资的实际回报水平应当与该国资本的稀缺程度呈反向关系。也即一国资本越稀缺，资本的边际产出水平就越高，支付给资本的边际报酬也就应当越高。尽管改革开放后，我国的金融资本和实物资本都在快速增长，但是人均资本存量仍然远远不及美、日两国。宾夕法尼亚大学国际比较研究中心估算的数据显示，截至2011年，中国以购买力平价计算的全要素生产率（TFP）分别为美、日两国的40.66%、57.13%；以购买力平价计算的中国人均资本存量仅为美、日两国的25.79%、23.47%。学界对中国资本产出弹性的估计一般在0.5左右，美、日两国则为0.3。根据$r = \alpha \cdot A \cdot k^{\alpha-1}$这一公式粗略估算，中国实际的资本回报率应大致是美、日两国的1.33倍和1.93倍。即便考虑到中国家庭金融资产中低风险资产的比重较高，现有的投资回报率也仍然是偏低的，与中国现有的生产技术水平和人均资本存量水平不相匹配。

除回报率明显不合理外，居民金融债权和最终金融投资收益之间的背离也证明了资本报酬分配过程的扭曲。李文溥、李昊（2015）的研究显示，改革开放后，中国居民的金融资产规模快速增加，1999年之前，其增速远高于社会生产性资本增速，这意味着居民对资本报酬的索取权越来越大。截至1999年，居民部门持有的金融资本（债权）与社会生产性资本存量之比已达47.51%，然而，当年居民财产收入占总税后资本报酬的比例却不过8.91%。这一差距在中国人民银行连续8次降息之后更为明显。1999~2006年，居民金融债权占社会资本存量的比例仅下降了不到4个百分点，降幅仅为8.40%，但是居民部门在资本报酬中的分配比例降幅却高达34.72%，仅仅剩下5.81%。

尽管美、日两国在不同时期都实行过利率管制政策，但却未对国民收入分配形成如此显著的影响。美国的金融市场长期以直接融资为主，银行存款占家庭金融资产的比例远远低于股票和保险，对财产收入的重要性不高，因此利率管制政策对居民收入的影响有限。日本家庭的金融资产结构虽与中国较接近，但是存款占比仍比中国低近20个百分点，除了银行存款外，日本民众可以选择的金融资产也相当多。此外，在要素分配过程中，同期美、日两国的劳动报酬所占比例都比中国高近13个百分点，因此，在劳动报酬占比较低、金融产品选择空间较小的情况下，利率管制对中国居民收入的影响就特别明显。1996~2002年，中国人民银行连续8次下调存贷款利率，直接导致了居民投资回报率的大幅下跌，此后10余年，实际存款利率始终接近于零，居民投资回报率自然难以提高。金融管制对居民财产收入造成的损失十分惊人，研究证实，1992~2012年，利率管制导致居民应得的财产收入的56.57%被转移给了企业和政府部门，最高年份的转移比率高达 81.30%，居民损失的收入约占 1992～2012 年 GDP 总量的 3.35%。①

第 4 节　总结与结论

本章以资金流量表为基础，对国民收入分配结果进行分解，利用美、日两国为参照系，全面对比了中、美、日三国的国民收入分配结构，试图从中发现中国居民收入占比过低的症结所在。

通过对资金流量表数据的整理，我们发现，在当前中国居民的收入结构中，绝大部分收入是劳动报酬，财产收入在三种收入来源中占比最小，似乎是最不重要的收入来源。或许正因为如此，迄今为止的大部分研究都将收入在劳资要素之间的分配视为扭转最终分配结构的关键。然而，国际比较的结果显示，财产收入占比的差异对最终分配结构的影响不可忽视，而且，在目前中国居民财产收入占比极低的情况下，尤其不可忽视。中、美两国居民收入占比差异有 61.69% 是由财产收入差异引起的，中、日两国居民收入占比差异有 20.05% 是财产收入差异造成的。如果考虑到中国现有人均资本存量水平和人均产出效率远低于这两个发达国家，那么，中国合理的劳动报酬占比在一定程度上低于二者是正常现象，在这种情况下，提高财产收入及其占比对最终分配结构的影响也就显得更重要了。与发达市场经济体相比，中国居民的财产收入占比现在严重偏低，这也就意味着有极大的提高空间。

中国居民财产收入过低，一则源于居民金融债权对全社会生产性资产存量之比偏低，最高年份（1999 年）也只有 47.5%；二则源于长期实行的低利率管制政策。仅就后者而言，中国的国民收入在要素分配和生产税征收之后，尽管税后资本报酬占比并未显著低于美国，甚至还高于日本，然而经过金融市场分配后，居民资本报酬占国民收入的比例却出现了巨大差异，1992～2012 年，这一比例平均比美国低 15.62 个百分点，比日本低 3.36 个百分点。通过对中、美、日三国居民金融资产的核算，我们发现，中国居民财产收入过低的主要原因是投资回报率太低。在人均资本存量远远低于美、日两国的情况下，中国居民的实际投资回报率却大大低于后者，即便考虑到我国居民金融资产中低风险资产的比例较高，当前的投资回报率仍是不合理的（李文溥、李昊，2015）。长期偏低的管制利率和金融市场准入限制是导致这一现象的根本原因。

利率管制之外，金融产品的匮乏也限制了居民的投资选择空间，从而大大限制了居民财产收入提高的可能。即便与以间接融资为主的日本相比，中国居民金

---

① 详细估算方法及数据参见李文溥、李昊（2015）。

融资产中银行存款的比例也是偏高的。居民财产收入的大小不仅与居民金融资产的规模相关，也与其所承担的市场风险相关。在中国当前的金融市场中，面向居民的金融产品大部分集中在高风险和低风险两端，未能形成由低至高、合理分布的多元化布局，从而限制了居民部门依据自身风险偏好自主选择不同资产组合的可能。因此，解除居民存款利率管制之后，在保证市场稳定的前提下，放松市场准入限制、鼓励金融产品创新对扭转当前的居民财产收入过低也具有十分重要的意义。

参考文献

［1］白重恩、钱震杰：《谁在挤占居民的收入——中国国民收入分配格局分析》，载于《中国社会科学》2009 年第 5 期。

［2］常兴华、李伟：《我国国民收入分配格局的测算结果与调整对策》，载于《宏观经济研究》2009 年第 9 期。

［3］方福前：《中国居民消费需求不足原因研究——基于中国城乡分省数据》，载于《中国社会科学》2009 年第 2 期。

［4］方文全：《中国劳动收入份额决定因素的实证研究：结构调整抑或财政效应?》，载于《金融研究》2011 年第 2 期。

［5］郭庆旺、吕冰洋：《论税收对要素收入分配的影响》，载于《经济研究》2011 年第 6 期。

［6］国家发改委社会发展研究所课题组：《我国国民收入分配格局研究》，载于《经济研究参考》2012 年第 21 期。

［7］贾康、刘微：《提高国民收入分配"两个比重"遏制收入差距扩大的财税思考与建议》，载于《财政研究》2010 年第 12 期。

［8］李文溥、龚敏：《出口劳动密集型产品导向的粗放型增长与国民收入结构失衡》，载于《经济学动态》2010 年第 7 期。

［9］李文溥、龚敏：《要素比价扭曲与居民消费不振》，载于《高校理论战线》2013 年第 1 期。

［10］李文溥、李静：《要素比价扭曲、过度资本深化与劳动报酬比重下降》，载于《学术月刊》2011 年第 2 期。

［11］李文溥、李昊：《利率管制与居民财产收入占比下降》，载于《吉林大学社会科学学报》2015 年第 6 期。

［12］吕冰洋、禹奎：《我国税收负担的走势与国民收入分配格局的变动》，载于《财贸经济》2009 年第 3 期。

［13］彭爽、叶晓东：《论 1978 年以来中国国民收入分配格局的演变、现状与调整对

策》，载于《经济评论》2008 年第 2 期。

［14］阮加、阮敬科：《收入分配问题现状、原因及对策探讨》，载于《经济学动态》2011 年第 2 期。

［15］王小鲁：《我国国民收入分配现状、问题及对策》，载于《国家行政学院学报》2010 年第 3 期。

［16］王春正：《我国居民收入分配问题》，中国计划出版社 1995 年版。

［17］许宪春：《准确理解收入分配核算》，载于《经济学动态》2014 年第 3 期。

［18］周明海、肖文、姚先国：《中国经济非均衡增长和国民收入分配失衡》，载于《中国工业经济》2010 年第 6 期。

［19］European Commission，International Monetary Fund，Organization for Economic Cooperation and Development，United Nations，World Bank. System of National Accounts（SNA）: 2008.

第 3 章 利率管制与居民财产收入占比下降[*]

第 1 节 引 言

20 世纪 90 年代中期之后，我国居民收入占 GDP 比重一改 1978 年以来的上升趋势，掉头下降。资金流量表数据显示，1992～2012 年，居民初次分配收入占 GDP 的比重从 66.06% 降至 61.65%。政府和企业收入占比分别上升了 2.25 个和 4.23 个百分点。再分配也没有改变初次分配格局。2000～2012 年，居民部门可支配收入占比与初次分配收入占比基本持平。国际比较说明，我国居民收入占比明显偏低（见图 3－1）。

居民部门初次分配收入由劳动报酬和财产收入组成。劳动报酬取决于劳动要素对生产的贡献以及劳资双方的博弈。财产收入取决于资本收益分配。资金流量表数据显示：1992～2012 年，我国居民持有的金融资产中，储蓄存款余额占当期 GDP 的 54.83%～84.95%；财产收入却仅为同期 GDP 的 1.05%～3.47%。即使将高通胀的 1993～1995 年扣除，其余年份居民的金融资产实际回报率也仅为 － 1.94%～

---

* 本章作者：李文溥、李昊。

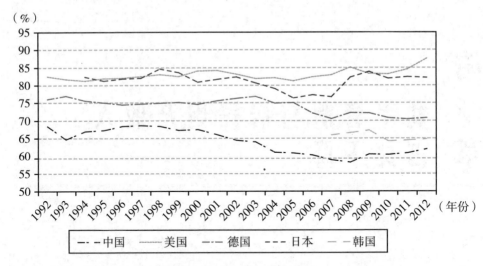

图 3 - 1　不同经济体的居民可支配收入占比变化

资料来源：根据 CEIC 数据库数据整理。

7.60%，[①] 远低于同期全社会总资本回报率。[②]

我国居民金融资产回报率低，财产收入占比下降，根本原因是政府主导型经济下的金融管制和利率管制。金融市场化程度低，国有银行垄断程度高，金融产品种类少，大部分居民金融投资仍以银行存款为主。1992～2012 年居民财产收入中利息收入占比高达 73.83%～99.60%，同期美国家庭存款仅占其金融资产的11.82%～19.68%。日本 1998～2013 年家庭各类存款占其金融总资产的 45.80%～52.87%。由于利率管制，扣除通胀因素后，1990～2013 年，我国银行一年定期存款实际利率平均仅为 0.27%，其中超过 1/3 时段实际利率为负。金融管制下，过低的存款利率实际上是迫使存款者补贴银行和贷款者。

本章利用 1992～2012 年资金流量表的数据分析近 20 年来国内资本报酬分配，估算利率管制导致的居民财产收入损失。本章余下部分安排如下：第 2 节为文献综述；第 3 节以资金流量表为基础，结合相关统计年鉴的数据，计算 1992～2012 年资本要素收入在部门间的分配情况；第 4 节分析了近 20 年来我国居民财产收入占比下降的原因；第 5 节估算利率管制导致的 1992～2012 年的居民财产

---

① 1993～1995 年居民的金融资产实际回报率分别为 -2.39%、-11.07%、-6.93%。

② 中国的总资本回报率仍存在较大争议，单豪杰、师博（2008）认为中国 1978～2006 年的工业资本回报率呈"U"型变动，变动幅度在 5.7%～28.5% 之间。白重恩等（Chong-En Bai et al.，2006）进行的估测结果表明，中国资本回报率在整个改革开放时期几乎一直保持在 20% 以上的高水平。方文全（2012）的估算认为 1993～2007 年的税后实际资本回报率在 6.9%～12.9% 之间。

收入损失；第 6 节是结论。

第 2 节　文献综述

对于我国利率管制政策的形成和延续的成因，主要有三种解释：一是为了稳定金融市场，防范金融风险（Stiglitz，1994；Hellmann et al.，1997，2000；李稻葵，2001；王晋斌，2000）；二是为了支持特定产业或特定部门优先发展（陈斌开、林毅夫，2012；王勋、Anders Johansson，2013；李广众，2001；卢文鹏，2002；王曙光，2003；宋李健，2008；刘瑞明，2011）；三是为了推动本国金融深化和经济增长（中国经济增长与宏观稳定课题组，2007）。上述观点认为，金融抑制的扶持对象是整个企业部门；低利率政策主要是为了加速企业投资，促进高增长。

我们认为中国的金融抑制政策即使从"一五"时期算起，至今也超过了 60 年。尽管不同时期各有原因，其基本出发点还是政府力图控制国民储蓄及其使用。20 世纪 50 年代至 80 年代中期，是重工业优先的赶超型战略使然。80 年代中期至 90 年代中后期，重点转向维持国企、筹措转型成本等。90 年代中后期至今，是追求粗放型高投资、高增长。银行系统则借机搭车，攫取垄断利润，将居民部门应得的财产收入部分转为本部门收入。[①] 对于低利率政策下资金使用方获得的补贴规模，已有一些初步估算（胡和立，1989；万安培，1995，1998；周业安，1999；尹希果、许岩，2011），但大多是 2000 年之前进行的，没有对利率管制的居民财产收入影响进行研究；并且估算较为粗糙，以主观经验判断为主，缺乏理论和数据依据，结果差异极大。本章拟从部门间金融资产占比的角度来审视资本报酬分配的合理性，对此前被忽略的由利率管制导致的居民财产收入损失进行估算。

第 3 节　改革开放以来的资本要素收入分配

现有统计资料中，只有资金流量表报告了企业、居民以及政府部门经过初次分配和再分配的收入情况。该表是研究国民收入部门间分配的基础性数据。许宪春（2002），李扬、殷剑锋（2007），白重恩、钱震杰（2009）都利用该数据分析了国民收入分配格局。对于一个经济部门而言，在初次分配阶段可能有三个收入来源：一是向其他部门提供劳动力、资本等获得要素报酬收入；二是本部门创

---

① 包括金融企业及非金融企业。

造的增加值扣除要素报酬、生产税净额后的经营性留存；三是生产税净额。对于企业、居民和政府部门而言，不同的经济活动特性决定了收入来源各不相同。由于土地和其他自然租金收入在我国收入分配中占比极小，[①] 简化起见，本章将非劳动报酬收入都视为资本要素报酬，不再单独考虑自然租金报酬。依据 2008 年版 SNA 对财产收入的定义，本章对各部门的资本报酬构成定义如下：

企业部门占有的资本报酬 = 经营性留存 + 财产收入

居民部门占有的资本报酬 = 财产收入 − 财产支出

政府部门占有的资本报酬 = 生产税净额 + 经营性留存 + 财产收入

与其他研究略有不同的是对居民财产支出的处理。考虑到在我国现有的金融市场环境下，个体经营者很难通过正规渠道获得贷款，居民利息支出大部分是住房和消费信贷产生的，因此，将净财产收入定义为居民部门获得的资本报酬。

根据以上定义，利用 CEIC 数据库中的 1992~2012 年资金流量表实物交易表数据可以核算出这 21 年中资本要素收入在三部门之间的分配情况（见表 3-1）。

表 3-1　　　　　　　　1992~2012 年资本要素收入分配情况　　　　单位：10 亿元

年份	全社会资本报酬收入 绝对值	非金融企业部门 绝对值	非金融企业部门 占比（%）	金融企业部门 绝对值	金融企业部门 占比（%）	政府部门 绝对值	政府部门 占比（%）	住户部门 绝对值	住户部门 占比（%）
1992	1 032.68	402.33	38.96	65.61	6.35	446.222	43.21	118.525	11.48
1993	1 497.36	621.94	41.54	86.78	5.80	609.802	40.73	178.842	11.94
1994	1 952.19	774.42	39.67	80.70	4.13	821.673	42.09	275.395	14.11
1995	2 373.92	1 052.97	44.36	115.24	4.85	910.305	38.35	295.406	12.44
1996	2 717.99	1 075.48	39.57	109.96	4.05	1 166.032	42.90	366.517	13.48
1997	2 987.54	1 243.79	41.63	75.13	2.51	1 333.436	44.63	335.180	11.22
1998	3 175.16	1 289.40	40.61	55.21	1.74	1 472.875	46.39	357.675	11.26
1999	3 394.67	1 484.59	43.73	90.88	2.68	1 517.094	44.69	302.110	8.90
2000	3 413.81	1 853.00	54.28	79.44	2.33	1 286.489	37.68	194.880	5.71
2001	3 873.89	2 161.78	55.80	150.46	3.88	1 369.715	35.36	191.930	4.95
2002	4 433.61	2 366.72	53.38	202.77	4.57	1 660.002	37.44	204.119	4.60

---

① 资金流量表中要素收入分配数据表明，土地租金收入仅占全社会财产收入的 0.6%~3.39%，截至 2010 年，该项收入占全社会初次分配总收入的比重也仅为 0.61%。

年份	全社会资本报酬收入	非金融企业部门		金融企业部门		政府部门		住户部门	
	绝对值	绝对值	占比（%）	绝对值	占比（%）	绝对值	占比（%）	绝对值	占比（%）
2003	5 070.95	2 713.24	53.51	294.47	5.81	1 838.737	36.26	224.50	4.43
2004	6 467.49	3 697.88	57.18	307.19	4.75	2 191.299	33.88	271.12	4.19
2005	7 437.26	4 153.75	55.85	349.43	4.70	2 607.369	35.06	326.71	4.39
2006	9 002.06	4 819.14	53.53	522.39	5.80	3 137.369	34.85	523.16	5.81
2007	11 475.57	6 152.60	53.61	682.48	5.95	3 926.656	34.22	713.83	6.22
2008	13 876.37	7 460.90	53.77	947.60	6.83	4 654.867	33.55	813.00	5.86
2009	14 163.83	7 327.30	51.73	1 089.50	7.69	4 960.643	35.02	786.39	5.55
2010	16 616.97	8 338.90	50.18	1 458.22	8.78	5 992.730	36.06	827.12	4.98
2011	19 480.29	9 485.40	48.69	1 735.82	8.91	7 206.726	36.99	1 052.34	5.40
2012	21 183.60	9 702.30	45.80	2 075.30	9.80	8 097.600	38.23	1 308.40	6.18

资料来源：《中国统计年鉴（1998～2014）》《中国资金流量表历史资料（1992～2004）》。

1992～2012 年，居民部门资本收入不仅十分有限，而且增速大大低于全社会资本报酬增速。这 20 年，全社会资本报酬增长 19.51 倍，居民部门资本报酬仅增长 10.06 倍，[1] 它导致了 1994 年之后居民部门资本报酬占全社会资本收入的比重不断下降。1992 年尚有 11.48%，2012 年跌至 6.18%，是所有部门中占比最低的。由于我国金融市场至今仍以间接融资为主，银行存款还是多数居民主要的储蓄和投资手段。居民财产收入至今仍有 80% 以上是利息收入。居民部门资本报酬增长缓慢，占比不断下降，与金融市场管制、投资渠道狭窄、存款利率过低密切相关。

居民部门财产收入占比不断下降的另一面是企业和政府部门获得了绝大部分资本要素收益。1994 年就占全社会资本收益的 85.89%，2000 年之后更基本稳定在 95% 左右（见图 3-2）。

1999 年以前，企业部门的资本收入约占 45%，略高于政府部门。2000～2012 年稳定在 59% 左右，然而，企业部门内金融企业与非金融企业的分配格局却发生了重大变化。1992～2012 年，金融企业资本收入增长 30.63 倍，比非金融企业、全

---

① 需要指出的是：同期居民部门的金融资产增长大大快于全社会生产性资本的增长速度。1992～2012 年，按照现价计算的全社会生产性资本增长了 23.83 倍，居民部门的金融资产增长了 27.66 倍。然而，居民部门的资本报酬增长速度却仅为全社会资本报酬增长速度的一半。

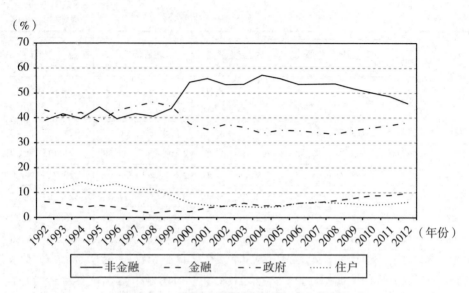

图 3 – 2　各部门资本要素收入占比情况

资料来源：根据《中国统计年鉴》资金流量表实物交易部分整理。

社会和居民部门分别快 7.5 倍、11.12 倍、20.57 倍。2000～2012 年，金融企业资本收入占比从 2.33% 猛增至 9.80%，增长了 320.6%，是该时期唯一资本收入占比持续上升的部门。2000～2012 年，金融部门收入占企业部门收入的比例从 4.11% 上升至 17.62%，其主要原因是寡头垄断和利率管制而非经营效率提高。1995 年 7 月至 1999 年 6 月，一年及一年内贷款利率与一年期定期存款的利差从 1.08% 上升至 3.6%，此后至 2014 年 10 月，始终维持在 3% 以上。另一方面，1995 年《商业银行法》的正式实施增强了银行系统的经营独立性。1998 年银行机构精简以及 1999 年 1.4 万亿元不良贷款的剥离大大减轻了国有银行的经营负担。存贷款利差扩大、固化以及银行独立性增强赋予国有银行将信贷市场上的垄断地位转化为攫取垄断租金的能力，银行成为中国股市上最盈利的企业。2013 年深、沪两市上市公司年报显示，该年净利润最高的 10 家上市公司中，银行占 7 家，四大国有银行更稳居前四。2013 年 16 家上市银行实现净利润 11 682.9 亿元，占 2 489 家上市公司净利润的 47.02%，其中仅四大国有银行净利润占比就达 32.52%。

第 4 节　居民财产收入占比下降的原因分析

国民收入中的资本报酬来源于生产性实物资本在生产中创造的增加值。资本报酬分配则取决于用于生产的实物资本或对此类实物资本的收益索取权（即金融资产）在各部门之间的分布以及生产参与者之间的博弈。一国资本报酬在部门间分配是否合理主要应看分配结果与各部门的资本所有权结构是否匹配。居民部门一般不直接占有实物生产性资本，而是通过持有金融资产参与资本报酬分配。在市场有效运行的情况下，居民资本报酬占比应当和居民金融资产对全社会生产性实物资产的比例保持同向变化。本章讨论的生产资本包含政府和企业投资建设的住房以外的非生产性项目，包括各类公共设施、文教科卫等部门的资产。此类资产虽难以估计其产出价值，但也是社会生产不可或缺的投入要素，因此可视为广义的生产资本。住房主要用于居住消费，是耐用消费品，不进入生产过程，因此，许多学者在估算生产性资本存量时都予以剔除（Chen et al. ，1988a，1988b；谢千里等，1995；大琢启二郎等，2000）。

近20年来我国居民部门财产收入占比降低源于居民的生产性资本占比下降和金融抑制导致的资本收入转移，即低存款利率、高存贷利差下企业经营性留存和银行垄断利差收入对居民应得财产收入的侵蚀。为检验第一种因素的可能性并衡量当前资本收入分配的合理性，我们对1978年以来我国生产资本存量中的居民占比进行估算。居民部门的净金融资产等于现金、存款、证券、债券等金融资产减去贷款等金融负债。中国人民银行金融稳定局发布的《中国金融稳定报告》自2010年起增加了"政府、企业和住户财务分析"部分，公布了2004～2010年居民部门各年持有的各类金融资产余额。2004年之前和2010年之后的居民部门金融资产状况目前只能用流量数据估算。1992年，深、沪两市A股市场的全部流通市值为0.225亿元，仅为当年储蓄存款余额的0.1%，因此，我们以储蓄存款余额作为1991年之前居民金融资产的替代值。资金流量表的金融交易表报告了1992～2012年居民金融投资的流量数据。若以1991年存款余额为基期值，利用该数据逐年累加可获得历年居民金融资产的估计值，算得2004年、2005年居民金融资产规模为174 359.58亿元、204 272.38亿元，分别是《中国金融稳定报告》中同期数据的96.67%和97.70%，估算误差在4%之内。因此，以此方式估算1992～2003年以及2011年、2012年的居民金融资产规模。

中国人民银行自2007年起开始提供分部门的信贷数据，2007年以前的居民金融负债只能依据资金流量表金融交易部分的居民贷款数据估算，即假设各年贷款余额为之前贷款流量的加总。该数据起始年份为1992年，该年居民新增贷款为157.8亿元，仅为当年居民新增存款的5.86%。至1998年则降至2.01%。从个人信贷的历史看，居民消费和住房信贷的转折点出现在1998～1999年：1998年7月国务院下发《关于进一步深化城镇住房制度改革、加快住房建设的通知》正式终结了单位福利分房制度，原有单位住房福利全部改为住房货币化补贴。银行随后推出个人住房贷款服务，中国人民银行于1999年2月下发《关于开展个人消费信贷的指导意见》标志着个人住房、消费信贷业务正式展开。此后居民个人贷款规模迅速扩大，2012 年，新增个人贷款与新增储蓄存款比已达 0.47。根据个人贷款规模变化的历史成因，本章认为 1992 年之前居民个人信贷规模与居民存款余额相比可以忽略不计。据此本章假设 1992 年之前居民部门没有金融负债。

对全社会资本存量的估算已有较多研究成果。CCER "中国经济观察" 研究组（2007），白重恩等（2006），单豪杰、师博（2008），方文全（2012）都采用永续盘存法估计我国总资本存量 K。目前通用的估算方法是格德－史密斯（Gold-Smith）的永续盘存法，基本估算公式为：

$$K_t = K_{t-1} \times (1 - \delta_t) + I_t$$

利用永续盘存法对总资本存量进行估算涉及：①基期资本存量 K；②各年投资序列数据 I_t；③各年固定资本折旧率 δ_t；④各年的投资价格指数。综合已有研究成果和现有数据资料，本章对这些变量的选取和处理如下：

（1）以 1978 年为基期，当期资本存量参照邹（Chow，1993）核算的 1978 年末当年现值资本存量：14 112 亿元。基期总资本存量中建筑和机器设备的比例假设与历年投资序列中建筑投资与机器设备投资的平均比例相同，从而得到 1978 年建筑和机器设备的资本存量分别为 10 294.32 亿元和 3 817.682 亿元。

（2）选取国家统计局公布的全社会固定资产投资数据作为历年投资增量，扣除历年住房投资。1981 ~ 1994 年的住宅投资数据采用国家统计局公布的非生产投资中的住宅投资数据，1995 ~ 2003 年使用固定资产投资中的房地产投资数据，2004 ~ 2014 年采用国家统计局自 2004 年开始公布的新的住宅投资数据。假设 1978 ~ 1980 年的住宅投资占建安工程投资比例与 1981 年相同。

（3）房屋建筑物与机器设备的折旧率差别较大。假设房屋建筑物和机器设备使用寿命分别为 38 年和 12 年，按余额折旧法计算的折旧率为 0.08 和 0.24。最终算得综合折旧率均值为 10.47%[①]。

（4）国家统计局自 1990 年起公布各年建安工程和机器设备购置的价格指数，1978 ~ 1989 年的价格指数，我们分别采用工业品出厂价格指数中的建材工业和机械工业出厂价格指数替代。1990 ~ 2011 年，两者相关系数达到 0.93 和 0.98。

据此可以算出 1978 ~ 2013 年以当年现值计价的全社会生产资产总额，我们的估算结果与同样使用现值估算的白重恩等 2006 年的估算结果十分接近（见表 3 - 2）。

---

① 该数值略低于单豪杰、师博（2008）核算工业企业资本存量时设定的 11.6%，略高于张军等（Zhang et al.，2007）所使用的 9.6%，与白重恩等（2007）计算的年折旧率极为接近。

年份	社会总生产性资本存量(1)	居民部门净金融资产(2)	居民部门的生产资本占比(%)(3)=(2)/(1)	居民净财产收入占总资本报酬比例(%)(4)	全社会税后资本报酬率(%)(5)	居民金融资产报酬率(%)(6)
1978	14 112.00	210.60	1.49	—	—	—
1979	12 974.20	281.00	2.17	—	—	—
1980	12 127.93	399.50	3.29	—	—	—
1981	11 322.14	523.70	4.63	—	—	—
1982	10 757.51	675.40	6.28	—	—	—
1983	11 226.25	892.50	7.95	—	—	—
1984	11 997.54	1 214.70	10.12	—	—	—
1985	14 692.60	1 622.60	11.04	—	—	—
1986	17 641.42	2 238.50	12.69	—	—	—
1987	20 060.67	3 081.40	15.36	—	—	—
1988	24 458.76	3 822.20	15.63	—	—	—
1989	30 943.46	5 146.93	16.63	—	—	—
1990	33 728.19	7 034.18	20.86	—	—	—
1991	37 958.20	9 106.99	23.99	—	—	—
1992	46 303.62	11 387.20	24.59	11.48	13.63	10.41
1993	64 740.38	14 436.69	22.30	11.94	14.34	12.39
1994	78 053.23	20 924.87	26.81	14.11	15.06	13.16
1995	85 418.71	28 712.79	33.61	12.44	17.27	10.29
1996	93 912.46	37 482.46	39.91	13.48	16.86	9.78
1997	102 748.46	45 091.13	43.88	11.22	16.60	7.43
1998	110 327.69	51 378.55	46.57	11.26	15.72	6.96
1999	118 446.51	56 277.25	47.51	8.90	15.80	5.37

表3-2　　　　　1978～2012年居民部门生产资本占比情况　　　　单位：亿元

年份	社会总生产性资本存量 (1)	居民部门净金融资产 (2)	居民部门的生产资本占比 (%) (3)=(2)/(1)	居民净财产收入占总资本报酬比例 (%) (4)	全社会税后资本报酬率 (%) (5)	居民金融资产报酬率 (%) (6)
2000	129 122.75	58 015.65	44.93	5.71	16.54	3.36
2001	140 352.78	63 938.85	45.56	4.95	17.58	3.00
2002	153 803.05	72 013.55	46.82	4.60	18.31	2.83
2003	177 209.38	81 731.95	46.12	4.43	17.72	2.75
2004	218 340.44	101 887.50	46.66	4.19	19.22	2.66
2005	258 370.19	119 322.70	46.18	4.39	18.67	2.74
2006	307 540.57	133 844.70	43.52	5.81	19.26	3.91
2007	378 660.67	131 187.70	34.65	6.22	19.87	5.44
2008	491 133.06	171 420.10	34.90	5.86	19.02	4.74
2009	572 567.52	186 863.10	32.64	5.55	16.29	4.21
2010	718 277.72	203 099.90	28.28	4.98	14.74	4.07
2011	941 813.26	216 785.40	23.02	5.40	13.26	4.85
2012	1 149 494.89	250 052.20	21.75	6.18	11.75	5.23

资料来源：根据 CEIC 数据库、《中国统计年鉴》《中国金融年鉴》相关数据计算。

从居民部门生产资本占全社会生产资本的比重看，1978～1999 年是居民部门生产资本迅速增长的 22 年。从 1978 年的 1.49% 迅速上升至 1999 年的 47.51%，年均上升 2.21 个百分点。这与改革开放后国民收入分配格局改变、居民收入快速增长是一致的。1999 年以后，居民部门生产资本占比大致稳定在 43%～47% 之间。自 2006 年起开始下滑，至 2012 年降至 21.75%，低于 1991 年。居民部门获得的财产收入份额与其占有的生产资本份额差距极大（见表 3-2）。1992～2002 年，居民部门生产资本占比从 24.59% 上升至 46.82%，财产收入占全社会总生产资本报酬的比重却从 11.48% 跌至 4.6%（见图 3-3）。全社会税后资本报酬率和居民金融资产报酬率之比，1992～1994 年为 1.21∶1，2004 年变为 7.23∶1，2012 年仍高达 2.25∶1。

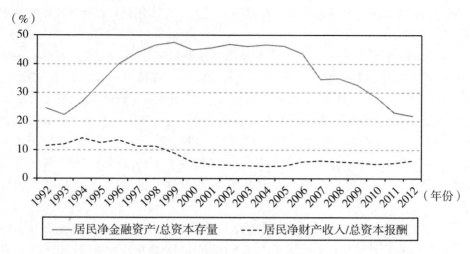

（%）

图 3 – 3　1992～2012 年居民财产收入与资本所有权占比情况

资料来源：根据《中国统计年鉴》《中国金融年鉴》等相关数据计算。

　　居民金融资产报酬率远远低于全社会税后资本报酬率是居民财产收入占比不断下降的主要原因。1992～2008 年，我国全社会税后资本报酬率稳中有升。1992～1998 年平均为 14.73%，2000～2007 年升至 17.38%。① 但在 1996～2002年，央行却连续 8 次下调存贷款利率。2002 年 2 月降息后，1 年期和 1～5 年期贷款利率降至 5.31% 和 5.58%，低于全社会税后资本回报率 11 个百分点以上。

　　存款利率大幅下降使部分居民进入高风险的股市。期间上证综合指数从1996 年 5 月的 643.65 点升至 2001 年 6 月的 2 218 点，深证综合指数也从 164.04点升至 658.27 点。但居民部门却无法通过持股分享企业利润的上升：首先，股市规模有限，2002 年两市流通市值 12 484.56 亿元，仅为同期储蓄存款余额的14.36%。其次，上市公司很少现金分红。2002 年 1 224 家上市公司的股利分配率平均仅为 27.41%，② 有 49% 的上市公司未派息。居民投资股市的主要收益是股票交易的价差收益，它仅仅改变了金融资产在居民部门内的分布，整个居民部门的金融资本收益并不因此而提高。

　　央行大幅降息之前，存贷利差已大幅提高。1995 年 7 月至 1999 年 6 月，存贷利差从 1.08% 扩大至 3.6%，这一举措相当于将银行盈利能力直接提升 2 倍以上。降息过程中，存贷利差并不随之调整，3.6% 的存贷利差一直维持到 2002 年

---

① 2008 年之后急速下降，至 2012 年已降至 11.75%。

② 股利分配率 = 每股派息税前/（净利润本期值/实收资本本期期末值）。

1月，此后保持在3.33%水平上。存贷利差扩大及固化使银行将降息的损失全部转移给了居民部门。

在市场化转轨过程中，实行金融抑制的重要目的之一是维持国有经济的再生产。它迫使居民补贴企业，降低企业资金成本。1996~2002年的8次降息，明显体现了这一政策意图。《中国财政年鉴》数据显示，1996年国有工业企业亏损面达37.5%，较上年上升了5.2个百分点，是1990年以来升幅最大的一年；1997年，亏损面进一步攀升到43.9%。1994年，国有工业企业净资本回报率为4.32%，1996年跌至0.81%，1997年更跌至0.28%；1997年，全部国企净资本回报率仅为1.70%。国企财务状况恶化是央行大幅降息的主要原因。

由于金融危机和体制性原因导致企业经营困难，尤其当其危及整体经济安全时，政府有责任适当救助。但通过大幅下调管制利率将负担转嫁给居民却值得商榷，在此期间还大幅度扩大存贷款利差，更令人难以理解。

第5节 利率管制的居民财产收入损失估算

诸多事实与分析表明，利率管制导致了我国居民应有财产收入的损失，但是，损失量则较难确定。其关键在于合理的居民部门金融资本报酬率难以确定，尽管我们知道，它介于全社会税后资本报酬率与实际的居民部门金融资本报酬率之间。它应当低于全社会的税后资本报酬率，因为储蓄存款风险较低，实际生产经营风险较高。包括银行在内的企业部门贷款从事生产和经营，承担了生产经营风险，理应获得风险收益；银行为居民和企业提供金融服务，后者必须为此向银行付费，使银行能补偿经营成本，获得正常利润。当然，它应大于现有的居民部门金融资本报酬率。但在二者间的具体位置则有待探讨。在充分竞争的金融市场上，竞争可以解决资金供需双方的收益分配问题；在金融管制情况下，合理的分配比例无法通过市场竞争实现，只能估算。本章尝试采取合理成本扣除法，从社会税后资本报酬率中减去企业经营的风险收益率及居民部门应承担的金融服务费率，得到合理的居民部门金融资产报酬率，将其与实际的居民部门金融资产报酬率进行比较，而后根据1992~2012年居民部门金融资产数量算出利率管制导致的历年居民财产收入损失。

第一，生产经营风险可以分为单个企业面临的偶发性经营风险和整个经济面临的系统性风险。金融机构承担的偶发性经营风险，就整体而言是一个社会平均数。因此，我们以金融机构对风险的估值来衡量当期市场风险溢价水平。世界银行以借贷利率与短期国债间的利差衡量该国的借贷风险水平。1992~2013年，日本的风险利差在 1.25% ~ 3.24% 之间，美国的风险利差在 2.97% ~ 3.64% 之间。我国金融市场上的无风险利率更适宜的指标则是银行间同业拆借利率①。其数据起始年份为 1996 年 1 月。但在 1996 年 1 月至 1998 年 3 月间与贷款利率严重倒挂，利差难以反映正常风险收益水平。因此，我们选取 1999 ~ 2012 年一月期银行同业拆借利率与一年以下贷款利率间差额的月度平均值来衡量当年市场风险溢价水平②，发现 1999 ~ 2012 年的风险溢价水平都在 1.19% ~ 3.68% 之间③，与日本、美国的风险利差水平大致相当。我们取均值 2.44% 来替代 1992 ~ 1996 年的风险溢价。1997 年爆发了亚洲金融危机，我们将 1997 年和 1998 年的风险溢价调高至 4%，稍高于 2008 年和 2009 年。另一种风险是转轨产生的系统性风险，其中最严重的是国有企业预算软约束和政策性贷款导致的银行巨额不良贷款。我国金融系统过去是、现在基本上是国有垄断，因此，此类经营损失最终还是由政府出资解决，实际上是由全民共同承担。因此，本章不对资本收入中的此类系统风险报酬进行估算。

第二，依据 SNA 中对金融服务产出核算的界定，金融部门获取的利差收入应当是存款方和贷款方支付的金融服务费。中国银行部门的利差和盈利水平无论与国际同行还是与国内其他行业企业比都是相当高的。20 世纪 80 年代金融自由化改革以来，日本银行的存贷利差不断收窄，2013 年仅 0.76 个百分点，而我国的存贷利差超过了 3 个百分点，明显偏高。根据 CSMAR 数据库的上市公司数据与 CEIC 数据库中的银行财务数据计算，2008 ~ 2012 年我国银行的净资产利润率比上市公司平均水平高 3 ~ 7 个百分点，前者平均是后者的 1.48 倍。银行的高利润水平显然与其垄断地位和利率管制下的高利差密不可分。在有效竞争市场中，银行的平均收益率不应高于社会平均水平。如果以上市公司同期的平均利润水平计算，2009 ~ 2013 年银行实际存贷利差应在 1.89% ~ 3.02% 之间④，均值为 2.54%。因此，合理的居民金融资产回报率应比全社会税后资本回报率低 3.8 ~ 6.2 个百分点，据此可以估算出 1992 ~ 2012 年居民部门的财产收入损失（见表 3 - 3）及应得的财产收入（见表 3 - 4）。

---

① 我国银行间拆借市场无论是交易量还是市场化程度都优于国债二级市场。在我国可以进入同业拆借市场的金融机构基本为政府控股，因此，实际上是以政府信用作为担保的。此类机构间交易的风险水平可以认为与国债的风险水平是基本相近的。

② 严格来说这两个利率的期限结构并不完全相同。但是一月期的同业拆借是一个月以上期限同业拆借中交易量最大的，其价格水平的变动应该最能反映银行对市场风险的判断。

③ 扣除爆发国际金融危机的 2008 年、2009 年。

④ 该利差水平以加权平均贷款利率与上浮至浮动上限的存款利率计算，而不是基准存贷利率。

表 3 - 3 　　　　利率管制对居民财产收入造成的损失估算

年份	低利率对居民财产收入造成的损失（10 亿元）	居民财产收入损失占可支配收入的比例（%）	居民财产收入损失占应得财产的比例（%）	居民财产收入损失占 GDP 的比例（%）
1992	-20.02	-1.08	-20.32	-0.73
1993	-43.76	-1.92	-32.39	-1.18
1994	-64.40	-1.99	-30.52	-1.28
1995	57.38	1.42	16.26	0.91
1996	78.90	1.64	17.71	1.06
1997	118.24	2.20	26.08	1.45
1998	113.86	2.00	24.15	1.32
1999	335.31	5.61	52.60	3.68
2000	428.66	6.44	68.75	4.34
2001	584.45	8.13	75.28	5.36
2002	716.97	9.26	77.84	5.95
2003	791.96	9.07	77.91	5.80
2004	1 178.57	11.96	81.30	7.32
2005	1 158.57	10.26	78.00	6.18
2006	1 248.58	9.50	70.47	5.61
2007	1 138.67	7.18	61.47	4.27
2008	1 356.45	7.30	62.53	4.29
2009	1 049.79	5.06	57.17	3.01
2010	1 067.13	4.39	56.34	2.65
2011	996.69	3.49	48.64	2.11
2012	458.15	1.43	25.93	0.87

资料来源：笔者估算。

表 3 – 4　　　　　　　　1992 ～ 2012 年居民部门应得的财产收入

年份	居民应得财产收入（10 亿元）	居民应得财产收入占总资本报酬比例（%）	居民应得财产收入占 GDP 比例（%）	居民部门应有的净金融资产回报率（%）	调整后的居民初次分配收入占比（%）
1992	98.51	9.54	3.57	8.65	63.83
1993	135.09	9.02	3.66	9.36	58.58
1994	210.99	10.81	4.20	10.08	61.13
1995	352.79	14.86	5.58	12.29	62.64
1996	445.42	16.39	6.01	11.88	61.24
1997	453.42	15.18	5.55	10.06	64.56
1998	471.54	14.85	5.45	9.18	64.70
1999	637.42	18.78	6.99	11.33	66.84
2000	623.54	18.27	6.31	10.75	70.99
2001	776.38	20.04	7.12	12.14	70.71
2002	921.09	20.78	7.65	12.79	69.70
2003	1 016.46	20.04	7.44	12.44	69.12
2004	1 449.69	22.42	9.01	14.23	67.89
2005	1 485.28	19.97	7.92	12.45	66.22
2006	1 771.74	19.68	7.96	13.24	64.48
2007	1 852.50	16.14	6.95	14.12	63.84
2008	2 169.45	15.63	6.87	12.66	62.97
2009	1 836.18	12.96	5.26	9.83	62.23
2010	1 894.25	11.40	4.70	9.33	62.69
2011	2 049.03	10.52	4.34	9.45	62.26
2012	1 766.55	8.34	3.34	7.06	61.21

资料来源：笔者估算。

　　利率管制导致的居民财产收入损失十分惊人。1992 ～ 2012 年，若以 1978 年不变价计算，居民部门的财产收入损失累计高达 28 360 亿元。近 20 年来，居民应得财产收入的 56.57% 转移给了非居民部门，其中最高年份的转移比率高达 81.30%，居民因此损失的收入约占 1992 ～ 2012 年 GDP 总量的 3.35%。假设转移支付数量不变，依据调整后的居民初次分配收入对居民可支配收入进行相应调整，结果显示，尽管我国居民可支配收入占比与美国、德国、日本等发达国家相比仍然偏低，但差距明显缩小了（见图3-4）。当然，差距依然存在说明：导致我国居民可支配收入占比偏低更重要的原因是，20世纪90年代中后期以来，随着经济市场化，出现了收入分配向资本倾斜，利润侵蚀工资，劳动要素的报酬被压低。

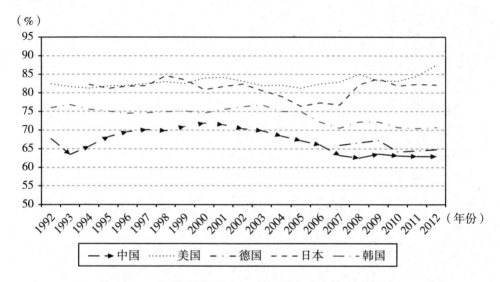

图3-4　调整后的居民可支配收入占比的国际比较

资料来源：笔者估算。

第6节　结　论

20世纪90年代中期开始，居民部门财产收入占GDP比重不断下降，它源于居民金融资产回报率与同期社会税后资本回报率的差距迅速扩大。本章的研究表明，即使扣除企业部门合理的经营风险收益及金融服务收益之后，居民部门的金融资产回报率仍严重偏低，其导致的居民部门财产收入损失约占1992~2012年GDP的3.35%，因此减少的居民消费约占GDP的2.13%。

以低存款利率为核心的金融抑制政策有其历史必然性和一定的合理性。市场化改革导致的国民收入分配结构变迁与国家控制投资资金及支付高额转型成本的需求之间的矛盾，迫使国家不得不依靠垄断的国有金融系统保持对国民经济储蓄的支配。代价是民众应得收入的减少、房地产价格泡沫、资源配置低效率和金融发展滞后。

然而，长期实行金融抑制政策将使其正面效应日益缩小，负面效应不断扩大。主要体现在：（1）投资消费结构失衡；（2）资源配置扭曲，资本效率不断下降；①（3）自主创新动力不足，产业升级缓慢；（4）居民收入增长缓慢，国内消费长期不振，经济增长严重受制于国际市场；（5）银行垄断地位固化，日益成为金融市场化改革的阻力，银行利用其垄断地位的寻租逐利行为，严重扭曲了收入分配结构，提高了居民和企业使用金融服务的成本，严重妨碍了国民经济资源配置效率的改善，损害了经济增长潜力。2010 年，中国人均 GDP 5 447 美元，进入中等偏上收入国家行列，开始了向发达经济体过渡的新发展阶段。2008年国际金融危机以来的经济增长态势说明，中国迫切需要从既有的投资驱动、出口拉动、利润激励的粗放型经济发展方式转向以内需为主、注重民生、创新驱动、效率增进的集约型经济发展。显然，适应经济发展的阶段性转变，尽快推进金融市场化改革，解除利率管制，矫正资本收入分配扭曲，实现所有权与收益权的统一，减少非市场化因素对居民金融投资收益的干预，可以说是当务之急了。

参考文献

［1］白重恩、钱震杰：《谁在挤占居民的收入——中国国民收入分配格局分析》，载于《中国社会科学》2009 年第 5 期。

［2］陈斌开、林毅夫：《金融抑制、产业结构与收入分配》，载于《世界经济》2012 年第 1 期。

［3］［日］大琢启二郎、刘德强、村上直树：《中国的工业改革：过去的成绩和未来的前景》，上海人民出版社 2000 年版。

［4］方军雄：《所有制、制度环境与信贷资金配置》，载于《经济研究》2007 年第 12 期。

［5］方文全：《中国的资本回报率有多高？——年份资本视角的宏观数据再估测》，载于《经济学（季刊）》2012 年第 2 期。

［6］胡和立：《1988 年我国租金价值的估算》，载于《经济社会体制比较》1989 年第 5 期。

［7］黄勇峰、任若恩、刘晓生：《中国制造业资本存量永续盘存法估计》，载于《经济学（季刊）》2002 年第 1 期。

［8］李广众：《金融抑制过程中政府收益的经验研究及国际比较》，载于《世界经济》2001 年第 7 期。

［9］李扬、殷剑峰：《中国高储蓄率问题探究——1992—2003 年中国资金流量表的分

---

① 2004 年，我国的增量资本产出率（I/ΔGDP）为 2.45，2014 年上升至 8.08。

析》，载于《经济研究》2007 年第 6 期。

[10] 林毅夫、李志赟：《中国的国有企业与金融体制改革》，载于《经济学（季刊）》2005 年第 3 期。

[11] 刘瑞明：《金融压抑、所有制歧视与增长拖累——国有企业效率损失再考察》，载于《经济学（季刊）》2011 年第 2 期。

[12] 卢文鹏：《金融抑制、路径依赖与中国渐进改革中的制度性公共风险》，载于《复旦学报（社会科学版）》2002 年第 4 期。

[13] 单豪杰、师博：《中国工业部门的资本回报率：1978—2006》，载于《产业经济研究》2008 年第 6 期。

[14] 宋李健：《金融控制、广义铸币税与经济转轨中的价格稳定》，载于《上海金融》2008 年第 6 期。

[15] 王晋斌：《金融控制、风险化解与经济增长》，载于《经济研究》2000 年第 4 期。

[16] 王勋、Anders Johansson：《金融抑制与经济结构转型》，载于《经济研究》2013 年第 1 期。

[17] 王曙光：《中国经济转轨进程中的金融自由化》，载于《经济科学》2003 年第 5 期。

[18] 万安培：《租金规模的动态考察》，载于《经济研究》1995 年第 2 期。

[19] 万安培：《租金规模变动的再考察》，载于《经济研究》1998 年第 7 期。

[20] 尹希果、许岩：《中国金融抑制问题的政治经济学》，载于《当代经济科学》2011 年第 5 期。

[21] 周业安：《金融抑制对中国企业融资能力影响的实证研究》，载于《经济研究》1999 年第 2 期。

[22] 谢千里、罗斯基、郑玉歆：《改革以来中国工业生产率变动趋势的估计及其可靠性分析》，载于《经济研究》1995 年第 12 期。

[23] 中国经济增长与宏观稳定课题组：《金融发展与经济增长：从动员性扩张向市场配置的转变》，载于《经济研究》2007 年第 4 期。

[24] 张曙光、程炼：《中国经济转轨过程中的要素价格扭曲与财富转移》，载于《世界经济》2010 年第 10 期。

[25] Chen K., H. Wang, Y. Zheng, G. Jefferson and T. Rawski (1988). "Productivity Change in Chinese Industry: 1953 – 1985", *J. C. E*, 12.

[26] Chen K., G. Jefferson, T. Rawski, H. Wang, and Y. Zheng (1988). "New Estimates of Fixed Capital Stock for Chinese State Industry", *China Quarterly*, 114: 243 – 266.

[27] Chong-En Bai & Chang-Tai Hsieh & Yingyi Qian (2006). "The Return to Capital in China", NBER Working Papers 12755, National Bureau of Economic Research, Inc.

[28] Hellmann, Thomas, Kevin Murdock, and Joseph E. Stiglitz (1997). "Financial Restraint: Toward a New Paradigm", The Role of Government in East Asian Economic Development: Comparative Institutional Analysis: 163 – 207.

[29] Hellmann, Thomas F., Kevin C. Murdock, and Joseph E. Stiglitz (2000). "Liberal-

ization, Moral Hazard in Banking, and Prudential Regulation: Are Capital Requirements Enough?", *American economic review*, 90 (1): 147 – 165.

[30] Chow G. C. (1993). "Capital Formation and Economic Growth in China", *Quarterly Journal of Economics*, 108 (3): 809 – 842.

[31] Kuijs, Louis (2005). "Investment and Saving in China", Policy Research Working Paper Series 3633, The World Bank.

[32] Stiglitz J. E., Jaramillo-Vallejo J., Park Y. C., et al. (1993). "The Role of the State in Financial Markets", *World Bank Economic Review*, 7 (1): 19 – 52.

[33] Zhang Jun, Guiying Wu and Jipeng Zhang (2007). "Estimating China's Provincial Capital Stock", Working Paper Series, China Center for Economic Studies, Fudan University.

第4章 利率市场化：时机与宏观经济影响*

第1节 引言

金融市场在现代市场经济中的重要性不言而喻。经过30多年的改革开放，我国已经建成了相当发达的产品市场与劳动力市场，但是，金融市场化的进程仍然严重滞后：金融市场至今仍是以国有银行为主、偏重间接融资的银行主导型金融市场，存款利率尚未实现市场化。对银行存款利率的行政管制必然导致资源配置的扭曲，进而对经济运行产生负面影响。具体而言，管制的存款利率势必低于市场均衡利率，它至少产生了以下的负面效应：第一，过低的存款利率导致了资本要素价格的扭曲，是我国粗放型经济发展方式的重要基础条件之一；第二，我国居民绝大多数的金融资产为银行存款，过低的存款利率侵蚀了居民本应获得的财产性收入，扭曲了国民收入的分配格局，是造成我国国民经济结构失衡的重要原因之一；第三，利率管制与金融市场的国有垄断结构相结合，导致了金融业的无效率。在经济发展进入服务经济阶段，金融业的资源错配及运行无效率严重地阻滞了我国经济的转型升级；第四，存款利率管制限制了各商业银行在负债端的价格竞争，这一措施虽然在一定程度上起到了

---

* 本章作者：李文溥、李昊。

稳定金融市场秩序、避免恶性价格竞争的作用，但长远看，势必削弱我国银行业的风险定价能力，使其无法适应更加激烈的国际竞争；第五，存款利率管制也不利于商业银行与其他金融机构展开竞争，近年来兴起的互联网金融就对银行存款形成了较为明显的冲击。因此，应当尽快解除存款利率管制，实现银行存贷款利率的完全市场化。

然而，所有改革都伴随着潜在的风险和不确定性，越是关系全局的改革，其潜在的风险及影响范围也就越大。我国的利率市场化改革拖延至今，某种程度上也与此有关。国际经验表明，在错误的时点进行利率市场化改革将导致金融市场出现严重的混乱，进而将波及整个国民经济体系，因此，应审慎地判断利率市场化改革的实际风险和潜在影响，谨慎选择改革的时点。本章试图对利率市场化的相关政策问题进行研究。本章内容安排如下：第2节应用新古典一般均衡模型、垄断竞争模型等研究利率市场化的缺陷及不足；第3节从金融市场参与主体行为模式的角度分析了现阶段解除存款利率管制可能带来的影响；第4节分析利率市场化的时机选择；为了模拟利率市场化改革的宏观经济的影响，第5节构建了一个联立方程组模型，利用反事实模拟对利率市场化改革的宏观经济影响进行政策模拟；第6节是结论。

第2节　利率市场化：模型的分析

绝大多数以新古典一般均衡模型为主要方法的研究仅设定一个单一市场利率，并不区分存款利率和贷款利率。这一假设意味着存贷款利率必然发生同向变化，因此，在存款利率水平偏低的情况下，取消存款利率浮动上限必然推动贷款利率的同步上浮。这一假设实际上暗含着一个非常强的假设，即银行部门是完全以成本加成的方式定价的，即便在利率市场化之后，存贷款利率间也始终保持着固定的利差。这一假设一方面意味着银行部门并不以利润最大化为经营目标；另一方面也意味着银行在资本市场上具有非常强势的议价能力，能够把成本上涨的压力完全转移给资金使用者。

然而，自20世纪90年代国有银行商业化改革之后，银行业整体的经营目标已经开始向追求利润最大化转变。银监会利率市场化改革研究工作小组发布的研究报告显示，尽管国内大量的小型银行甚至部分股份制银行仍采用传统的成本加成法或基准利率加点法来制定贷款价格，但是，大型国有商业银行和部分股份制银行已经建立或正在建立综合考虑成本、风险以及市场竞争程度的贷款定价模型。成本加成定价法基本不考虑产品价格对产品需求的影响，在完全竞争市场环境下的企业是不大可能长期采用此种定价方式的，它一般出现在自然垄断行业。我国的金融市场尽管有多达数千家的各类银行、信用社等，但是，从市场集中度上看，仍然是标准的寡头垄断竞争结构。根据银监会2013年年报，截至2013年底，我国银行业金融机构共有法人机构3 949家，其中包含了5家国有大型商业银行、12家股份制商业银行、145家城市商业银行以及2 394家农村合作银行、信用社等中小金融机构。其中，5家国有大型商业银行的资产就占整个银行业金融机构的43.3%，12家股份制商业银行的资产则占17.8%。在这一市场结构下，尽管大量的中小银行仍在采用成本加成的定价方式，但是，对风险定价水平更高的大型商业银行的行为偏好则是整个市场的主导力量。因此，我们仍将银行部门的定价方式视为完全的成本加成定价，认为存款利率市场化导致的存款利率上浮将完全传导至贷款端是缺乏经济现实支持的。

我国目前以国有大型商业银行和股份制银行为主导的间接金融市场呈现出明显的寡头竞争模式，部分学者试图运用垄断竞争模型来描述这一市场结构，但是这一方法无法准确地预测利率市场化可能带来的影响。在此，我们构建一个基本的垄断竞争模型来说明这一方法的局限性。我们假设存在着 N 家拥有垄断势力的银行，银行通过选择吸纳的存款数量 D_i 和贷款数量 L_i 来实现自身利润的最大化。由于银行同时在存款市场和贷款市场拥有垄断势力，因此每家银行都面临一条向右上方倾斜的存款供给曲线 $r_D(\sum_{i=1}^{N} D_i)$，$r_D' > 0$ 和向右下方倾斜的贷款需求曲线 $r_L(\sum_{i=1}^{N} L_i)$，$r_L' < 0$。每家银行的非利息成本与存贷款数量正相关，而且为线性关系，即有 $E(D_i, L_i) = \gamma_D \cdot D_i + \gamma_L \cdot L_i$，银行同样要满足中央银行规定的存款准备金率 β。根据以上假设，第 i 家银行的行为方程可以表示为：

$$\max_{D_i, L_i} \pi_i = r_L(L_i + \sum_{i \neq j} L_j) \cdot L_i - r_D(D_i + \sum_{i \neq j} D_j) \cdot D_i - E(D_i, L_i) \quad (4.1)$$
$$\text{s. t.} \quad L_i \leqslant (1 - \beta) \cdot D_i$$

根据方程（4.1），可获得银行利润最大化的两个一阶条件和信贷市场出清条件：

$$r_L'(L) \cdot L_i + r_L(L) - \gamma_L - \lambda = 0$$
$$-r_D'(D) \cdot D_i - r_D(D) - \gamma_D + (1 - \beta) \cdot \lambda = 0$$
$$L(r_L^*) = (1 - \beta) \cdot D(r_D^*) \quad (4.2)$$

其中，$r_L'(L) \cdot L_i = \dfrac{1}{\partial L(r_L)/\partial r_L} \cdot \dfrac{L}{r_L} \cdot \dfrac{L_i}{L} \cdot r_L$。根据对称性原理，各家银行的贷

款数额应相同，故可将该式写为 $r'_L(L) \cdot L_i = -\dfrac{r_L}{N \cdot \varepsilon_L}$，其中，$\varepsilon_L = -\dfrac{\partial L(r_L)}{\partial r_L} \cdot \dfrac{L}{r_L}$

为信贷市场上对贷款的需求弹性。同理，$r'_D(D) \cdot D_i = \dfrac{r_D}{N \cdot \varepsilon_D}$，其中 $\varepsilon_D = \dfrac{\partial D(r_D)}{\partial r_D} \cdot$

$\dfrac{D}{r_D}$ 为存款市场上居民部门的存款供给弹性。我们可将方程组（4.2）改写为：

$$\frac{r_L(L) - \gamma_L - \lambda}{r_L(L)} = \frac{1}{N \cdot \varepsilon_L}$$

$$\frac{-r_D(D) - \gamma_D + (1-\beta) \cdot \lambda}{r_D(D)} = \frac{1}{N \cdot \varepsilon_D}$$

$$L(r_L^*) = (1-\beta) \cdot D(r_D^*) \qquad\qquad (4.3)$$

根据一阶条件可知，在不存在政府管制的条件下，在寡头垄断竞争环境中的

银行部门，其存贷款利率应满足 $r_D + \dfrac{r_D}{N \cdot \varepsilon_D} + \gamma_D = (1-\beta)\left[r_L - \gamma_L - \dfrac{r_L}{N \cdot \varepsilon_L}\right]$。因

此，一旦可以估计出存贷款总量与利率间的函数关系，就可以通过该式获得存贷款利率间的函数关系。然而，两个因素导致了这一模型的结论难以转化为对解除利率管制后的实际存贷款利率走势的判断：

首先，存款供给函数难以估算。通过对我国存款余额、存款增量数据的观察，可以发现，无论是存款余额还是存款增量，与利率的关系都十分微弱，存款余额的变动甚至多次与实际利率背道而驰。企事业单位存款主要由工资支出、企业生产过程中的各种票据结算账户和短期库存现金组成，它们与经济周期高度相关。针对居民储蓄偏好的研究也证实，居民储蓄存款的变动与利率的关系十分微弱。1995～1999 年，实际存款利率大幅度回升，居民储蓄存款增速却持续大幅下滑（见图 4-1）；至 1999 年，居民储蓄存款仅较上年增加了 11.64%，不足 1993～1995 年平均增幅的 1/3。与此同时，新增存款在居民可支配收入中的比例也大幅度下滑，1999 年仅占 10.4%，而 1993～1995 年的均值是 18.29%；2007年，居民储蓄存款再次大幅度波动，增速仅 6.77%，为近 10 年来的最低点，新增存款占可支配收入的比例也降至 6.9%；但是，到了 2008 年，实际存款利率持续下降，储蓄存款却又大幅度回升了。

与居民存款余额的大幅度变动不同，居民部门金融投资占可支配收入的比例始终比较稳定。如果以居民金融投资占可支配收入的比例来衡量居民部门的储蓄率，2008 年以前，中国居民的储蓄率大致稳定在 22.66% 的水平，2008～2012年上升至 29.52%。同期的实际存款利率水平则大幅度变动：1993～1995 年，受高通胀的影响，实际利率水平降至 -5% 以下，1994 年甚至低至 -13.20%，然

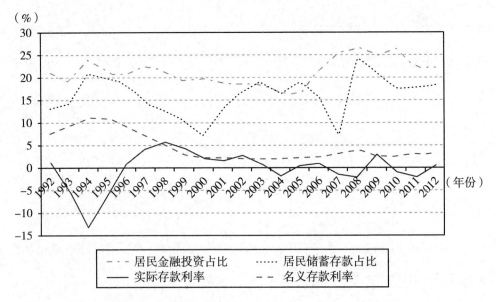

图 4 – 1　1992 ~ 2012 年存款利率与居民金融投资率

资料来源：依据中国人民银行、国家统计局数据整理、计算。

而，在此期间，居民储蓄率都高于 20%，并未受到利率下降的明显影响；随后的 1997 ~ 1999 年，通胀率快速回落，实际存款利率升至 4.2% 以上，居民储蓄率却仍然维持在 20% ~ 22% 之间；2000 ~ 2012 年，实际存款利率水平始终在 0 点徘徊，而居民储蓄率在 2007 年之前都维持在 22.30% 的水平上，2008 年之后甚至明显上升了。

由此可见，我国居民部门用于金融投资的收入比例是比较稳定而且独立于利率水平的，储蓄存款余额变动与利率水平间的关系并不显著。存款余额的大幅度变动很可能源于居民在不同金融资产间的配置变化而不是利率变动：在没有其他金融产品参与竞争的情况下，大部分居民的金融投资都会流向银行系统；但是一旦出现新的投资机会，储蓄存款就会在短期内大量流出；一旦其他投资领域的回报率大幅下降，资金又将再次流回银行系统。2007 ~ 2008 年，股票市场的大起大落和居民储蓄存款余额的异常变动情况在一定程度上证实了这种可能性。显然，在这种情况下，很难从历史数据中估算出准确的存款供给函数。

其次，当前银行部门的贷款定价方式仍不宜完全用寡头垄断模型加以解释。从理论上说，在利润最大化的前提假设下，银行部门制定的贷款利率将始终等于企业部门的边际资本回报率，一旦企业贷款需求下降，那么，实际贷款利率水平也将随之下降。然而，我国近年来的现实数据并不支持这一推断，相反，却出现了贷款需求下降和贷款利率上升共存的局面。从实际贷款利率和企业贷款需求看，中国人民银行和国家统计局发布的银行业景气指数显示，2013 年的贷款需求指数平均为 74.75，与 2010 年相比，下降了 8.7，实际加权贷款利率却上升了6.46 个百分点。① 贷款供给方面，2010 年贷款余额与 GDP 的比例为 1.17，2013年该比例上升至 1.22，信贷供给的总量正在提高。与此同时，地方政府融资平台对贷款的占用也在下降。根据国家审计署 2013 年发布的全国政府性债务审计结果显示，截至 2013 年 6 月，全国地方政府负有偿还责任的债务余额为 108 859.17亿元，其中 55 252.45 亿元来源于银行贷款；负有担保责任的债务余额为 26 655.77亿元，其中 19 085.18 亿元来源于银行贷款；可能承担救助责任的债务余额为43 393.72 亿元，其中 26 849.76 亿元来源于银行贷款。以上三项贷款负债总额为 101 187.39 亿元，占当期全部金融机构贷款余额的 14.86%。2010 年底，地方政府三项债务余额中来源于银行贷款的为 84 679.99 亿元，占当期全部贷款余额的 17.68%。这两方面数据表明，银行的贷款供给曲线仍未与贷款需求曲线形成相交，实际贷款利率仍低于企业的资本边际产出水平，而不是如寡头垄断模型所预示的，已在等于资本边际产出的利率水平上达到了市场出清。导致这一现象的原因可能在于商业银行的风险定价能力仍不足以充分满足潜在贷款需求；信贷市场仍然存在一定程度的供给缺口；而银行部门则在不断强化风险定价水平，以发掘更多的信贷机会。

综上分析，我们认为，在贷款市场上，我国银行部门的定价行为仍处于完全的成本加成式与寡头竞争模式之间。国有大型银行、股份制商业银行以及规模更小的城市商业银行尽管在企业组织形式上实现了向现代企业的转变，但是，在各级政府部门掌握大部分股权的情况下，银行的行为仍与追求利润最大化的一般性企业有着明显区别。此外，不同类型企业在政府扶持力度、商业信誉、财务披露水平等方面的差距也在很大程度上影响了银行的贷款偏好。在存款市场上，作为主要资金提供者的居民部门，其储蓄行为与存款利率间的关系十分微弱，很难利用一个以利率为解释变量的储蓄函数进行描述。因此，寡头垄断竞争模型同样无法准确估计存款利率市场化后的利率走势。从政策分析角度看，我们需要从金融市场参与主体行为模式的角度进行分析。

---

① 实际加权贷款利率以 GDP 平减指数而不是 CPI 进行平减。同期名义加权利率也上升了 1.24 个百分点。

第 3 节　利率市场化：行为分析

利率市场化对市场利率的可能影响，取决于贷款与存款市场上供需力量的对比变化。我们分别从贷款与存款两个市场上决定利率变化的供需双方力量对比上进行分析。在贷款市场上，由于贷款利率的上浮和下浮限制已经取消，因此，在市场结构不发生重大变化的情况下，资本回报率对贷款利率变动方向和幅度的影响是最大的。从我国未来发展方向和当前的经济形势上看，我国的资本回报率在未来一段时期将维持在较低水平上。

具体而言，首先，资本报酬在国民收入中的比重将呈现下降趋势。第一，随着人均 GDP 的不断提高，中国的资本稀缺性在降低，资本边际报酬率呈下降趋势；第二，导致收入分配向资本倾斜的政策导向正在纠正之中。国际金融危机之后，转变经济发展方式已经刻不容缓。经济增长从外需拉动转向内需驱动，必然要求扭转失衡的国民收入分配结构，提高劳动报酬在国民收入中的比重。可以预见，未来数年，提高劳动报酬占比、扭转国民收入分配失衡将成为中央政府最重要的工作内容之一。因此，资本在劳资分配过程中的博弈能力将出现下降。

其次，严重的产能过剩与大量的民生需求难以得到满足同时并存，说明在人均收入跨入中等偏上收入水平之后，中国正面临着一个影响深远的需求结构转换和相应的供给结构调整阶段。经济增长从依靠外需拉动为主正逐步转向以内需为主，从 20 世纪 90 年代中后期开始的以汽车、住房等为代表的实物产品消费为主逐步转向以服务为消费新增长点的服务经济时代。随着土地、劳动力等要素比价的变化，低附加值的加工贸易正逐步从中国退出。国内需求方面，随着收入水平的提高，需求结构正在转换。此前两高一低增长模式下形成的大量生产能力无法适应需求结构的转换，出现了严重的产能过剩。历史证明，产业的升级换代和结构调整总是痛苦而且缓慢的。在供给侧结构改革的大背景下，投资需求有降有升。就整体而言，资本回报率有下降的趋势。

最后，2008 年国际金融危机后，政府进行的大规模基础设施投资将在一段时期内拉低全社会的资本回报率。据李文溥、李昊（2015）的研究估算，全社会税后资本报酬率自 2008 年起已经连续 5 年下滑，至 2012 年已下滑至 11.75%，与 2008 年相比，下降了 7.27 个百分点。此外，地方政府的沉重债务负担也是中央政府在决定货币政策时不得不考虑的问题：资金成本的上升将进一步加重地方政府的偿债压力，甚至可能导致部分地方政府出现偿债困难。

综上考虑，我们认为，从贷款市场的供需情况看，不存在足够的投资需求膨胀以支持贷款利率进一步上升。因此，即便解除存款利率上限管制，贷款利率仍将继续维持在当前水平上，甚至可能进一步降低。

在存款市场上，一旦存款利率上浮上限取消，各商业银行间的竞争必然导致存款利率有所上升。但是，由于贷款利率的上升受到经济结构调整、需求萎缩等限制，因此，存款利率的上升幅度也是有限的。

如前所述，居民部门的金融投资行为具有很强的稳定性，而且相对独立于名义或实际存款利率。到目前为止，能与商业银行形成有效竞争的金融产品极为有限。快速繁荣的股票市场固然能在牛市时短期内吸引大量的储蓄存款，但是，一旦转入熊市，资金又迅速回到了银行。由于我国股市行情高度不稳定，现阶段还难以对银行存款造成实质性的资金分流影响。近年来兴起的互联网金融平台曾被认为有可能对银行形成较大威胁，然而，随着市场流动性趋于宽松，阿里巴巴、百度等规模较大的互联网公司，其平台销售的金融产品收益率已经与银行的理财产品相差无几。与此同时，互联网金融中的重要组成部分——主营 P2P 网贷的互联网金融公司则普遍存在资产规模较小、经营不规范甚至违法经营、违约风险较大等问题①，该行业不断爆出的违约事件可能严重地影响个人投资者对整个行业的信心，因此，此类金融产品目前同样难以撼动银行在中国金融系统中的地位。

目前能与银行存款形成较大替代作用的金融产品是各商业银行自己发行的理财产品。根据中央国债登记结算公司发布的《中国银行业理财市场年度报告（2015）》的数据，截至 2015 年年底，共有 426 家银行业金融机构存续理财产品，理财产品数 60 879 只，理财资金账面余额 23.50 万亿元，较 2014 年增加了8.48 万亿元，增幅高达 56.46%，其中，一般个人类理财产品的续存余额为11.64 万亿元；该年银行各类存款余额为 138 万亿元，其中居民储蓄存款为55.19 万亿元，理财产品续存余额与银行存款间的比例为 1∶5.87，而个人理财与储蓄存款间的比例则更高，为 1∶4.74。由于各家银行在实际操作中都对其销售的理财产品实行刚性兑付政策，因此其风险程度仅略高于储蓄存款，远低于其他金融产品。银行理财产品收益高、风险低的特征使其成为银行储蓄存款最主要的分流渠道。

综合存贷款市场上的资金供给和需求，我们认为，在居民储蓄刚性较强、市场风险加大的环境下，在各商业银行的市场地位并未受到实质性的挑战的背景

---

① 例如，2015 年 12 月被立案侦查的金易融（北京）网络科技有限公司（e 租宝），该公司涉嫌非法融资 500 多亿元，总投资人数高达 90.95 万人。根据"网贷之家"的数据显示，截至 2016 年 3 月，出现停业、提现困难、经侦介入等问题的平台数已达 1 523 家，而当月累计平台数不过 3 984 家。

下，对存款利率上浮最大的推动力来自各商业银行间的竞争压力。当前，中国银行部门的存贷利差和盈利水平，无论与国际同行还是与国内其他行业企业比，都是相当高的。如果以上市公司同期的平均利润水平计算，若解除存款利率上限管制，允许各银行展开有效竞争，则2009～2013年银行实际存贷利差应在1.89%～3.02%之间①，均值为2.54%。以此为标准，2013年和2014年的存款利率水平则应分别为4.40%和4.42%，这一利率水平与同期银行业金融机构所发行的理财产品的平均年化收益率②是十分接近的③。

第4节 利率市场化：时机的选择

利率管制在这10余年间对宏观经济产生了极为严重的扭曲效应，给居民的财产收入造成了巨大损失。但是，要对这一多年前形成而且长期持续的扭曲进行矫正，必须选择恰当的时期，必须具备以下客观前提：首先是金融部门整体上有能力承担改革带来的利润下降以及市场风险和竞争压力的增加。根据国际经验，利率市场化改革必然会使银行部门的利差收窄，各金融企业间的竞争加剧，同时也对银行部门的存贷款定价水平，尤其是对风险定价的能力提出了更高的要求。其次是企业和政府部门足以承担利差租金消失对其造成的冲击。如果改革前的存贷款利率受到十分强烈的抑制，那么，在放开管制后，存贷款利率就很可能同时出现大幅度上升，这无疑会对实体经济产生重大的冲击。从社会福利的角度看，利率管制形成的利差租金规模越大，对整体经济的扭曲效应也就越大，改革的需求也就更为急迫。然而，从改革的可行性上看，在利差租金规模较大时，政府和企业部门对利差租金的依赖程度也是十分高的，此时推动利率市场化改革无疑将遭到这两个部门内既得利益者的强力反对，从而有可能导致改革难以推行；同时，由于原有的利差租金规模太大，势必导致利率市场化前后的落差巨大，将引起较大的社会经济振荡，不利于体制变迁的平稳过渡。因此，实施利率市场化改革前必须认真分析以上两个条件是否成熟。最后，我国经济目前正处于下行周期，在此背景下，对利率市场化改革的另一个担忧是这项改革是否会推高企业信

---

① 该利差水平以加权平均贷款利率与上浮至浮动上限的存款利率计算，而不是基准存贷利率。

② 根据中央国债登记结算有限责任公司和中国银行业理财信息登记系统发布的《中国银行业理财市场年度报告（2013）》显示，2013年所有到期兑付的理财产品按其募集资金额加权平均的兑付客户年化收益率为4.51%。2014年该报告未给出总体平均收益率，但是该年报告显示2014年各类型理财产品收益率均高于2013年0.5%左右，故2014年的平均收益率也不会低于2013年。

③ 作为各商业银行绕开利率管制的工具，理财产品的收益率对利率市场化后的存款利率有很强的参考性。

贷成本，从而进一步抑制投资，阻碍经济复苏。

我们认为，从金融部门的承受能力上看，当前中国银行系统已经基本具备了承受利率市场化冲击的能力。长达10余年的高存贷利差让银行部门积累了大量的自有资本，如今我国的商业银行无论是对整体经济波动还是对利差波动都有十分强的抵御能力。《中国金融稳定报告（2013）》报告了中国人民银行于2012年底组织的由17家具有系统重要性的商业银行参加的金融稳定压力测试的结果，[①]该测试结果表明，即使在GDP增速下降至4%的重度冲击下，银行系统的资本充足率为9.77%，仍然高于《巴塞尔协议Ⅲ》的要求。利率市场化可能引发的利差冲击对资本充足率的影响则要相对微弱得多。在存贷利差收窄0.7个百分点的重度冲击下，银行系统的资本充足率仅仅下降0.73个百分点。实际上，自2004年光大银行发布第一款银行理财产品以来，各家商业银行就开始利用此类业务绕过利率管制，变相地提高了存款利率水平。近10年间，银行理财产品的规模迅速膨胀。根据中国银行业理财登记信息系统发布的《中国银行业理财市场年度报告（2013）》显示，至2013年，全国共有427家银行业金融机构发行了144 043只理财产品，累计募集资金70.48万亿元。截至2013年底，理财资金账面余额为10.24万亿元，其中，一般个人客户产品资金余额6.57万亿元，占全部理财产品资金余额的64.16%，是当期居民储蓄存款的14.08%。与受到管制的存款市场相比，银行理财产品的市场竞争程度远大于前者。再加上商业银行对发行的理财产品基本都实行刚性兑付政策[②]，因此这一金融产品很大程度上已经成为储蓄存款的替代品。理财产品并不在存款利率管制的范围之内，各家银行类金融机构得以更加灵活地根据市场情况制定其理财产品的收益率，这使得理财产品的市场收益率在一定程度上也可以视为市场化利率水平的近似水平或替代指标。近10余年，经过了商业化改革的银行系统都在通过各种方式突破存款利率管制的限制，它们积累了一定的市场化定价经验，这就为利率市场化改革的最终实施提供了必要基础。近年来，由于经济处于周期的下行阶段，企业与政府部门的投资意愿下降，贷款需求缩小，与此同时，由于银行大量理财产品的推出，银行存款的实际平均利率水平已经有所提高，这些都使得现阶段解除存款利率管制的冲击会比较小。

---

① 这17家商业银行包括5家国有商业银行、12家股份制银行，其资产超过全部银行资产的60%。

② 2004~2014年，理财产品中64.53%为非保本浮动收益型，21.10%为保本浮动收益型，14.37%为保本固定收益型。然而在所有公布了预期收益和实际收益的理财产品中，实际收益率小于预期收益率的产品占比仅为0.22%，而高于预期收益的也仅为0.71%，其余产品的实际收益率均等于预期收益率。

第 5 节　利率市场化：宏观经济效应分析

存贷款利率在利率市场化后的变化并不一致，因此利率市场化必然对消费需求和投资需求产生不同的影响。为了模拟这一政策变化对宏观经济可能带来的影响，我们建立了一个小型的联立方程模型，利用反事实模拟的方法对其进行分析。具体方程如下：

$$CN_t = c_1 + c_2 y_t^{ur} \times POP_t^{ur} + c_3 y_t^{ru} \times POP_t^{ru} + c_4 CN_{t-1} + e_t$$
$$G_t = c_5 + c_6 FIS_t + c_7 G_{t-4} + c_8 Y_{t-1} + v_t \qquad (4.4)$$
$$I_t = c_9 + c_{10} FIS_t + c_{11} R_{t-2}^L + c_{12} Y_t + w_t$$

其中，y_t^{ur} 与 y_t^{ru} 分别为城市居民人均可支配收入和农村居民人均现金收入，其方程设定如下：

$$y_t^{ru} = c_{13} + c_{14}\left(\frac{Y_t}{POP_t}\right) + \eta_t$$

$$y_t^{ur} = c_{15} + c_{16}\left(\frac{Y_t}{POP_t}\right) + c_{17} R_{t-4}^S + \varepsilon_t \qquad (4.5)$$

由于农村居民所占有的金融资产数量较少，所能购买的金融产品较有限，导致存款利率与其收入水平关系非常微弱，故储蓄利率并不进入农村居民的收入方程。在以上各式中，POP_t、POP_t^{ur} 与 POP_t^{ru} 分别为总人口以及城市和乡村常住人口，CN_t 为 t 期居民消费，G_t 为 t 期政府消费，FIS_t 为 t 期政府财政收入，I_t 为 t 期投资总额，R_t^S 与 R_t^L 分别为名义存贷款利率水平。

最后，以上联立方程满足恒等式：

$$Y_t = CN_t + I_t + G_t \qquad (4.6)$$

为了更好地反映 2008 年国际金融危机前后至今的经济运行趋势，我们将数据范围选定在 2007～2014 年这一区间内，为了增加样本长度以保证估计的精确度，我们选用了该时段内的季度数据，所有数据均经过季节调整和 GDP 平减指数平减。具体而言，季度 GDP、城镇家庭人均可支配收入、农村家庭人均现金收入来源于 CEIC 各季度数据或月度数据计算；居民最终消费以年度居民最终消费数据为基础，利用社会消费品零售总额数据进行引导插值获得季度值；政府最终消费以年度数据为基础，利用政府财政支出数据进行引导插值获得季度值。所有数据均利用 X12 季节调整法进行调整。

我们以最小二乘法对方程组进行估计，估计所得的参数结果见表 4-1。

表 4 –1　　　　　　　　　　　　联立方程参数估计结果

系数	估计值	标准差	t 统计值	P 值
c_1	1.6931	0.3565	4.7499	0.0000
c_2	0.4067	0.0808	5.0351	0.0000
c_3	0.2319	0.1031	2.2487	0.0257
c_4	0.2096	0.0994	2.1094	0.0363
c_5	0.2406	0.5516	0.4362	0.6632
c_6	0.3126	0.0826	3.7857	0.0002
c_7	0.2781	0.1018	2.7318	0.0069
c_8	0.3030	0.1446	2.0955	0.0375
c_9	– 1.4019	0.5288	– 2.6513	0.0087
c_{10}	0.2233	0.0788	2.8352	0.0051
c_{11}	– 2.5647	0.6469	– 3.9646	0.0001
c_{12}	0.8753	0.1148	7.6230	0.0000
c_{13}	– 2.0516	0.2210	– 9.2826	0.0000
c_{14}	1.1035	0.0263	41.8941	0.0000
c_{15}	0.2152	0.0983	2.1892	0.0299
c_{16}	0.9510	0.0123	77.0265	0.0000
c_{17}	0.9778	0.4907	1.9926	0.0478

资料来源：笔者计算。

估计结果显示，除了政府消费方程中的常数项 c_5 不显著之外，其他各项参数均在5%的置信水平上通过了显著性检验。将实际经济数据代入该联立方程组，获得的关键经济变量除了农村居民消费 y_t^{ur} 外，其他各变量与实际数据的平均误差均在3%之内，y_t^{ur} 的拟合值与实际数据的平均误差为3.82%，在可接受的范围之内（见图4 –2）。说明该联立方程组能够较好地拟合当前的经济现实。

依据本章第3节对存款利率市场化后存贷款利率水平的判断，我们假定利率市场化后贷款名义利率保持不变，存贷利差收窄至2.54%。反事实模拟的结果如图4 –3 所示。

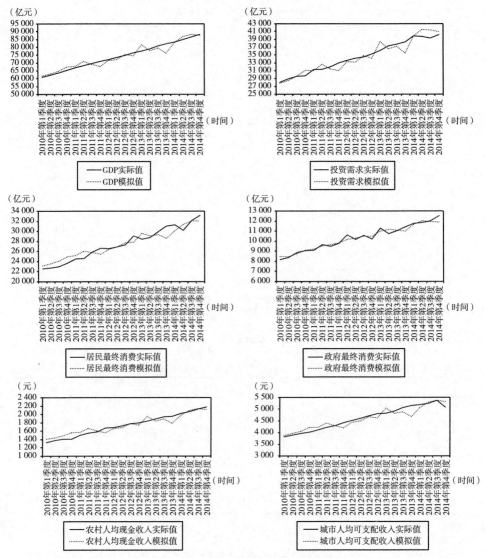

图 4 − 2　联立方程组的拟合结果

资料来源：笔者计算。

　　根据反事实模拟的结果，我们认为，取消存款利率管制对提高居民收入水平、改善总需求结构都有正向影响。从各主要经济指标的绝对水平上看，2011 ~ 2014 年各季度的模拟值与实际值相比[①]，城镇居民收入平均提升 0.90 个百分点，

---

　　① 由于存款利率是以滞后四期的形式进入方程组，其变化的影响要在四期之后，也就是一年才得以体现，因此，反事实模拟结果中 2010 年与实际值相比无变化。

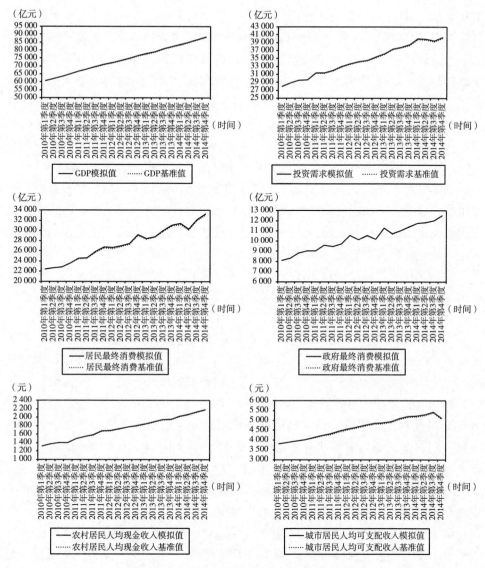

图 4 – 3　利率市场化对宏观经济的影响

资料来源：笔者计算。

农村居民收入平均提升 0.49 个百分点，城乡居民消费总额平均提升 0.60 个百分点，政府最终消费总额提升 0.14 个百分点，固定资本形成总额平均提升 0.33 个百分点，GDP 总量平均提升 0.39 个百分点。从经济结构上看，2011～2014 年各季度消费占 GDP 的模拟值比例比实际值的比例平均提高了 0.04 个百分点，其中，居民消费占 GDP 的比例平均提高了 0.08 个百分点，而政府消费占比则平均下降 0.04 个百分点，投资占比平均下降 0.03 个百分点。具体而言，居民收入水平明显提高，城镇居民收入的提高幅度远远大于农村居民。从各年度的绝对收入水平上看，2011～2014 年，城镇居民的人均可支配收入水平将分别提升 0.89 个、1.00 个、0.86 个和 0.53 个百分点，而同期农村居民人均现金收入则提升 0.42 个、0.56 个、0.50 个和 0.53 个百分点。当前，我国农村居民所获得的金融服务与城镇居民仍然存在着巨大差距。大部分金融机构及其网点都分布在城市，农村有限的农村信用社大部分仅提供最基本的储蓄存款业务。农村居民难以通过改变金融资产结构优化资产配置，也难以通过购买高收益率的金融产品规避存款利率管制对财产收入的侵蚀。在现有的金融市场结构下，城乡收入差距在利率市场化后很可能被进一步放大。与城市相比，农村的人口密度小，人均收入水平和居民金融剩余较少，部分地区的交通条件较为恶劣，这些都导致在农村设立营业网点、提供金融服务的成本要高于城市。在市场竞争程度相对较弱的情况下，成本较高的农村金融市场成为被遗忘的角落，这一现状仅靠解除存款利率管制是无法改变的，解决这一问题必须通过更彻底地开放金融市场，吸引更多民间资本进入，形成多层次的细分市场。

GDP 总量与增长率均略有提高，但不足以改变近 5 年来经济增速持续下滑的趋势。从 GDP 总量水平看，2011～2014 年，GDP 总量将分别提升 0.34 个、0.44 个、0.40 个和 0.53 个百分点，同比增速则基本保持不变。

最终消费总额有明显提升，居民消费的提升幅度远大于政府消费，最终消费占 GDP 的比例也有略微提高。模拟结果显示，如果取消存款利率管制，2011～2014 年居民消费的绝对水平将分别提升 0.53 个、0.68 个、0.60 个和 0.53 个百分点，而政府消费则将分别提升 0.07 个、0.15 个、0.17 个和 0.53 个百分点。从经济结构的角度看，受居民消费需求增长的拉动，总消费需求在 GDP 中的比重也有所上升，2011～2014 年，该比重分别上升了 0.04 个、0.05 个、0.04 个和 0.04 个百分点。在有效竞争环境下，存款利率的市场化必然增加金融企业对居民金融投资的竞争程度，提高居民部门在金融市场上的博弈能力，从而在一定程度上改善居民财产收入过低的现状。然而，存款利率市场化并没有能力扭转当前居民收入占比和最终消费占比不断下降的总体趋势，主要原因在于：（1）居民金融资产规模有限，尤其是与发达国家相比仍存在巨大差距，短期内不易通过财产收入的提高大幅度地提高总收入水平。（2）在不改变金融市场结构的前提下，存款利率市场化仅能提高居民无风险收益水平，而在经济下行阶段，无风险收益率与当前的管制利率差距不大，增收效果有限。（3）在劳动收入仍占我国居民收入绝大部分的前提下，改变这一趋势不仅需要矫正资本要素的价格扭曲，更需要矫正劳动力要素的价格扭曲。

第6节 结 论

本章的研究认为，现阶段取消存款利率上限管制并不会导致存贷款利率迅速上升。目前，总需求萎缩、产能过剩等结构性问题导致资本回报率不断下降、实体经济投资欲望减弱、市场波动风险加大，这些因素都限制了贷款利率的上浮空间。此外，在经济增速持续下滑的情况下，货币当局极有可能施行相对宽松的货币政策，进一步降低实体经济的投资成本。另外，我国居民的储蓄需求较为刚性，而在金融市场上仍缺少能真正威胁商业银行垄断地位的市场主体，因此，存款利率上浮的主要推动力仍是各商业银行间的竞争。对于商业银行而言，在实体经济投资机会有限、投资收益难以提升的情况下，对于负债成本的控制决定了其竞争强度有限。再加上我国居民的储蓄需求具有比较明显的刚性特征，存款利率的上浮也不会太高。根据本章的估算，现阶段解除存款利率上限管制将使得存贷利差逐渐收窄至2.54%的水平。进一步的反事实模拟显示，这一政策变化能通过增加居民投资收入、促进居民消费需求的角度改善当前总需求结构的失衡，并在一定程度上缓解经济增速不断下滑的压力。

参考文献

［1］张建波、文竹：《利率市场化改革与商业银行定价能力研究》，载于《金融监管研究》2012年第10期。

［2］陈彦斌、陈小亮、陈伟泽：《利率管制与总需求结构失衡》，载于《经济研究》2014年第2期。

［3］金中夏、洪浩、李宏瑾：《利率市场化对货币政策有效性和经济结构调整的影响》，载于《经济研究》2013年第4期。

［4］纪洋、徐建炜、张斌：《利率市场化的影响、风险与时机——基于利率双轨制模型的讨论》，载于《经济研究》2015年第1期。

［5］李文溥：《根据需求结构转换基本趋势进行供给侧结构性改革》，载于《福建日报》2016年4月1日第11版。

［6］李文溥、李昊：《利率管制与居民财产收入占比下降》，载于《吉林大学社会科学学报》2015年第6期。

［7］沈冰、雷珏：《我国居民储蓄利率敏感性的实证研究》，载于《经济问题》2011年第8期。

［8］沈坤荣、谢勇：《不确定性与中国城镇居民储蓄率的实证研究》，载于《金融研究》

2012 年第 3 期。

［9］He, Dong & Wang, Honglin (2011). "Dual-track Interest Rates and the Conduct of Monetary Policy in China", BOFIT Discussion Papers 21, Bank of Finland, Institute for Economies in Transition.

［10］Jahangir Aziz (2006). "Rebalancing China's Economy: What Does Growth Theory Tell Us?", IMF Working Papers 291, International Monetary Fund.

［11］Tarhan Feyzioglu & Nathan Porter & E. Takáts (2009). "Interest Rate Liberalization in China", IMF Working Papers 171, International Monetary Fund.

第5章 中国的自然利率有多高
——基于 DSGE 模型的再估计[*]

2008 年金融危机以后，中国各种口径的实际利率和融资成本的攀升是不争的事实。然而，判断实际利率和融资成本是否"过高"，还需要首先弄清它们的"正常"水平。此外，中国人民银行决定，自 2015 年 10 月 24 日起，对商业银行和农村合作金融机构等不再设置存款利率浮动上限，并抓紧完善利率的市场化形成和调控机制，加强对利率体系的调控和监督指导，提高货币政策传导效率。

本章从估算中国经济的自然利率出发，不仅能为 2008 年金融危机后中国利率水平是否过高提供判断标准，还能为中国货币政策的利率调控提供基准利率水平。

第 1 节 文献综述

已有文献估算自然利率的方法主要有三类。第一类是 SVAR 模型，如布鲁萨—布雷斯纳（Brzoza-Brzezina，2003）。第二类是状态空间（state-space）模型，以劳巴赫等（Laubach et al.，2003）为代表，其构建了一个联系自然利率、潜在产出等不可观测变量与实际产出、通胀和政策利率等可观测变量的线性动态模型，用数据估计后再用卡尔曼（Kalman）滤波技术倒推出自然利率。第三类是 DSGE 模

---

[*] 本章作者：蔡群起、龚敏。

型，这一类模型的优势在于严密的微观基础，自然利率在模型中有着严格的定义，较早的研究包括尼斯等（Neiss et al.，2003）、艾米萨诺等（Amisano et al.，2008）、埃奇等（Edge et al.，2008），以及贾斯廷安诺等（Justiniano et al.，2010），最近特别要提及的有巴斯基等（Barsky et al.，2014）。

近年来，随着中国货币政策框架逐渐向利率调控模式转变，国内对自然利率的关注不断提高。例如，何东等（Dong He et al.，2014）通过校准自然利率方程的参数、测算资本回报率以及估计面板计量模型等方法，得出中国的自然利率处于4%~4.5%的结论。后两种方法所得结果显示，近年来自然利率有所下降。总体而言，国内研究利用 SVAR 模型和状态空间模型研究中国自然利率的起步较早（石柱鲜等，2006；田建强，2010）；利用 DSGE 模型估算的文献较少，相关研究有待深化。DSGE 模型的相关估算以金中夏等（2013）、贺聪等（2013）为代表。金中夏等（2013）在盖里等（Gali et al.，2005）的小国开放经济 DSGE 模型基础上，将经济增长和名义汇率变动引入中国的货币政策反应方程，估算了2001年1月至2011年12月货币市场利率对自然利率的偏离，认为向下偏离的原因是发达国家的低利率政策以及中国缺乏弹性的汇率制度。贺聪等（2013）认为，利率双轨制是估算中国自然利率的最大障碍，中央银行的政策利率是存贷款基准利率，而非短期货币市场利率，因此，通过假定中央银行按泰勒（Taylor）规则调控存款基准利率，其用基本新凯恩斯（BNK）DSGE 模型估算了中国1998年第2季度至2012年第3季度实现潜在产出和通胀稳定的存款利率。

国内研究的不足主要表现在：第一，无论是盖里等（2005）的小国开放经济 DSGE 模型，还是基本新凯恩斯（BNK）DSGE 模型都是极为简化的短期模型，投资、资本积累以及消费习惯形成、投资调整成本等一系列摩擦性因素都被忽视了，因此，基于这些"不太现实"的模型所做的自然利率估计难免失真，对中国这样一个高度依赖投资和资本形成的经济体而言尤其严重。第二，模型中关于中国货币政策规则的设定仍有待改进。中国央行并未形成以短期货币市场利率为操作目标的货币政策框架，更多的是依靠贷款额度的窗口指导、法定存款准备金率调整等数量型工具。因此，不能用现实中的货币市场利率数据来估计传统的泰勒规则。而且，即便估计出了自然利率，也不能通过直接和现实中的市场利率进行比较来估算偏离程度。贺聪等（2013）通过估计存款利率的均衡水平回避了这个问题。然而，存款利率并非利率走廊框架下的操作目标，其均衡水平与自然利率是否存在稳定的、可预测的关系也有待探索。

本章利用 DSGE 模型和贝叶斯（Bayes）估计对中国1992年第1季度至2015年第3季度的自然利率水平进行了估算，对现有文献的改进主要体现在：第一，本章采用斯梅特斯等（Smets et al.，2007）的中等规模 DSGE 模型；它包含投资、资本积累、多种摩擦性因素及多种冲击源，因而可以更好地拟合复杂的现实经济。第二，参考国家统计局季度支出法中国 GDP 核算方法试行方案，本章自行估算了产出、消费、投资等宏观变量的季度数据。[①] 众所周知，中国 GDP 的核算一直以来主要依据生产法和收入法。除了年度的支出法数据外，国家统计局尚未公布季度的支出法数据。中国 DSGE 建模的一大难点正在于数据的缺失问题，这也解释了现有估算自然利率的 DSGE 模型过度简化的原因。第三，本章用反事实估算的方法解决中国货币政策规则与金融市场的特殊性问题。由于中国长期存在利率管制和金融抑制，加之中国的货币政策操作框架并非泰勒规则，现实中被扭曲的货币市场利率与模型中的利率不能等同视之。在模型估算中，本章不用货币市场利率数据，而是假定若中国货币政策仅依赖短期市场利率调节，则根据现实中观察到的其他宏观经济变量序列，推算出泰勒规则的市场利率水平和相应的自然利率水平。由于现实中不存在自然利率，很难将它同某一利率进行绝对大小的数值比较，但是，若自然利率的走势与经济中主要利率指标保持大体的一致性，则可以通过对比二者的变化趋势来推断二者变化方向的偏离程度。

第 2 节　模型构建及求解

　　模型经济主体包括家庭、中间品厂商、最终品厂商以及政府部门（见图 5 - 1）。由于垄断竞争的市场结构，经济无法实现完全竞争的最优资源配置。除了工资和价格粘性外，还引入了消费习惯形成、投资调整成本、资本利用成本等摩擦性因

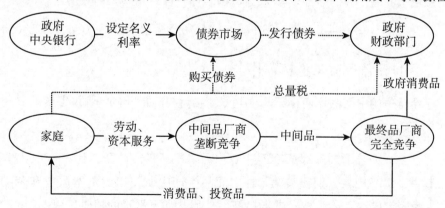

图 5 - 1　模型结构图

注：实线箭头代表物流，虚线箭头表示资金流。

---

① 参见张冬佑：《中国季度支出法 GDP 核算方法》，https：//www.oecd.org/std/na/37601246.doc。

素。模型的七项冲击分别为：技术冲击、风险溢价冲击、投资技术冲击、外生支出冲击、货币政策冲击，以及工资和价格加成率冲击。

一、最终品厂商

最终品厂商之间是完全竞争关系，通过购入中间品来组装生产出最终品，并可直接转化为家庭的消费品、投资品、政府的消费品，以及在资本品使用过程中所需的消耗品。代表性最终品厂商是最终品价格 P_t 和中间品价格 $P_{i,t}$ 的接受者，选择最优的中间品组合 $Y_{i,t}$ 以谋求利润最大化。其利润最大化问题的数学表达式如下：

$$\max_{Y_t,Y_{i,t}} \quad P_t Y_t - \int_0^1 P_{i,t} Y_{i,t} \mathrm{d}i$$

$$\text{s. t.} \quad Y_t = \Big[\int_0^1 Y_{i,t}^{\frac{1}{1+\lambda_{p,t}}} \mathrm{d}i \Big]^{1+\lambda_{p,t}}$$

其中，$1+\lambda_{p,t}$ 是中间品厂商为其产品定价时所用的加成率。由一阶条件可得最终品厂商对第 i 种中间品的需求函数：

$$Y_{i,t} = \Big(\frac{P_{i,t}}{P_t} \Big)^{-\frac{1+\lambda_{p,t}}{\lambda_{p,t}}} Y_t \tag{5.1}$$

$$P_t = \Big[\int_0^1 P_{i,t}^{\frac{1}{\lambda_{p,t}}} \mathrm{d}i \Big]^{\lambda_{p,t}} \tag{5.2}$$

假定中间品厂商的净加成率 $\lambda_{p,t}$ 服从如下的自回归移动平均过程：

$$\ln\lambda_{p,t} = (1-\rho_p)\ln\lambda_p + \rho_p\ln\lambda_{p,t-1} - \kappa_p\eta_{t-1}^p + \eta_t^p, \eta_t^p \sim N(0,\sigma_p) \tag{5.3}$$

二、中间品厂商和价格粘性

垄断竞争的中间品厂商标记为 $i \in [0,1]$，使用如下生产函数生产差异化的中间产品：

$$Y_{i,t} = \varepsilon_t^a K_{i,t}^s (\gamma^t L_{i,t})^{1-\alpha} - \gamma^t \phi \tag{5.4}$$

其中，$K_{i,t}^s$ 和 $L_{i,t}$ 分别代表第 i 种中间品生产中所使用的资本服务和劳动投入，ϕ 为固定成本，γ^t 为技术进步趋势，ε_t^a 服从如下平稳的随机过程：

$$\ln\varepsilon_t^a = (1-\rho_a)\ln\varepsilon^a + \rho_a\ln\varepsilon_{t-1}^a + \eta_t^a, \eta_t^a \sim N(0,\sigma_a) \tag{5.5}$$

在完全竞争的要素市场上，厂商是名义工资 W_t、名义资本租赁价格 R_t^k 的接受者，代表性厂商 i 通过选择最优的劳动雇佣和资本租赁数量以最小化生产成本。厂商 i 对劳动和资本的最优需求可通过求解如下的利润最大化问题得到：

$$\max_{L_{i,t}, K^s_{i,t}} \quad P_{i,t}Y_{i,t} - W_t L_{i,t} - R^k_t K^s_{i,t}$$

$$\text{s. t.} \quad Y_{i,t} = \varepsilon^a_t K^{s\alpha}_{i,t}(\gamma^t L_{i,t})^{1-\alpha} - \gamma^t \phi \tag{5.6}$$

由一阶条件可得要素最优使用比例及边际成本函数：[①]

$$\frac{K^s_t}{L_t} = \frac{\alpha}{1-\alpha} \frac{W_t}{R^k_t} \tag{5.7}$$

$$MC_t = \alpha^{-\alpha}(1-\alpha)^{-(1-\alpha)} W_t^{1-\alpha}(R^k_t)^\alpha \gamma^{-(1-\alpha)t}(\varepsilon^a_t)^{-1} \tag{5.8}$$

中间品厂商每期无法自主调整价格的概率为 ξ_p，其价格设定遵循卡尔沃规则（Calvo，1983）。当厂商无法自主调整价格时，其价格增长与稳态时的通胀率 π 及前期通胀率 π_{t-1} 的加权平均值挂钩。其最优价格设定问题为：

$$\max_{\widetilde{P}_{i,t}} \quad E_t \sum_{\tau=0}^{\infty} \xi_p^\tau \Big[\frac{\beta^\tau \Theta_{t+\tau} P_t}{\Theta_t P_{t+\tau}} \Big] \big[P_{i,t+\tau} - MC_{t+\tau} \big] Y_{i,t+\tau}$$

$$\text{s. t.} \quad Y_{i,t+\tau} = \Big(\frac{P_{i,t+\tau}}{P_{t+\tau}} \Big)^{-\frac{1+\lambda_{p,t+\tau}}{\lambda_{p,t+\tau}}} Y_{t+\tau}$$

其中，$P_{i,t+\tau} = \widetilde{P}_{i,t}(\Pi_{k=1}^{\tau} \pi_{t+k-1}^{\iota_p} \pi^{1-\iota_p})$，$\iota_p$ 为前期通胀率的权重，Θ_t 是家庭预算约束的拉格朗日乘子。在每期末，所有利润都以股利的形式派发给家庭。

三、家庭

代表性家庭无限存活，标记为 $j \in [0,1]$。家庭 j 选择消费 $C_{j,t}$，提供同质的劳动服务 $L_{j,t}$，决定投资 $I_{j,t}$ 和资本利用率 $Z_{j,t}$，并通过无风险的政府债券 $B_{j,t}$ 进行储蓄。其终身效用最大化问题为：

$$\max E_t \sum_{\tau=0}^{\infty} \beta^\tau \Big[\frac{1}{1-\sigma_c}(C_{j,t+\tau} - \lambda C_{t+\tau-1})^{1-\sigma_c} \Big] \exp\Big(\frac{\sigma_c - 1}{1+\sigma_l} L_{j,t+\tau}^{1+\sigma_l} \Big)$$

$$\text{s. t.} \quad C_{j,t+\tau} + I_{j,t+\tau} + \frac{B_{j,t+\tau}}{\varepsilon^b_{t+\tau} R_{t+\tau} P_{t+\tau}} + T_{t+\tau}$$

$$= \frac{B_{j,t+\tau-1}}{P_{t+\tau}} + \frac{W^h_{t+\tau} L_{j,t+\tau}}{P_{t+\tau}} + \frac{R^k_{t+\tau} Z_{j,t+\tau} K_{j,t+\tau-1}}{P_{t+\tau}} - a(Z_{j,t+\tau}) K_{j,t+\tau-1} + \frac{Div_{t+\tau}}{P_{t+\tau}}$$

其中，λ 是外部习惯形成参数，T_t 为 t 期政府征收的总量税，R^k_t 为名义资本

---

① 由于所有中间品厂商的资本—劳动比率和边际成本均相同，代表厂商的下标 i 省略。

租赁价格，家庭提供的资本服务 $K_{j,t}^s = Z_{j,t}K_{j,t-1}$，$Div_t$ 为中间品厂商和工会支付的红利，$a(\cdot)$ 为资本利用成本，$a(1)=0,a(1)'>0,a(1)''>0$。[①] R_t 为中央银行设定的无风险毛利率，ε_t^b 是债券收益率相对中央银行利率的溢价，反映金融体系在配置金融资源上的效率损失。ε_t^b 服从如下的外生随机过程：

$$\ln\varepsilon_t^b = \rho_b\ln\varepsilon_{t-1}^b + \eta_t^b, \eta_t^b \sim N(0,\sigma_b) \tag{5.9}$$

家庭的资本积累方程为：

$$K_{j,t} = (1-\delta)K_{j,t-1} + \varepsilon_t^i\Big[1-S\Big(\frac{I_{j,t}}{I_{j,t-1}}\Big)\Big]I_{j,t} \tag{5.10}$$

其中，δ 为折旧率，$S(\cdot)$ 为投资的调整成本，$S(\gamma)=0,S'(\gamma)=0$，$S''(\cdot)>0$。[②] ε_t^i 为外生的投资技术冲击，服从如下随机过程：

$$\ln\varepsilon_t^i = \rho_i\ln\varepsilon_{t-1}^i + \eta_t^i, \eta_t^i \sim N(0,\sigma_i) \tag{5.11}$$

家庭关于消费、劳动、债券、投资、资本存量和资本利用率的一阶条件分别为[③]：

$$C_t : \Theta_t = \exp\Big(\frac{\sigma_c-1}{1+\sigma_l}L_t^{1+\sigma_l}\Big)(C_t-\lambda C_{t-1})^{-\sigma_c} \tag{5.12}$$

$$L_t : -\Theta_t\frac{W_t^h}{P_t} = \Big[\frac{(C_t-\lambda C_{t-1})^{1-\sigma_c}}{1+\sigma_c}\Big]\exp\Big(\frac{\sigma_c-1}{1+\sigma_l}L_t^{1+\sigma_l}\Big)(\sigma_c-1)L_t^{\sigma_l} \tag{5.13}$$

$$B_t : \Theta_t = \beta\varepsilon_t^b R_t E_t\Big(\frac{\Theta_{t+1}}{\pi_{t+1}}\Big) \tag{5.14}$$

$$I_t : \quad \Theta_t = \Theta_t^k\varepsilon_t^i\Big[1-S\Big(\frac{I_t}{I_{t-1}}\Big)-S'\Big(\frac{I_t}{I_{t-1}}\Big)\frac{I_t}{I_{t-1}}\Big]$$

$$+\beta E_t\Big[\Theta_{t+1}^k\varepsilon_{t+1}^i S'\Big(\frac{I_{t+1}}{I_t}\Big)\Big(\frac{I_{t+1}}{I_t}\Big)^2\Big] \tag{5.15}$$

$$K_t : \Theta_t^k = \beta E_t\Big[\Theta_{t+1}\Big(\frac{R_{t+1}^k}{P_{t+1}}Z_{t+1}-a(Z_{t+1})\Big)+\Theta_{t+1}^k(1-\delta)\Big] \tag{5.16}$$

$$Z_t : \frac{R_t^k}{P_t} = a'(Z_t) \tag{5.17}$$

---

① 本章采用的函数形式为：$a(Z_t) = \frac{r^k}{\sigma}[e^{\sigma(Z_t-1)}-1]$，$r^k$ 是稳态时的实际资本租赁价格，$\sigma = \frac{a(1)''}{a(1)'}$ 衡量边际资本利用成本对资本利用率变动的敏感程度。

② 具体函数形式为：$S\Big(\frac{I_t}{I_{t-1}}\Big) = \frac{S''}{2}\Big(\frac{I_t}{I_{t-1}}-\gamma\Big)^2, S''>0$。

③ 均衡时所有家庭的选择无差异，因此，一阶条件省略家庭下标 j。

其中，Θ_t 和 Θ_t^k 分别为家庭预算约束和资本积累方程的拉格朗日乘子，托宾 q 值定义为 $Q_t = \dfrac{\Theta_t^k}{\Theta_t}$。

四、劳动部门和工资粘性

家庭将同质劳动以 W_t^h 的工资卖给工会，后者将其差异化为不同的类型 $l \in [0,1]$，并将 $L_{l,t}$ 按 $W_{l,t}$ 的垄断竞争价格出售给劳动中介。最后，劳动中介再将不同类型的劳动组合成同质的劳动 L_t，并以 W_t 的完全竞争价格卖给中间品厂商。

劳动中介的最优化问题为：

$$\max_{L_t, L_{l,t}} W_t L_t - \int_0^1 W_{l,t} L_{l,t} \mathrm{d}l$$

$$\text{s. t. } \Big[\int_0^1 L_{l,t}^{\frac{1}{1+\lambda_{w,t}}} \mathrm{d}l \Big]^{1+\lambda_{w,t}} = L_t$$

其中，$1+\lambda_{w,t}$ 为工会设定工资的加成率。由一阶条件可得劳动中介对 $L_{l,t}$ 的需求函数：

$$L_{l,t} = \Big(\frac{W_{l,t}}{W_t} \Big)^{-\frac{1+\lambda_{w,t}}{\lambda_{w,t}}} L_t \tag{5.18}$$

$$W_t = \Big[\int_0^1 W_{l,t}^{\frac{1}{\lambda_{w,t}}} \mathrm{d}l \Big]^{\lambda_{w,t}} \tag{5.19}$$

假定工会的净加成率 $\lambda_{w,t}$ 服从如下的自回归移动平均过程：

$$\ln\lambda_{w,t} = (1-\rho_w)\ln\lambda_w + \rho_w \ln\lambda_{w,t-1} - \kappa_w \eta_{t-1}^w + \eta_t^w, \eta_t^w \sim N(0,\sigma_w) \tag{5.20}$$

工会在边际成本 W_t^h 的基础上按式（5.10）所示的需求弹性加成定价。工会每期无法自主调整价格的概率为 ξ_w，其定价行为遵循卡尔沃规则（Calvo，1983）。当工会无法自主调整价格时，其价格除按经济增长率 γ 增长外，还与稳态时的通胀率 π 及前期通胀率 π_{t-1} 的加权平均值挂钩。其最优价格设定问题为：

$$\max_{\widetilde{W}_{l,t}} E_t \sum_{\tau=0}^{\infty} \xi_w^{\tau} \Big[\frac{\beta^{\tau} \Theta_{t+\tau} P_t}{\Theta_t P_{t+\tau}} \Big] \Big[W_{l,t+\tau} - W_{t+\tau}^h \Big] L_{l,t+\tau}$$

$$\text{s. t. } L_{l,t+\tau} = \Big(\frac{W_{l,t+\tau}}{W_{t+\tau}} \Big)^{-\frac{1+\lambda_{w,t+\tau}}{\lambda_{w,t+\tau}}} L_{t+\tau}$$

其中，$W_{l,t+\tau} = \widetilde{W}_{l,t} \big(\prod_{k=1}^{\tau} \gamma \pi_{t+k-1}^{\iota_w} \pi^{1-\iota_w} \big)$，$\iota_w$ 为前期通胀率的权重。在每期末，所有利润都以股利的形式派发给家庭。

五、政府部门

中央银行的名义利率设定遵循泰勒规则。名义毛利率的锚定变量除通胀缺口和产出缺口外，还有产出变动与自然产出变动的缺口：

$$\frac{R_t}{R} = \left(\frac{R_{t-1}}{R}\right)^{\rho} \left[\left(\frac{\pi_t}{\pi}\right)^{\psi_{\pi}} \left(\frac{Y_t}{Y_t^n}\right)^{\psi_Y}\right]^{1-\rho} \left(\frac{Y_t/Y_{t-1}}{Y_t^n/Y_{t-1}^n}\right)^{\psi} r_t \tag{5.21}$$

其中，无下标变量表示稳态值，Y_t^n 表示自然产出，货币政策冲击 r_t 服从一阶自回归过程：

$$\ln r_t = \rho_r \ln r_{t-1} + \eta_t^r, \eta_t^r \sim N(0, \sigma_r) \tag{5.22}$$

财政部门通过发债和征税来维持政府消费：

$$P_t G_t + B_{t-1} = T_t + \frac{B_t}{R_t} \tag{5.23}$$

政府消费与稳态产出的比例 $g_t = \dfrac{G_t}{y \cdot \gamma^t}$，服从如下的自回归过程[①]：

$$\ln g_t = (1 - \rho_g) \ln g + \rho_g \ln g_{t-1} + \eta_t^g, \eta_t^g \sim N(0, \sigma_g) \tag{5.24}$$

六、总体资源约束

产出等于居民消费、投资、外生支出以及资本利用成本之和[②]：

$$C_t + I_t + G_t + a(Z_t)K_{t-1} = Y_t \tag{5.25}$$

第3节 自然利率的估算

一、模型的对数线性化方程系统

对模型一阶条件和资源约束条件进行对数线性化后，可得如下方程（其中，加"∧"号变量代表其原始变量对稳态值的对数偏离）：

[①] y 为稳态的劳均有效劳动产出，γ^t 为劳均产出的增长趋势。由于模型为封闭经济，G_t 可以理解为外生支出，包括现实经济中的政府消费和净出口。中国政府支出中的投资性支出，已包含在家庭投资 I_t 中。

[②] 投资的调整成本是以投资的资本形成转化率体现的，不构成对产出的额外消耗。

生产函数：

$$\hat{y}_t = \phi_p(\alpha\hat{k}_t^s + (1-\alpha)\hat{l}_t + \eta_t^a) \tag{5.26}$$

实际边际成本：

$$\hat{mc}_t = \alpha\hat{r}_t^k + (1-\alpha)\hat{w}_t - \eta_t^a \tag{5.27}$$

最优要素使用比例：

$$\hat{r}_t^k = -(\hat{k}_t^s - \hat{l}_t) + \hat{w}_t \tag{5.28}$$

资本服务：

$$\hat{k}_t^s = \hat{k}_{t-1} + \hat{z}_t \tag{5.29}$$

资本利用率：

$$\hat{z}_t = \sigma\hat{r}_t^k \tag{5.30}$$

资本存量的运动方程：

$$\hat{k}_t = \frac{1-\delta}{\gamma}\hat{k}_{t-1} + \frac{\gamma-1+\delta}{\gamma}(\hat{i}_t + \eta_t^i) \tag{5.31}$$

最优投资决策：

$$\hat{i}_t = \frac{1}{(1+\beta\gamma^{1-\sigma_c})}(\hat{i}_{t-1} + \beta\gamma^{1-\sigma_c}E_t\hat{i}_{t+1} + \frac{1}{\gamma^2 S''}\hat{q}_t) + \eta_t^i \tag{5.32}$$

最优资本存量决策（托宾 q 方程）：

$$\hat{q}_t = (1-\delta)\beta\gamma^{-\sigma_c}E_t\hat{q}_{t+1} + (1-(1-\delta)\beta\gamma^{-\sigma_c})E_t\hat{r}_{t+1}^k - (\hat{r}_t - E_t\hat{\pi}_{t+1} + \eta_t^b) \tag{5.33}$$

最优消费决策的欧拉方程：

$$\hat{c}_t = \frac{\lambda/\gamma}{1+\lambda/\gamma}\hat{c}_{t-1} + \frac{1}{1+\lambda/\gamma}E_t\hat{c}_{t+1} + \frac{(\sigma_c-1)(W^hL/C)}{\sigma_c(1+\lambda/\gamma)}(\hat{l}_t - E_t\hat{l}_{t+1})$$

$$- \frac{(1-\lambda/\gamma)}{(1+\lambda/\gamma)\sigma_c}(\hat{r}_t - E_t\hat{\pi}_{t+1} + \eta_t^b) \tag{5.34}$$

菲利普斯曲线：

$$\hat{\pi}_t = \frac{1}{(1+\beta\gamma^{1-\sigma_c}\iota_p)}(\iota_p\hat{\pi}_{t-1} + \beta\gamma^{1-\sigma_c}E_t\hat{\pi}_{t+1}) + \frac{(1-\xi_p)}{\xi_p}\left[\hat{mc}_t + \frac{\lambda_p}{1+\lambda_p}\eta_t^p\right] \tag{5.35}$$

实际工资方程：

$$\hat{w}_t = \frac{1}{(1+\beta\gamma^{1-\sigma_c})}\left(\hat{w}_{t-1} + \iota_w\hat{\pi}_{t-1} - (1+\beta\gamma^{1-\sigma_c}\iota_w)\hat{\pi}_t + \beta\gamma^{1-\sigma_c}(E_t\hat{\pi}_{t+1} + E_t\hat{w}_{t+1})\right)$$

$$+ \frac{(1+\beta\gamma^{1-\sigma_c}\iota_w)}{(1+\beta\gamma^{1-\sigma_c})}\frac{(1-\xi_p)}{\xi_p}\left[\sigma_l\hat{l}_t + \frac{1}{1-\frac{\lambda}{\gamma}}\left(\hat{c}_t - \frac{\lambda}{\gamma}\hat{c}_{t+1}\right) - \hat{w}_t + \eta_t^l + \frac{\lambda_w}{1+\lambda_w}\eta_t^w\right]$$

$$(5.36)$$

泰勒规则：

$$\hat{r}_t = \hat{\rho r}_{t-1} + (1-\rho)(\psi_\pi\hat{\pi}_t + \psi_y(\hat{y}_t - \hat{y}_t^n)) + \psi(\hat{y}_t - \hat{y}_t^n + \hat{y}_{t-1} - \hat{y}_{t-1}^n) + \eta_t^r$$

$$(5.37)$$

总体资源约束：

$$\hat{y}_t = \left(1 - g_y - (\gamma-1+\delta)\phi_p\left(\frac{\bar{L}}{\bar{y}}\right)^{\alpha-1}\right)\hat{c}_t + (\gamma-1+\delta)\phi_p\left(\frac{\bar{L}}{\bar{y}}\right)^{\alpha-1}\hat{i}_t + r^k\phi_p\left(\frac{\bar{L}}{\bar{y}}\right)^{\alpha-1}\hat{z}_t + \eta_t^g$$

$$(5.38)$$

以上 13 个方程和 7 种外生冲击的运动方程（5.3）、式（5.5）、式（5.9）、式（5.11）、式（5.20）、式（5.22）、式（5.24），组成了名义粘性模型系统。本章将自然利率定义为使得总需求每时每刻都等于自然产出的实际利率水平，也即在价格完全自由浮动的经济中实现的均衡实际利率。为了得到自然利率和自然产出，需要估计无名义粘性和加成率冲击的模型。在名义粘性模型方程系统基础上，令 $\hat{mc}_t$，$E_t\hat{\pi}_{t+1}$ 为零，关闭货币政策冲击及价格和工资加成率冲击，取消菲利普斯曲线和泰勒规则方程，再用家庭消费和闲暇的期内欧拉方程代替式（5.36），即可得到无名义粘性和加成率冲击模型的方程系统，其中的名义利率和产出即为自然利率和自然产出。这里需要同时估计有名义粘性的模型方程系统和无名义粘性的模型方程系统。

二、观测方程和数据说明

贝叶斯估计要求模型的观测变量数不超过冲击数。根据数据质量和可得性，本章选择的 4 个观测变量分别为 1992 年第 1 季度至 2015 年第 3 季度的劳均实际产出、劳均私人消费、劳均投资和通胀率。需要指出的是，之所以放弃使用货币市场利率数据，是因为它虽是货币市场供求均衡的结果，但其平均水平受到利率管制、金融抑制等因素的极大扭曲，还不是一般均衡意义上的市场利率；另外，中央银行也并非以其作为货币政策的操作目标和工具，而是混合使用多种数量型和价格型工具。因此，若将货币市场利率数据代入模型中的泰勒规则，必将对估计结果产生重大的偏差。总之，考虑到中国的利率双轨制特征以及货币政策并非遵循泰勒规则，本章模型中的市场利率在现实中并不存在，因而将其作为不可观测变量处理。

模型的观测方程如下：

$$\Delta \ln y_t = \hat{y}_t - \hat{y}_{t-1} + (\gamma - 1) \tag{5.39}$$

$$\Delta \ln c_t = \hat{c}_t - \hat{c}_{t-1} + (\gamma - 1) \tag{5.40}$$

$$\Delta \ln i_t = \hat{i}_t - \hat{i}_{t-1} + (\gamma - 1) \tag{5.41}$$

$$\Delta \ln P_t = \hat{\pi}_t - \hat{\pi}_{t-1} + (\pi - 1) \tag{5.42}$$

其中，y_t、c_t、i_t 及 P_t 分别为季度劳均产出、劳均私人消费、劳均投资及定基 CPI 指数，γ、π 分别为技术进步率和稳态毛通胀率。[①] 图 5-2 展示了经过季节调整的中国季度实际固定资本形成（I_SA）、定基 CPI（P_SA）、实际私人消费（PC_SA）、劳动人口（POP）及实际产出（Y_SA）。

关于以上季度数据来源及估算方法，需要做以下几点说明。第一，国家统计局并未公布国民经济核算的季度支出法相关数据，本章的季度 GDP、私人消费及投资为估算数据。国家统计局 2011 年第 1 季度开始发布当季度的季度 GDP 数据，之前为累计数据，本章根据这些信息以及实际 GDP 累计增长率，推算出1992 年至今的季度 GDP。例如，由 2011 年第 1 季度的 GDP 和同比数据，可以倒推出 2010 年第 1 季度的实际 GDP。再由 2011 年第 1 季度和第 2 季度的累计实际 GDP 增速，可以倒推出 2010 年第 1 季度和第 2 季度实际 GDP 之和。最后，从中减去先前估算的 2010 年第 1 季度 GDP，即可得到 2010 年第 2 季度的实际 GDP。依此类推。图 5-3 报告了所估算的季度实际 GDP 同比增速和国家统计局公布的年度实际 GDP 同比增速。可以发现，估算的季度实际 GDP 增速与年度增速在趋势上高度一致，但波动性更大。

第二，本章分别根据私人消费与全社会零售消费总额，以及固定资本形成与全社会固定资产投资年度数据的比例关系，插值得到私人消费和投资的季度数据。私人消费指居民消费，包括城镇居民消费和农村居民消费。国家统计局只公布居民消费的年度数据，季度数据需要估算。国家统计局公布的一个与居民消费口径类似的季度指标是全社会零售消费总额。但是，全社会零售消费总额既包含

---

① 这里，观测变量以对数差分的形式进入观测方程，是为了遵循 Dynare 软件的要求。关于如何在 Dynare 中设定贝叶斯估计的观测方程，可见 Johannes Pfeifer，"A Guide to Specifying Observation Equations for the Estimation of DSGE Models"，https：//sites. google. com/site/pfeiferecon/dynare。

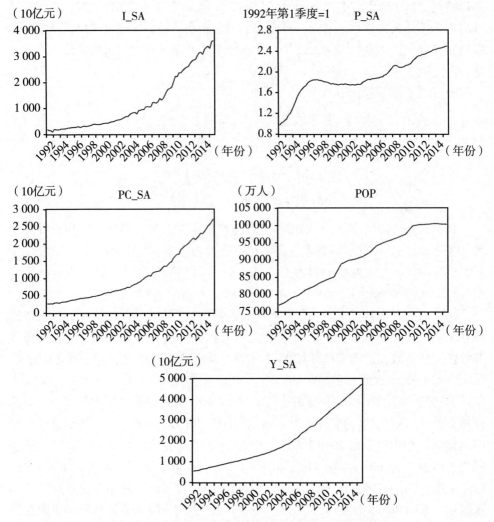

图 5 - 2   中国主要宏观经济变量的季度变化
（1992 年第 1 季度至 2015 年第 3 季度）

资料来源：中国国家统计局、US Census 及笔者估算。

不属于居民消费的企事业、行政单位的零售额，又遗漏了属于居民消费的其他成分，如农民自产自用的农产品、居民自有住房服务及教育、医疗、文化等收费服务。因此，直接使用全社会零售消费总额代替居民消费是错误的。本章采用的方法是：首先，利用年度数据计算居民消费与全社会零售消费总额的比值；其次，利用这一比值去乘同一年份内各季度的全社会消费零售总额，插值得到该年份各季度的居民消费。图 5 -4 报告了季度居民消费的插值结果。可以发现，年度数

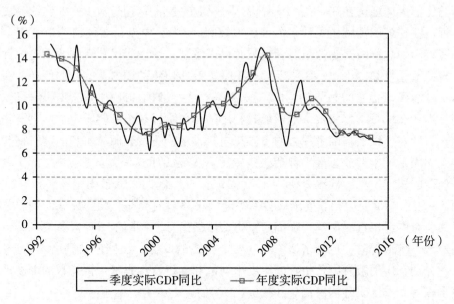

图 5 - 3　中国实际 GDP 同比变化

资料来源：中国国家统计局、笔者估算。

图 5 - 4　中国季度居民消费的插值

资料来源：中国国家统计局、笔者估算。

据的比值大体稳定在0.8~1.2，居民消费与全社会零售消费总额在数量上较为接近。在估算的季度居民消费方面，以2008年为分界点，居民消费由高于全社会零售消费总额演变为低于后者。同时可以发现，季度居民消费的波动与全社会零售消费总额高度一致。实际上，这正是本章所使用的插值法的目的所在：在保留年度居民消费数据趋势的同时，又获得尽可能准确的年内季度波动信息。同理，本章在估算季度固定资本形成时利用的相似指标是全社会固定资产投资完成额。后者在口径上与前者最大的不同是包含土地购置费、旧设备和旧建筑物购置费，而固定资本形成总额不包括这些费用。正是由于这一差异以及过去10多年房地产的快速发展，导致2004年以后固定资本形成大大低于固定资产投资（见图5-5）。本章使用的季度全社会零售消费总额和固定资产投资数据，是国家统计局公布的最接近居民消费和固定资本形成的指标。实际上，社会各界在分析短期宏观经济形势时，也都密切关注这两个指标的变化。在插值得到名义数据后，本章分别利用消费者物价指数的季度平均值和固定资产投资价格指数的季度平均值平减得到季度实际居民消费和投资。

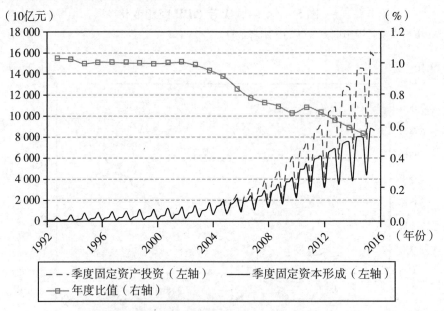

图5-5　中国季度固定资本形成的插值

资料来源：中国国家统计局、笔者估算。

　　第三，由于GDP、私人消费和投资都有明显的季节性，本章用X12方法对数据做了季节调整。由于国家统计局公布的15~64岁劳动人口数据在人口普查的2000年及2010年存在明显跳跃，本章使用的是美国人口普查局公布的更为平滑的数据。① 相关变量的劳均数据由劳动人口数据调整得到。

三、参数的贝叶斯估计

以上两套模型方程系统构成状态空间模型的状态方程，式（5.39）~式（5.42）构成状态空间模型的观测方程。在参数的校准部分，令季度折旧率 $\delta =$ 0.025（周炎等，2012），折合为年度值 0.1，这是有关中国经济折旧率的普遍设定；资本产出弹性 $\alpha = 0.487$（李稻葵等，2012），大大高于国外文献 0.3 的普遍设定，主要反映中国劳动者报酬偏低的事实；模型中，外生支出的口径包括政府消费和净出口，本章根据 1992 ~ 2015 年实际数据的平均值，估算外生支出与稳态产出的比例 $g = 0.18$。其余 34 个参数的估计值为贝叶斯估计的后验均值（见表 5 - 1）。其中，值得特别指出的是，式（5.30）中资本利用成本参数 σ 的估计技巧。这里，令 $\sigma = \dfrac{1-\zeta}{\zeta}$，因而能够保证 $\zeta = \dfrac{1}{1+\sigma}$ 处于区间 $[0, 1]$，从而可以用 Beta 分布作为 ζ 的先验分布。② 关于参数的先验分布设定，本章参考了斯梅特斯等（Smets et al.，2007）。一般而言，选择先验分布主要依据参数的经济含义、经验观察和历史数据分析。在这些因素均不明确时，一般选择对估计结果影响较小的分布。本章将一阶自回归系数设定为 Beta 分布，就是考虑到其经济上合理的区间位于 $[0, 1]$。整体而言，本章选择的 Beta、正态、Gamma 及逆 Gamma 分布，都是已有文献经常选择的先验分布，且都不太可能左右估计结果。在先验分布的敏感性分析方面，本章对先验分布中的均值、标准差设定值变化 50%，结果发现贝叶斯后验分布的估计结果变动并不大。

表 5 - 1 参数的贝叶斯估计结果

符号	经济含义	先验分布	后验均值
σ_a	技术冲击标准差	Γ^{-1} (0.1, 2)	0.8568
σ_b	风险溢价冲击	Γ^{-1} (0.1, 2)	0.3448
σ_g	政府支出冲击	Γ^{-1} (0.1, 2)	1.4913
σ_i	投资技术冲击	Γ^{-1} (0.1, 2)	2.6059
σ_r	货币政策冲击	Γ^{-1} (0.1, 2)	0.1546
σ_p	净物价加成率冲击	Γ^{-1} (0.1, 2)	0.6709
σ_w	净工资加成率冲击	Γ^{-1} (0.1, 2)	0.0905

---

① 数据可在其网站免费下载：http：//www.census.gov/population/international/data/idb/information-Gateway.php？cssp = SERP。

② 因为 Beta 分布的区间也为 $[0, 1]$。

符号	经济含义	先验分布	后验均值
ρ_a	技术进步自回归系数	B (0.5, 0.2)	0.9828
ρ_b	风险溢价自回归系数	B (0.5, 0.2)	0.7263
ρ_g	政府冲击自回归系数	B (0.5, 0.2)	0.9746
ρ_i	投资技术自回归系数	B (0.5, 0.2)	0.0710
ρ_r	政策利率自回归系数	B (0.5, 0.2)	0.6574
ρ_p	净物价加成率自回归系数	B (0.5, 0.2)	0.2669
ρ_w	净工资加成率自回归系数	B (0.5, 0.2)	0.5103
ϕ_p 或 $1+\lambda_p$	固定成本或毛价格加成率	N (1.25, 0.125)	1.3653
$1+\lambda_w$	毛工资加成率	N (1.25, 0.125)	1.2874
κ_p	净价格加成率一阶移动平均系数	B (0.5, 0.2)	0.6419
κ_w	净工资加成率一阶移动平均系数	B (0.5, 0.2)	0.5193
ξ_p	价格调整概率	B (0.5, 0.1)	0.5724
ξ_w	工资调整概率	B (0.5, 0.1)	0.5192
ι_p	前期通胀权重	B (0.5, 0.15)	0.2376
ι_w	前期工资增速权重	B (0.5, 0.15)	0.5069
S''	投资成本系数	N (4, 1.5)	5.6637
ζ 或 $\dfrac{1}{(1+\sigma)}$	资本利用成本	B (0.5, 0.15)	0.0725
$100\ (\pi^{-1}-1)$	稳态通胀率	Γ (0.97, 0.1)	0.9685
$100\ (\beta^{-1}-1)$	主观贴现率	Γ (0.1, 0.1)	0.2479
γ	技术进步趋势项	N (2, 0.1)	1.9158
ψ_π	通胀缺口系数	N (1.5, 0.25)	1.7615
ψ_y	产出缺口系数	N (0.125, 0.05)	0.1446
ψ	产出增速缺口系数	N (0.125, 0.05)	0.1477
ρ	政策利率平滑参数	B (0.75, 0.1)	0.5812
λ	外部习惯形成参数	B (0.7, 0.1)	0.1935
σ_l	劳动供给弹性参数	N (2, 0.75)	3.6487
σ_c	相对风险规避系数	N (1.5, 0.375)	1.4597

注：所有参数均按季度频率赋值。

　　给定先验分布和状态空间模型系统，就可以利用非线性求解方法获得参数后验分布的众数（mode）。然而，后验分布通常没有解析解。因此，基于所得到的后验分布的众数信息，可以利用马尔科夫链－蒙特卡罗（MCMC）方法以一定的接受概率对参数进行抽样。设定抽样跳跃参数为0.2，相应的样本接受率为0.251，接近理论上的最优接受率0.234。为了检验MCMC抽样过程的稳健性，分别进行2次抽样，每次抽取样本25万个，总共50万个样本。MCMC趋同检验表明所抽取的样本是稳定的。参数的先验及后验分布图表明，参数的估计结果较好。以上估计步骤均基于Matlab R2015b平台并由Dynare 4.4.3实现。

第4节 估算结果

在得到参数的贝叶斯估计结果之后，可以利用卡尔曼滤波技术从状态空间模型系统中估计出不可观测变量的时间序列。由于很难通过自然利率序列本身对其可靠性进行评估，而自然产出序列通常可以根据宏观经济运行历史进行评判。因此，为了进一步检验所估计的自然利率序列的稳健性，先检查所估计的自然产出增速序列的可靠性。

图5-6的实线展示了DSGE模型估算的季度自然产出增速。为了便于与真

（%年率）

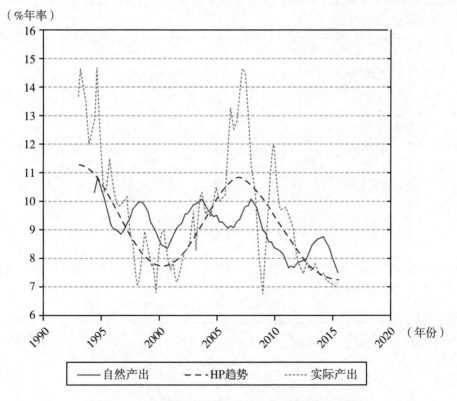

图5-6 模型估算的自然产出与实际产出增速

实经济运行状况进行比较，这里一同展示了季度实际经济增速及其 HP 滤波值。可以发现，HP 滤波值本质上只是对实际增速的平滑处理，与模型估算的自然产出增速相差较大。估算结果表明，20 世纪 90 年代至 2008 年全球金融危机前，中国经济的自然产出大体维持在 9%～10% 水平。然而，2008 年金融危机以后，自然产出增速出现了台阶式下降，基本处于 7%～8% 的水平。自然产出增速的这一下降趋势，与已有文献关于中国经济减速原因的讨论是相符的。例如，白重恩等（2014）指出赶超效应减弱和投资结构恶化带来 TFP 的减速；陆旸等（2014）从人口红利逆转的直接效应和间接效应解释潜在增速的下降。还有文献从产业结构服务化拉低总和劳动生产率的角度进行了论证（袁富华，2012；中国经济增长前沿课题组，2014）。从自然产出增速与实际产出增速的 HP 滤波的比较看，2012 年后中国宏观经济运行明显低于自然产出水平，有通缩压力。这与近年来中国经济持续下行、PPI 连续数十个月负增长、CPI 低位徘徊的局面非常一致。

图 5-7 报告的是模型估算的自然利率水平。显然，由于外生冲击的波动性较大，自然利率的变动幅度也较大。为了更好地把握其变化趋势，这里一同报告了自然利率的 6 季移动平均曲线。对比图 5-6 和图 5-7 可知，自然产出增速与

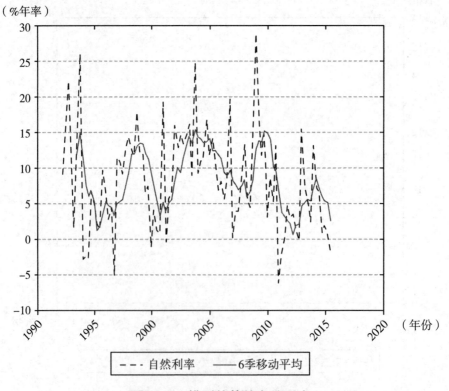

图 5-7 模型估算的自然利率

自然利率具有较高的同步性。自然利率除 2009 年前后有所回升之外，2005 年之后是总体下降的。其中，2010 年后一度快速下降，到 2012 年时仅仅略高于 0。此后，随着自然产出的回升，自然利率也略有回升，但很快又转而下降。截至 2015 年第 3 季度，自然利率大体处于 2.5% 上下的水平。中国自然利率的下降趋势反映的是中国经济基本面的深层次变化，尤其是实际资本回报率的下降。一方面，经济潜在增速随着"后发优势"的逐步丧失、要素成本的普遍上升而趋向递减；另一方面，2008 年金融危机以后投资率不降反升，基建、地产投资占比大幅提高，导致投资效率不断降低。

另外，2008 年金融危机以来中国经济的利率水平和企业融资成本的持续攀升，与自然利率的长期下降趋势形成明显背离。图 5 – 8 报告了以 PPI 平减的金融机构加权贷款平均利率的变动情况。可以发现，实际贷款利率与图 5 – 7 的自然利率在波峰、波谷形态上高度一致。然而，2012 年后实际贷款利率经历了大幅度的上升。这主要是因为 2012 年以来，可贸易部门尤其是采矿业和制造业部门的价格指数急速下滑，并带动 PPI 的大幅下降。实际贷款利率攀升的重要原因

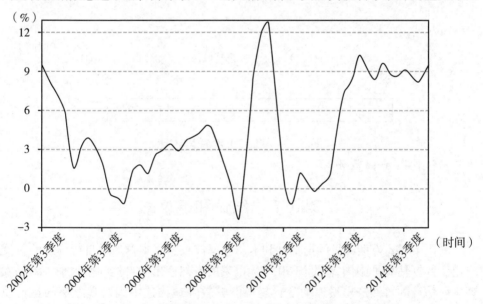

图 5 – 8 贷款加权平均利率（PPI 平减）

注：中国人民银行的"金融机构人民币贷款加权平均利率"数据从 2008 年第 3 季度开始公布，而之前的数据分别用口径相近的"金融机构人民币 1 年期固定利率贷款加权平均利率"（2002 年第 3 季度至 2006 年第 4 季度）及"金融机构人民币贷款 6 个月至 1 年期平均利率"（2007 年至 2008 年第 2 季度）来代替。

资料来源：Wind 数据库。

是 PPI 的大幅下降，但从执行浮动利率贷款占总贷款的比重的提升来看，名义贷款利率的上升也有影响（见图 5-9）。从企业经营的角度看，PPI 是工业品出产价格指数，与企业利润正相关。企业在进行投资决策时，考虑的是实际利率。在 PPI 大幅回落的情况下，维持基本不变甚至略有提高的名义贷款利率必然影响企业的实际债务负担，从而在根本上抑制企业的投资活动。

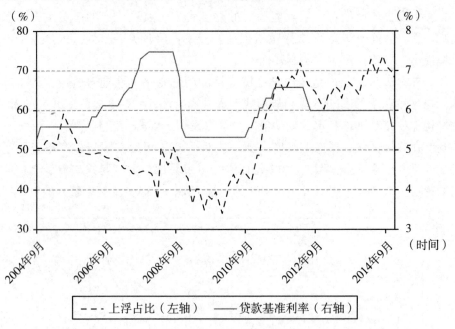

图 5-9　利率上浮贷款占比

资料来源：Wind 数据库。

第 5 节　结论和建议

利用 DSGE 模型的贝叶斯估计和卡尔曼滤波技术，本章通过自行构造的季度支出法数据估算了中国 20 世纪 90 年代以来的自然产出和自然利率水平。结果发现，所估计的自然产出增速的变化趋势能够较好地描述中国宏观经济的运行轨迹。估计的自然利率的变化趋势，在 2008 年金融危机前与实际贷款加权平均利率走势基本一致。然而，2008 年金融危机以来，自然利率呈现明显的下降趋势，与现实中企业融资成本的持续攀高形成显著背离。自然利率的下降反映了近年来中国实际资本回报率的下降和投资效率的恶化。在名义融资成本持续高企的情况下，PPI 的急速下降进一步推高了实际融资成本。本章的研究确认了中国实际利率和融资成本水平"过高"的判断。此外，中国的货币政策调控正快速地向政策利率调控过渡，研究自然利率水平有助于中央银行确定政策利率的基准水平。研究表明当前的自然利率已下降至很低的水平，可以为中央银行确定政策利率基准水平提供一定的参考。最后，必须承认，本章的模型设定与结构问题突出的中国经济现实仍有差距。随着学界对中国经济建模的不断深入，未来还可对中国自然利率的估计做出更大的改进。

参考文献

[1] 白重恩、张琼：《中国的资本回报率及其影响因素分析》，载于《世界经济》2014年第10期。

[2] 贺聪、项燕彪、陈一稀：《我国均衡利率的估算》，载于《经济研究》2013年第8期。

[3] 金中夏、洪浩：《开放经济条件下均衡利率形成机制：基于动态随机一般均衡模型（DSGE）对中国利率变动规律的解释》，载于《金融研究》2013年第7期。

[4] 李稻葵、徐欣、江红平：《中国经济国民投资率的福利经济学分析》，载于《经济研究》2012年第9期。

[5] 陆旸、蔡昉：《人口结构变化对潜在增长率的影响：中国和日本的比较》，载于《世界经济》2014年第1期。

[6] 牛慕鸿、张黎娜、张翔等：《利率走廊、利率稳定性和调控成本》，中国人民银行2005年工作论文。

[7] 石柱鲜、邓创、刘俊生等：《中国的自然利率与经济增长、通货膨胀的关系》，载于《世界经济》2006年第4期。

[8] 田建强：《中国自然利率的测算：基于SVAR方法》，载于《管理评论》2010年第2期。

[9] 袁富华：《长期增长过程的"结构性加速"与"结构性减速"：一种解释》，载于《经济研究》2012年第3期。

[10] 周炎、陈昆亭：《金融经济周期模型拟合中国经济的效果检验》，载于《管理世界》2012年第6期。

[11] 中国经济增长前沿课题组：《中国经济增长的低效率冲击与减速治理》，载于《经济研究》2014年第12期。

[12] Amisano G., Tristani O. (2008). "Perceived Productivity and the Natural Rate of Interest", Mimeo, European Central Bank.

[13] Barsky R., Justiniano A., Melosi L. (2014). "The Natural Rate of Interest and Its Usefulness for Monetary Policy", *American Economic Review*, 104 (5): 37 – 43.

[14] Blinder A. S. (1998). *Central Banking in Theory and Practice*, Cambridge, Massachu-

setts: The MIT Press.

[15] Brzoza-Brzezina M. (2003). "Estimating the Natural Rate of Interest: A SVAR Approach", *Macroeconomics*, 0301008, EconWPA.

[16] Edge R. M., Kiley M. T., Laforte J-P. (2008). "Natural Rate Measures in an Estimated DSGE Model of the U. S. Economy", *Journal of Economic Dynamics and Control*, 32 (8): 2512 – 2535.

[17] Gali J. (2008). *Monetary Policy, Pnflation, and the Business Cycle: An Introduction to the New Keynesian Framework*, Princeton: Princeton University Press.

[18] Gali J., Monacelli T. (2005). "Monetary policy and exchange rate volatility in a small open economy", *Review of Economic Studies*, 72 (3): 707 – 734.

[19] He D., Wang H. L., Yu X. R. (2014). "Interest Rate Determination in China: Past, Present, and Future", HKIMR Working Paper, No. 04.

[20] Justiniano A., Primiceri G. E. (2010). "Measuring the Equilibrium Real Interest Rate", *Economic Perspectives*, 34 (1): 14 – 27.

[21] Laubach T., Williams J. C. (2003). "Measuring the Natural Rate of Interest", *Review of Economics and Statistics*, 85 (4): 1063 – 1070.

[22] Neiss K. S., Nelson E. (2003). "The Real-Interest-Rate Gap as an Inflation Indicator", *Macroeconomic Dynamics*, 7 (2): 239 – 262.

[23] Smets F., Wouters R. (2007). "Shocks and Frictions in US Business Cycles: A Bayesian DSGE Approach", *American Economic Review*, 97 (3): 586 – 606.

[24] Wicksell K. (1936). *Interest and prices*, New York: Sentry Press.

[25] Woodford M. (2003). *Interest and Prices: Foundations of a Theory of Monetary Policy*, Princeton: Princeton University Press.

第6章

地方保护、要素价格扭曲与资源误置[*]

第1节 引 言

以压低劳动力、资金、土地（工业用地）、能源等要素价格为基本特征的赶超战略，助力中国在过去30余年中保持了较快的增长速度。不过，随着中国进入从中等收入国家向发达经济体过渡的后赶超阶段，如果地方政府一味追求经济增长率和财政收入最大化，继续对本地企业或要素市场进行保护或分割，不仅会使各地难以发挥比较优势，更重要的是，假如国内市场的一体化水平无法得到有效提高，那么在经济发展步入减速换挡的新常态下，化解产能过剩的努力或将陷入旷日持久的拉锯战。

针对这一问题，已有的大量研究表明中国要素市场存在负的价格扭曲[①]，不利于经济增长方式的转变（张杰等，2011；罗德明等，2012；康志勇，2012；谢攀、龚敏，2015）。在竞争性市场上，价格信号引导劳动力、资本等要素有序流动，实现市场出清，达成市场效率。然而，现实中，近年来产业发展的结构性失衡问题日益凸显：一方面是制造业的产能过剩问题周而复始，甚至从钢铁、水泥、焦炭

---

[*] 本章作者：谢攀、林致远。
[①] 即要素价格小于或低于其机会成本或其边际产出所决定的均衡价格。

等传统行业蔓延至光伏、风电、电池等新兴行业；另一方面却是服务业，尤其是事关民生基本需求的教育、医疗、养老等服务供给严重不足。

生产要素价格扭曲引起产业间资源误置的症结何在？已有文献的分析大多从生产率分解、全要素生产率（TFP）离散程度测度等视角展开。但事实上，生产率不仅与技术进步有关，而且还蕴含了制度环境、管理水平乃至计算误差等因素。因此，对生产率的分解、合并、权重确定和遗漏项等都可能限制结论的稳健性。我们认为，资源的低效配置与政府主导型经济对要素市场的干预是分不开的。梳理近年来的经济体制改革历程，实际是按照两条路径推进的：其一是在传统部门内逐步引入市场机制，使其逐渐演变为市场导向的经济部门，这主要针对国有经济和集体经济，尤其是金融、能源、交通、通信、水利、环保等行业；其二是在传统体制之外，发展市场主导的非国有经济，这部分企业以从事传统制造业、服务业的居多，自诞生之日起就面临着竞争性市场。两条截然不同的改革路径导致两类部门不同的生产要素获取方式，久而久之，要素价格体系在"看得见的手"影响下趋于分割和扭曲。首先，财政分权提升了税源竞争压力，促使地方政府加大对本地注册企业的扶持或保护倾向。一些地方为了利用来自国际贸易的规模经济效应，甚至放弃国内市场的规模经济效应（陆铭、陈钊，2009），致使投资的地方保护逐渐成为边界效应①的主要来源（范剑勇、林云，2011）。其次，地方保护对R&D溢出产生的消极影响削弱了再配置效应。受保护行业中，资源和商品自由流动受到限制，破坏了地域之间的经济、技术融合，减小了隐含在商品或机器中先进技术溢出的可能。最后，地方保护还强化了既有市场格局，使得各地主导产业中龙头企业在当地拥有一定程度的垄断地位，弱化了这些企业与其他地区企业竞争新知识、新市场，进而改善配置效率的动机。

无论是显性的政策扶持，还是隐性的壁垒阻碍，受保护行业中的企业往往享有对资源的廉价占有权和优先使用权。而且，与第二产业相比，第三产业受到的保护明显较重（黄赜林、王敬云，2006；贾伟、秦富，2014）。那么，地方保护引起的要素价格扭曲对经济中资源配置效率影响的程度究竟有多大？受保护程度高的行业，其资源配置效率是否更高呢？本章试图对此做出回答。

本章的主要贡献是：（1）首次测算资本要素价格扭曲所导致的福利损失。一般认为，在利率市场化改革尚未完成之际，较稀缺的资本要素往往比劳动要素的价格扭曲和错配程度更严重（史晋川、赵自芳，2007；黄益平等，2011；王

---

① 所谓边界效应，指的是在控制收入水平、距离、贸易双方的其他贸易机会等因素对贸易影响的情况下，一个地区内部发生的贸易量超过本地区与其他地区之间贸易量的倍数。区域间的产品同质性、贸易管制（如关税或地方保护）等都是边界效应产生的原因（Evans，2003）。

希，2012）。本章将以往未受关注的资本要素纳入分析视野，发现地方保护加剧了产业间资本要素配置的扭曲。这一分析弥补了以往对资本配置效率探讨不足的缺憾。（2）将研究对象从以往受关注较多的制造业拓展至三次产业中的所有行业，发现地方保护对劳动力配置效率的负向效应显著，这一特征既存在于三次产业之间，也延伸至服务业内部的不同行业之间。这一结果有助于加深对产业结构演进过程的认识。（3）在实证方法上，与其他文献采用奥利—派克（Olley-Pakes，1996）方法（如余淼杰，2010；陈永伟、胡伟民，2011；聂辉华、贾瑞雪，2011）和莱文索恩—彼得林（Levinsohn-Petrin，2003）方法（如简泽，2011）等不同，本章采用伍德里奇（Wooldridge，2009）的改进范式，应用更为稳健的半参数广义矩方法来估计劳动力、资本的产出弹性，既有利于刻画要素市场价格与其边际产出之间背离的真实情况，也能减少应用微观企业数据估计生产函数可能引起的要素投入的同时性偏差与样本选择性偏差。

本章余下内容安排如下：第 2 节阐述研究方法与模型；第 3 节介绍变量与数据；第 4 节是实证结果与分析；第 5 节进行稳健性检验；第 6 节是结论与启示。

第 2 节　研究方法与模型

一、伍德里奇（2009）改进范式的应用

内生性问题是应用微观企业数据估计生产函数面临的重要障碍。实践中存在一些研究者不可观察但企业却可观察的生产决定因素，如投入产出效率等。假设投入要素被视为这些决定因素的函数加以选择，参数的普通最小二乘法（OLS）估计就会出现偏误，具体表现为两种：一种是同时性偏误。企业决策者根据投入产出效率等信息调整生产要素的投入组合，如果误差项代表全要素生产率（TFP），那么其中一部分（即被观测部分）就会影响到要素投入的选择，即残差项和回归项产生相关性。另一种是样本选择性偏误。在面临低效率冲击时，由于资本存量较大的企业抗风险能力较强，留在市场中的概率要高于拥有较低资本存量的企业，这就使得在冲击之下企业退出市场的概率和资本存量之间存在负相关关系，从而导致资本项的估计系数容易出现低估偏误（鲁晓东、连玉君，2012）。

针对以上可能出现的问题，研究者提出了不同的改进方法。早期解决内生性问题的两类主要方式是工具变量和固定效应估计（Mundlak，1961），近年来出现了一系列识别生产函数的新技术。奥利和派克（1996）首先引入两步非参数估计法（以下简称 OP 法），其核心是将投资作为不可观察的生产率冲击的工具

变量。假定劳动是非动态投入要素，资本是受投资过程约束的动态投入要素，最优投资水平是当期生产率 ω_{it} 的严格增函数。但正如莱文索恩和彼得林（2003a）所指出的，OP 法的最大不足在于，实践中由于调整成本问题的存在，企业投资行为往往呈现波动性，因此，将投资额作为工具变量无法平滑地反映生产率冲击，从而违背了一致性条件。为此，他们采用中间投入作为工具变量（以下简称 LP 法），其优点是可以避免剔除所有投资为零的厂商样本，同时，如果中间投入的调整成本相对较小，那么，中间投入比投资对生产率冲击的反应可能更加充分。不过，LP 法并未从根本上解决样本选择问题。伍德里奇（2009）对 OP 法和 LP 法进一步加以修正，对不同的方程指定不同的工具变量，并且应用广义矩方法，从而使估计的结果更加稳健可靠。为此，本章采用这一方法，并允许厂商间的要素价格存在异质性。

不失一般性地，从典型的取对数后的柯布－道格拉斯生产函数开始（Mary Amiti and Jozef Konings，2007；等等），并且将投入要素从劳动力和资本扩展至中间产品和中间服务[①]：

$$q_{it} = \beta_l l_{it} + \beta_k k_{it} + \beta_m m_{it} + \beta_v v_{it} + \varepsilon_{it} \qquad (6.1)$$

其中，q_{it}、l_{it}、k_{it}、m_{it}、v_{it} 分别表示样本企业取对数后的实际产出、劳动力投入、资本存量、中间产品和中间服务。假定误差项 $\varepsilon_{it} = \omega_{it} + \eta_{it}$，其中 ω_{it} 代表生产率冲击中可传递的部分，η_{it} 代表不可预期的生产率冲击或测量误差。

伍德里奇（2009）将可传递的生产率冲击 ω_{it} 视为状态变量和代理变量的函数，即 $\omega_{it} = g(X_{it}, m_{it})$。其中，$X_{it}$ 为状态变量集合。根据本章的研究对象，我们有：$\omega_{it} = g(k_{it}, l_{it}, m_{it})$。基于状态变量与企业创新水平无关的思想（Ackerberg et al.，2006；Wooldridge，2009），进一步假定滞后状态变量和代理变量与创新水平也不相关，从而有：

$$E(\omega_{it} | k_{it}, l_{it-1}, m_{it-1}, v_{it-1}, \cdots, l_{it}, m_{it}, v_{it}) = E(\omega_{it} | \omega_{it-1}) \equiv f\big[g(k_{it-1}, l_{it-1}, m_{it-1})\big]$$
$$(6.2)$$

于是，式（6.1）可以改写为：

$$q_{it} = \beta_l l_{it} + \beta_k k_{it} + \beta_m m_{it} + \beta_v v_{it} + f\big[g(k_{it-1}, l_{it-1}, m_{it-1})\big] + u_{it} \qquad (6.3)$$

---

① 以往研究对资本、劳动要素关注有余，对中间产品和中间服务的作用重视不足。随着应用半参数法对企业全要素生产率（TFP）度量研究的推进，不少学者开始重视生产函数中"中间投入品"的作用（余森杰，2010；陈永伟、胡伟民，2011；聂辉华、贾瑞雪，2011；杨振、陈甫军，2013）。本章对要素产出弹性的测算也发现，将投入要素扩展至中间产品和中间服务有利于捕捉分工和生产迂回度，提高对产出的影响，详见附录。

其中，$u_{it} \equiv a_{it} + \varepsilon_{it}$。按照伍德里奇（2009）的推导，识别式（6.3）的参数可由以下矩条件获得：

$$E(u_{it}|k_{it}, l_{it-1}, m_{it-1}, v_{it-1}, \cdots, l_{it}, m_{it}, v_{it}) = 0 \tag{6.4}$$

于是，本章采用二阶多项式近似地估计 $f[g(k_{it-1}, l_{it-1}, m_{it-1})]$，并采用中间服务变量（$v_{it}$）的一阶、二阶滞后项，以及劳动力（$l_{it}$）的二阶滞后项作为工具变量，以获得劳动力、资本、中间产品和中间服务的产出弹性。

二、再配置效率和要素产出缺口估计

再配置效率是基于要素的边际产品价值和边际成本的比较。当二者相等时，资源配置达到帕累托最优状态；若不然，促进资源向合理方向重新配置，便可以增加产出，改善社会福利。以劳动要素为例，保持劳动力总数不变，如果 1 单位劳动力从企业 j 流入企业 i，增加的产值可以表示为 $P_i \dfrac{\partial Q_i}{\partial L} - P_j \dfrac{\partial Q_j}{\partial L}$。彼得林和西瓦达桑（Petrin and Sivadasan, 2011）进一步证明，保持其他要素投入不变，厂商间劳动的边际产品价值和工资之间平均的绝对值缺口，等于劳动力投入沿着最优的方向调整 1 单位所带来的平均生产率的提高[1]。于是，如果经济系统沿着效率改善的方向移动一步，其所引起的潜在生产率改进程度的下限就可以近似表示为：

$$\frac{1}{N}\sum_{i=1}^{N}\left(P_i \frac{\partial Q_i}{\partial L} - W\right)D_i = \frac{1}{N}\sum_{i=1}^{N}\left|P_i \frac{\partial Q_i}{\partial L} - W\right| \tag{6.5}$$

其中，D_i 为厂商 i 沿着最优方向调整 1 单位劳动力的指示变量。当单位劳动力的边际产品价值（$P_i \dfrac{\partial Q_i}{\partial L}$）超过工资水平（$W$）时，$D_i$ 取值为 1。反之，D_i 取值为 -1。

受式（6.5）启发，将生产函数对劳动力、资本、中间产品和中间服务求偏导数，可分别得到各要素的边际产出。以劳动要素为例，其边际产出为：

$$\frac{\partial Q_{it}}{\partial L} = \beta_l e^{\varepsilon_{it}} L_{it}^{\beta_l - 1} K_{it}^{\beta_k} M_{it}^{\beta_m} V_{it}^{\beta_v} = \beta_l \frac{Q_{it}}{L_{it}} \tag{6.6}$$

要素的边际产出乘以产品价格可以得到要素的边际产品价值。于是，要素的产出缺口可以表示为边际产品价值与价格之差：

---

[1] 不仅限于劳动力，还适用于其他生产要素。

$$Q_{gap}^{X} = P_{it} \frac{\partial Q_{it}}{\partial X} - P_X \tag{6.7}$$

式（6.7）的经济意义在于：第一，当产出缺口为正时，意味着与边际成本相比，要素的边际产出较大，产出效率较高。假设技术水平不变，合理的配置方向是增加该要素的投入；反之则反是。第二，假定保持总投入的数量和成本不变，如果投入要素从低边际价值的生产活动向高边际价值的活动重新配置，那么不仅总产出缺口将会减小，而且产出效率也将因此得以提升。这启示我们，在后全球金融危机时代，若能沿着帕累托最优状态指引的方向重新优化资源配置，不失为一条从根本上盘活存量、推动经济结构调整和增长方式转型的可行路径。

值得注意的是，以上准则仅适用于对一般行业资源配置效率的分析，而对于诸如不动产、贵金属等资产价格决定过程受"买涨不买跌"等因素影响的行业，因存在预期的自我实现问题，很可能会削弱用产出缺口度量的合意性。

第 3 节 变量与数据

一、数据来源和样本处理

关于资源误置问题的已有研究多集中于制造业领域。我们注意到，尽管工业企业统计数据库（2001~2007）具有样本大、指标多、时间长等优点，但也存在诸如样本匹配混乱、指标存在缺失、指标大小异常、测度误差明显等缺陷（聂辉华，2012）。相对而言，上市公司经审计后公开披露的数据的可靠性较高，更重要的是，与工业企业数据库中企业进入和退出市场相对频繁相比，A 股上市公司的退市现象并不多见。除了因吸收合并、分立等特殊原因而退市外，A 股设立至今，真正意义上因不符合监管规则而退市的仅有 42 家，而且集中出现在 2004 年和 2005 年。因此，企业进退引起的样本选择问题对本章估计的影响可以忽略不计。此外，由于申请首次公开发行（IPO）的公司至少需要披露申请前 3 年以上的经营数据，这就为上市时间较短的样本也提供了充足的观测值。

基于上述考虑，本章采用 Wind 资讯数据库中国 A 股上市公司经审计后公开披露的经营数据进行分析。选取的样本公司包括主板、中小板、创业板上市的各类企业共 2 467 家。2012 年样本公司合计实现营业收入 23.61 万亿元，税后净利润 1.92 万亿元，在国民经济中的地位举足轻重①，并且具有一定的行业代表性。

---

① 根据《中国上市公司年鉴（2012）》，2011 年全部 A 股上市公司实现主营收入 18.54 万亿元，利润总额 2.61 万亿元，分别是同期规上工业企业的 21.99% 和 47.89%，足以说明上市公司虽然数量偏少，但对国民经济的直接贡献并不低。

依照证监会对上市公司的行业分类指引，将备选行业划分为 13 个门类。鉴于新会计准则实施后财务指标的统计口径相对稳定，时间跨度确定为 2006～2012 年。

对于缺失数据的处理，本章遵循常用的剔除程序（Levinsohn and Petrin，2003；谢千里等，2008；聂辉华、贾瑞雪，2011），剔除了一些不符合逻辑或不符合会计准则的观测值；并且运用线性插值法，补齐了缺失年份的观测值，最终获得注册地覆盖 31 个省（自治区、直辖市）的 2 467 家上市公司的 12 万个观测值。

二、变量说明

（1）产值（Y_{it}）。Wind 资讯数据库没有提供各公司的产值，而营业收入是企业现金流入的重要组成部分，为此，用"营业收入"衡量产出[①]，并用制造业出厂价格指数近似地计算实际值。

（2）劳动力（L_{it}）。用信息披露中的"员工总数"衡量企业雇佣的劳动力数量。

（3）劳动力成本。用企业现金流量表中"支付给职工以及为职工支付的现金"表示员工获得的劳动报酬和福利，并利用就业人员平均工资指数来计算真实值。于是，单位劳动力成本可由"支付给职工以及为职工支付的现金/员工总数"近似得到。

（4）资本存量（K_{it}）。外生的单一参数资本折旧率取值因其便利性而成为一些研究常用的做法，不过，许多文献（Rumbos and Auernheimer，2001；Boucek-kine et al.，2010）对此做法提出了批评。折旧率应视为内生，它既以物质资本存量自然折旧率为基础，也受到投资中的维护投资的作用（Gilchrist and Williams，2000），同时，不同行业资本品的异质性也使得存量调整——资本折旧行为趋于复杂化。为此，本章用企业"固定资产净值"代表生产函数中的资本存量，并用固定资产价格指数进行平减。采用这一处理方法，既避免了行业间折旧率外生假定差异对固定资产新旧程度估测的影响，也更加贴近企业生产经营的实际。

（5）资金成本。以往研究较少考虑企业层面的资金使用成本，从而无法得知资本要素配置扭曲所导致的福利损失。为填补这一空白，本章引入"利息支出/（短期借款 + 长期借款）"这一比率，用以刻画企业因占用资金而付出的成本。

（6）中间产品（M_{it}）。企业生产经营中的中间产品由原材料和在产品组成，

---

① 由于上市公司未予披露经济增加值指标，故本章没有估计基于经济增加值的要素产出弹性。

用原材料购进价格指数进行平减。

（7）中间服务（S_{it}）。中间服务用销售费用表示，包括销售产品、自制半成品和提供劳务等过程中发生的各项支出，用国内生产总值（GDP）平减指数进行平减。

表6-1为主要变量的描述性统计。

表6-1 　　　　　　　　　　**主要变量描述统计**

	2006 年	2007 年	2008 年	2009 年	2010 年	2011 年	2012 年
工资及福利	23 854. 85 (163 175.9)	29 705. 24 (210 144.9)	36 757. 4 (255 019.1)	42 874. 55 (318 645.2)	51 046. 13 (331 411.6)	63 282. 56 (396 847.9)	72 584. 07 (449 052.3)
员工数量	4 025. 83 (20 663. 37)	4 341. 59 (21 095. 15)	4 665. 13 (21 947. 79)	5 001. 74 (23 041)	5 466. 43 (24 094. 73)	5 905. 86 (24 884. 55)	6 352. 43 (25 580. 7)
营业总收入	348 098. 2 (2 801 970)	441 775. 5 (3 322 052)	520 967. 7 (4 064 543)	547 652. 1 (3 955 020)	741 471. 1 (5 532 194)	919 118 (7 156 144)	995 280. 3 (7 898 454)
固定资产净值	142 153. 8 (1 022 422)	157 518. 9 (1 074 476)	183 387. 1 (1 267 842)	219 814. 9 (1 523 371)	254 323 (1 752 972)	286 385. 1 (1 902 997)	321 502. 8 (2 089 695)
中间产品支出	142 153. 8 (1 022 422)	1 723. 67 (162 364. 5)	19 318. 66 (136 136. 1)	22 307. 77 (203 405. 7)	28 482. 82 (209 969)	32 421. 52 (269 363. 3)	32 962. 42 (271 802)
销售费用	14 416. 29 (133 234)	13 826. 47 (109 955. 1)	15 510. 06 (120 010. 8)	17 788. 88 (131 012. 6)	22 758 (160 245. 2)	26 285. 27 (167 420. 1)	29 781. 52 (183 083)
利息支出	3 967. 45 (22 227. 26)	5 431. 69 (26 846. 24)	7 370. 10 (36 943. 38)	7 062. 15 (35 547. 26)	8 180. 67 (38 822. 43)	26 285. 27 (167 420. 1)	15 166. 61 (73 702. 76)
观测值	16 946	17 824	16 922	16 919	16 919	16 918	16 945

注：（1）括号内为样本标准差，不带括号的为样本均值；（2）员工数量的单位为"人"，其他指标的单位均为"万元"；（3）中间产品支出包括原材料和在产品，中间服务支出用销售费用表示。

资料来源：根据 Wind 资讯金融终端整理。

第4节　实证结果与分析

与制造业相比，无论是从投资比重，还是从就业比重等指标来比较，服务业尤其是事关民生基本需求的服务行业的受保护水平整体较高［"中国季度宏观经济模型（CQMM）"课题组，2014］。① 那么，受保护程度的强弱与资源配置效率

---

① 从就业比重上看，2012 年，制造业中非国有部门就业占 94.42%，服务业中非国有部门就业占 74.07%（扣除了基本上是国有就业的公共管理、社会保障和社会组织部门），服务业中的国有就业比重大大高于国民经济的其他部门。国有垄断之外，许多行业至今仍属于政府管制对象，非国有资本无权进入。

的高低之间究竟存在何种关系呢？本章将要素产出缺口的变化趋势作为主要的考察依据。下面，应用伍德里奇（2009）半参数广义矩估计方法，首先测算要素产出弹性，随后依据式（6.6）估算劳动力和资本边际产出，再分别与单位要素成本比较，最后依据式（6.7）分析要素产出缺口的变化趋势及其在受保护程度不同的产业间的变化特征。

一、劳动要素产出缺口：产业分布

为了揭示实际产出与帕累托最优配置下的潜在产出的差距，这里根据式（6.6）测算劳动要素和资本要素的产出缺口及其在行业间的分布特征。[①] 产品价格用相关行业的价格指数来表示，对没有发布全国统一价格指数的行业，则使用业内常见且具有一定代表性的价格信息近似表征。同时，将所有指数基期调整为2006 年（见表 6 – 2）。

表 6 – 2　　　　13 个门类产业产品价格指数（按证监会行业分类）

序号	产业名称	产品价格	来源
1	农、林、牧、渔业	农产品生产者价格指数	《中国统计年鉴》
2	采掘业	工业生产者价格指数（PPI）—采掘工业	
3	制造业	PPI	
4	电力、煤气及水的生产和供应业	PPI—水的生产和供应业	
5	建筑业	PMI—房屋和土木工程业：收费价格[a]	CEIC、中国建设工程造价信息网
6	批发和零售贸易业	商品零售价格总指数	《中国统计年鉴》
7	交通运输、仓储业	义乌道路货物运输价格指数[b]	义乌市政府
8	信息技术业	中国电子市场价格指数：华强北指数	中国华强北电子市场价格指数网
9	金融、保险业	商业银行一年期贷款基准利率	中国人民银行

---

　① 出于数据可得性的原因，中间产品和中间服务的价格无从获取，故本章仅测算了不同行业劳动力和资本要素的产出缺口。另外，限于篇幅，此处不再汇报各产业中要素边际产出的测算结果，如有需要，可向笔者索取。

序号	产业名称	产品价格	来源
10	房地产业	70 个大中城市新建住宅价格指数	Wind 资讯、国家统计局
11	社会服务业	居民消费价格指数（CPI）—服务业	
12	传播与文化产业	CPI—教育文化娱乐用品及服务	CEIC、国家统计局
13	综合类	CPI	

注：a. 缺失年份数据，比照当年住宅建安工程平均造价增长率，近似获得；b. 义乌运价指数是国内首个道路货运价格指数，综合反映了义乌地区及浙江全省的道路货运市场行情。

资料来源：根据相关统计文献整理。

表 6-3 显示了基于式（6.6）测算的劳动要素产出缺口在各行业间的分布情况。数据显示，就三次产业整体而言，以 2009 年为界，劳动要素产出缺口变化趋势可以划分为两个阶段：第一阶段，即 2006～2009 年，劳动要素产出缺口大体在 20 左右，变化平稳，扭曲程度较轻；2009 年较 2008 年甚至出现小幅下降。这可能与全球金融危机中外向程度较高的制造业、交通运输业、信息技术业等受冲击较大，外需波动加速了行业间劳动要素重新配置有关。第二阶段，即 2010 年后，尽管劳动要素产出缺口增幅减缓，但劳动要素在产业间的配置状况仍然趋于恶化。

表 6-3　　　　产业间劳动要素产出缺口（2006～2012 年）

序号	产业名称	劳动要素产出缺口真实值的均值						
		2006 年	2007 年	2008 年	2009 年	2010 年	2011 年	2012 年
	三次产业整体	18.60	21.05	23.67	21.69	31.90	42.06	45.75
1	农、林、牧、渔业	1.70	4.07	4.70	5.57	10.29	16.84	20.58
2	采掘业	109.34	110.72	163.21	112.95	191.89	294.75	318.11
3	制造业	5.27	6.90	8.28	6.68	10.13	12.36	10.68
4	电力、煤气及水的生产和供应业	-9.41	-9.47	-11.37	-10.75	-11.80	-10.81	-10.15
5	建筑业	4.64	8.13	13.26	22.78	33.47	37.01	40.13

序号	产业名称	劳动要素产出缺口真实值的均值						
		2006 年	2007 年	2008 年	2009 年	2010 年	2011 年	2012 年
6	批发和零售贸易业	4.43	3.91	3.86	3.94	6.88	7.60	9.98
7	交通运输、仓储业	14.23	18.45	19.09	12.65	19.24	23.86	23.70
8	信息技术业	64.45	58.94	33.08	30.92	36.45	34.52	31.80
9	金融、保险业	7.65	14.07	14.13	15.08	19.58	22.10	25.87
10	房地产业	27.79	43.47	47.90	65.98	76.43	79.39	91.13
11	社会服务业	-2.09	-1.38	-1.13	0.01	1.43	3.52	2.98
12	传播与文化产业	19.02	20.49	20.39	23.15	27.23	32.02	36.06
13	综合类	-5.21	-4.66	-7.74	-7.03	-6.53	-6.45	-6.10

注：本表数据单位为 2006 年为基期的 1 万元。

资料来源：根据笔者测算结果整理。

仔细比较，制造业劳动要素产出缺口从 2011 年的 12.36 显著回落至 2012 年的 10.68；相反，服务业中不少行业的产出缺口不仅显著高于制造业，而且上升幅度较大。这意味着，劳动力配置效率在竞争程度较高的制造业反而优于竞争程度较低的服务业。考虑到服务业的门类众多，那么，地方保护对三次产业间劳动力配置效率的负向效应是否也适用于服务业内部呢？进一步比较服务业的细分行业，不难发现，在进入门槛较高的金融、房地产、建筑、传播与文化行业中，劳动要素产出缺口高达 25~40，配置扭曲的程度远甚于市场化水平较高、竞争较充分的批发零售贸易和社会服务业。因此，有理由相信，无论是在产业之间还是在产业内部，地方保护的确对劳动力配置效率产生了负向影响。以市场进入壁垒、财政补贴扶持、税费减免优惠等为显著特征的保护措施不仅没有提升生产要素的配置效率，反而加剧了行业间的资源误置。

二、资本要素产出缺口：产业分布

表 6-4 报告了资本要素产出缺口在各行业间的分布情况。数据显示，就三次产业整体而言，资本要素产出缺口与劳动要素缺口变化的趋势相似。2010 年之前，资本要素产出缺口在 1.80~3.81 之间波动，扭曲程度相对较轻，2008 年全球金融危机后的 2009 年大幅回落至 2.47，较 2008 年下降 23%；2011~2012 年，迅速跃升至 5 附近，尽管增幅渐渐趋缓，但恶化态势并未扭转。

表 6 – 4　　　　　　产业间资本要素产出缺口（2006～2012 年）

序号	产业名称	资本要素产出缺口真实值的均值						
		2006 年	2007 年	2008 年	2009 年	2010 年	2011 年	2012 年
	三次产业整体	1.80	2.04	3.21	2.47	3.81	5.39	5.41
1	农、林、牧、渔业	– 0.09	0.25	0.52	0.61	0.92	1.58	1.63
2	采掘业	30.46	32.48	46.97	36.58	52.21	71.86	71.80
3	制造业	– 0.95	– 0.95	– 0.95	– 0.95	– 0.93	– 0.91	– 0.92
4	电力、煤气及水的生产和供应业	– 0.73	– 0.73	– 0.73	– 0.79	– 0.74	– 0.71	– 0.71
5	建筑业	0.34	0.38	0.58	0.96	1.26	1.42	1.44
6	批发和零售贸易业	– 0.77	– 0.69	– 0.68	– 0.66	– 0.60	– 0.61	– 0.61
7	交通运输、仓储业	– 0.66	– 0.59	– 0.55	– 0.66	– 0.56	– 0.54	– 0.54
8	信息技术业	– 0.36	– 0.31	– 0.68	– 0.71	– 0.65	– 0.63	– 0.67
9	金融、保险业	– 0.69	– 0.52	– 0.49	– 0.54	– 0.48	– 0.43	– 0.43
10	房地产业	– 0.47	– 0.07	0.40	0.92	1.66	1.48	1.76
11	社会服务业	– 1.01	– 1.04	– 0.99	– 1.03	– 1.01	– 0.99	– 1.02
12	传播与文化产业	– 0.78	– 0.86	– 0.80	– 0.83	– 0.80	– 0.80	– 0.79
13	综合类	– 0.87	– 0.83	– 0.84	– 0.84	– 0.76	– 0.70	– 0.65

注：本表数据单位为 2006 年为基期的 1 万元。

资料来源：根据笔者测算结果整理。

剔除掉因"营业收入"基数偏大而可能被高估缺口的采掘业之后，我们发现：第一，受近年来不动产价格持续上涨的影响，回报率丰厚的房地产业、建筑业对投资保持了持续旺盛的吸引力，推动产出缺口一路走高。第二，除农、林、牧、渔业外，九个大门类行业上市公司资本要素的产出缺口均为负数，表明资金在国民经济主要行业龙头企业均存在过度配置，导致资本边际生产力偏低，甚至低于名义借贷成本。这一方面揭示出上市公司的资本配置效率并不高。当前，实体经济中的不少行业盈利微薄，一些上市公司却凭借融资渠道广、融资方式多的优势，用超募资金去做理财，甚至违规拆借。从表面上看是为了缓解分红压力，但实际上说明企业尚未找到转型升级的方向。长此以往，本末倒置，可能会掩盖业务增长乏力导致资产回报率低的事实。[1] 资金的扭曲配置诱使更多企业"脱实

———————

[1]　参见《上半年 242 家耗资千亿元扎堆理财》，载《证券日报》2014 年 7 月 3 日。

向虚"，增加了融资环节，抬升了融资成本①，导致宏观充裕的资金供给与微观实体融资难、融资贵并存的矛盾难以纾解。另一方面，也反映出地方政府在 GDP 锦标赛中，为招商引资，不惜压低资金、土地成本，减免税费负担，导致资本回报率与同期银行贷款利率之间的缺口逐渐扩大（Fukumoto and Muto, 2011），对企业增加资本投入起到正向激励。第三，与制造业接近 −1 的负向扭曲相比，以批发和零售贸易、交通运输仓储、信息技术、金融保险、传播与文化业为代表的服务业资本要素产出缺口均值相对较低，扭曲程度略轻。这表明，因地方保护而筑起的行业壁垒可能抑制了资本从制造业流向服务业，阻碍了资源的再配置效应。

第5节　稳健性检验

从要素产出缺口在 13 个门类产业间的分布中可以看出，近几年来，产业间劳动要素配置水平和受保护程度似乎出现了分化。也即，竞争充分、受保护较少的行业，劳动力扭曲程度较低，配置效率较高；反之，受保护较多的行业，劳动力扭曲程度反而较高，配置效率较低。那么，产业间劳动要素的配置效率真的出现分化了吗？为了检验不同样本年份的作用，本章选取 2010 ~ 2012 年这一更近的年份区间，重新测度产出弹性，以检验上文结论是否会因样本年份区间选择的不同而发生改变。

表 6 – 5 给出了替换年份区间后所获得的劳动要素产出缺口的稳健性检验结果。与表 6 – 3 的结果相比，2010 ~ 2012 年，服务业中具有浓厚地方保护色彩的建筑、房地产、金融保险、交通运输仓储等行业的劳动力产出缺口均值显著高于竞争程度较高的制造业，而且上升较快。这意味着，劳动力配置效率受地方保护负向影响的特征明显，并且这一效应并不依赖于所选取样本区间的变化而变化。

表 6 – 5　　产业间劳动要素产出缺口（2006 ~ 2012 年）：稳健性检验

序号	产业名称	劳动要素产出缺口真实值的均值						
		2006 年	2007 年	2008 年	2009 年	2010 年	2011 年	2012 年
	三次产业整体	18.43	20.89	22.51	20.40	29.71	38.66	41.60
1	农、林、牧、渔业	1.21	3.41	3.86	4.66	8.99	14.93	18.39
2	采掘业	86.40	87.40	129.20	88.90	151.80	234.05	252.47

---

① 国家审计署公布的《关于 2013 年度中央预算执行和其他财政收支的审计工作报告》显示，中央和地方财政存量资金闲置沉淀、金融领域部分资金出现"脱实向虚"倾向的问题。

序号	产业名称	劳动要素产出缺口真实值的均值						
		2006 年	2007 年	2008 年	2009 年	2010 年	2011 年	2012 年
3	制造业	5.41	7.07	8.48	6.85	10.35	12.63	10.93
4	电力、煤气及水的生产和供应业	3.67	4.99	4.71	7.19	11.12	14.61	17.39
5	建筑业	2.77	5.81	10.32	18.51	27.83	30.87	33.55
6	批发和零售贸易业	1.75	1.11	0.91	0.94	3.20	3.57	5.62
7	交通运输、仓储业	38.38	48.20	51.36	38.80	52.21	62.23	61.24
8	信息技术业	74.79	68.53	38.96	36.46	42.92	40.84	37.79
9	金融、保险业	6.30	12.08	11.98	12.98	17.13	19.32	22.89
10	房地产业	17.71	28.65	31.78	45.15	52.33	54.25	62.99
11	社会服务业	0.42	1.55	2.02	3.54	5.77	9.74	9.51
12	传播与文化产业	5.98	7.43	6.89	8.33	9.24	12.04	14.27
13	综合类	-5.24	-4.70	-7.78	-7.09	-6.60	-6.55	-6.20

注：本表数据单位为 2006 年为基期的 1 万元。

资料来源：根据笔者测算结果整理。

此外，我们还关心第二产业和第三产业之间资本扭曲程度的差异是否显著？优化资源配置对产业间效率的提升空间如何？表6-6的结果显示，与大多数服务行业相比，在替换样本区间后，制造业中资本要素的负向扭曲依然较重。这意味着，以进入门槛和各种扶持政策为特征的地方保护主义抑制了国内资本的流动，阻碍了资本的再配置效应，加剧了产业间的资本配置扭曲。若能矫正产业间的资本配置扭曲，则制造业、信息技术业2012年平均每万元固定资产投资中，与帕累托最优状态相比的潜在效率损失将分别减少8 400元和6 700元。

表6-6　　　产业间资本要素产出缺口（2006～2012年）：稳健性检验

序号	产业名称	资本要素产出缺口真实值的均值						
		2006 年	2007 年	2008 年	2009 年	2010 年	2011 年	2012 年
	三次产业整体	1.39	1.60	2.57	1.96	3.08	4.40	4.42
1	农、林、牧、渔业	-0.17	0.14	0.39	0.47	0.76	1.37	1.41
2	采掘业	24.83	26.49	38.40	29.87	42.70	58.85	58.80

序号	产业名称	资本要素产出缺口真实值的均值						
		2006 年	2007 年	2008 年	2009 年	2010 年	2011 年	2012 年
3	制造业	− 0.89	− 0.89	− 0.89	− 0.90	− 0.87	− 0.84	− 0.84
4	电力、煤气及水的生产和供应业	− 0.59	− 0.59	− 0.59	− 0.66	− 0.60	− 0.55	− 0.55
5	建筑业	0.29	0.33	0.52	0.89	1.17	1.33	1.35
6	批发和零售贸易业	− 0.78	− 0.71	− 0.70	− 0.68	− 0.63	− 0.63	− 0.63
7	交通运输、仓储业	− 0.75	− 0.69	− 0.66	− 0.75	− 0.67	− 0.66	− 0.66
8	信息技术业	− 0.35	− 0.30	− 0.68	− 0.71	− 0.64	− 0.63	− 0.67
9	金融、保险业	− 0.59	− 0.37	− 0.33	− 0.40	− 0.32	− 0.26	− 0.25
10	房地产业	− 0.55	− 0.20	0.21	0.65	1.30	1.14	1.39
11	社会服务业	− 0.79	− 0.78	− 0.69	− 0.73	− 0.69	− 0.54	− 0.59
12	传播与文化产业	− 0.80	− 0.87	− 0.81	− 0.84	− 0.82	− 0.81	− 0.81
13	综合类	− 0.81	− 0.76	− 0.78	− 0.77	− 0.67	− 0.60	− 0.53

注：本表数据单位为 2006 年为基期的 1 万元。
资料来源：根据笔者测算结果整理。

第 6 节　结论与启示

以往关于要素市场价格扭曲与资源误置问题的研究，要么从 TFP、社会财富转移等视角展开，要么需要过多的结构化假设，忽视了因地方保护扭曲要素价格引起资源的低效配置和产出损失，从而也限制了分析结果的稳健性。本章采用 A 股上市公司公开披露的 2006～2012 年的经营数据，应用基于 OP 法和 LP 法的伍德里奇（2009）改进范式，测算国民经济中主要行业的劳动力和资本要素因价格扭曲而引起的福利损失和资源误置状况，得到以下结论和启示。

（1）与劳动力、中间产品、中间服务等相比，尽管上市公司的资本要素投入较多，但其配置效率却较低。

（2）地方保护对劳动力配置效率的负向效应显著，这一特征不仅出现在三次产业间，也出现在产业内。与服务业相比，市场更开放、竞争更充分的制造业中的劳动力配置效率相对较高；而在服务业内部，市场一体化水平较高行业的扭曲程度低于进入门槛较高、垄断色彩较重的行业。

（3）考虑到制度变迁的渐进性和行业发展的多样性，进一步检验上述结论的稳健性。通过比较 2010～2012 年与 2006～2012 年（基准年份）这两个时期产出缺口的变化，可以看到地方保护对劳动力配置效率的负向效应依然存在；同时，产业间资本配置的扭曲也的确在加剧，这表明传统投融资体制的效率和活力正趋于下降。

基于上述分析与结论，应从以下几个方面着手，盘活存量，提升配置效率，用好增量，促进增长方式转型。

第一，促进普惠金融的发展，增加金融服务的有效供给，提升金融服务的可获得性。2008 年全球金融危机以来，"大水漫灌"式的调控思维逐渐被以"滴灌"、"喷灌"为标志的新形式所取代，用意在于将流动性输送到政府希望扶持的领域，既降低资金成本，又不造成新的流动性泡沫。但定向宽松政策实际效果取决于金融机构能在多大程度上将资金传导到政府希望扶持的领域。原因在于：①这些领域的信贷风险并不低，也少有国企母公司作担保，在经济下行、企业负债率上升的今天，银行是否愿意主动输血，企业家信贷意愿又有多强，犹未可知。②难以避免银行将其他贷款包装成"三农"、小微贷款，稀释政府为鼓励这些领域发展而释放的政策善意。因此，在固有的金融业格局之下，短期或许有效的定向宽松政策，长期效果未必理想。根本出路在于加快推进利率市场化改革，支持互联网金融、移动金融、民间金融规范发展，让愿意为实体经济提供流动性的民营资金依法入场、合规竞争，真正打通实体经济的产融血脉。

第二，放松阻碍服务业发展的行政管制，打破国有垄断，促进服务业尤其是满足民生基本需求的服务业的发展。与制造业资本要素负向扭曲较重、产能利用率较低相反，服务业中不少领域的保护和管制仍然较强，结果导致事关民生基本需求的公共服务行业存在着严重的有效供给能力不足，民营投资的占比普遍低于50%，国有企业处于事实上的垄断地位。交通运输、医疗、教育、文娱、电信、金融、公用事业等行业国企投资占比均超过 2/3（中国季度宏观经济模型（CQMM）课题组，2014）。国际经验表明，进入中等收入经济体之后，服务业将进入加快发展阶段。从日本、韩国的转型经验来看，从高速增长期步入中速增长期后，所有新增就业均来源于服务业。加快服务业领域的管理体制改革，开放服务业投资领域，将有助于激活民营投资，扩大居民消费，形成新经济增长点。这对于实现中国在次高经济增长阶段的稳定增长具有重要意义。

第三，完善地方税体系，减少对产业发展的干预，促进地方政府行为的转型。从各国尤其是赶超型经济体的经验看，在经济发展初期，为追求更快的经济增长，政府通过实施产业政策及配套的金融政策，可以收到立竿见影的效果。但当经济发展到一定阶段，"拔苗助长"式的干预极易违背产业自身发展规律，不计成本的补贴更扭曲了企业间的投资行为，并最终抑制了创新，导致产能过剩。当前，减少地方政府对产业发展的干预应从税制改革着手，推进"营改增"适用行业扩围，加快税收制度改革，逐步提高直接税比重，构建以房地产税、消费税、资源税和个人所得税比例分享为主的地方税体系，建立新的地方政府财力保障机制。

由于缺乏三位代码行业的产品价格信息，本章仅测算劳动力和资本在13个门类产业的配置效率，但研究方法同样适用于其他细分行业。此外，因数据可得性问题，本章仅考虑样本公司的间接融资，而上市公司除银行信贷外还有其他多种融资渠道，并且不同的融资渠道又会有不同的融资成本。因此，基于资金来源和用途的全口径研究，也是未来关于资本要素配置效率研究中值得进一步探索的方向。

附 录

应用半参数的伍德里奇（2009）方法估计三次产业的要素产出弹性及边际产出，结果发现：

对第一产业产出贡献最大的要素并非劳动力，而是资本，反映了随着农业现代化进程加快，生态农业和新型经营主体兴起对新技术、新工艺、新装备水平的需求超过了传统劳动力投入；对第二产业产出贡献最大的要素首先是中间产品，其次才是资本，凸显了制造业升级中产业内贸易的重要作用；对第三产业产出贡献最大的分别是中间服务和中间产品，体现了价值链增值重心向终端后移过程中，服务业外包化和制造业服务化的倾向（见表6-7）。

表6-7　　三次产业要素产出弹性及边际产出：伍德里奇（2009）方法

要素 产业	劳动力		资本		中间产品		中间服务	
	产出弹性	边际产出	产出弹性	边际产出	产出弹性	边际产出	产出弹性	边际产出
第一产业	0.381	10.10	0.635	1.34	0.084	0.92	—	—
第二产业	0.338	63.95	0.371	1.46	0.530	16.39	0.173	16.34
第三产业	0.311	30.66	0.175	0.50	0.302	28.84	0.477	10.11

注：本表数据单位为2006年为基期的1万元。
资料来源：根据笔者测算结果整理。

以往研究对资本、劳动要素关注有余，对中间产品和中间服务的作用重视不足。本章的测算结果表明生产迂回度的提高对产出影响加深。因此，基于式

（6.1）的生产函数估算中，通过引入中间产品和中间服务揭示产业间差异化生产技术构成的做法是合理的。

为稳健起见，采用 LP 方法进行比照，结果表明，三次产业劳动力产出弹性分别为 0.328、0.271 和 0.231，系统性地略低于伍德里奇（2009）方法估计结果；而资本产出弹性分别为 0.216、0.389 和 0.181，除第一产业之外的弹性系数又略高于伍德里奇（2009）方法估计结果。可能的原因在于，LP 方法仅将中间产品和中间服务作为工具变量，没有调整流动资产规模对平滑产出波动的效果，导致高估了以固定资产形式投入生产的资本的作用。因此，本章仍采用伍德里奇（2009）半参数广义矩估计的结果进行分析。

参考文献

［1］陈钊、陆铭：《分割市场的经济增长——为什么经济开放可能加剧地方保护?》，载于《经济研究》2009 年第 3 期。

［2］陈永伟、胡伟民：《价格扭曲、要素误置和效率损失理论和应用》，载于《经济学（季刊）》2011 年第 7 期。

［3］范剑勇、林云：《产品的同质性、投资的地方保护与国内产品市场一体化测度》，载于《经济研究》2011 年第 11 期。

［4］黄赜林、王敬云：《地方保护与市场分割：来自中国的经验数据》，载于《中国工业经济》2006 年第 2 期。

［5］简泽：《从国家垄断到竞争：中国工业的生产率增长与转轨特征》，载于《中国工业经济》2011 年第 11 期。

［6］贾伟、秦富：《中国省份地方保护测度及其影响因素分析》，载于《当代经济科学》2014 年第 5 期。

［7］康志勇：《赶超行为、要素市场扭曲对中国就业的影响——来自微观企业的数据分析》，载于《中国人口科学》2012 年第 1 期。

［8］罗德明、李晔、史晋川：《要素市场扭曲、资源错置与生产率》，载于《经济研究》2012 年第 3 期。

［9］鲁晓东、连玉君：《中国工业企业全要素生产率估计：1999—2007》，载于《经济学（季刊）》2012 年第 2 期。

［10］聂辉华、江艇、杨汝岱：《中国工业企业数据库的使用现状和潜在问题》，载于《世界经济》2012 年第 5 期。

［11］聂辉华、贾瑞雪：《中国制造业企业生产率与资源误置》，载于《世界经济》2011 年第 7 期。

［12］史晋川、赵自芳：《所有制约束与要素价格扭曲——基于中国工业行业数据的实证

分析》，载于《统计研究》2007 年第 6 期。

［13］王希：《要素价格扭曲与经济失衡之间的互动关系研究》，载于《财贸研究》2012 年第 5 期。

［14］谢攀、龚敏：《矫正要素价格扭曲、资源误置与发展转型》，载于《求是学刊》2015 年第 1 期。

［15］谢千里、罗斯基、张轶凡：《中国工业生产率的增长与收敛》，载于《经济学（季刊）》2008 年第 3 期。

［16］余淼杰：《中国的贸易自由化与制造业企业生产率》，载于《经济研究》2010 年第 12 期。

［17］杨振、陈甬军：《中国制造业资源误置及福利损失测度》，载于《经济研究》2013 年第 3 期。

［18］中国季度宏观经济模型（CQMM）课题组：《2014—2015 年中国宏观经济再展望》，载于《厦门大学学报（哲学社会科学版）》2014 年第 6 期。

［19］张杰、周晓艳、李勇：《要素市场扭曲抑制了中国企业 R&D?》，载于《经济研究》2011 年第 8 期。

［20］Boucekkine. R. , G. Fabbri. , & F. Gozzi (2010). "Capital Maintenance and Investment: Complements or Substitutes? A Reappraisal", *Journal of Economic Dynamics and Control*, 34 (12): 2420 – 2439.

［21］Daniel Ackerberg, Kevin Caves, & Garth Frazer (2012). "Structural Identification of Production Functions", MPRA Paper, No. 38349.

［22］Evans, Carolyn L. (2003). "The Economic Significance of National Border Effects", *The American Economic Review*, 93: 1291 – 1312.

［23］Gilchrist, S. , & J. Williams (2000). "Putty-Clay and Investment: A Business Cycle Analysis", *Journal of Political Economy*, 108 (5): 928 – 960.

［24］Ichiro Muto & Tomoyuki Fukumoto (2011). "Rebalancing China's Economic Growth: Some Insights from Japan's Experience". MPRA Paper, No. 32570.

［25］Levinshohn, J. , & A. Petrin (2003). "Estimating Production Functions Using Inputs to Control for Unobservables", *Review of Economic Studies*, 70 (2): 317 – 341.

［26］Mary Amiti & Jozef Konings (2007). "Trade Liberalization, Intermediate Inputs and Productivity: Evidence from Indonesia", *The American Economic Review*, 97 (5): 1611 – 1638.

［27］Olley, S. , & A. Pakes (1996). "The Dynamics of Productivity in the Telecommunications Equipment Industry", *Econometrics*, 64 (6): 1263 – 1297.

［28］Petrin, A. , & J. Levinsohn (2005). "Measuring Aggregate Productivity Growth Using Plant-Level Data", NBER Working Paper Series, No. 11887.

［29］Petrin, A. , & Sivadasan (2011). "Estimating Lost Output from Allocative Inefficiency, with an Application to Chile and Firing Costs", NBER Working Paper Series, No. 17373, University of Minnesota.

［30］Rumbos, B. , & L. Auernheimer (2001). "Endogenous Capital Utilization in a Neoclassical Growth Model", *Atlantic Economic Journal*, 29 (2): 121 – 134.

［31］Wooldridge, J. (2009). "On Estimating Firm-level Production Functions Using Proxy Variables to Control for Unobservables", *Economic Letters*, 104 (3): 112 – 114.

［32］Yiping Huang & Kunyu Tao (2011). "Causes of and Remedies for the People's Republic of China's External Imbalances: The Role of Factor Market Distortion", ADBI Working Paper Series, No. 279.

［33］Y. Mundlak (1961). "Empirical Production Function Free of Management Bias", *Journal of Farm Economics*, 43 (1): 44 – 56.

第7章 影子银行、信贷资源错配与中国经济波动[*]

第1节 引 言

在我国，信贷规模占全部非金融机构融资总量的比例长期超过80%（潘敏等，2010），且这一局面短期内无法得到根本的扭转。近年来，我国信贷规模保持着高位增长，以期对我国经济起到积极的影响。据中国人民银行公布的数据显示，2001年1月我国人民币各项贷款余额首次突破10万亿元大关，之后信贷规模一直保持着高位运行。尤其自2008年下半年以来，在强烈的扩大内需、刺激经济的动机下，我国采取了宽松的宏观经济政策。受此影响，我国信贷规模开始迅速增加，2009年，全国新增人民币贷款累计达9.59万亿元。此后两年信贷规模虽有所放缓，但仍处高位，全国新增人民币贷款累计分别达7.95万亿元、7.47万亿元。近年来，我国信贷规模加速扩大，最新数据显示，2015年全国新增人民币贷款累计高达11.72万亿元（见图7-1）。

信贷规模的大幅扩张令我国信贷资源错配的现象凸显。尽管我国经过了30多年的改革开放，但企业主体的"二元"结构特征始终存在，在信贷市场上表现为二元信贷错配特征（余雪飞，2013）。商业银行倾向于以更低的利率将

---

* 本章作者：卢盛荣、游云星。

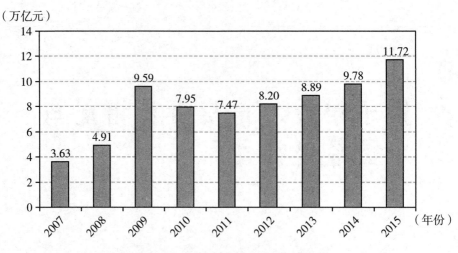

（万亿元）

图7-1　全国新增人民币贷款规模

资金贷给国有大型企业，而拒绝为民营中小企业提供资金，这样的贷款决策往往不是基于效用最大化的原则，而是基于政治或其他非经济的因素。李帅和靳涛（2014）就国有企业和民营企业间的"信贷歧视"做出了解释，认为1978年以来，政府和商业银行之间订了一份金融合约，政府通过风险救助担保换取由商业银行提供的金融支持。从而，政府、企业和银行三者之间形成了双重预算软约束的框架，即政府有动机干预国有企业而做出过度投资决策，政府的过度投资则伴随着对资金的过度需求，政府又会促成国有商业银行对企业的贷款支持。在政府干预资金配置的市场中，一方面损害了经济上更有效率但缺乏"关系"的企业，另一方面也造成了中国银行体系大规模的不良贷款（方军雄，2007）。宋铮等（2011）从经济运行过程中存在的结构非均衡问题出发，解释了中国经济增长之谜，中国的信贷市场存在着严重的信贷错配，银行将大部分信用提供给了效率低下的国有企业，而更具活力的中小民营企业却很难得到银行融资。

与此同时，作为传统商业银行的补充，"中国式"影子银行的诞生，为民营中小企业打通了融资渠道，但却加剧了宏观经济波动。"影子银行"这一概念最先在2007年美联储的年度会议上提出。然而，到目前为止，何谓影子银行却还未形成统一的定义。国际金融稳定理事会（Financial Stability Board，2011）认为影子银行具有类似于传统商业银行的核心功能，这得到了学者的广泛认同（Boesky，2010；王国刚，2010；李波，2011等）。影子银行在金融市场中承担的信用中介的角色，使得大量学者将目光聚焦于影子银行对宏观经济模型的重大意义。为模拟分析影子银行对整体宏观经济运行的影响，部分学者运用DSGE模型框架，并纳入影子银行部门以求更加符合现实问题。维罗纳等（Verona et al.，

2013）在研究美国经济时，考虑了带有金融加速器的 DSGE 模型，其中影子银行扮演了类似投资银行的角色，投资低风险项目，而零售银行投资高风险企业，但代理问题以及银行家的风险偏好会扭曲利率定价的过程。在中国利率管制政策的背景下，居民的银行信贷受限，甚至遭受不公平待遇，催生出影子银行体系作为信贷渠道的一个重要补充。进而，中国的商业银行将信贷投向国有大型企业而忽视中小企业的信贷需求（Funke，2015）。鲍兹等（Pozsar et al.，2011）认为影子银行本质上是一种信用中介活动，这意味着伯南克（Bernanke，1983）、伯南克和格特勒（Bernanke and Gertler，1989）等提出的货币政策信贷传导渠道同样适用于影子银行体系。裘翔等（2014）首次将影子银行部门纳入 DSGE 模型，用定量的方法分析了影子银行对货币政策传导的影响。

因此，在新常态经济的背景下，讨论信贷资源错配对中国经济波动的影响显得尤为必要。本章构建了一个具有中国特色的"二元"体制的宏观经济模型，以此为基础，深入研究了当前信贷所有制歧视的背景下，我国信贷资源错配对我国宏观经济波动的影响，并初步探析了纠正信贷错配的宏观调控政策。这对推动信贷资金配置效率的稳步提高、金融市场的健康发展和宏观经济平稳运行将有着十分重要的意义。

第 2 节　模型的建立

一、基准模型

为了分析"二元"体制结构下的信贷资源错配对中国经济波动的影响，首先构造一个"去体制化"的、企业主体间以市场化方式获得信贷资金的基准模型。模型中假设融资体系为以商业银行为核心的间接融资体系，各异质性企业根据自身的生产情况从商业银行处获得相应资金。此外，整个经济由厂商、企业家、商业银行、家庭及中央银行组成，并假设企业家和商业银行是风险中性的。

1. 厂商

（1）最终品厂商

最终品产出为中间产品投入的迪克西特－斯蒂格利茨（Dixit-Stiglitz，1977）加总：

$$Y_t = \left(\int_0^1 Y_{it}^{\frac{\varepsilon-1}{\varepsilon}} \mathrm{d}i\right)^{\frac{\varepsilon}{\varepsilon-1}}, \varepsilon > 1 \tag{7.1}$$

其中，Y_{it}表示生产最终产品所使用的中间产品，ε表示中间产品之间的替代弹性。由最终厂商的最优化问题可得中间产品的需求曲线：

$$Y_{it} = \left(\frac{P_{it}}{p_t} \right)^{-\varepsilon} Y_t \tag{7.2}$$

其价格指数为：$P_t = \left(\int_0^1 P_{it}^{1-\varepsilon} \mathrm{d}i \right)^{\frac{1}{1-\varepsilon}}$。

（2）中间品厂商

生产函数为 $Y_{it} = A_t K_{it}^{\alpha} L_{it}^{1-\alpha}$。垄断竞争的中间品厂商对自己的产品具有一定的定价能力，假设中间产品厂商根据卡尔沃（1983）提出的方式调整名义价格，每一期企业调整产品价格的概率为 $1-\theta$，因此每期有 $1-\theta$ 比例的中间产品厂商调整价格，相应的 θ 部分的中间品厂商保持价格不变。由此可得，新凯恩斯菲利普斯曲线：

$$\pi_t = \beta E_t \pi_{t+1} + \frac{(1-\theta)(1-\beta\theta)}{\theta} mc_t \tag{7.3}$$

2. 企业家和商业银行

在第 t 期期初，代表性企业家通过决定投资的中间品企业为其提供资本·K_t，其中资本投入量 K_t 与企业家每期的资本存量 $\bar{K}_t$ 有关。假设企业家每期收益遭受冲击 ω_t，并且服从对数正态分布 $\ln(\omega_t) \sim N(-\sigma^2/2, \sigma^2)$，该项冲击使得企业家未来收益具有不确定性。因此，在每期企业家需要决定资本利用率 u_t，即 $K_t = u_t \bar{K}_t$，并获得资本品的经营租金 r_t^k。同时，企业家在选择资本利用率时，需要考虑利用资本时所产生的额外成本 $a(u_t)$。

因此，在第 t 期，企业家通过决定资本利用率来最大化其资本收益：

$$\max_{\{u_t\}} \left[u_t r_t^k - a(u_t) \right] \omega_t \bar{K}_t P_t \tag{7.4}$$

其中，P_t 代表价格水平，用于将上式中的实际变量调整为名义变量。假设资本利用成本 $a(u_t) \equiv \frac{r^{k,p}}{\sigma_a} \left[e^{\sigma_a(u_t-1)} - 1 \right]$，$r^k$ 表示资本收益率的稳态水平，$a(1) = 0$，参数 $\sigma_a = \frac{a''(1)}{a'(1)} > 0$ 控制了成本函数的凸度。上述问题的一阶条件为：

$$r_t^k = a'(u_t) \tag{7.5}$$

然后，在第 t 期期末，企业家将未折旧的资本以 $Q_{k,t}$ 的价格出售给资本品生产商。企业家在 t 期获得的总收益为：

$$1 + R_t^k = \frac{[u_t r_t^k - a(u_t)] p_t + (1 - \delta) Q_{k,t}}{Q_{k,t-1}} \tag{7.6}$$

企业家在第 t 期期末根据企业的生产规模购买相应 $t + 1$ 期的资本 $Q_{k,t} \bar{K}_{t+1}$，其资金来源除了自身留存收益外，还有一部分需依靠商业银行贷款融资来弥补其投资的资金缺口 $B_{t+1} = Q_{k,t} \bar{K}_{t+1} - N_{t+1}$。其中，$N_{t+1}$ 是企业家的净资产。

银行在与企业家签订借贷合同时，由于双方存在信息不对称，银行仅能够获得企业家收益冲击 ω_t 的分布，而审计 ω_t 实际的值则需要支付监控成本，相当于企业总收益的一定比例 μ。对于整个银行体系，存在一个临界的 $\bar{\omega}_t$，当 $\omega_t < \bar{\omega}_t$ 时，企业家将无力偿还贷款，银行被迫清算其资产。因此，借贷合约的临界条件可表示为：

$$\bar{\omega}_t (1 + R_t^k) Q_{k,t} \bar{K}_{t+1} = (1 + R_{t+1}^{com}) B_{t+1} \tag{7.7}$$

其中，R_t^{com} 为商业银行的贷款利率。因为银行风险中性，意味着银行的期望收益等于其机会成本，可得：

$$[F(\bar{\omega}_{t+1})][1 + R_{t+1}^{com}] B_{t+1} + (1 - \mu) \int_0^{\bar{\omega}_{t+1}} \omega_t dF(\omega)(1 + R_{t+1}^k) Q_{k,t} \bar{K}_{t+1}$$
$$= (1 + R_{t+1}^{com}) B_{t+1} \tag{7.8}$$

记 $G(\bar{\omega}_{t+1}) = \int_0^{\bar{\omega}_{t+1}} \omega_t dF(\omega)$，$\Gamma(\bar{\omega}_{t+1}) = \int_0^{\bar{\omega}_{t+1}} \omega_t dF(\omega) + \bar{\omega}_{t+1} \int_{\bar{\omega}_{t+1}}^{\infty} f(\omega) d\omega$。由此可得，企业的利润份额为 $1 - \Gamma(\bar{\omega}_{t+1})$，银行的利润份额为 $\Gamma(\bar{\omega}_{t+1}) - \mu G(\bar{\omega}_{t+1})$。上式可以表示为：

$$[\Gamma(\bar{\omega}_{t+1}) - \mu G(\bar{\omega}_{t+1})](1 + R_{t+1}^k) Q_{k,t} \bar{K}_{t+1} = (1 + R_{t+1}^{com})(Q_{k,t} \bar{K}_{t+1} - N_{t+1}) \tag{7.9}$$

式（7.9）即为债务合约的约束条件。

企业家的债务合约问题为在约束条件式（7.9）下选择 $\bar{K}_{t+1}$ 和 $\bar{\omega}_{t+1}$ 最大化其利润：

$$\max_{\bar{K}_{t+1}, \bar{\omega}_{t+1}} E_t \{ [1 - \Gamma(\bar{\omega}_{t+1})](1 + R_{t+1}^k) Q_{k,t} \bar{K}_{t+1} \} \tag{7.10}$$

得到企业家债务合约的一阶条件：

$$E_t\left\{\left[1-\Gamma(\bar{\omega}_{t+1})\right]\frac{1+R^k_{t+1}}{1+R^{com}_{t+1}}\left(\left[\Gamma(\bar{\omega}_{t+1})-\mu G(\bar{\omega}_{t+1})\right]\frac{1+R^k_{t+1}}{1+R^{com}_{t+1}}-1\right)\right\}=0$$

(7.11)

$$-\Gamma'(\bar{\omega}_{t+1})+\kappa_{t+1}\left[\Gamma'(\bar{\omega}_{t+1})-\mu G'(\bar{\omega}_{t+1})\right]=0 \qquad (7.12)$$

其中，κ_{t+1} 为银行零利润约束的拉格朗日乘子。由两式消去 κ_{t+1}，可得：

$$E_t\left\{\begin{array}{l}\left[1-\Gamma(\bar{\omega}_{t+1})\right]\dfrac{1+R^k_{t+1}}{1+R^{com}_{t+1}}+\dfrac{\Gamma'(\bar{\omega}_{t+1})}{\Gamma'(\bar{\omega}_{t+1})-\mu G'(\bar{\omega}_{t+1})}\\[4mm]\left(\left[\Gamma(\bar{\omega}_{t+1})-\mu G(\bar{\omega}_{t+1})\right]\dfrac{1+R^k_{t+1}}{1+R^{com}_{t+1}}-1\right)\end{array}\right\}=0 \qquad (7.13)$$

为了避免企业主完全靠自身留存收益达到完全融资的情形，假定每期末有 $1-\gamma$ 的企业家破产从而退出市场，同时，假设有 $1-\gamma$ 的新企业进入，企业总数保持不变。因此，企业净资产的动态过程则可以表示为：

$$N_{t+1}=\gamma V_t \qquad (7.14)$$

其中，V_t 是 t 期末 $1-\gamma$ 比例的企业主退出以前的企业家总资产。

企业家总资产价值 V_t 的表达式为：

$$V_t^{P,p}=(1+R^k_t)Q_{k,t}\bar{K}_{t+1}$$

$$-\left[(1+R^{com}_t)+\frac{\mu\int_0^{\bar{\omega}_{t+1}}\omega_t\mathrm{d}F(\omega)(1+R^k_t)Q_{k,t}\bar{K}_{t+1}}{Q_{k,t}\bar{K}_{t+1}-N_{t+1}}\right](Q_{k,t}\bar{K}_{t+1}-N_{t+1}) \qquad (7.15)$$

其中，$\mu\int_0^{\bar{\omega}_{t+1}}\omega_t\mathrm{d}F(\omega)(1+R^k_t)Q_{k,t}\bar{K}_{t+1}$ 为信用利差，即外部融资升水。

3. 资本品生产商

在 t 期末，资本品生产商从企业家处购买折旧后的安装资本 $(1-\delta)\bar{K}_t$，并对其增加投资 I_t，从而生产新的资本 $\bar{K}_{t+1}$。由于增加投资存在调整成本，假设经该成本调整后的资本水平净增加为 $F(I_t,I_{t-1})$，同克里斯蒂亚诺等（Christian et al.，2005）的设定 $F(I_t,I_{t-1})=\left[1-\frac{\psi}{2}\left(\frac{I_t}{I_{t-1}}-1\right)^2\right]I_t$。

4. 家庭部门

假设经济中存在无限期存活的连续代表性家庭，家庭的目标是最大化其终生效用。该代表性家庭从消费商品中获得正效用，在提供劳动时获得负效用。家庭将选择消费、劳动的组合以求效用最大化。

标准效用函数：

$$E_0 \sum_{t=0}^{\infty} \beta^t \left[a_t \ln(C_t - bC_{t-1}) + \frac{1}{1+\xi} L_t^{1+\xi} \right] \qquad (7.16)$$

其中，C_t 是家庭消费，L_t 是家庭提供的劳动，ξ 是劳动的供给弹性。a_t 为消费需求冲击。

家庭的预算约束为：

$$P_t C_t + D_t = (1 + R_t^f) D_{t-1} + W_t L_t + (1-\gamma)\eta V_t - P_t T_t \qquad (7.17)$$

其中，W_t 是实际工资，D_{t-1} 是家庭持有的 $t-1$ 期到 t 期的储蓄，R_t^f 是名义无风险利率，T_t 是第 t 期政府的税收或转移支付。

5. 中央银行

中央银行负责制定货币政策，通过货币政策的传导机制来达到调控宏观经济的目的。本章采用泰勒规则作为中央银行的货币政策规则：

$$R_t^f = (R_{t-1}^f)^{\rho_r} \left[R^f \left(\frac{E_t(\pi_{t-1})}{\bar{\pi}} \right)^{\alpha_\pi} \left(\frac{Y_t}{\bar{Y}} \right)^{\alpha_y} \right]^{(1-\rho_r)} \varepsilon_t^r \qquad (7.18)$$

其中，R_t^f 是央行的政策利率，ρ_r 反映了利率的平滑程度，R^f、$\bar{\pi}$、$\bar{Y}$ 分别表示无风险利率、通货膨胀率和产出的稳态水平。ε_t^r 是利率的货币政策冲击，服从零均值、标准差为 σ_r 的独立正态分布，$\varepsilon_t^r \sim N(0, \sigma_r^2)$。

二、模型拓展

1. 厂商

根据中国经济中企业主体"二元"结构特征的事实，中间品生产商部门分为国有企业和民营企业。

（1）中间品生产商
假设中间品生产商的规模收益不变，其生产函数为：

$$Y_{it}^j = Z_t^j K_{it}^{j\alpha_j} L_{it}^{j1-\alpha_j} \quad (j = P, S) \tag{7.19}$$

其中，$j = P$，S 分别表示民营企业和国有企业，Y_{it}^j 为两类中间产品的产出，K_{it}^j 表示资本投入，L_{it}^j 表示劳动投入，Z_t^j 是国有企业和民营企业所面临的技术冲击。

在 t 期，两类企业的中间产品的价格加成为 X_t。两类中间产品以常替代弹性（constant elastic substitution）形式加总，得到中间产品的总产出为：

$$Y_{it} = \left(\eta_y^{1-\rho} Y_{it}^{P\rho} + (1-\eta_y)^{1-\rho} Y_{it}^{S\rho} \right)^{\frac{1}{\rho}} \tag{7.20}$$

其中，η_y 为民营企业的相对规模，ρ 表示两类中间产品间的替代弹性。民营企业和国有企业在第 t 期的单位资本在第 $t+1$ 期可获得的名义总回报率为：

$$1 + R_t^{k,j} = \frac{\dfrac{p_{t+1} Z_t^j \alpha^j Y_{it}^j}{X_{t+1} Z_t K_{it}^j} + (1-\delta) Q_{k,t}^j}{Q_{k,t-1}^j} \quad (j = P, S) \tag{7.21}$$

其中，$\dfrac{Z_t^P}{Z_t} = \eta_y \left(\dfrac{Y_{it}^P}{Y_{it}} \right)^{\rho-1}$，$\dfrac{Z_t^S}{Z_t} = (1-\eta_y) \left(\dfrac{Y_{it}^S}{Y_{it}} \right)^{\rho-1}$。

（2）零售商

假设零售商将中间产品打包后出售给家庭部门，最终的总产出 Y_t 有如下形式：

$$Y_t = \left(\int_0^1 Y_{it}^{\frac{\varepsilon-1}{\varepsilon}} \mathrm{d}i \right)^{\frac{\varepsilon}{\varepsilon-1}}, \varepsilon > 1 \tag{7.22}$$

其中，ε 表示产品之间的替代弹性。

假设零售商根据卡尔沃（1983）提出的方式调整名义价格，每一期企业调整产品价格的概率为 $1-\theta$，相应的 θ 部分的零售商保持价格不变。

可得到新凯恩斯菲利普斯曲线（the new Keynes Philips curve，NKPC）：

$$\pi_t = \beta E_t \pi_{t+1} + \frac{(1-\theta)(1-\beta\theta)}{\theta}(-x_t) \tag{7.23}$$

2. 金融中介部门与企业融资

企业在金融市场上可以通过信贷渠道、企业债券或发行股票等多种方式进行融资，但中国企业主要还是通过信贷市场进行融资，直接融资的比重相对间接融资较低。模型中假设以银行为代表的金融中介部门处于金融体系的核心地位，企业家和企业通过银行贷款，没有股票和债券等直接融资。另外，假设金融中介部门包括：传统商业银行和影子银行。商业银行只能向国有企业提供贷款，并拒绝向民营企业提供贷款，民营企业被迫转向其他渠道寻求资金。同时，影子银行的资金全部来自于商业银行，并在商业银行贷款利率的基础上，结合民营企业的资产负债表健康状况，设定一个利率加成，以此作为提供给民营企业贷款的协议利率。

（1）民营企业（private entrepreneurs）和影子银行。

在第 t 期，民营企业家通过决定资本利用率来最大化其资本收益：

$$\max_{\{u_t^{P,p}\}} \left[u_t^{P,p} r_t^{k,P} - a(u_t^{P,p}) \right] \omega_t^{P,p} \bar{K}_t^{P,p} P_t \tag{7.24}$$

其中，P_t 代表价格水平，用于将上式中的实际变量调整为名义变量。假设资本利用成本 $a(u_t^{P,p}) \equiv \dfrac{r^{k,P}}{\sigma_a^P} \left[e^{\sigma_a^P(u_t^{P,p}-1)} - 1 \right]$，$r^{k,P}$ 表示资本收益率的稳态水平，$a(1)=0$，参数 $\sigma_a^P = \dfrac{a''(1)}{a'(1)} > 0$ 控制了成本函数的凸度。

企业家的资本平均名义总收益率定义为：

$$1 + R_t^{k,P} = \frac{\left[u_t^{P,p} r_t^{k,P} - a(u_t^{P,p}) \right] P_t + (1-\delta) Q_{k,t}^P}{Q_{k,t-1}^P} \tag{7.25}$$

民营企业家在第 t 期期末根据企业的生产规模购买相应 $t+1$ 期的资本 $Q_{k,t}^P \bar{K}_{t+1}^{P,p}$，其资金来源除了自身留存收益外，还有一部分需依靠银行贷款融资来弥补其投资的资金缺口 $B_{t+1}^{P,p} = Q_{k,t}^P \bar{K}_{t+1}^{P,p} - N_{t+1}^{P,p}$。其中，$N_{t+1}^{P,p}$ 是企业家的净资产。由于民营企业的融资渠道有限，影子银行在提供融资服务时将处于垄断竞争地位，因此，企业家在 $t+1$ 期需要在不同的影子银行中选择自身借款的分布以最小化借款成本。则企业家将选择融资额度以最小化其外源融资（贷款）成本并决定资本投资的规模，其一阶条件为：

$$B_{t+1}^{P,p}(z) = \left(\frac{1 + R_{t+1}^{shadow}(z)}{1 + R_{t+1}^{shadow}} \right)^{-\varepsilon_{t+1}^{shadow}} B_{t+1}^{P,p} \tag{7.26}$$

其中，R_{t+1}^{shadow} 为市场上民营企业家的平均名义贷款利率。定义为：

$$1 + R_{t+1}^{shadow} = \left\{ \int_0^1 \left[1 + R_{t+1}^{shadow}(z) \right]^{1-\varepsilon_{t+1}^{shadow}} \mathrm{d}z \right\}^{\frac{1}{1-\varepsilon_{t+1}^{shadow}}} \tag{7.27}$$

同样的，借贷合约的临界条件可表示为：

$$\bar{\omega}_t^{P,p}(1 + R_t^{k,P}) Q_{k,t}^P \bar{K}_{t+1}^{P,p} = (1 + R_{t+1}^{shadow}) B_{t+1}^{P,p} \tag{7.28}$$

第 z 家影子银行的利润为民营企业家的到期还款额以及部分违约企业家的清算支付，并扣除从商业银行处获得的融资成本。其利润最大化问题的一阶条件可得：

$$1 + R_{t+1}^{shadow}(z) = \frac{\varepsilon_{t+1}^{shadow}(1 + R_{t+1}^{com})}{(\varepsilon_{t+1}^{shadow} - 1)[1 - F(\bar{\omega}_{t+1}^{P,p})]} \tag{7.29}$$

$$[1 - F(\bar{\omega}_{t+1}^{P,p}) - F'(\bar{\omega}_{t+1}^{P,p})] + (1 - \mu_t)\bar{\omega}_{t+1}^{P,p}F'(\bar{\omega}_{t+1}^{P,p}) - \frac{(\varepsilon_{t+1}^{shadow} - 1)[1 - F(\bar{\omega}_{t+1}^{P,p})]}{\varepsilon_{t+1}^{shadow}} = 0 \tag{7.30}$$

其中，$F(\cdot)$ 是 $\omega_t^{P,p}$ 的累积概率分布函数。由于影子银行体系的平均利率 R_{t+1}^{shadow} 服从下述加权方式：

$$1 + R_{t+1}^{shadow} = \left\{ \int_0^1 [1 + R_{t+1}^{shadow}(z)]^{1 - \varepsilon_{t+1}^{shadow}} dz \right\}^{\frac{1}{1 - \varepsilon_{t+1}^{shadow}}} \tag{7.31}$$

并且由对称性均衡可得：

$$1 + R_{t+1}^{shadow} = \frac{\varepsilon_{t+1}^{shadow}(1 + R_{t+1}^{com})}{(\varepsilon_{t+1}^{shadow} - 1)[1 - F(\bar{\omega}_{t+1}^{P,p})]} \tag{7.32}$$

式（7.32）反映了影子银行对民营企业家的贷款利率是其从商业银行的融资成本的利率加成 $\dfrac{\varepsilon_{t+1}^{shadow}}{(\varepsilon_{t+1}^{shadow} - 1)[1 - F(\bar{\omega}_{t+1}^{P,p})]}$，与贷款的利率弹性和资本收益冲击的临界值有关。

联立式（7.29）、式（7.30）、式（7.32），可得贷款合约的一阶条件：

$$\frac{1 - F(\bar{\omega}_{t+1}^{P,p})}{\varepsilon_{t+1}^{shadow}} - \mu\bar{\omega}_{t+1}^{P,p}F'(\bar{\omega}_{t+1}^{P,p}) = 0 \tag{7.33}$$

由式（7.33）可以看出，$\bar{\omega}_{t+1}^{P,p}$ 完全取决于贷款利率弹性。

假设影子银行经营者的风险偏好服从如下动态模式：

$$\chi_t = \rho_\chi \chi_{t-1} + (1 - \rho_\chi)[\bar{\chi} + \alpha_\chi(N_{t+1}^{P,p} - N^{P,p})] \tag{7.34}$$

其中，$\bar{\chi}$ 是风险偏好的稳态值。系数 ρ_χ 描述了风险偏好的持续程度，此外影子银行也会对企业的净资产的状况做出反应，净资产越充足，χ_t 越大，$\alpha_\chi > 0$ 刻画了风险偏好对企业家净资产偏离稳态值的敏感程度。假设在不包含风险偏好的情况下，贷款的利率需求弹性为恒定值 $\varepsilon^{shadow,n}$。则在考虑风险偏好的情况下，

$$\varepsilon_{t+1}^{shadow} = \varepsilon^{shadow,n}\chi_t \tag{7.35}$$

由此，式（7.33）、式（7.34）和式（7.35）构成了完整的影子银行贷款合约，利率水平与影子银行经营者的风险偏好及民营企业的盈利能力有关。

为了避免企业主完全靠自身留存收益达到完全融资的情形，假定每期末有 $1-\gamma^P$ 的企业主破产从而退出市场，并将资产悉数转移给家庭，这样企业主将无法积累足够的净值。为了保持企业数目的恒定，假设有 $1-\gamma^P$ 的新企业进入，此时家庭部门提供给这些新企业有限的启动资本 $W_t^{new,P}$。因此，企业净资产的动态过程则可以表示为：

$$N_{t+1}^{P,p} = \gamma^P V_t^{P,p} + W_t^{new,P} \tag{7.36}$$

其中，$V_t^{P,p}$ 是 t 期末 $1-\gamma^P$ 比例的企业主退出以前的企业家总资产。

民营企业总资产价值 $V_t^{P,p}$ 的表达式为：

$$V_t^{P,p} = (1 + R_t^{k,P})Q_{k,t-1}^P \bar{K}_t^{P,p} -$$
$$\left[(1 + R_t^{shadow}) + \frac{\mu \int_0^{\bar{\omega}_t^{P,p}} \omega_t^{P,p} dF(\omega^{P,p})(1 + R_t^{k,P})Q_{k,t-1}^P \bar{K}_t^{P,p}}{(Q_{k,t-1}^P \bar{K}_t^{P,p} - N_t^{P,p})} \right] (Q_{k,t-1}^P \bar{K}_t^{P,p} - N_t^{P,p})$$
$$\tag{7.37}$$

其中，式（7.37）右边第一项为 $t-1$ 期末购买的资本的平均回报，第二项为贷款成本，第三项为监督成本。

（2）国有企业（state-owned enterprise）和商业银行。

同民营企业中的情况类似，国有企业通过决定资本利用率来最小化其融资成本，由此得到相应的一阶条件。

国有企业依靠外源融资弥补资金缺口，这部分资金来源于商业银行。而商业银行的流动性则来源于家庭部门的存款，存款利率由中央银行进行调整。商业银行在满足存款准备金的前提下，向三个行为主体提供融资支持：国有企业、影子银行和地方政府。商业银行最大化自身利润，其一阶条件可得商业银行的贷款利率：

$$1 + R_{t+1}^{com} = \frac{\varepsilon^{com}}{\varepsilon^{com} - 1}(1 + R_{t+1}^f) \tag{7.38}$$

同民营企业的假设类似，每一期会有 $1-\gamma^S$ 的国有企业退出，并且有 $1-\gamma^S$ 的新企业携启动资本 $W_t^{new,S,s}$ 进入。

3. 资本品生产商

由于增加投资存在调整成本，假设经该成本调整后的资本水平净增加为 $F(I^i_t, I^i_{t-1})$，旧的资本可以一比一地生产新资本，根据克里斯蒂亚诺等（2005）和裘翔等（2014）的设定，本章中 $F(I^i_t, I^i_{t-1}) = \left[1 - \frac{\psi}{2}\left(\frac{I^i_t}{I^i_{t-1}} - 1\right)^2\right] I^i_t$。

4. 家庭部门

本章假设代表性家庭的目标是最大化其终生效用。该代表性家庭从消费商品中获得正效用，在提供劳动时获得负效用。家庭将选择消费、劳动的组合以求效用最大化。

标准效用函数：

$$E_0 \sum_{t=0}^{\infty} \beta^t \left[\alpha_t \ln(C_t - bC_{t-1}) + \frac{v}{1+\xi}(L_t^{p1+\sigma_L} + L_t^{s1+\sigma_L})^{\frac{1+\xi}{1+\sigma_L}} \right] \tag{7.39}$$

其中，C_t 是家庭消费，L_t^P 和 L_t^S 分别是家庭供职于民营企业和国有企业的劳动，ξ 是劳动的供给弹性，σ_L 是对两类企业的劳动异质性的刻画（当 $\sigma_L = 0$ 时，表示两类企业的劳动可完全替代），α_t 为消费需求冲击。

家庭的预算约束为：

$$P_t C_t + D_t + \eta W_t^{new,P,p} + (1+\eta) W_t^{new,S,s} = (1+R_t^f) D_{t-1} + W_t^P L_t^P + W_t^S L_t^S + (1-\gamma^P)\eta V_t^{P,p}$$
$$+ (1-\gamma^S)(1-\eta) V_t^{S,s} + P_t \prod_t^B - P_t T_t \tag{7.40}$$

其中，W_t^i 是实际工资，D_{t-1} 是家庭持有的 $t-1$ 期到 t 期的储蓄，R_t^f 是名义无风险利率，T_t 是第 t 期政府的税收或转移支付，$\prod_t^B$ 是银行的利润。假设银行的最终拥有者是家庭。

第 3 节　数值模拟

在第 2 节，我们在基准 DSGE 模型的基础上建立了带有"二元"结构的模型。接下来，我们对模型进行数值计算，分析各经济变量在面临外生冲击时的动态变化过程。

一、参数校准

本章的做法采取参照现有文献中研究讨论的结果取值，并依据模型的具体拟合情况做出相应的调整。校准结果及依据见表 7-1。

表7-1　　　　　　　　　　　　参数校准结果

符号	参数描述	参数值	赋值依据
β	贴现因子	0.9936	裘翔等（2014）
b	消费习惯参数	0.63	庄子罐等（2012）
δ	资本折旧率	0.025	陈昆亭、龚六堂等（2006）
μ	银行监督成本比例	0.12	杜清源、龚六堂（2005）
ε^{com}	商业银行贷款利率弹性	103.6	裘翔等（2014）根据人民银行公布的一般贷款加权利率和基准存款利率估算
ε^{shadow}	影子银行贷款利率弹性	168.8	裘翔等（2014）
γ^P	企业存活率	0.96	凡克（Funke，2015）
γ^S		0.95	
α^P	民营企业资本产出弹性	0.35	杨熠、林仁文（2014）
α^S	国有企业资本产出弹性	0.7	
ρ_χ	风险偏好的持续性	0.71	裘翔等（2014）
α_χ	风险偏好对企业净资产的敏感性	40	维罗纳等（2011）
$\omega^{new,p}$	家庭初始转移财富	0.02	克里斯蒂亚诺等（2010）
$\omega^{new,s}$			
η	民营企业信贷相对规模	0.286	裘翔等（2014）
η_y	民营企业产出相对规模	0.65	根据实际数据调整
$F(\bar{\omega})$	企业家违约率	0.01	仝冰（2010）
ξ	劳动的供给弹性	0.5	康立和龚六堂（2014）
σ_L	劳动的异质性参数	0.15	康立和龚六堂（2014）
η_g	政府支出占GDP比重	0.2	王艺明等（2012）
η_T	税收占GDP比重	0.209	裘翔等（2014）
η_i^p	民营企业投资占GDP比重	0.201	通过数据测算
η_i^s	国有企业投资占GDP比重	0.291	
c/y	消费占产出比例	0.4	根据我国消费占产出比长期均值调整
Y^p/Y	民营企业产出占总产出比例	0.5458	杨熠和林仁文（2014）

二、贝叶斯估计

由于模型中包含 4 种随机冲击，为避免奇异性问题，本章选取 4 个变量的时间序列数据以估计参数。模型估计使用的数据主要包括：国内生产总值（GDP）、全社会消费品零售总额、消费者价格指数（CPI）和银行间 7 天同业拆借利率。原始数据来自于 CEIC，由于我国同业拆借市场始于 1996 年 1 月，数据样本区间为 1996 年第 1 季度至 2015 年第 3 季度。参数估计结果见表 7 - 2。

表 7 - 2   贝叶斯参数估计结果

参数	先验分布			后验分布			
	类型	均值	标准差	均值	标准差	90% 置信区间	
θ	Beta	0.75	0.075	0.9425	0.075	0.9334	0.9519
α_{π}	Normal	0.9	0.5	0.8333	0.5	0.0548	1.6557
a_y	Beta	0.2	0.1	0.2572	0.1	0.0653	0.4353
γ^{FP}	Normal	30	10	29.5673	10	13.3982	45.788
ψ	Normal	30	10	41.1541	10	29.4233	53.9530
ρ_r	Beta	0.9	0.1	0.6913	0.1	0.6002	0.7821
ρ_a	Beta	0.6	0.2	0.8893	0.2	0.8348	0.9494
ρ_z^p	Beta	0.6	0.1	0.8318	0.1	0.7539	0.9185
ρ_z^s	Beta	0.6	0.1	0.6482	0.1	0.5782	0.7204

第 4 节 脉冲响应分析

本节主要考察三类冲击的脉冲响应图。这三类冲击源于需求面和供给面，分别为消费需求冲击、利率冲击和技术冲击。

一、需求冲击

1. 消费需求冲击

图 7 - 2 和图 7 - 3 给出了各主要经济变量对消费需求冲击的脉冲响应图。从图 7 - 2 中可以看到，正向的消费需求冲击带来了各主要宏观经济变量正向的响应，总产出、消费、总投资、信贷规模上升，对经济产生刺激作用，符合通常的模型结果和经济现象。

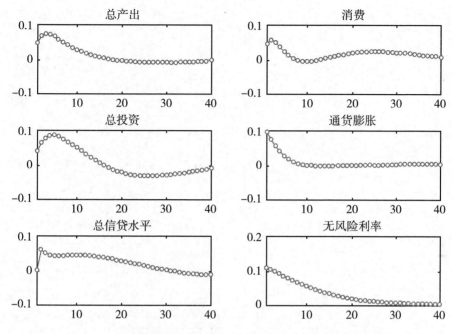

图 7 - 2   总量经济变量对消费需求冲击的脉冲响应

图 7 - 3 为两类企业和金融中介部门相关变量对消费需求冲击的脉冲响应图。从图 7 - 3 中可以看到，民营企业和国有企业在当期产出、投资增加，但消费需求冲击对民营企业的产出波动影响更大。此外，两类企业的产能利用率、资本租金在消费需求冲击的作用下均向上偏离稳态，之后再回到稳态水平。

2. 利率冲击

图 7 - 4 为产出、消费、投资、通货膨胀等总量经济变量在正向的利率冲击下的脉冲响应图。实线部分显示了存在企业"二元"体制结构信贷错配的情形，虚线部分为基准模型。从图 7 - 4 中可以看到，总产出、消费、总投资水平和通货膨胀在正向的利率冲击下，均出现显著的下降过程。更进一步，我们可以发现，在存在信贷错配时，总量经济变量呈现更加显著的负向波动，这体现了信贷错配增加了宏观经济的不稳定性，削弱了货币政策的效果。加息的过程提高了企业的融资成本，减少了企业的投融资活动，进而对产出和终端消费产生负面影响；当前，民营企业对中国经济的贡献已超过国有企业，在信贷资源错配的情形下，本就融资受限的民营企业将受到更大冲击，融资成本持续高企，投资和产出大幅下降，放大了加息过程的负面效应，从而削弱货币政策的效果，加剧宏观经济的短期波动。

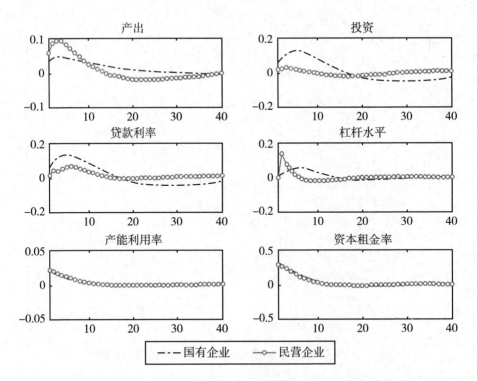

图 7 – 3　两类企业及银行部门对消费需求冲击的脉冲响应

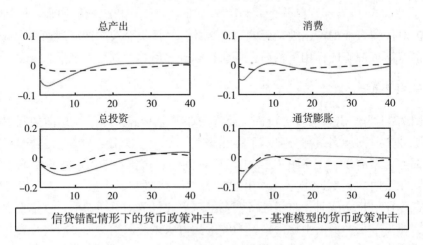

图 7 – 4　货币政策冲击下的脉冲响应

从图 7 – 5 我们可以看到，在正向的利率冲击下，国有企业的投资和产出增加，产能利用率略微向下偏离稳态水平。而民营企业面临的贷款利率（影子银行贷款利率）持续高企，投资和产出均向下偏离稳态水平。

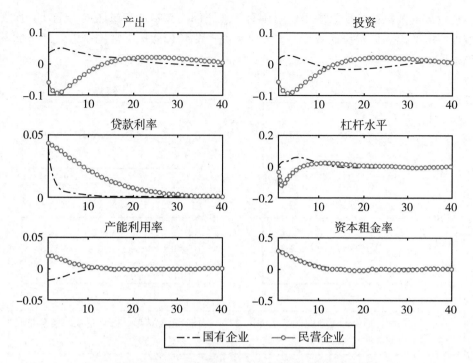

图7-5 两类企业及银行部门对利率冲击的脉冲响应

从企业主体"二元"体制结构的角度来看，央行的紧缩政策抑制了企业整体的信贷需求，特别是民营企业。民营企业无法从商业银行处获得贷款，转向通过影子银行，而影子银行在利率成本上升的背景下，同样会将其借贷利率提高以获得足够的风险补偿，大部分民营企业的投资需求将无法得到满足。但另一方面，国有企业的体制优势令其在货币紧缩的背景下，仍然能够从商业银行获得贷款，增加投资，杠杆水平上升。其面临的商业银行贷款利率在冲击后仅短暂向上偏离稳态，随后迅速下降收敛至稳态水平。

二、供给冲击

图7-6为产出、消费、投资、通货膨胀等总量经济变量在正向技术冲击下的脉冲响应图。对民营企业的正向技术冲击使得总产出、消费、总投资上升，之后逐渐下降，收敛至稳态水平；对于国有企业的正向技术冲击，主要经济变量的变动效应与民营企业技术冲击作用相反，虽然投资总量在增加，但总产出、消费在短期内呈下降趋势。而在去除体制壁垒的基准模型情形下，正向的技术冲击使得经济产生正向效应，产出、消费和投资均上升。对比两种情形可以发现，企业主体"二元"体制结构的存在阻碍了技术进步的正向效应。从融资角度来看，

信贷资源的配置往往缺乏效率，对国有企业正向的技术冲击虽然使得全社会投资增加，但产出和消费反而减少，对整体经济产生负面效应，加剧了宏观经济的不稳定性。

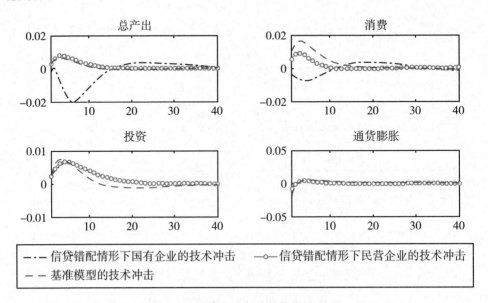

图 7 - 6　技术冲击下的脉冲响应

第 5 节　结　论

信贷规模大幅扩张的背景下，我国信贷资源错配的现象显著。当前，我国的金融体系仍是一个以商业银行为主导的间接融资的金融体系，信贷资金投放是金融资源配置的主要形式。尽管改革开放以来，中国经历了渐进而显著的经济体制变革，从高度集中的计划经济体制大步迈入充满活力的社会主义市场经济体制，但企业主体的"二元"结构特征始终存在，使得信贷资金大多流向资金充足的国有大型企业，引发国有企业的投资热潮；而与此产生鲜明对比的是大量正处于资金需求期的民营中小企业面临着"融资难，融资贵"等问题，无法从正规融资渠道获得所需信贷。民营企业和国有企业资金层面的巨大差异显示出我国信贷资源存在严重错配，降低了我国金融资源的配置效率，进而对实体经济造成不利冲击。鉴于此，本章通过构建一个包含"二元"经济结构的 DSGE 模型，研究了在信贷资源错配的环境下，各主要宏观经济变量对经济冲击的波动情况及其传导过程，本章得出的主要结论包括：

（1）"中国式"影子银行的存在严重依附于商业银行体系，而商业银行受自身严格的风险控制体系以及监管要求的限制，其结果便是那些体制之外的民营中小企业无法通过商业银行的信贷渠道获得充足的发展资金，从而影子银行的存在亦可看作需求倒逼的结果，弥补了市场的不足。然而，影子银行在紧缩的经济环境下持续加剧风险的累积，影子银行的逆周期扩张行为削弱了货币政策的执行效果。因此，监管机构除了需要密切监控影子银行规模外，还应当大力推进利率市场化，从根本上去除影子银行的潜在风险。

（2）随着我国经济发展步入新常态，未来一段时间内产能过剩的矛盾将尤为突出。去产能、去库存、去杠杆、降成本、补短板是当前中国经济的五大任务，短期调控的思路已经无法满足长期发展的需要，并且在一个包含"中国式"影子银行的金融体系中也大大削弱了货币政策的有效性。经济结构的调整需从供给侧寻求办法，通过加大研发投入提高企业生产效率、淘汰落后产能，结构调整的过程是一场中国经济必须经历的阵痛期。解决了供给端的问题，再着手从需求端发力，扩大内需。通过需求侧与供给侧管理相互配合，使中国经济实现软着陆。

（3）主要宏观经济变量在技术冲击下的反应是正向的，然而，对于国有企业技术冲击则是负向的，民营企业和国有企业在单边技术冲击的作用下产生明显的分化。国有企业部门通过低成本获得资助资金的同时挤占了社会资源，国有企业并没有产生相应的技术溢出效应，民营企业无法共享技术进步成果，造成了公共资源的无效率。因此，在破除国企的行业壁垒前，一方面，政府要矫正要素资源配置，加大对民营企业技术研发的扶持力度，兼顾民营企业的发展将更加符合经济发展的需要；另一方面，要深化国有企业改革，使其与民营企业一样，真正成为市场微观主体。

参考文献

[1] 陈昆亭、龚六堂：《中国经济增长的周期与波动的研究——引入人力资本后的 RBC 模型》，载于《经济学（季刊）》2004 年第 3 期。

[2] 杜清源、龚六堂：《带"金融加速器"的 RBC 模型》，载于《金融研究》2005 年第 4 期。

[3] 方军雄：《所有制、制度环境与信贷资金配置》，载于《经济研究》2007 年第 12 期。

[4] 康立、龚六堂、陈永伟：《金融摩擦、银行净资产与经济波动的行业间传导》，载于《金融研究》2013 年第 5 期。

[5] 李波、伍戈：《影子银行的信用创造功能及其对货币政策的挑战》，载于《金融研究》2011 年第 12 期。

［6］林仁文、杨熠：《中国市场化改革与货币政策有效性演变——基于 DSGE 的模型分析》，载于《管理世界》2014 年第 6 期。

［7］刘斌：《我国 DSGE 模型的开发及在货币政策分析中的应用》，载于《金融研究》2008 年第 10 期。

［8］裘翔、周强龙：《影子银行与货币政策传导》，载于《经济研究》2014 年第 5 期。

［9］仝冰：《货币、利率与资产价格》，北京大学 2010 年博士研究生学位论文。

［10］许伟、陈斌开：《银行信贷与中国经济波动：1993—2005》，载于《经济学（季刊）》，2009 年第 8 卷第 3 期。

［11］余雪飞、宋清华：《"二元"信贷错配特征下的金融加速器效应研究——基于动态随机一般均衡模型的分析》，载于《当代财经》2013 年第 4 期。

［12］庄子罐、崔小勇、龚六堂等：《预期与经济波动——预期冲击是驱动中国经济波动的主要力量吗?》，载于《经济研究》2012 年第 6 期。

［13］Bernanke B. S., Gertler M., Gilchrist S. (1999). "The Financial Accelerator in a Quantitative Business Cycle Framework", Working Papers, 1 (99): 1341 – 1393.

［14］Calvo, G. A. (1983). "Staggered Prices in a Utility-Maximizing Framework", *Journal of Monetary Economics*, 12: 383 – 398.

［15］Christiano L. J., Ilut C. L., Motto R., et al. (2010). "Monetary Policy and Stock Market Booms", NBER Working Papers: 85 – 145.

［16］Christiano L. J., Motto R., Rostagno M. (2003). "The Great Depression and the Friedman-Schwartz Hypothesis", *Journal of Money Credit & Banking*, 35 (6): 1119 – 1197.

［17］Christiano L., Eichenbaum M., Evans C. (2005). "Nominal Rigidities and the Dynamic Effects of a Shock to Monetary Policy", *Journal of Political Economy*, 113 (1): 1 – 45.

［18］Funke, M., Mihaylovski, P., Zhu, H. (2015). *Monetary Policy Transmission in China: A DSGE Model with Parallel Shadow Banking and Interest Rate Control*, Social Science Electronic Publishing.

［19］Gertler M., Kiyotaki N., Queralto A. (2010). "Financial Crises, Bank Risk Exposure and Government Financial Policy", Unpublished Manuscript, *Journal of Monetary Economics*, 59 (33): S17 – S34.

［20］Kiyotaki N., Moore J. (1997). "Credit Cycles", *The Journal of Political Economy*, 105 (2): 211 – 248.

［21］Mazelis, F. (2014). "Monetary Policy Effects on Financial Intermediation via the Regulated and the Shadow Banking Systems", Humboldt Universität zu Berlin, SFB 649 Discussion Paper, No. 2014 – 2056.

［22］Meeks, R., Nelson, B. and P. Alessandri (2014). "Shadow Banks and Macroeconomic Instability", Bank of England Working Paper, No. 487, London.

［23］Pozar, Z., Adrian, T., Ashcraft AB., Boesky, H. (2010). "Shadow Banking", Federal Reserve Bank of New York Staff Report.

［24］ Verona, F., Martins, M. F. and I. Drumond (2013). "(Un) anticipated Monetary Policy in a DSGE Model with a Shadow Banking System", *International Journal of Central Banking*, 9: 73 – 117

［25］ Zheng S., Zilibotti F. (2011). "Growing Like China", *American Economic Review*, 101 (1): 196 – 233.

第8章 人力资本、产业结构与我国城镇劳动参与、就业形态[*]

第1节 引 言

2011 年和 2012 年中国人口出现了一个对未来社会经济发展具有深远影响的年龄结构变化，这就是人口抚养比和劳动年龄人口的变化趋势出现了转折点（见图 8 - 1）。2011 年 15 ~ 64 岁劳动年龄人口比重比上一年微降了 0.1 个百分点，尽管只是一个微小的降幅，但它标志着中国人口变化的一个重大的历史性转折，即劳动供给的长期趋势出现了逆转，同时它也带来了人口抚养比变化趋势的逆转。这个转折在 2012 年得到了进一步的确立：在这一年，15 ~ 64 岁劳动年龄人口占比继续下降了 0.3 个百分点，其中 15 ~ 59 岁之间劳动年龄人口的数量出现了第一次下降。[①] 劳动年龄人口占比的下降和老年人口增长的加速使得长达 30 多年的人口抚养比下降的趋势也出现了逆转，这意味着人口红利的终结。

人口结构的变化通过供给面（劳动力、资本积累和全要素生产率）来影响经济增长，另外，根据生命周期理论，人口结构的变化也会通过需求面对经济增长产生影响。人口

---

　　[*]　本章作者：陈贵富。

　　[①]　2012 年末 15 ~ 59 岁人口比上一年减少了 345 万（国家统计局（2013），2012 年国民经济和社会发展统计公报）。

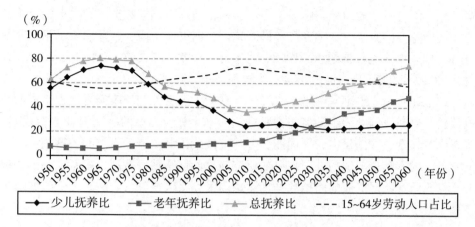

图 8 – 1　我国人口抚养比和劳动年龄人口比重变化趋势（1960～2060 年）

注：2010 年以后数据为中位预测方案的预测值。中位方案的总和生育率设定：2010～2015 年为 1.66，2015～2020 年为 1.69，2020～2025 年为 1.72，2025～2030 年为 1.74。

资料来源：United Nations（2013），World Population Prospects，the 2012 Revision.

红利转折点出现之后，劳动年龄人口增长放缓，甚至绝对数下降，导致劳动力供给紧张；同时，老年抚养比上升，储蓄率下降，投资率下降，资本存量增速放缓，都会导致经济的潜在增长率下降。

在我国老龄化进一步深化的大背景下，为保证充足的劳动力供给，除了改变人口政策，进一步提高我国劳动参与率是根本的解决办法，同时，降低失业率、更好地利用所有的人力资本，这同样也是关系到我国经济能否保持可持续发展的关键。就业劳动力的长期被雇佣率如果比较高，会有利于在职劳动力的人力资本的提高、培养和提高企业和劳动者的相互认同感，进而降低社会离职率，最终降低摩擦失业。所以，加强我国劳动参与率和就业者就业形态的研究，对保持我国经济的可持续健康发展具有重要的理论和实践意义。

蔡昉等（2005）利用第五次人口普查 0.95‰抽样数据，分析了个人是否参与劳动力市场的影响因素。都阳和陆旸（2013）利用 2005 年 1% 人口抽样调查以及 2010 年第六次人口普查数据，考察了我国劳动参与率的变化情况。关于我国城镇劳动力就业形态的研究为数不多。李实、邓曲恒（2004）利用 2002 年的城镇住户调查数据和经济计量模型，对城镇户籍劳动力的非正式就业机会及其影响因素进行了经验分析。陈和哈默里（Chen and Hamori，2014）利用 2004 年和 2006 年中国营养和健康调查数据，对我国男性和女性在正规就业机会方面是否存在歧视进行了实证分析。更多的研究集中于我国失业问题。失业者有何特点，即何种特征的人群较为容易失业？影响失业的外部因素有哪些？对这些问题的理解，仅靠源自感觉的简单判断显然是不够的，建立在调查数据基础之上的分析论证无疑更令人信服。一些学者已经沿着这个方向展开了研究，并取得了可借鉴的成果（中共中央党校课题组，1998；肖黎春，1998；彭文波、刘电芝，2002；张翼，2002；李实、邓曲恒，2004；蔡昉等，2005）。

与上述研究成果不同的是，本章试图利用中国营养和健康调查数据形成的面板数据，研究我国城镇劳动参与率和城镇劳动力就业形态的决定因素。[①] 该数据调查内容丰富、数据量大，因而能更好地反映我国城镇劳动参与率和城镇劳动力就业形态的实际情况。另外，现有的研究使用的都是截面数据，本章使用的是根据 CHNS 调查数据形成的面板数据，运用前沿面板数据分析方法，确保研究结论更具有科学性。

第 2 节　城镇劳动参与、就业形态的变化和特征

先利用 CHNS 调查数据来看一下城镇劳动参与率和就业形态的总体情况。

一、城镇劳动参与的变化和特征

城镇劳动参与率的定义可用下式表示：

$$\frac{城镇劳动}{参与率} = \frac{16 \sim 64\,岁城镇就业人口（有工作）+ 失业人口（没工作、正在找工作）}{16 \sim 64\,岁城镇成年人口}$$

$$(8.1)$$

根据 CHNS 数据计算结果来看，我国城镇劳动参与率大致呈现"倒 U 型"特点，即 20 世纪 90 年代初期较高，90 年代后期开始下降，2006 年触底后开始反弹。分地区来看，西部地区的参与率从 1993 年后基本上最高，东部其次，中部最低;[②] 分性别来看，男性参与率一直高于女性，而且性别参与率之差呈扩大趋势；分年龄来看，26 ~ 35 岁成年人口的劳动参与率最高，36 ~ 45 岁成年人口其次，46 ~ 55 岁和 56 ~ 64 岁的劳动参与率从 21 世纪开始呈现上升趋势；从教育程度来看，基本上是教育程度越高，劳动参与率越高。

---

① CHNS（The China Health and Nutrition Survey）调查到目前为止共进行了 9 次，但是在 1989 年的调查中没有包括失业的相关内容，所以本章的数据包括 1991 年、1993 年、1997 年、2000 年、2004 年、2006 年、2009 年和 2011 年，共 8 次。1991 年和 1993 年调查包括辽宁、江苏、山东、河南、湖北、湖南、广西和贵州省；1997 年调查用黑龙江省代替了辽宁省；2000 年、2004 年、2006 年和 2009 年调查包括辽宁、黑龙江省和其他 7 省；2011 年则在上述 9 省的基础上增加了北京、上海和重庆市。

② 东部地区包括辽宁、江苏、山东、上海和北京；中部地区包括黑龙江、河南、湖北和湖南；西部地区包括广西、贵州和重庆。

二、城镇就业形态的变化和特征

我国城镇长期被雇佣率可用下式表示：

$$城镇长期被雇佣率 = \frac{16 \sim 64\ 岁城镇长期被雇佣劳动力}{16 \sim 64\ 岁城镇就业劳动力(有工作)} \tag{8.2}$$

1991 年和 1993 年的我国城镇长期被雇佣率高达 80% 以上，这是因为，在这一期间，民营和个体经济所占比重很小，国营和集体经济占主体，所以被雇佣形态基本上为长期雇佣。但是，90 年代后期，随着国有经济和集体经济改革的加剧，下岗再就业的城镇职工急剧增加，同时非公有经济快速发展，就业形态中的长期雇佣大幅下降，这一趋势基本持续到现在。分地区来看，东部地区长期被雇佣率除了在 2006 年和 2009 年低于中部地区之外，其余年份都高于中西部地区，西部地区这一指标一直最低；分性别来看，1997 年前，女性就业者的长期被雇佣率高于男性，但是，从 1997 年开始男性就业者的这一指标一直高于女性；分年龄来看，1991 年和 1993 年各年龄段就业者的长期被雇佣率的变化并不明显，但是，从 1997 年开始一直到现在，长期被雇佣率的高低顺序大致如下：46 ~ 55 岁就业者、36 ~ 45 岁就业者、26 ~ 35 岁就业者和 55 ~ 64 岁就业者；从教育程度来看，教育程度越高的就业者，其长期被雇佣的概率就越高，但是，各种教育程度就业者的长期被雇佣率都呈现下降的趋势，教育程度越低，这一趋势越明显。

第 3 节 数据说明和分析模型

一、数据说明和变量定义

本章研究所使用的数据来源于美国北卡罗来纳大学和中国疾病控制中心在我国 12 个省、直辖市和自治区进行的家庭营养与健康调查数据。[①] 该数据库是在辽宁、黑龙江、江苏、山东、河南、河北、湖南、广西、贵州、北京、上海和重庆等 12 个省、直辖市和自治区进行的调查数据。调查方法采取多层、多级、整群随机抽样调查，调查内容包括住户调查、膳食调查、健康调查和社区调查等多个方面。

本章选取了城镇 16 ~ 64 岁成人样本，其中排除了农民的样本。在该调查中有调查对象是否有工作的调查，我们把有工作的 16 ~ 64 岁劳动力定义为就业；

---

① http://www.cpc.unc.edu/projects/china。

把没有工作正在找工作的 16～64 岁劳动力定义为失业。① 就业和失业者之和为劳动力总人口。本章主要考察广义的人力资本和产业结构变化对我国劳动参与的影响，我们将在实证模型中包括以下自变量：（1）广义的人力资本指标：年龄（age）、年龄的平方（age²）、教育水平（schooling、schooling1、edu）、性别（sex）、身体健康状况（nodisease）。（2）产业结构变化指标：各省第二、第三产业产值占 GDP 比重（shsecond、shthird）、各省第二、第三产业就业占总就业比重（semrate、temrate），这四个变量为各省指标，来自于《中国统计年鉴》数据。同时，我们还控制了以下相关变量：（3）家庭状况：15 岁以下和 65 岁以上人口占家庭人口的比例（share1565）、除本人以外其他家庭成员人均年净收入（千元）（otherincpc）。② （4）居住地特征：城市（city）、地区变量（east、middle）。（5）影响就业的宏观经济指标：调查失业率（unrate）、自雇就业比率（rateself），其中调查失业率和自雇就业比率指标都是作者根据该调查数据计算的市（区）和县（区）相关指标，其中自雇就业比率指标为有雇工的个体经营者和无雇工的个体经营者占就业者的比率（不包括农民）。

本章将城镇 16～64 岁劳动力被长期雇佣设定为 1，短期和自雇佣设定为 0。③本章主要考察广义的人力资本和产业结构变化对我国城镇就业形态的影响，我们将在实证模型中包括以下自变量：（1）广义的人力资本指标：年龄（age）、年龄的平方（age²）、教育水平（schooling、schooling2、edu）、性别（sex）、身体健康状况（nodisease）。（2）产业结构变化指标：各省第二、第三产业产值占 GDP 比重（shsecond、shthird）、各省第二、第三产业就业占总就业比重（semrate、temrate）。同时，我们还控制了以下相关变量：（3）家庭状况：除本人以外其他家庭成员人均年净收入（千元）（otherincpc）。（4）居住地特征：城市（city）、地区变量（east、middle）。（5）影响就业的宏观经济指标：调查失业率（unrate）、自雇就业比率（rateself）。

变量的定义见表 8-1。劳动参与和就业形态各变量统计描述分别见表 8-2 和表 8-3，其中我国的劳动参与率和被长期雇佣的概率均值分别为 69% 和 55%。本章使用的数据为非平衡面板数据。

---

① CHNS 调查问卷中有这样的调查问题：1. 你现在有工作吗？（1）否，（2）有；2. 你为什么没有工作？（1）正在找工作；（2）做家务；（3）残疾；（4）学生；（5）退休；（6）其他；（7）不知道。

② 除本人以外其他家庭成员人均年净收入（千元）以 2011 年 CPI 为 100 计算所得。

③ CHNS 调查问卷中有这样的调查问题：你在此工作中是什么地位？（1）有雇工的个体经营者；（2）无雇工的个体经营者（包括农民）；（3）为他人或单位工作的长期工（包括各级企事业、大中小集体企业、集体农场、私人企业）；（4）为他人或单位工作（合同工）；（5）临时工；（6）领取工资的家庭工人；（7）无报酬的家庭帮工；（8）其他；（9）不知道。

表 8 - 1　　　　　　　　　　　　　　变量定义

	变量	变量定义
说明变量	age	年龄
	age^2	年龄的平方
	schooling	接受正规教育年数
	schooling1	26 岁以上接受正规教育年数
	schooling2	接受正规教育年数的平方
	edu2	初中毕业 =1，其他 =0
	edu3	高中和中专毕业 =1，其他 =0
	edu4	大专或大学毕业 =1，其他 =0
	edu5	硕士及以上毕业 =1，其他 =0
	sex	性别虚拟变量，男性 =1，女性 =0
	nodisease	身体健康虚拟变量，近四周没有严重疾病 =1，生过病且相当重 =0
	share1565	15 岁以下和 65 岁以上人口占家庭人口比重
	otherincpc	除本人以外其他家庭成员人均年净收入（千元）
	city	城市 =1，农村县 =0
	east	辽宁、江苏、山东、上海和北京 =1，其他 =0
	middle	黑龙江、河南、湖北和湖南 =1，其他 =0
	unrate	CHNS 市（区）和县（区）调查失业率
	rateself	CHNS 市（区）和县（区）自雇就业比率
	shsecond	各省第二产业产值占 GDP 比重
	shthird	各省第三产业产值占 GDP 比重
	semrate	各省第二产业就业占总就业比重
	temrate	各省第三产业就业占总就业比重
被说明变量	parti	城镇 16～64 岁成年人口就业（有工作）和失业（正在找工作）=1，其他 =0
	position	城镇 16～64 岁劳动力被长期雇佣 =1，短期和自雇佣 =0

注：教育程度的参照组为未上学和小学毕业，未接受教育的教育年数设定为 2 年。地区变量参照组为西部地区，包括广西、贵州和重庆。

表 8 – 2　　　　　　劳动参与分析的各变量统计描述（n = 46540）

	变量	均值	标准偏差	最小值	最大值
说明变量	age	40.48	13.41	16	64
	age^2	1 818.78	1 091.06	256	4 096
	schooling	9.16	3.69	2	19
	schooling1	7.56	4.81	0	19
	edu2	0.37	0.48	0	1
	edu3	0.28	0.45	0	1
	edu4	0.08	0.27	0	1
	edu5	0.00	0.05	0	1
	sex	0.50	0.50	0	1
	nodisease	0.99	0.12	0	1
	share1565	0.11	0.31	0	1
	othernuminc	6.69	13.12	0	570.37
	city	0.44	0.50	0	1
	east	0.38	0.49	0	1
	middle	0.39	0.49	0	1
	unrate	9.72	8.68	0	62
	rateself	20.99	14.99	0	73
	shsecond	45.43	7.93	23	57
	shthird	36.89	7.99	24	76
	semrate	22.90	9.01	9	45
	temrate	29.69	10.42	12	74
被说明变量	parti	0.69	0.46	0	1

表 8 – 3　　　　　就业形态分析的各变量统计描述（n = 29357）

变量		均值	标准偏差	最小值	最大值
说明变量	age	38.54	11.49	16	64
	age^2	1 617.41	911.79	256	4 096
	schooling	9.77	3.51	2	19
	schooling2	107.75	67.81	4	361
	edu2	0.38	0.49	0	1
	edu3	0.31	0.46	0	1
	edu4	0.10	0.30	0	1
	edu5	0.00	0.05	0	1
	sex	0.58	0.49	0	1
	nodisease	0.99	0.09	0	1
	othernuminc	7.85	13.52	0	496.70
	city	0.44	0.50	0	1
	east	0.41	0.49	0	1
	middle	0.35	0.48	0	1
	unrate	8.50	7.88	0	62
	rateself	20.35	14.76	0	73
	shsecond	45.02	8.05	23	57
	shthird	36.49	8.06	24	76
	semrate	23.12	9.46	9	45
	temrate	28.98	10.65	12	74
被说明变量	position	0.55	0.50	0	1

二、分析计量模型

参考伍德里奇（2002）的研究，本章使用随机效应 Probit 模型（random effects Probit model）来分析面板数据，分别研究了 16～64 岁我国城镇劳动参与、就业形态的影响因素，本章将特别关注人力资本和产业结构变化的影响。

针对二元选择问题，随机效果模型为：

$$y_{it}^* = \mathbf{x}_{it}'\beta + \mathbf{z}_i'\gamma + \sigma_\mu\mu_i + \varepsilon_{it} \quad t = 1,\cdots,T_i, i = 1,\cdots,n \quad (8.3)$$

其中，$\mathbf{x}_{it}$ 包括可随时间变化而变化的变量向量矩阵；$\mathbf{z}_i$ 包括不随时间变化而变化的变量向量矩阵；μ_i 为随机误差项，是特定横截面单位或特定研究对象的误差成分；ε_{it} 也为随机误差项，但是时间序列误差成分和横截面误差成分的，也被称为特异项。[1] $E[\mu_i|\mathbf{x}_{it}] = 0$ 且 $Var[\mu_i|\mathbf{x}_{it}] = 1$，当 $y_{it}^* > 0$ 时，$y_{it} = 1$，否则 $y_{it} = 0$。假定 ε_{it}、μ_i 服从正态分布，利用最大似然估计方法估计随机效果模型。在随机效果模型中，因为共有的 μ_i，调查对象 $(y_{i1},\cdots,y_{iT},\mu_i)$ 产生了一个拥有 $T+1$ 个变量的随机向量，调查对象并非统计上独立的。样本 i 对于对数似然的贡献可用下式表示：

$$f(y_{i1},\cdots,y_{iT},\mu_i|\mathbf{x}_i) = f(y_{i1},\cdots,y_{iT}|\mathbf{x}_i,\mathbf{z}_i,\mu_i)f(\mu_i) \quad (8.4)$$

以 μ_i 为条件，随机变量结果 $y_{i1},\cdots,y_{iT}$ 是独立的。利用上面符合正规分布的假设，样本 i 对于对数似然的贡献可用下式表示：

$$\ln L_i = \ln\{[\textstyle\prod_{t=1}^T \Phi(j_{it}(\mathbf{x}_{it}'\beta + \mathbf{z}_i'\gamma + \sigma_\mu\mu_i))]\phi(\mu_i)\} \quad (8.5)$$

其中，$\phi(\mu_i)$ 为标准正态分布密度函数。汇总所有样本的对数似然函数可得下式：

$$\ln L = \sum_i^n \ln\left[\int_{-\infty}^{\infty}\left(\prod_{t=1}^T \Phi(j_{it}(\mathbf{x}_{it}'\beta + \mathbf{z}_{it}'\gamma + \sigma_\mu\mu_i))\right)\phi(\mu_i)\mathrm{d}\mu_i\right] \quad (8.6)$$

参考巴特勒和墨菲特（Butler and Moffitt, 1982）、格林（Greene, 2008）以及古尔伊洛克斯和蒙福特（Gourieroux and Monfort, 1996）的研究，可得最大模拟对数似然（the simulated log likelihood）函数为：

$$\ln L_S = \sum_i^n \ln \frac{1}{R}\sum_{r=1}^R \prod_{t=1}^T \Phi(j_{it}(\mathbf{x}_{it}'\beta + \mathbf{z}_{it}'\gamma + \sigma_\mu\mu_i)) \quad (8.7)$$

使用最大似然（maximum likelihood）技术可以得到相应变量的估计系数。另外，$\rho = corr[\mu_i + \varepsilon_{it}, \mu_i + \varepsilon_{is}]$，且 $t \neq s$，即 ρ 为面板水平方差成分占总方差的比例，即：

$$\rho = \frac{\sigma_\mu^2}{\sigma_\mu^2 + \sigma_\varepsilon^2} \quad (8.8)$$

---

[1] 因也关注性别、教育程度、身体健康状况和地域特征等不随时间变化而变化的变量的相关影响，所以本章使用随机效果 Probit 模型而不是固定效应 Probit 模型。

如果参数 ρ 为 0，则不考虑时间和个体差异，将所有的观测对象混合在一起的混合 Probit 模型（pooled Probit model）和随机效应面板 Probit 模型的估计是没有差异的。但是，如果参数 ρ 显著不为 0，考察不可观测的个体异质特征是非常重要的，如果使用混合 Probit 模型估计，则得到的变量系数估计值会出现不一致性。这种情况下，为了得到准确的变量系数估计值，需要用随机效应面板 Probit 模型进行估计，使用最大似然技术可以得到相应变量的估计系数。

第 4 节 城镇劳动参与、就业形态决定因素的面板数据分析

一、城镇劳动参与决定因素的实证分析

下面我们将分析影响我国城镇劳动参与率决定因素的实证结果。表 8 - 4 和表 8 - 5 的区别是代表教育水平的变量是接受正规教育年数（连续变量）还是最高教育程度（虚拟变量）。表 8 - 4 给出了两个随机效应面板 Probit 模型的估计结果。这两个模型估计的参数 ρ 的估计量分别为 0. 1291 和 0. 1583，并且都在 1% 的统计水平上显著，这意味着使用混合 Probit 模型估计得到的变量系数估计值会出现不一致性，也证明了我们使用随机效应面板 Probit 模型的必要性。

表 8 - 4　　　城镇劳动参与率决定因素的实证分析结果（1）

	随机效应（RE）面板 Probit 模型（1）			随机效应（RE）面板 Probit 模型（2）		
	系数估计值	边际效应	z 值	系数估计值	边际效应	z 值
age	0. 2028 ***	0. 0508	39. 94	0. 2036 ***	0. 0508	40. 04
age^2	− 0. 0029 ***	− 0. 0007	− 49. 18	− 0. 0029 ***	− 0. 0007	− 49. 26
schooling	0. 0156 ***	0. 0039	4. 32	0. 0164 ***	0. 0041	4. 54
schooling1	0. 0342 ***	0. 0086	10. 52	0. 0338 ***	0. 0084	10. 41
sex	0. 7797 ***	0. 1952	53. 09	0. 7801 ***	0. 1945	53. 08
nodisease	0. 5824 ***	0. 1458	9. 84	0. 5943 ***	0. 1482	10. 03
share1565	− 0. 0938 ***	− 0. 0235	− 3. 74	− 0. 0953 ***	− 0. 0238	− 3. 8
othernuminc	0. 0180 ***	0. 0045	28. 04	0. 0180 ***	0. 0045	27. 96
city	− 0. 0949 ***	− 0. 0238	− 5. 47	− 0. 0915 ***	− 0. 0228	− 5. 29
east	− 0. 1471 ***	− 0. 0368	− 4. 22	− 0. 3715 ***	− 0. 0926	− 10. 53

	随机效应（RE）面板 Probit 模型（1）			随机效应（RE）面板 Probit 模型（2）		
	系数估计值	边际效应	z 值	系数估计值	边际效应	z 值
middle	− 0.3067 ***	− 0.0768	− 13.63	− 0.3971 ***	− 0.0990	− 17.52
unrate	− 0.0152 ***	− 0.0038	− 16.54	− 0.0143 ***	− 0.0036	− 15.69
rateself	0.0003	0.0001	0.49	0.0010	0.0002	1.52
shsecond	− 0.0032	− 0.0008	− 1.27	—	—	—
shthird	− 0.0051 **	− 0.0013	− 2	—	—	—
semrate	—	—	—	0.0107 ***	0.0027	6.96
temrate	—	—	—	0.0010	0.0003	0.95
cons	− 3.0861 ***	—	− 11.48	− 3.6217 ***	—	− 17.82
rho	0.1291			0.1583		
LR test rho = 0：$\bar{\chi}^2$ （1）	551.84 ***			1 367.49 ***		
log likelihood	− 20 624.881			− 20 602.86		
Prob > ChiSq	0.0000			0.0000		
IC	AIC：41 283.76　BIC：41 432.48			AIC：41 239.72　BIC：41 388.44		
Obs	46 540			46 540		

注：*** 、 ** 和 * 分别表示在 1%、5% 和 10% 水平下显著。

　　我们先来分析模型（1）代表广义人力资本相关变量的效果。从年龄来看，年龄的增加会提高劳动参与率，即年龄增加 1 岁会提高 5.1 个百分点的劳动参与概率，但是提高的幅度会越来越小。接受正规教育的年数提高 1 年，16 ~ 25 岁青年人的劳动参与率提高 0.4 个百分点，而 26 岁以上成人的劳动参与率则提高 1.3 个百分点。男性的劳动参与率要高于女性，和女性相比，在其他条件不变的情况下，男性的劳动参与率要高 19.5%。在其他条件不变的情况下，身体健康的成年人的劳动参与率要高 14.6%。我们再来分析产业结构变量对劳动参与率的影响。第二产业占 GDP 比重的估计系数统计上并不显著，但是第三产业占 GDP 比重上升 1 个百分点将降低劳动参与率约 0.1 个百分点。

　　从控制变量的影响来看，家庭中 15 岁以下和 65 岁以上人口的比重（人口抚养比）越高，劳动参与率越低。家庭中除本人之外其他家庭成员人均收入越高，劳动参与率越高。居住在城市的成年人口的劳动参与率低于农村县。在其他条件不变的情况下，东部和中部地区的成年人口劳动参与率低于西部地区。所在市县的调查失业率上升1个百分点，当地劳动参与率下降0.4个百分点。

表8-4模型（2）中的代表广义人力资本的相关变量、相关控制变量的影响效果与模型（1）相似。但是，在这个估计方程中，我们用第二、第三产业就业占就业比重来代表产业结构的变化情况。第二产业就业占就业比重提高1个百分点，劳动参与率将提高1.1个百分点。第三产业就业占就业比重的估计系数在统计上并不显著。

下面我们分析表8-5的两个模型：模型（3）和模型（4）。表8-5给出了两个随机效应面板 Probit 模型的估计结果。这两个模型估计的参数 ρ 的估计量分别为 0.1278 和 0.1570，并且都在 1% 的统计水平上显著，这意味着使用混合 Probit 模型估计得到的变量系数估计值会出现不一致性，使用随机效应面板 Probit 模型能够得到一致和有效率的估计值。

表8-5　　　　城镇劳动参与率决定因素的实证分析结果（2）

	随机效应（RE）面板 Probit 模型（3）			随机效应（RE）面板 Probit 模型（4）		
	系数估计值	边际效应	z 值	系数估计值	边际效应	z 值
age	0.2432 ***	0.0611	69.46	0.2436 ***	0.0610	69.52
age^2	− 0.0033 ***	− 0.0008	− 75.63	− 0.0033 ***	− 0.0008	− 75.67
edu2	0.1692 ***	0.0425	8.96	0.1711 ***	0.0428	9.06
edu3	0.2637 ***	0.0662	12.92	0.2670 ***	0.0668	13.08
edu4	0.7632 ***	0.1917	21.72	0.7719 ***	0.1932	21.9
edu5	0.3126 **	0.0785	1.87	0.3131 *	0.0783	1.87
sex	0.7925 ***	0.1991	54.01	0.7931 ***	0.1985	54.02
nodisease	0.5915 ***	0.1486	10.01	0.6041 ***	0.1512	10.2
share1565	− 0.0795 ***	− 0.0200	− 3.17	− 0.0811 ***	− 0.0203	− 3.24
othernuminc	0.0182 ***	0.0046	28.22	0.0181 ***	0.0045	28.12
city	− 0.1009 ***	− 0.0253	− 5.81	− 0.0975 ***	− 0.0244	− 5.63
east	− 0.1574 ***	− 0.0395	− 4.52	− 0.3874 ***	− 0.0970	− 10.99
middle	− 0.3115 ***	− 0.0783	− 13.85	− 0.4040 ***	− 0.1011	− 17.82
unrate	− 0.0152 ***	− 0.0038	− 16.55	− 0.0143 ***	− 0.0036	− 15.69
rateself	0.0004	0.0001	0.67	0.0011 *	0.0003	1.72

	随机效应（RE）面板 Probit 模型（3）			随机效应（RE）面板 Probit 模型（4）		
	系数估计值	边际效应	z 值	系数估计值	边际效应	z 值
shsecond	− 0.0030	− 0.0007	− 1.16	—	—	—
shthird	− 0.0051 **	− 0.0013	− 2.01	—	—	—
semrate	—	—	—	0.0112 ***	0.0028	7.26
temrate	—	—	—	0.0010	0.0003	0.95
cons	− 3.7460 ***	—	− 14.79	− 4.2677 ***	—	− 23.15
rho	0.1278			0.1570		
LR test rho = 0：$\bar{\chi}^2$（1）	535.59 ***			1 343.55 ***		
log likelihood	− 20 635.185			− 20 611.256		
Prob > ChiSq	0.0000			0.0000		
IC	AIC：41 308.37　BIC：41 474.58			AIC：41 260.51　BIC：41 426.72		
Obs	46 540			46 540		

注：*** 、** 和 * 分别表示在 1%、5% 和 10% 水平下显著。

我们先来分析模型（3）代表广义人力资本相关变量的效果。从年龄来看，年龄的增加会提高劳动参与率，即年龄增加 1 岁会提高 6.1 个百分点的劳动参与概率，但是提高的幅度会越来越小。在其他条件都不变的情况下，最高教育程度为初中、高中或中专、大专或大学、硕士及以上毕业的成年人口的劳动参与率，比从未上过学或小学毕业的成年人口的劳动参与率分别高 4.3、6.6、19.2 和 7.9 个百分点。男性的劳动参与率要高于女性，和女性相比，在其他条件不变的情况下，男性的劳动参与率要高 19.9%。在其他条件不变的情况下，身体健康的成年人口的劳动参与率要高 14.9%。我们再来分析产业结构变量对劳动参与率的影响。第二产业占 GDP 比重的估计系数统计上同样不显著，但是第三产业占 GDP 比重上升 1 个百分点将降低劳动参与率约 0.1 个百分点。

从控制变量的影响来看，家庭中 15 岁以下和 65 岁以上人口的比重（人口抚养比）越高，劳动参与率越低。家庭中除本人之外其他家庭成员人均收入越高，劳动参与率越高。居住在城市的成年人口的劳动参与率低于农村县。在其他条件不变的情况下，东部和中部地区的成年人口劳动参与率低于西部地区。所在市县的调查失业率上升 1 个百分点，当地劳动参与率下降 0.4 个百分点。

表 8 - 5 模型 （4） 中的代表广义人力资本的相关变量、相关控制变量的影响效果和模型 （3） 相似。但是，在这个模型中，我们同样用第二、第三产业就业占就业比重来代表产业结构的变化情况。第二产业就业占就业比重提高 1 个百分点，劳动参与率将提高 0.3 个百分点。第三产业就业占就业比重的估计系数同样在统计上并不显著。

如何解释第三产业占 GDP 比重上升将降低劳动参与率，而第二产业就业占比的上升却提高劳动参与率呢？一个可能的解释就是，由于我国第三产业的就业弹性较低 （与相似中等收入时期的其他国家相比），导致即使第三产业占 GDP 比重上升也没有带来应有的就业机会，进而对我国劳动参与行为带来了负面影响；另外，我国的第二产业就业占比的上升反倒对我国劳动参与行为带来了正面影响[①]。

二、城镇就业形态决定因素的实证分析

下面我们分析影响我国城镇就业形态决定因素的实证结果。表 8 - 6 和表 8 - 7 的区别是代表教育水平的变量是接受正规教育年数 （连续变量） 还是最高教育程度 （虚拟变量）。表 8 - 6 给出了两个随机效应面板 Probit 模型的估计结果。这两个模型估计的参数 ρ 的估计量分别为 0.3172 和 0.2339，并且都在 1% 的统计水平上显著，这意味着使用混合 Probit 模型估计得到的变量系数估计值会出现不一致性，也证明了我们使用随机效应面板 Probit 模型的必要性。

表 8 - 6　　　　城镇劳动力就业形态决定因素的实证分析结果 （1）

	随机效应 （RE） 面板 Probit 模型 （1）			随机效应 （RE） 面板 Probit 模型 （2）		
	系数估计值	边际效应	z 值	系数估计值	边际效应	z 值
age	0.0450 ***	0.0150	9.42	0.0456 ***	0.0153	9.55
age^2	− 0.0003 ***	− 0.0001	− 5.64	− 0.0004 ***	− 0.0001	− 5.78
schooling	0.0282 ***	0.0094	2.92	0.0299 ***	0.0100	3.1
schooling2	0.0055 ***	0.0018	10.94	0.0054 ***	0.0018	10.76
sex	0.0379 **	0.0126	2.24	0.0378 **	0.0127	2.23

[①]　曲玥 （2011） 利用人均 GDP 水平、产业结构特点、城市化水平以及二元经济刘易斯转折点到来等方面都与我国有相似之处的日本的 1969 ~ 1978 年数据，计算得到日本的三个产业的就业弹性。第一产业的就业大幅下降；第二产业就业弹性由正转负；第三产业成为吸纳就业的重要部门，就业弹性为 0.41。本章利用我国 1991 ~ 2011 年数据计算得到的第三产业就业弹性仅为 0.22，仅为日本当时的约 1/2。

	随机效应（RE）面板 Probit 模型（1）			随机效应（RE）面板 Probit 模型（2）		
	系数估计值	边际效应	z 值	系数估计值	边际效应	z 值
nodisease	0.1511	0.0502	1.64	0.1364	0.0457	1.48
othernuminc	0.0055 ***	0.0018	7.81	0.0055 ***	0.0018	7.79
city	0.0205	0.0068	1.02	0.0098	0.0033	0.49
east	− 0.1108 ***	− 0.0368	− 2.63	0.1759	0.0589	1.55
middle	0.0638 **	0.0212	2.33	0.1950 ***	0.0653	7.11
unrate	− 0.0047 ***	− 0.0016	− 3.82	− 0.0072 ***	− 0.0024	− 5.87
rateself	− 0.0192 ***	− 0.0064	− 23.44	− 0.0204 ***	− 0.0068	− 25.36
shsecond	0.0156 ***	0.0052	5.18	—	—	—
shthird	0.0051 *	0.0017	1.76	—	—	—
semrate	—	—	—	− 0.0041 **	− 0.0014	− 2.37
temrate	—	—	—	− 0.0092 ***	− 0.0031	− 7.44
cons	− 2.5463 ***	—	− 7.13	− 1.4108 ***	—	− 5.76
rho	0.3172			0.2339		
LR test rho = 0：$\bar{\chi}^2$（1）	1 289.83 ***			1 800.67 ***		
log likelihood	− 15 551.409			− 15 559.06		
Prob > ChiSq	0.0000			0.0000		
IC	AIC：31 134.82　BIC：31 267.41			AIC：31 150.12　BIC：31 282.72		
Obs	29 357			29 357		

注：*** 、** 和 * 分别表示在 1% 、5% 和 10% 水平下显著。

表 8 − 7　　城镇劳动力就业形态决定因素的实证分析结果（2）

	随机效应（RE）面板 Probit 模型（3）			随机效应（RE）面板 Probit 模型（4）		
	系数估计值	边际效应	z 值	系数估计值	边际效应	z 值
age	0.0469 ***	0.0155	9.83	0.0475 ***	0.0159	9.97
age^2	− 0.0004 ***	− 0.0001	− 6.37	− 0.0004 ***	− 0.0001	− 6.51
edu2	0.3628 ***	0.1203	15	0.3671 ***	0.1227	15.17

	随机效应（RE）面板 Probit 模型（3）			随机效应（RE）面板 Probit 模型（4）		
	系数估计值	边际效应	z 值	系数估计值	边际效应	z 值
edu3	0.8971 ***	0.2975	34.91	0.8974 ***	0.3000	34.9
edu4	1.5105 ***	0.5010	40.72	1.5104 ***	0.5050	40.72
edu5	1.5561 ***	0.5161	8.98	1.5432 ***	0.5160	8.95
sex	0.0528 ***	0.0175	3.12	0.0527 ***	0.0176	3.12
nodisease	0.1556 *	0.0516	1.69	0.1410	0.0471	1.53
othernuminc	0.0056 ***	0.0019	8.01	0.0056 ***	0.0019	7.98
city	0.0175	0.0058	0.87	0.0066	0.0022	0.33
east	− 0.1150 ***	− 0.0381	− 2.73	0.1774	0.0593	1.4
middle	0.0578 **	0.0192	2.1	0.1908 ***	0.0638	6.96
unrate	− 0.0047 ***	− 0.0016	− 3.82	− 0.0072 ***	− 0.0024	− 5.87
rateself	− 0.0190 ***	− 0.0063	− 23.28	− 0.0203 ***	− 0.0068	− 25.2
shsecond	0.0160 ***	0.0053	5.32	—	—	—
shthird	0.0060 **	0.0020	2.07	—	—	—
semrate	—	—	—	− 0.0043 **	− 0.0014	− 2.46
temrate	—	—	—	− 0.0087 ***	− 0.0029	− 7.02
cons	− 2.3257 ***	—	− 6.57	− 1.1482 ***	—	− 4.76
rho	0.3158			0.2317		
LR test rho = 0：$\overline{\chi}^2$（1）	1 282.81 ***			1 790.26 ***		
log likelihood	− 15 545.67			− 15 554.42		
Prob > ChiSq	0.0000			0.0000		
IC	AIC：31 127.34 BIC：31 276.51			AIC：31 144.84 BIC：31 294.01		
Obs	29 357			29 357		

注：***、** 和 * 分别表示在 1%、5% 和 10% 水平下显著。

我们先来分析模型（1）代表广义人力资本相关变量的效果。从年龄来看，年龄的增加会提高长期被雇佣率，即年龄增加 1 岁会提高 1.5 个百分点的长期被雇佣率，但是提高的幅度会越来越小。接受正规教育的年数提高 1 年，长期被雇佣率将提高 0.9 个百分点，而且提高的幅度越来越大。男性的长期被雇佣率要高于女性，和女性相比，在其他条件不变的情况下，男性的长期被雇佣率要高1.3%。我们再来分析产业结构变量对长期被雇佣率的影响。第二、第三产业占GDP 比重提高 1 个百分点，长期被雇佣率分别提高 0.5 个和 0.2 个百分点。

从控制变量的影响来看，家庭中除本人之外其他家庭成员人均收入越高，长期被雇佣率越高。在其他条件不变的情况下，中部地区的长期被雇佣率高于西部地区。所在市县的调查失业率上升 1 个百分点，当地长期被雇佣率下降 0.2 个百分点。所在市县的自我雇佣率上升 1 个百分点，当地长期被雇佣率下降 0.6 个百分点。

表 8-6 模型（2）中的代表广义人力资本的相关变量、相关控制变量的影响效果和模型（1）相似。但是，在这个估计方程中，我们用第二、第三产业就业占就业比重来代表产业结构的变化情况。第二产业就业占就业比重提高 1 个百分点，长期被雇佣率将分别降低 0.1 个和 0.3 个百分点。

下面我们分析表 8-7 的两个方程：模型（3）和模型（4）。表 8-7 给出了两个随机效果面板 Probit 模型的估计结果。这两个模型估计的参数 ρ 的估计量分别为 0.3158 和 0.2317，并且都在 1% 的统计水平上显著，这意味着使用混合 Probit 模型估计得到的变量系数估计值会出现不一致性，使用随机效果面板 Probit 模型能够得到一致和有效率的估计值。

我们先来分析模型（3）代表广义人力资本相关变量的效果。从年龄来看，年龄的增加会提高长期被雇佣率，即年龄增加 1 岁会提高 1.6 个百分点的长期被雇佣率，但是提高的幅度会越来越小。在其他条件都不变的情况下，最高教育程度为初中、高中或中专、大专或大学、硕士及以上毕业的劳动力的长期被雇佣率，比未上过学或小学毕业的劳动力的长期被雇佣率分别高 12.0、29.8、50.1和 51.6 个百分点，即教育程度越高，长期被雇佣率越高。男性的长期被雇佣率要高于女性，和女性相比，在其他条件不变的情况下，男性的长期被雇佣率要高1.8%。我们再来分析产业结构变量对长期被雇佣率的影响。第二、第三产业占GDP 比重提高 1 个百分点，长期被雇佣率分别提高 0.5 个和 0.2 个百分点。

从控制变量的影响来看，家庭中除本人之外其他家庭成员人均收入越高，长期被雇佣率越高。在其他条件不变的情况下，中部地区的长期被雇佣率高于西部地区。所在市县的调查失业率上升 1 个百分点，当地长期被雇佣率下降 0.2 个百分点。所在市县的自我雇佣率上升 1 个百分点，当地长期被雇佣率下降 0.6 个百分点。

表 8-7 模型（4）中的代表广义人力资本的相关变量、相关控制变量的影响效果和模型（3）相似。但是，在这个估计方程中，我们用第二、第三产业就

业占就业比重来代表产业结构的变化情况。第二产业就业占就业比重提高 1 个百分点，长期被雇佣率将分别降低 0.1 个和 0.3 个百分点。

第 5 节　结论和建议

本章利用 CHNS 1991 年、1993 年、1997 年、2000 年、2004 年、2006 年、2009 年和 2011 年数据构建面板数据；利用随机效果 Probit 模型，主要从人力资本和产业结构变化方面来分析决定我国城镇劳动参与率和就业形态的主要因素。

我们发现，年龄的增加会提高劳动参与率，但是提高的幅度会越来越小；接受正规教育年数的增加会提高劳动参与率；在其他条件不变的情况下，最高教育程度为初中、高中或中专、大专或大学、硕士及以上毕业的成年人口的劳动参与率，比从未上过学或小学毕业的成年人口的劳动参与率要高；在其他条件不变的情况下，男性、身体健康的成年人口的劳动参与率较高；第二产业占 GDP 比重的估计系数统计上并不显著，但是第三产业占 GDP 比重的上升会降低劳动参与率；第二产业就业占比的上升会提高劳动参与率；第三产业就业占比的估计系数在统计上并不显著。从控制变量的影响来看，人口抚养比越高，劳动参与率越低；家庭中除本人之外其他家庭成员人均收入越高，劳动参与率越高；居住在城市的成年人口的劳动参与率低于农村县；在其他条件不变的情况下，东部和中部地区的成年人口劳动参与率低于西部地区；所在市县的调查失业率上升将降低当地劳动参与率。

我们进一步发现，年龄的增加会提高长期被雇佣率，但是提高的幅度会越来越小；接受正规教育年数的上升会提高长期被雇佣率，而且提高的幅度越来越大；在其他条件不变的情况下，教育程度越高，长期被雇佣率越高；男性的长期被雇佣率要高于女性；第二、第三产业占 GDP 比重的上升会提高长期被雇佣率；第二、第三产业就业占比的上升会降低长期被雇佣率。从控制变量的影响来看，家庭中除本人之外的其他家庭成员人均收入越高，长期被雇佣率越高；在其他条件不变的情况下，中部地区的长期被雇佣率高于西部地区；所在市县的调查失业率和自我雇佣率上升会降低当地长期被雇佣率。

我们认为，有必要进一步提高我国人力资本水平，尤其是教育水平，这将有利于提高我国劳动参与率和长期被雇佣率；有必要提高我国第二、第三产业的就业弹性水平，尤其是第三产业的就业弹性水平，在促进第三产业发展的同时有必要重点、优先发展就业弹性高的部门；有必要进一步完善劳动力市场相关法律和法规，严格执法，提高我国长期被雇佣率水平。

参考文献

［1］蔡昉、都阳、王美艳：《中国劳动力市场转型与发育》，商务印书馆 2005 年版。

［2］都阳、陆旸：《经济发展新阶段的劳动供给形势与政策》，载于蔡昉主编：《人口与劳动绿皮书（2013）》，中国社会科学出版社 2013 年版。

［3］李实、邓曲恒：《中国城镇失业率的重新估计》，载于《经济学动态》2002 年第 4 期。

［4］中共中央党校课题组：《国有企业职工下岗分流和再就业问题研究》，载于《中共中央党校学报》1998 年第 4 期。

［5］肖黎春：《上海失业、下岗人员现状及发展趋势》，载于《中国人口科学》1998 年第 3 期。

［6］彭文波、刘电芝：《对重庆市下岗职工再就业职业定向的调查研究》，载于《探索》2002 年第 3 期。

［7］张翼：《不同身份下岗职工的再就业》，载于《中国人口科学》2002 年第 1 期。

［8］国家统计局：《中国统计年鉴》，中国统计出版社 1992～2012 年版。

［9］曲玥：《中等收入国家的就业特征与"十二五"期间的就业特征》，载于蔡昉主编：《人口与劳动绿皮书（2011）》，中国社会科学出版社 2011 年版。

［10］Chen G. and S. Hamori (2014). *Rural Labor Migration，Discrimination，and the New Dual Labor Market in China*，Heidelberg：Springer，77 – 96.

［11］Wooldridge J. M. (2002). *Econometric Analysis of Cross Section and Panel Data*，London：MIT Press，482 – 490.

［12］Butler J. S. and R. A. Moffitt (1982). "Computationally Efficient Quadrature Procedure for the One-Factor Multinomial Probit Model"，*Econometric*，50：761 – 764.

［13］Greene W. H. (2008). *Econometric Analysis*，6th ed.，New Jersey：Prentice Hall，Upper Saddle River，746 – 750.

［14］Gourieroux C. and A. Monfort (1996). *Simulation-Based Methods Econometric Methods*，Oxford：Oxford University Press，93 – 94.

第9章
人力资本空间溢出的产业结构效应*

第1节 引 言

　　当前中国经济发展步入新常态时期，产业结构亟须深化调整与升级。现阶段中国的产业结构正由以劳动密集型产业为主向以资本密集型为主转变，并逐步向更高级的以技术密集型产业为主的结构转变。如图9－1所示，整体来看，产业结构层级化指数 IHS[①] 从改革开放以来一路走高，但是2000年以后的走势趋缓；产业结构高级化指数 AIS1[②] 在波动中上升，经历了20世纪90年代初期和21世纪初期的短暂下滑后开始上升，并最终在2013年首次超过1，表明了中国第三产业的产值首次超过了第二产业的产值；产业结构高级化指数 AIS2[③] 趋势与 AIS1 相似，但较为平缓，说明了第三产业为对总 GDP 的贡献呈平稳上升态势。由此可知，虽然新常态时期中国的经济增速有所下滑，但就产业结构而言，其却在向更现代化更高级化的方向发展。那么，产业结构升级发展的原因何在？

---

　　* 本章作者：刘忠璐、刘瑜。

　　① IHS $=[q(1)]+[q(1)+q(2)]+[q(1)+q(2)+q(3)]$；$q(1)$、$q(2)$ 和 $q(3)$ 分别表示第三产业比重、第二产业比重和第一产业比重，衡量产业结构的整体水平。

　　② 第三产业 GDP 与第二产业 GDP 的比。

　　③ 第三产业 GDP 与总 GDP 的比。

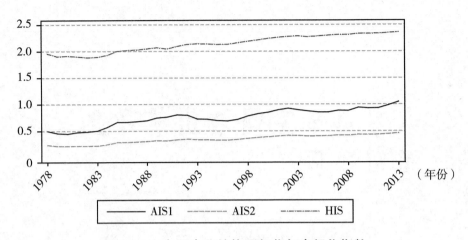

图9-1 中国产业结构层级化与高级化指数

目前关于中国产业结构升级与发展助力因素的研究，不同的学者结合中国经济发展现状从不同的角度予以解释，主要有财政政策、资本深化、对外贸易、金融集聚、所有制结构和人力资本等。在人力资本视角方面，靳卫东（2010）认为产业结构转化的方向、效果和速度是由人力资本决定的，人力资本是产业结构转化的基础；张桂文和孙亚南（2014）研究发现中国人力资本与产业结构演进存在较强的耦合关联，但两者的耦合程度不够理想；周海银（2014）研究指出人力资本的提升对产业结构高级化和服务业比重的提高均有显著的促进作用。前述研究说明，人力资本是中国产业结构升级的重要推动力量，但已有的文献都是以总量的视角进行研究的，而基于人力资本结构视角的研究较少。张国强等（2011）研究发现，现阶段中国的人力资本分布结构对产业结构升级不利且这种负向影响较为显著，而对于东部地区，其产业结构的显著性与人力资本内部结构有关。但是，他们的人力资本结构仍然是对专业人力资本按受教育程度进行的内部分类，这样的划分忽略了企业家人力资本这一特殊的人力资本。张小蒂和李晓钟（2008）在研究中突出强调了民营企业家的熊彼特意义上的"创新"，认为这种创新超越了纯粹的技术研发的作用，对经济的发展起到了关键的推动作用。李宏彬等（2009）和洪银兴（2012）的研究则发现经济增长受到企业家创新精神的显著正向影响。此外，根据卢卡斯（Lucas，1988）的研究成果，人力资本具有很强的外溢性，这种外溢性体现在两方面：一是知识创造受益于专业人力资本；二是通过熊彼特意义上的创新，企业家人力资本便利了这些隐含知识溢出，使知识转变为竞争力的媒介（Audretsch and Keilbach，2004；杨增雄，2008）。但在现有的研究两者关系的文献中都没有考虑到这一点。

因此，本章在总结借鉴前人已有研究的基础上，从人力资本结构（分为专业人力资本与企业家人力资本）角度出发探究其对产业结构的影响，其中重点研究了产业结构变迁与升级所受到的两类人力资本技术外溢的影响。

第 2 节　模型设定与变量选取

一、模型设定

为了更好地研究人力资本结构如何影响产业结构，特别是其空间溢出效应对产业结构变迁的影响，本章构建了如下空间计量模型。

$$AIS1_{it} = \rho \sum_{j=1}^{N} W1_{ij}AIS1_{jt} + x_{it}\beta + \sum_{j=1}^{N} W2_{ij}x_{ijt}\gamma + \mu_i + \varepsilon_{it} \tag{9.1}$$

$$AIS2_{it} = \rho \sum_{j=1}^{N} W1_{ij}AIS2_{jt} + x_{it}\beta + \sum_{j=1}^{N} W2_{ij}x_{ijt}\gamma + \mu_i + \varepsilon_{it} \tag{9.2}$$

$$IHS_{it} = \rho \sum_{j=1}^{N} W1_{ij}IHS_{jt} + x_{it}\beta + \sum_{j=1}^{N} W2_{ij}x_{ijt}\gamma + \mu_i + \varepsilon_{it} \tag{9.3}$$

$$\varepsilon_{it} = \lambda \sum_{j=1}^{N} W3_{ij}\varepsilon_{jt} + \upsilon_{it} \tag{9.4}$$

模型（9.1）（9.2）和（9.3）中因变量分别为产业结构高级化指数 1（AIS1）、产业结构高级化指数 2（AIS2）和产业结构层级化指数（IHS）；x_{it} 为自变量的集合，μ_i 为个体固定效应，υ_{it} 为随机扰动项。ρ 为空间自回归系数，刻画空间依赖性；当 $\lambda = 0$ 时，为空间杜宾模型（SDM）；当 $\lambda = 0$ 且 $\gamma = 0$ 时，为空间自回归模型（SAR）；当 $\rho = 0$ 且 $\gamma = 0$ 时，为空间误差模型（SEM）。$W1_{ij}$、$W2_{ij}$ 和 $W3_{ij}$ 分别为空间权重矩阵 $W1$、$W2$ 和 $W3$ 的元素。

二、变量选取

1. 核心变量

产业结构高级化指数（AIS1 和 AIS2）：虽然传统上产业结构升级用非农业产值比重来衡量，但是这个指标不能很好地刻画"经济服务化"的产业结构变迁事实，在产业结构变迁的过程中第三产业的增长率会逐渐快于第二产业（吴敬琏，2008）。所以，本章借鉴干春晖（2011）研究中的做法，在产业结构高级化程度方面分别用第三产业产值与第二产业产值的比（AIS1）和第三产业产值占 GDP 总量的比（AIS2）来测度，进而产业结构向"经济服务化"发展的程度也可以得到衡量（干春晖等，2011）。

产业结构层级化指数（IHS）：除了测度产业结构是否向"服务化"方向发

展外，产业层级化指数能够从总体上刻画产业结构情况。它的定义式为 $\omega = \sum_{i=1}^{n} \sum_{j=1}^{i} q(j)$，其中 $q(j)$ 为第 j 个产业占总产业的比重，由高到低依次排序，n 为产业总数；根据传统经济理论，三次产业高低层次排序为：第三产业、第二产业、第一产业，所以 IHS $= [q(1)] + [q(1) + q(2)] + [q(1) + q(2) + q(3)]$；$q(1)$、$q(2)$ 和 $q(3)$ 分别表示第三、第二以及第一产业的比重（武晓霞，2014）。

人力资本结构：（1）企业家人力资本（HE）方面，李晓钟和张小蒂（2009）在研究中用民营企业的数量来衡量，但是这并没有把所有的企业类型包含进去，为克服该缺点，本章用企业法人单位数量来衡量企业家人力资本；（2）用就业人员的平均受教育年限来衡量专业人力资本（H）。

2. 控制变量

根据现有文献，市场开放程度（OPEN）、金融发展水平（LFD）、政府财政支出水平（LGS）等会不同程度地影响一个地区的产业结构，所以，为了更好、更有效地探究产业结构与人力资本结构的关系，把这几个变量设定为控制变量。市场开放程度（OPEN）分别用地区进出口总额（IE）和地区外商直接投资（FDI）来衡量；用存贷款总额的绝对值来衡量金融发展水平（LFD）；用政府财政支出的绝对值来衡量政府财政支出水平（LGS）。

第 3 节　样本选择及描述统计

一、样本选取

本章选取了中国 30 个省（西藏除外）2003～2012 年 10 年的数据，其中，地区的三次产业产值、企业法人单位数的数据和政府财政支出数据均来源于《中国统计年鉴》；《中国劳动统计年鉴》和《中国人口统计年鉴》是地区专业人力资本衡量的基础数据的来源；《中国金融统计年鉴》提供了存贷款总额的数据；《中国对外经济统计年鉴》则是地区进出口总额和外商直接投资数据的来源。

二、主要变量的描述性统计

由表 9-1 可知，不管是产业结构高级程度度量指数 AIS1 还是 AIS2，全国的平均值 2012 年要低于 2003 年，特别是 AIS1，2003 年为 0.9999，而 2012 年仅为 0.9144。这主要是因为中部地区和西部地区这两个指数 2012 年的均值要显著低于 2003 年，但是东部地区这两个指数 2012 年的均值都大于 2003 年，这也说明中国不同地域间的产业结构升级具有较大差异。产业结构层级指数 HIS, 不管是全国还是分地区, 2012 年的均值都大于 2003 年, 这说明中国的产业结构整体而言在升级。在人力资本方面, 东部地区的企业家人力资本 HE 和专业人力资本 H 都大于中部地区和西部地区, 企业家人力资本尤其如此, 中部地区仅约为东部地区的一半。财政支出水平、市场开放程度以及金融发展水平亦是如此, 都是中部地区和西部地区显著落后于东部地区。

表 9 - 1　　　　　　　主要变量的描述性统计

地区	年份	均值	标准误	最小值	最大值	均值	标准误	最小值	最大值
		AIS1				AIS2			
全国	2003	0.9999	0.3385	0.6341	2.3192	0.4169	0.0617	0.3405	0.6866
	2012	0.9144	0.5292	0.5493	3.3676	0.4088	0.0903	0.3094	0.7646
东部	2003	1.0625	0.5219	0.6341	2.3192	0.4333	0.0925	0.3405	0.6866
	2012	1.1571	0.7663	0.6702	3.3676	0.4617	0.1174	0.3531	0.7646
中部	2003	0.9238	0.1565	0.7041	1.1227	0.3977	0.0306	0.3435	0.4283
	2012	0.6949	0.1147	0.5493	0.9176	0.3595	0.0310	0.3094	0.4047
西部	2003	0.9924	0.0620	0.8712	1.0868	0.4142	0.0167	0.3914	0.4389
	2012	0.8104	0.1993	0.5715	1.2260	0.3874	0.0471	0.3297	0.4791
		IHS				HE（个）			
全国	2003	2.2707	0.1122	2.0715	2.6691	173 300	115 095	20 746	435 084
	2012	2.3040	0.1251	2.1820	2.7562	353 150	277 667	33 425	1 100 000
东部	2003	2.3165	0.1587	2.0715	2.6691	245 295	131 411	35 040	435 084
	2012	2.3794	0.1648	2.1874	2.7562	541 854	338 843	49 117	1 100 000
中部	2003	2.2330	0.0492	2.1689	2.3367	149 074	60 016	75 415	272 024
	2012	2.2421	0.0417	2.1820	2.3290	277 729	111 484	131 947	435 964
西部	2003	2.2473	0.0565	2.1808	2.3140	101 534	80 272	20 746	285 281
	2012	2.2654	0.0560	2.1842	2.3489	176 967	120 213	33 425	403 208
		H（年 * 百万人）				IE（万美元）			
全国	2003	179.35	118.02	17.63	461.95	2 836 092	5 736 027	33 914	28 400 000
	2012	92.34	62.32	9.88	276.59	12 900 000	21 600 000	115 747	98 400 000
东部	2003	200.09	125.59	31.17	406.72	6 580 388	7 822 876	227 492	28 400 000
	2012	130.70	76.23	18.77	276.59	28 400 000	28 100 000	1 432 210	98 400 000
中部	2003	206.05	119.97	81.60	461.95	438 074	137 146.3	252 806	614 841
	2012	84.76	27.70	55.42	128.84	2 964 501	1 274 797	1 125 898	5 173 881

地区	年份	均值	标准误	最小值	最大值	均值	标准误	最小值	最大值
		AIS1				AIS2			
西部	2003	124.99	98.18	17.63	343.78	241 716.7	182 977	33 914	563 429
	2012	48.78	30.25	9.88	102.07	2 135 961	2 134 849	115 747	5 914 360
		LFD（亿元）				LGS（万元）			
全国	2003	5 407.13	4 583.56	566.98	20 126.24	5 694 647	3 358 224	1 053 984	17 000 000
	2012	20 193.58	15 590.53	2 868.40	59 967.26	35 400 000	15 500 000	8 643 616	73 900 000
东部	2003	8 715.395	5 589.323	874.22	20 126.24	7 682 058	4 247 716	1 053 984	17 000 000
	2012	31 902.15	18 420.95	3 390.67	59 967.26	41 300 000	19 200 000	9 116 730	73 900 000
中部	2003	3 889.684	1 378.106	1 971.32	6 616.12	5 063 771	1 060 199	3 820 981	7 165 978
	2012	13 817.6	3 840.274	9 155.6	20 033.8	35 200 000	7 809 943	24 700 000	50 100 000
西部	2003	2 513.559	1 695.868	566.98	6 096.65	3 675 642	1 997 473	1 057 793	7 322 993
	2012	10 958.14	7 242.626	2 868.4	26 163.3	27 800 000	13 600 000	8 643 616	54 500 000

第4节　计量结果分析与稳健性检验

一、计量结果分析

本章进行实证研究时将企业家人力资本（HE）、专业人力资本（H）、市场开放程度（OPEN）、金融发展水平（LFD）和政府财政支出水平（LGS）分别取对数，然后代入方程（9.1）（9.2）（9.3），进行估计。根据豪斯曼（Hausman）检验的结果，本章得到了固定效应下的回归结果。

由表9-2可知，对于全样本而言，ρ 和 λ 的值显著不为0，说明不管是产业结构变迁还是人力资本结构等影响因素都具有显著的空间溢出效应，用空间模型进行估计比普通面板模型更有效。对于产业结构高级化指数（AIS1）而言，企业家人力资本的估计系数在模型 SAR 和 SEM 下都显著为正，虽然在 SDM 模型中主方程估计系数不显著，但是加入权重矩阵的估计系数也显著为正，并且估计系数大于其他两个模型，这说明企业家人力资本显著促进第三产业与第二产业产值比重的提高，从统计上揭示了企业家人力资本对产业结构调整的重要性；专业人力资本的估计系数只在 SDM 模型中显著，专业人力资本 H 估计系数显著为正，但是 WH 的估计系数显著为负，这说明专业人力资本的空间外溢性抑制了第三产业与第二产业产值比重的提高；控制变量方面，市场开放程度（OPEN）的估计系数不显著，金融发展水平（LFD）也起到抑制作用，但其空间溢出效应正向促进第三产业与第二产业产值比重的提高，政府财政支出水平（LGS）不管在基

表9-2　全样本下人力资本结构与产业结构空间模型结果

变量名	AIS1			AIS2			IHS		
	SAR	SEM	SDM	SAR	SEM	SDM	SAR	SEM	SDM
HE	0.1770** (0.0793)	0.151* (0.0823)	0.0943 (0.0773)	0.0369*** (0.0139)	0.0325** (0.0145)	0.0242* (0.0143)	0.0111 (0.0146)	-0.0009 (0.0149)	0.0163 (0.0141)
H	0.0245 (0.0239)	0.0315 (0.0291)	0.1050** (0.0420)	0.0001 (0.0042)	-0.0002 (0.0052)	0.0045 (0.0077)	0.0004 (0.0043)	0.0002 (0.0057)	0.0071 (0.0076)
OPEN	-0.0014 (0.0362)	0.0090 (0.0395)	0.0287 (0.0364)	-0.0079 (0.0063)	-0.0072 (0.0068)	0.0017 (0.0062)	-0.0017 (0.0065)	0.0011 (0.0068)	0.0062 (0.0066)
LFD	0.1250 (0.0846)	0.1050 (0.0984)	-0.202** (0.0992)	0.0183 (0.0149)	0.0161 (0.0180)	-0.0107 (0.0172)	0.0272* (0.0153)	0.0248 (0.0170)	0.0214 (0.0176)
LGS	-0.1800** (0.0705)	-0.1760** (0.0777)	-0.0905 (0.0746)	-0.0204* (0.0124)	-0.0184 (0.0145)	-0.0004 (0.0126)	-0.0049 (0.0126)	0.0061 (0.0142)	0.0296** (0.0134)
WHE			0.273* (0.138)			0.0330** (0.0166)			0.100*** (0.0256)
WH			-0.0752* (0.0451)			-0.0035 (0.0082)			-7.78e-05 (0.0081)
WOPEN			-0.0786 (0.0552)			-0.0135 (0.0091)			-0.0120 (0.0010)
WLFD			0.518*** (0.151)			0.0813*** (0.0200)			0.0127 (0.0272)
WLGS			-0.2540** (0.121)			-0.0638*** (0.0166)			-0.0716*** (0.0217)
$\rho\mid\lambda$	0.221***	0.212**	0.198**	0.287***	0.247**	0.164*	0.249***	0.349***	0.154*
观测值	300	300	300	300	300	300	300	300	300
R^2	0.107	0.096	0.233	0.130	0.215	0.204	0.302	0.434	0.424

注：括号中报告的是回归系数的标准差，*，**和***分别表示在10%、5%和1%水平上显著。

本效应还是空间溢出效应上都起到抑制作用。对于产业结构高级化指数（AIS2）而言，企业家人力资本的估计系数在模型 SAR、SEM 和 SDM 下都显著为正，估计系数分别为 0.0369、0.0325、0.0242 和 0.0330，这说明企业家人力资本从基本效应和外溢效应两方面显著促进第三产业产值比重的提高，进一步从统计上揭示了企业家人力资本对产业结构调整的重要性；相反，专业人力资本的估计系数在三个模型中统计上都不显著；控制变量方面，估计系数与产业结构高级化指数（AIS1）结论一致。对于产业结构层级指数（IHS）而言，只有企业家人力资本外溢性的估计系数显著为正，这说明企业家人力资本的外溢性显著促进产业结构整体层级的提高，从统计上揭示了企业家人力资本对整体产业结构升级的重要性；此外，政府财政支出水平（LGS）在 SDM 的估计系数显著为正，但是 WLGS 的估计系数显著为负，这说明虽然能够在统计上提高整体产业结构，但是其具有显著的负的外部性。

由表 9-3 可知，与全样本一致，东部地区子样本空间模型回归中 ρ 和 λ 的值显著不为 0，说明东部地区不管是产业结构变迁还是人力资本结构等影响因素都具有显著的空间溢出效应，用空间模型进行估计比普通面板模型更有效。与全样本估计结果不同，对于产业结构高级化指数（AIS1 和 AIS2），东部地区子样本中企业家人力资本的估计系数不再显著，这表明企业家人力资本对东部地区产业结构高级化不再具有统计上的促进作用，并且在 SDM 中 WHE 的估计系数为负，这可能是因为东部地区集聚了大量企业家人力资本，导致企业家人力资本在东部地区过剩，从而产生了负的外溢性；与之相反，东部地区专业人力资本对产业结构高级化起到了积极的作用，特别是对于 AIS1，不管是 SAR、SER 还是 SDM 模型中，H 的估计系数显著为正，表明东部地区专业人力资本促进了第三产业与第二产业产值比重的提高，即促进了第三产业对第二产业的替代；同样，对于产业结构层级指数，企业家人力资本和专业人力的作用统计上不显著；此外，对于东部地区，对于产业结构高级化指数（AIS1），WOPEN 估计系数显著为负，表明对于东部地区而言，市场开放程度具有负外溢性，这可能是由于东部地区市场开放程度已经达到了较高水平，从而地区间的相互竞争加剧，已经不利于其产业结构高级化发展；东部地区的金融发展水平（LFD）对产业结构高级化和产业结构层级化发展都具有统计上显著的正的外溢性，特别是对于 AIS1 和 AIS2，表明东部地区金融资源间空间外溢，促进了东部地区产业结构向服务化发展。

由表 9-4 可知，与全样本一致，中部地区子样本空间模型回归中 ρ 和 λ 的值显著不为 0，说明中部地区不管是产业结构变迁还是人力资本结构等影响因素都具有显著的空间溢出效应，用空间模型进行估计比普通面板模型更有效。与全样本估计结果基本一致，对于产业结构高级化指数（AIS1 和 AIS2），中部地区子样本中企业家人力资本的估计系数显著为正，并且对于（AIS1），SAR 和 SDM

表9-3 东部地区子样本下人力资本结构与产业结构空间模型结果

变量名	AIS1			AIS2			IHS		
	SAR	SEM	SDM	SAR	SEM	SDM	SAR	SEM	SDM
HE	0.1560 (0.1700)	0.2220 (0.1640)	-0.0774 (0.1640)	0.0194 (0.0205)	0.0267 (0.0192)	0.0045 (0.0221)	-0.0202 (0.0207)	-0.0049 (0.0184)	0.0039 (0.0207)
H	0.1050* (0.0541)	0.1610** (0.0721)	0.1360** (0.0656)	0.0076 (0.0065)	0.0139* (0.0083)	0.0097 (0.0088)	0.0010 (0.0067)	0.0037 (0.0078)	0.0069 (0.0083)
OPEN	0.0625 (0.0916)	0.1560 (0.1170)	0.2290** (0.0924)	-0.0235** (0.0109)	-0.0123 (0.0125)	-0.0022 (0.0121)	-0.0249** (0.0110)	-0.0101 (0.0119)	0.0036 (0.0114)
LFD	0.1090 (0.1780)	0.0488 (0.1970)	-0.1880 (0.2120)	-0.0095 (0.0223)	-0.0153 (0.0260)	-0.0398 (0.0282)	-0.0051 (0.0226)	-0.0254 (0.0241)	-0.0296 (0.0263)
LGS	-0.1550 (0.1590)	-0.2230 (0.1620)	-0.1630 (0.1580)	0.0315 (0.0192)	0.0283 (0.0200)	0.0385* (0.0213)	0.0692*** (0.0195)	0.0754*** (0.0190)	0.0768*** (0.0200)
WHE			-0.8920*** (0.3060)			-0.0646 (0.0414)			-0.0278 (0.0388)
WH			-0.1350* (0.0698)			-0.0092 (0.0094)			-0.0035 (0.0088)
WOPEN			-0.4630*** (0.1300)			-0.0183 (0.0178)			-0.0232 (0.0165)
WLFD			0.5090* (0.3050)			0.1130*** (0.0401)			0.0900** (0.0374)
WLGS			0.6100** (0.3000)			-0.0406 (0.0398)			-0.0733** (0.0372)
ρ|λ	0.136*	0.265*	0.173*	0.374***	0.420***	0.382***	0.183*	0.431***	0.361***
观测值	120	120	120	120	120	120	120	120	120
R²	0.183	0.181	0.340	0.304	0.261	0.349	0.637	0.626	0.695

注：同表9-2。

模型中的估计系数大于全国样本，这表明企业家人力资本对中部地区产业结构高级化具有统计上显著的促进作用，并且力度大于全国平均水平；与东部地区子样本不同，专业人力资本对于中部地区产业结构高级化的估计系数显著为负，这说明在中部地区，专业人力资本没有发挥出促进产业结构向服务化发展的作用，这可能是由于中部地区专业人力资本依然相对欠缺，所以没有达到其发挥积极作用的基本水平；同样，对于产业结构层级指数，企业家人力资本和专业人力资本的作用统计上不显著；此外，除了与东部地区子样本估计结果一致，对于产业结构高级化指数（AIS1），WOPEN 估计系数显著为负外，对于产业结构高级化指数（AIS2）和产业结构层级指数（HIS），WOPEN 估计系数也显著为负，表明对于中部地区而言，市场开放程度具有负外溢性，这可能是由于中部地区市场开放基础条件不如东部地区，而在出口导向的经济大环境下，地区间的出口贸易相互竞争加剧，从而不利于其产业结构向高级化与整体化发展；值得注意的是，中部地区的政府财政支出水平外溢性（WLGS）在 SDM 模型中的估计系数显著为正，这说明中部地区政府财政支出水平对于产业结构升级具有显著的正的外部性。

由表 9 - 5 可知，与全样本一致，西部地区子样本空间模型回归中 ρ 和 λ 的值显著不为 0，说明中部地区不管是产业结构变迁还是人力资本结构等影响因素都具有显著的空间溢出效应，用空间模型进行估计比普通面板模型更有效。对于产业结构高级化指数（AIS1 和 AIS2），西部地区子样本 SDM 中企业家人力资本的估计系数显著为正，分别为 0.2780 和 0.0561，大于全国样本和中部地区子样本，此外企业家人力资本外溢性（WHE）的估计系数在产业结构高级化指数（AIS1 和 AIS2）与产业结构层级化指数（IHS）中显著为正，且在 AIS1 和 HIS 中要大于全国样本，这表明企业家人力资本除了基本效应外，还有正的外溢性，对西部地区产业结构高级化与整体化发展具有统计上显著的促进作用，而且力度大于全国平均水平；专业人力资本对于西部地区产业结构高级化及层级化的作用统计上不显著，这可能是由于西部地区专业人力资本更为欠缺，所以没有达到其发挥积极作用的基本水平；此外，对于产业结构高级化指数（AIS1 和 AIS2），OPEN 估计系数显著为负，表明对于西部地区而言，市场开放程度不利于其产业结构向高级化发展，这可能是由于西部地区市场开放较晚，且其出口品多为低端产品，从而阻碍了其产业向高级化发展。

二、稳健性检验

根据前文分析，将市场开放程度（OPEN）换为用外商直接投资（FDI）来衡量，得到相应的全国样本、东部地区子样本、中部地区子样本和西部地区子样本的空间模型回归结果，如表 9 - 6、表 9 - 7、表 9 - 8、表 9 - 9 所示。

表9-4 中部地区子样本下人力资本结构与产业结构空间模型结果

变量名	AIS1			AIS2			IHS		
	SAR	SEM	SDM	SAR	SEM	SDM	SAR	SEM	SDM
HE	0.1960*** (0.0759)	0.1370* (0.0732)	0.1100* (0.0615)	0.0355** (0.0176)	0.0414** (0.0180)	0.0212** (0.0109)	0.0081 (0.0199)	0.0005 (0.0214)	-0.0119 (0.0204)
H	-0.0706*** (0.0246)	-0.0490*** (0.0155)	-0.0318 (0.0660)	-0.0173*** (0.0057)	-0.0115*** (0.0041)	-0.00210 (0.0166)	-0.0057 (0.0057)	-0.0067 (0.0067)	-0.0054 (0.0192)
OPEN	-0.0336 (0.0421)	-0.1040*** (0.0346)	0.0067 (0.0349)	-0.0105 (0.0098)	-0.0211** (0.0099)	0.0023 (0.0088)	0.00363 (0.0098)	0.0094 (0.0119)	0.0097 (0.0099)
LFD	-0.1020 (0.0853)	-0.0123 (0.0659)	-0.1200 (0.0842)	-0.0225 (0.0192)	-0.0149 (0.0163)	-0.0060 (0.0207)	0.0127 (0.0192)	0.0189 (0.0211)	0.0268 (0.0224)
LGS	-0.1320* (0.0764)	-0.0724 (0.0632)	-0.4010** (0.1710)	-0.0129 (0.0171)	-0.0053 (0.0165)	-0.1150*** (0.0428)	-0.0064 (0.0194)	-0.0120 (0.0212)	-0.0323 (0.0443)
WHE			0.0138 (0.1090)			0.0388 (0.0276)			0.0753** (0.0305)
WH			-0.0258 (0.0685)			-0.0103 (0.0172)			-0.0021 (0.0196)
WOPEN			-0.2060*** (0.0429)			-0.0502*** (0.0108)			-0.0456*** (0.0123)
WLFD			0.2130* (0.1100)			-0.0060 (0.0278)			-0.0747*** (0.0305)
WLGS			0.3030* (0.1820)			0.1190*** (0.0458)			0.0839* (0.0479)
ρ|λ	-0.287**	-0.604***	-0.352*	-0.236*	-0.421**	-0.288**	0.226*	0.293**	0.282**
观测值	90	90	90	90	90	90	90	90	90
R²	0.590	0.526	0.777	0.419	0.386	0.625	0.177	0.167	0.374

注：同表9-2。

表 9 - 5　西部地区子样本下人力资本结构与产业结构空间模型结果

变量名	AIS1			AIS2			IHS		
	SAR	SEM	SDM	SAR	SEM	SDM	SAR	SEM	SDM
HE	0.0573 (0.1240)	0.0942 (0.1460)	0.2780** (0.1250)	0.0053 (0.0217)	0.0075 (0.0222)	0.0561* (0.0326)	-0.0326 (0.0379)	-0.0532 (0.0369)	0.0446 (0.0386)
H	-0.0360 (0.0278)	-0.0356 (0.0296)	0.0143 (0.0482)	-0.0066 (0.0067)	-0.0070 (0.0073)	0.0060 (0.0125)	-0.0052 (0.0084)	-0.0089 (0.0112)	0.0112 (0.0145)
OPEN	-0.0778* (0.0399)	-0.0850** (0.0396)	-0.1160*** (0.0380)	-0.0149* (0.0088)	-0.0155* (0.0090)	-0.0176* (0.0099)	0.0054 (0.0118)	0.0075 (0.0121)	-0.0047 (0.0116)
LFD	0.1820 (0.1140)	0.2040* (0.1170)	-0.1840 (0.1480)	0.0336 (0.0258)	0.0356 (0.0267)	-0.0439 (0.0383)	0.0433 (0.0341)	0.0332 (0.0391)	-0.0253 (0.0440)
LGS	-0.1530* (0.0879)	-0.1820** (0.0925)	-0.1390 (0.0872)	-0.0229 (0.0179)	-0.0261 (0.0180)	-0.0301 (0.0227)	-0.0177 (0.0252)	-0.0020 (0.0295)	-0.0098 (0.0263)
WHE			0.9230*** (0.2530)			0.2460*** (0.0654)			0.3570*** (0.0757)
WH			0.0243 (0.0492)			0.0043 (0.0128)			0.0076 (0.0148)
WOPEN			-0.0202 (0.0616)			-0.0118 (0.0156)			-0.0186 (0.0177)
WLFD			0.1650 (0.2040)			0.0195 (0.0534)			-0.0520 (0.0619)
WLGS			-0.1010 (0.1110)			-0.0101 (0.0290)			-0.0008 (0.0339)
$\rho \mid \lambda$	0.207*	-0.270**	0.296**	0.250*	0.234*	0.263**	0.275**	0.356**	0.222*
观测值	90	90	90	90	90	90	90	90	90
R^2	0.356	0.348	0.537	0.181	0.173	0.388	0.168	0.209	0.282

注：同表 9 - 2。

表9-6　全国样本下人力资本结构与产业结构空间模型稳健性检验结果

变量名	AIS1			AIS2			IHS		
	SAR	SEM	SDM	SAR	SEM	SDM	SAR	SEM	SDM
HE	0.1680** (0.0770)	0.1380* (0.0796)	0.0601 (0.0759)	0.0319** (0.0133)	0.0269* (0.0139)	0.0291** (0.0137)	0.0086 (0.0142)	-0.0022 (0.0146)	0.0142 (0.0140)
H	0.0217 (0.0233)	0.0282 (0.0286)	0.0957** (0.0409)	0.0001 (0.0040)	-0.0002 (0.0051)	0.0073 (0.0074)	4.22e-05 (0.0043)	-0.0017 (0.0056)	0.0055 (0.0075)
OPEN	-0.0598*** (0.0196)	-0.0620*** (0.0194)	-0.0498*** (0.0190)	-0.0132*** (0.0034)	-0.0130*** (0.0034)	-0.0096*** (0.0034)	-0.0095*** (0.0036)	-0.0093*** (0.0034)	-0.0046 (0.0035)
LFD	0.0954 (0.0811)	0.0770 (0.0941)	-0.1990** (0.0972)	0.0168 (0.0142)	0.0163 (0.0169)	-0.0197 (0.0176)	0.0234 (0.0146)	0.0391** (0.0168)	0.0194 (0.0175)
LGS	-0.1070* (0.0613)	-0.0934 (0.0700)	-0.0508 (0.0681)	-0.0134 (0.0107)	-0.0122 (0.0126)	0.0094 (0.0124)	0.0047 (0.0106)	0.0041 (0.0120)	0.0369*** (0.0125)
WHE			0.2520* (0.1330)			0.0521** (0.0249)			0.0990*** (0.0251)
WH			-0.0654 (0.0438)			-0.0029 (0.0079)			0.0016 (0.0080)
WOPEN			0.0769* (0.0409)			0.0039 (0.0074)			0.0044 (0.0075)
WLFD			0.5900*** (0.1430)			0.0890*** (0.0259)			0.0197 (0.0262)
WLGS			-0.3940*** (0.1120)			-0.0858*** (0.0205)			-0.0865*** (0.0205)
$\rho \mid \lambda$	0.232***	0.234**	0.235***	0.303***	0.267***	0.168***	0.265***	0.323***	0.162*
观测值	300	300	300	300	300	300	300	300	300
R^2	0.135	0.120	0.250	0.153	0.121	0.229	0.227	0.293	0.435

注：同表9-2。

表 9 – 7 东部地区子样本下人力资本结构与产业结构空间模型稳健性检验结果

变量名	AIS1			AIS2			IHS		
	SAR	SEM	SDM	SAR	SEM	SDM	SAR	SEM	SDM
HE	0.1590 (0.1720)	0.1760 (0.1660)	-0.1580 (0.1610)	0.0006 (0.0219)	0.0267 (0.0186)	-0.0055 (0.0224)	-0.0305 (0.0207)	-0.0073 (0.0176)	-0.0066 (0.0208)
H	0.1050* (0.0544)	0.1390** (0.0682)	0.1360* (0.0663)	0.0052 (0.0070)	0.0165** (0.0083)	0.0096 (0.0087)	0.0017 (0.0066)	0.0066 (0.0076)	0.0064 (0.0081)
OPEN	0.0062 (0.0616)	-0.0283 (0.0743)	-0.0759 (0.0497)	-0.0114* (0.0066)	-0.0126 (0.0078)	-0.0129 (0.0079)	-0.0207*** (0.0073)	-0.0202*** (0.0072)	-0.0150** (0.0073)
LFD	0.0923 (0.1770)	0.0719 (0.1860)	0.1520 (0.2150)	0.00899 (0.0241)	-0.0185 (0.0251)	-0.0285 (0.0282)	-0.0019 (0.0220)	-0.0245 (0.0225)	-0.0180 (0.0259)
LGS	-0.0925 (0.1360)	-0.0656 (0.1450)	-0.1480 (0.1450)	0.0128 (0.0170)	0.0273 (0.0185)	0.0379** (0.0182)	0.0608*** (0.0165)	0.0792*** (0.0171)	0.0816*** (0.0169)
WHE			-0.4600** (0.1820)			-0.0580 (0.0434)			-0.0102 (0.0401)
WH			-0.1510** (0.0726)			-0.0102 (0.0093)			-0.0038 (0.0087)
WOPEN			0.2880*** (0.0960)			0.0200 (0.0135)			0.0257** (0.0124)
WLFD			0.5470** (0.2560)			0.1370*** (0.0354)			0.1130*** (0.0330)
WLGS			-0.1800 (0.2800)			-0.0883** (0.0354)			-0.1320*** (0.0326)
$\rho \mid \lambda$	0.220***	0.274***	0.762***	0.309***	0.462***	0.392***	0.222**	0.460***	0.373
观测值	120	120	120	120	120	120	120	120	120
R^2	0.119	0.184	0.372	0.257	0.243	0.363	0.625	0.639	0.708

注：同表 9 – 2。

表9-8　中部地区子样本下人力资本结构与产业结构空间模型稳健性检验结果

变量名	AIS1			AIS2			IHS		
	SAR	SEM	SDM	SAR	SEM	SDM	SAR	SEM	SDM
HE	0.1540** (0.0786)	0.1340* (0.0762)	0.1530* (0.0845)	0.0229 (0.0198)	0.0242 (0.0196)	0.0213 (0.0206)	-0.0129 (0.0196)	-0.0210 (0.0208)	-0.0181 (0.0221)
H	-0.0681*** (0.0236)	-0.0535*** (0.0205)	-0.0941 (0.0721)	-0.0161*** (0.0054)	-0.0132*** (0.0049)	-0.0187 (0.0171)	-0.0094* (0.0057)	-0.0111* (0.0065)	-0.0241 (0.0188)
OPEN	-0.0540** (0.0229)	-0.0546** (0.0221)	-0.0253 (0.0218)	-0.0172*** (0.0052)	-0.0170*** (0.0050)	-0.0107** (0.0052)	-0.0122** (0.0054)	-0.0126** (0.0055)	-0.0146** (0.0058)
LFD	-0.0881 (0.0808)	-0.0598 (0.0890)	-0.2150** (0.0918)	-0.0171 (0.0173)	-0.0158 (0.0169)	-0.0212 (0.0233)	0.00866 (0.0177)	0.0129 (0.0188)	0.0169 (0.0231)
LGS	-0.0977 (0.0680)	-0.0778 (0.0653)	-0.1810 (0.1730)	-0.0031 (0.0150)	-0.0009 (0.0144)	-0.0861* (0.0452)	0.0192 (0.0138)	0.0199 (0.0138)	0.0048 (0.0433)
WHE			-0.0372 (0.1220)			0.0324 (0.0322)			0.0720** (0.0320)
WH			0.0561 (0.0753)			0.0098 (0.0178)			0.0177 (0.0194)
WOPEN			-0.0014 (0.0388)			-0.0065 (0.0099)			-0.0029 (0.0101)
WLFD			0.4540*** (0.1140)			0.0347 (0.0284)			-0.0487* (0.0296)
WLGS			-0.1510 (0.1780)			0.0511 (0.0463)			0.0236 (0.0462)
ρ / λ	-0.248*	-0.252*	-0.214*	-0.277*	-0.275*	-0.273*	0.662***	0.255*	0.501***
观测值	90	90	90	90	90	90	90	90	90
R^2	0.215	0.208	0.173	0.225	0.197	0.124	0.325	0.338	0.283

注：同表9-2。

表 9－9　西部地区子样本下人力资本结构与产业结构空间模型稳健性检验结果

变量名	AIS1			AIS2			IHS		
	SAR	SEM	SDM	SAR	SEM	SDM	SAR	SEM	SDM
HE	0.0066 (0.1200)	−0.0149 (0.1180)	0.1260 (0.1290)	−0.0089 (0.0307)	−0.0118 (0.0303)	0.0183 (0.0340)	−0.0513** (0.0257)	−0.0491* (0.0272)	0.0081 (0.0401)
H	−0.0238 (0.0275)	−0.0387 (0.0355)	0.0116 (0.0458)	−0.0062 (0.0070)	−0.0089 (0.0086)	0.0051 (0.0120)	−0.0076 (0.0079)	−0.0094 (0.0101)	0.0098 (0.0141)
OPEN	−0.0290 (0.0218)	−0.0384* (0.0226)	−0.0586*** (0.0221)	−0.0016 (0.0056)	−0.0036 (0.0059)	−0.0084 (0.0059)	0.0069 (0.0062)	0.0031 (0.0064)	−0.0024 (0.0070)
LFD	0.2180* (0.1120)	0.1680 (0.1510)	−0.2570* (0.1430)	0.0490* (0.0284)	0.0414 (0.0356)	−0.0582 (0.0378)	0.0485 (0.0318)	0.0450 (0.0353)	−0.0367 (0.0439)
LGS	−0.1950** (0.0831)	−0.1580 (0.1190)	−0.2170*** (0.0827)	−0.0403* (0.0205)	−0.0341 (0.0278)	−0.0480** (0.0218)	−0.0187 (0.0203)	−0.0010 (0.0238)	−0.0275 (0.0255)
WHE			0.5730** (0.2460)			0.1500** (0.0646)			0.2460*** (0.0760)
WH			0.0279 (0.0486)			0.0037 (0.0128)			0.0048 (0.0150)
WOPEN			0.0738** (0.0313)			0.0177** (0.0083)			0.0205** (0.0099)
WLFD			0.4410** (0.1800)			0.0943** (0.0474)			0.0296 (0.0557)
WLGS			−0.1500 (0.1020)			−0.0339 (0.0264)			−0.0336 (0.0305)
$\rho \mid \lambda$	0.278*	0.339**	0.236*	0.384**	0.205*	0.222*	0.244*	0.396**	0.225*
观测值	90	90	90	90	90	90	90	90	90
$\dot{R}^2$	0.329	0.309	0.456	0.164	0.145	0.355	0.214	0.187	0.446

注：同表 9－2。

分别对比表 9 - 2 与表 9 - 6，表 9 - 3 与表 9 - 7，表 9 - 4 与表 9 - 8，表 9 - 5 与表 9 - 9，可以看出，虽然主要变量的估计系数绝对值大小有所变化，但是估计系数的正负及相对大小关系基本不变，表明本章模型具有较好的稳健性。

第 5 节　结论与启示

本章从人力资本结构（企业家人力资本和专业人力资本）视角，选取中国 30 个省（西藏除外）2003 ~ 2012 年 10 年的平衡面板数据，运用空间计量模型探讨其对产业结构的影响，特别是两类人力资本的技术外溢性对产业结构升级和变迁的影响。结果表明：就全国范围来看，企业家人力资本的技术外溢性显著促进了第三产业与第二产业产值比重、第三产业占总产值比重以及产业整体发展程度的提高，表明企业家人力资本不仅对产业结构向服务化和高级化发展具有重要的作用，而且对产业结构整体层级化发展也具有积极的作用；与之不同，专业人力资本及其外溢性的作用不显著。分地区来看，东部地区，企业家人力资本对产业结构向高级化、服务化和层级合理化发展的作用不显著，并且其负的外溢性会抑制产业结构继续向高级化和服务化发展；与之不同，专业人力资本能够积极促进东部地区产业结构向高级化和服务化发展。中部地区，企业家人力资本对产业结构服务化、高级化和层级合理化的作用与全国一致，并且作用力度显著高于全国平均水平；与东部地区不同，专业人力资本对产业结构高级化和服务化的作用为负。西部地区，企业家人力资本对产业结构向高级化和服务化发展除了基本的促进效应外，还有正的外溢性，而且作用强度高于全国和中部地区水平；而专业人力资本与中部地区一致，对产业结构高级化、服务化和层级合理化的作用不明显。

综上所述，本章认为，一方面，企业家人力资本及其外溢性对中国产业结构高级化、服务化和层级合理化的作用不可忽视，所以要大力发展企业家人力资本。目前中国的企业家素质较低，相应的鼓励政策措施欠缺，导致其参与技术创新的积极性不高。人才培养层面，改变我国当前的教育现状，加强企业家基本素质和能力的培养；社会舆论层面，营造一种尊重企业家、热爱企业家的社会文化氛围，提高企业家的社会地位和声望；政策措施层面，给予积极参与"技术创新"的企业家一定的政策鼓励。另一方面，不同人力资本在不同地区对于产业结构高级化、服务化和层级合理化的作用有所不同，所以要因地制宜合理引导和培养不同地区需要的不同人力资本，让现有的人力资本资源得到更为合理的配置。引导东部地区过剩的企业家人力资本向中部地区和西部地区转移，一方面可以降低其对东部地区产业结构高级化、服务化和层级合理化负的外部性，另一方面又可以很好地促进中部地区和西部地区产业结构升级；中部地区和西部地区应积极吸引专业人才，政府的作用在于加强能够吸引人才流入的基础设施、公共服务等建设，创造良好宽松的政策环境和社会环境，如简化各种审批程序，加强市场监管，保护知识产权，提高社会保障，为人才入籍入住提供便利等，让专业人才能够长期为当地的产业结构升级服务。

参考文献

[1] 靳卫东：《人力资本与产业结构转化的动态匹配效应——就业、增长和收入分配问题的评述》，载于《经济评论》2010 年第 6 期。

[2] 张桂文、孙亚南：《人力资本与产业结构演进耦合关系的实证研究》，载于《中国人口科学》2014 年第 6 期。

[3] 周海银：《人力资本与产业结构升级——基于省际面板数据的检验》，载于《东岳论丛》2014 年第 9 期。

[4] 张国强、温军、汤向俊：《中国人力资本、人力资本结构与产业结构升级》，载于《中国人口·资源与环境》2011 年第 10 期。

[5] 张小蒂、李晓钟：《转型时期中国民营企业家人力资本特殊性及成长特征分析》，载于《中国工业经济》2008 年第 5 期。

[6] 李宏彬、李杏、姚先国等：《企业家的创业与创新精神对中国经济增长的影响》，载于《经济研究》2009 年第 10 期。

[7] 杨增雄：《企业家人力资本外部性及其内在化路径研究》，载于《经济管理》2008 年第 4 期。

[8] 吴敬琏：《中国增长模式抉择（增订版）》，上海远东出版社 2008 年版。

[9] 干春晖、郑若谷、余典范：《中国产业结构变迁对经济增长和波动的影响》，载于《经济研究》2011 年第 5 期。

[10] 武晓霞：《省际产业结构升级的异质性及影响因素——基于 1998～2010 年 28 个省区的空间面板计量分析》，载于《经济经纬》2014 年第 1 期。

[11] Lucas Jr R. E. (1988). "On the Mechanics of Economic Development", *Journal of Monetary Economics*, 1 (22): 3–42.

[12] Audretsch D., Keilbach M. (2004). "Entrepreneurship Capital and Economic Performance", *Regional Studies*, 8 (38): 949–959.

第 10 章 跨越"中等收入陷阱"：基于人力资本的视角*

第 1 节 引 言

经过 30 多年的改革发展，中国早已摆脱"低收入陷阱"，成功实现了从低收入国家向中等收入国家的跨越。目前，中国人均 GDP 达到 8 000 美元左右，已经成为中高收入国家。① 国际经验表明，要从中等收入国家迈进高收入国家将面临许多新的难题，若应对得当，就能成功步入高收入国家行列；若应对不当，就很可能落入"中等收入陷阱"。

当前中国经济社会呈现的诸多迹象表明，"中等收入陷阱"的风险已经在中国凸显。严峻的现实不仅引起学界的广泛讨论，而且受到决策层的高度关注。在 2016 年 3 月的十二届全国人大四次会议上，"努力跨越'中等收入陷阱'"作为新的提法，写进了"十三五"规划之中。由于"中等收入陷阱"问题关乎经济、社会、政治等多个领域，因此，

---

* 本章作者：林致远。

① 世界银行按人均国民总收入（GNI）将各国分成低收入（low income）国家、中低收入（lower-middle income）国家、中高收入（higher-middle income）国家和高收入（high income）国家四个组别，GNI 是一国 GDP 和来自国外的净收入（劳动报酬和财产收入）之和。根据 2011 年 7 月的最新标准，低收入为年人均 GNI 在 1 005 美元以下，中等偏下收入为 1 006～3 975 美元，中等偏高收入为 3 976～12 275 美元，高收入为 12 276 美元以上。参见世界银行 2011 年 7 月 5 日新闻稿《国家分类的修订》以及世界银行 WDI 数据库（http：//data. worldbank. org）。

它的表现特征多样、发生机理复杂、对策建议甚多。本章以现代增长理论为依托，仅以人力资本作为分析视角，探讨中国跨越"中等收入陷阱"的关键因素及其相应的策略安排。

本章的内容结构为：第2节介绍"中等收入陷阱"概念提出的国际背景及其在中国经济社会中的表象；第3节探讨中国跨越"中等收入陷阱"的策略选择和实现路径，阐明人力资本是中国实现跨越的关键因素和原动力；第4节探讨提升中国人力资本水平的基本策略；第5节提出提升中国人力资本水平的政策举措；第6节是结论。

第2节 "中等收入陷阱"风险及其在中国的表象

"中等收入陷阱"（middle income trap）是世界银行在其第四份关于东亚经济发展研究的报告《东亚复兴：关于经济增长的观点》中提出的概念，其含义是：许多国家常常都能非常迅速地达到中等收入阶段，但只有少数国家能够成功地跻身高收入国家。多数中等收入国家往往陷入经济增长的停滞期，既无法在工资方面与低收入国家竞争，也无法在尖端技术研制方面与发达国家竞争。

"中等收入陷阱"现象十分普遍，像拉美国家、一些南亚国家，以及苏联和东欧等一批社会主义国家，都可以看作陷入"中等收入陷阱"的例子。依据世界银行的收入组别分类，表10-1描述了1980～2009年世界112个国家的收入转换矩阵（income transition matrix）。在1980年属于中等收入组的71个国家当中，属于中低收入组的46个国家，到2009年有22个仍属于中低收入组，12个降入低收入组，余下的12个升至中高收入组；1980年属于中高收入组的25个国家，到2009年有15个仍属于中高收入组，2个降入中低收入组，余下8个升至高收入组。这就是说，1980年的71个中等收入国家，在1980～2009年的29年间，仅有8个进入高收入国家行列，余下63个即有89%仍处于"中等收入陷阱"之中。可见，陷入"中等收入陷阱"无疑是个大概率事件。

表10-1　　　　　　　　　世界收入转换矩阵（1980～2009年）

	低收入	中低收入	中高收入	高收入	合计
低收入	11	4	0	0	15
中低收入	12	22	12	0	46
中高收入	0	2	15	8	25
高收入	0	0	0	26	26
合计	23	28	27	34	112

资料来源：Pen World Table 6.0。转引自姚洋（Yao Yang，2014）。

考察"中等收入陷阱"国家的社会经济发展状况，可以发现一些普遍特征，包括创新能力不足、金融体系脆弱、收入差距过大、公共服务短缺等。此外，这些国家还不同程度地出现了就业困难、贫困集中、城市化失序、腐败严重、社会动荡等诸多问题。

不难看出，当前中国已经呈现出"中等收入陷阱"的若干特征，主要表现在：

（1）增长动能减弱，经济转型困难。随着劳动力成本的抬升、2008 年全球金融危机以来外需的减弱以及房地产发展黄金期的结束，依靠外需和投资拉动、以低效率、高能耗、高污染为特征的粗放型增长方式已经难以为继。为了避免陷入"中等收入陷阱"，中国经济必须实现增长方式的转型升级，即实现从要素驱动、数量扩张的粗放型增长方式向创新和效率驱动、质量效益的集约型增长方式的转变。然而，对于低成本粗放型增长方式的惯性依赖，加上研发创新能力和品牌营销能力的普遍缺乏，要实现从低端制造到高端创造的升级，困难重重。

（2）债务风险突出，金融抑制明显。为了响应城市化所带来的对市政设施建设的庞大需求，加上分税制、地方官员晋升锦标赛、四万亿刺激计划等因素的共同作用，地方政府债务规模过大，债务风险凸显。与此同时，银行业集中度偏高，资本市场发展滞后，货币政策传导机制不畅，金融监管水平偏低，利率市场化和汇率形成机制改革迟缓等问题的存在，集中反映出一个深受抑制并且相对脆弱的金融体系。

（3）收入分配不公，城乡差距拉大。1981 年中国居民收入基尼系数仅为 0.29，是世界上收入分配最平等的国家之一。2008 年，国家统计局公布的全国居民收入基尼系数达到峰值 0.491，此后逐年下行，2015 年为 0.462。尽管普遍认为国家统计局公布的数值低于实际情况，但也远超 0.40 的国际警戒线，并且超过美国和世界上多数同等发展水平国家。与其他国家相比，中国经济的一个典型特征是城乡居民收入差距的不断拉大。1985 年，中国城乡居民收入比约为 1.8:1，而在 2007～2010 年达到 3.3:1，这一数值高居世界之最。

（4）公共服务短缺，资源分配不均。经过多年的改革开放，中国已经从生存型阶段迈入发展型阶段，社会对教育、健康、养老等公共服务的需求快速增长，而滞后发展的民生财政却难以响应公众的需求。像上学难、看病难、就业难、养老难、房价高、环境污染重等问题，已经成为城乡居民普遍面临的难题。与此同时，城乡之间、地区之间在基础设施、教育、文化、医疗等公共服务水平上的差距相当明显。

毋庸讳言，中国陷入"中等收入陷阱"的风险正在加大，倘若不能及时、准确地找到正确的应对策略，那么，中国经济持续发展的动能很可能迅速衰竭，经济增长将出现大幅波动甚至长期陷入停滞，以至于无法突破发展瓶颈、进入高收入国家行列。

第3节　人力资本是跨越"中等收入陷阱"的原动力

陷入"中等收入陷阱"的原因很多，最近的一些典型文献，如卡拉斯和库利（Kharas and Kohli，2011）、伊成格林等（Eichengreen et al.，2013），着重关注两个方面：一是收入分配的不平等，二是人力资本投资的不足。

国际经验表明，"中等收入陷阱"经常和收入不平等问题联系在一起。比较日本和亚洲四小龙等东亚经济体的成功模式，以及阿根廷、巴西、墨西哥等拉美经济体的失败模式，一个典型的表现是，东亚经济体（除中国香港外）在突破"中等收入陷阱"的进程中保持了相对平等的收入分配格局，而拉美经济体在30年的经济停滞过程中却一直伴随着世界上最为严重的收入差距水平。数据显示，2006年，拉丁美洲最富有的20%人口的平均收入是最贫穷的20%人口的平均收入的20倍。同年，拉美各国的基尼系数都在0.45以上，其中阿根廷和墨西哥为0.53，巴西高达0.61，这些数据远高于OECD国家0.35的平均水平。

显然，从收入分配格局看，尽管中国最近几年来的基尼系数似乎处于下行的通道中，但目前的收入不平等状况依旧不容乐观；加上人口老龄化、就业困难，以及教育、医疗等公共服务短缺问题的严重性，许多专家认为，中国应当大幅度提高民生性财政支出的力度和规模，以迅速扭转当前收入差距大、贫富分化明显的格局，同时刺激国内居民的消费需求，以推动中国经济的升级转型和持续发展。

然而，这一试图通过收入再分配和福利赶超方式以避免"中等收入陷阱"的应对策略和路径选择，无疑是错误的。一方面，从可行性上说，当前中国政府的债务水平已经接近，甚至有可能突破国际警戒线；在经济步入新常态、政府收入增速放缓的情况下，大幅提升民生财政支出必然带来过大的财政赤字，导致政府债务风险加剧，引发财政金融危机。另一方面，从经验教训上说，日本等东亚模式的成功，本质上走的是在先经济增长、后收入增长的过程中适当调整收入差距的道路；[①] 而阿根廷等拉美模式的教训，恰恰在于落入福利赶超的"增长陷

---

① 关于日本实行"国民收入倍增计划"突破"中等收入陷阱"的分析，参见智佳佳：《日本实施"国民收入倍增计划"经验教训及其启示》，载于《亚太经济》2014年第1期，第70~73页。

阱"之中。① 对于当前的中国来说，适度提高社会保障和公共服务水平固然是民生发展的需要，也是实践包容性发展的重要内容，但要特别注意不能超越发展阶段，要避免强调分配而忽视增长的做法。

因此，要成功跨越"中等收入陷阱"，不可将目光聚焦在再分配和福利赶超上，而仍要强调经济增长的核心地位以及初次分配（即在生产领域中形成的收入分配）的重要性。而这正是强调技术进步和人力资本积累的新增长理论带给我们的启示。

新增长理论认为，一国经济的增长源于劳动、物质资本、人力资本、技术进步等要素。在一个经济体从低收入迈向中等收入的过程中，可以依赖低廉的劳动力和较高的物质资本积累来实现增长。然而，廉价劳动力的供给是有限的，而物质资本积累终究要受到资本边际报酬递减的约束。因此，单纯依靠劳动和物质资本投入的经济是难以维系长期增长的。一国若要实现经济的长期持续增长，实现从中等收入向高收入的跨越，只能依靠技术创新和人力资本开发。

从国际分工体系的角度看，那些落入"中等收入陷阱"泥潭的经济体绝大多数遭遇了"高不成、低不就"的情况：一方面因技术创新能力不足，导致在高端产业上无法与发达经济体竞争，即"高不成"；另一方面，由于劳动力、土地等要素成本上升，导致低端产业被更具竞争力的其他经济体争夺过去，即"低不就"。而要摆脱这种"高不成、低不就"的尴尬境地，避免落入"中等收入陷阱"，只能依靠创新驱动，推动产业向中高端迈进。

创新是科技知识的增进，而科技知识是一个包含从高度抽象的知识延伸到高度应用性知识的连续区间。该区间的一端是具有广泛应用性的基础科学知识，如勾股定理、量子力学理论、疾病的基因理论等；另一端则是有关具体产品的使用知识，如怎么去除新装修房子的异味等。位于区间之内的则是大量的思想，如从无人机的发明到口味更好的软饮料的配方等。

创新是灵感的迸发，它来源于科学研究基础之上的人类思维活动。因此，创新离不开人才的培养，离不开人力资本投资。伊成格林等（2013）提供的经验证据表明，日本、韩国等东亚经济体之所以能够成功实现从中等收入到高收入国家的历史性转变，固然是多个因素共同促成的结果，但最为关键的是重视人力资本投资。可见，无论是新增长理论的基本结论，还是国际上的经验教训，都已经充分表明，人力资本是摆脱"中等收入陷阱"的关键因素和原动力。

---

① 关于拉美福利赶超现象的分析，参见樊纲、张晓晶：《"福利赶超"与"增长陷阱"：拉美的教训》，http://www.neri.org.cn/special/200801fg.pdf。关于阿根廷因实施福利民粹主义而陷入"中等收入陷阱"的分析，参见房连泉：《庇隆时期的社会政策：兼论阿根廷福利民粹主义传统的影响》，载于《国际经济评论》2015 年第 6 期，第 55 ~ 77 页。

第 4 节　提升人力资本水平的基本策略

人力资本是劳动者因其所具有的知识和技能而形成的一种特定的生产性资本储备，这些知识和技能主要来自教育和培训，也包括从实际工作经验中获得。人力资本作为生产性资本的价值取决于这些知识和技能在劳动力市场上能够得到的报酬。和物质资本（包括建筑物、机器设备、自然资源等）一样，人力资本有助于提高生产产品和服务的能力。因此，在促进经济增长方面，人力资本至少和物质资本具有同等重要的地位。

人力资本投资——即对劳动者的知识和技能所做的投资——主要发生在三个阶段：一是早期儿童阶段。在这一时期，家庭所拥有的资源及其所能提供的指导，加上社会文化环境和早期的正规学校教育，直接影响到一个人的基本语言能力和数学能力、对待学习的态度、总体的身体健康状况以及寿命预期（这些因素将影响一个人的工作能力）。二是青少年阶段。在这一时期，一个人大多通过成为高中、大学或某一职业培训项目中的全日制学生的方式，获得知识和技能。三是进入劳动力市场之后。在这一时期，劳动者一般通过在职培训、短期项目培训或者上夜校等方式，增加自己的人力资本投资。

以上分析表明，人力资本投资是有着多重内涵的，它不仅包括正规的学校教育，而且还包括家庭教育和在职培训，有时还包括卫生与健康方面的投资[①]。可见，尽管绝大多数文献都简单地把劳动者的受教育年限作为人力资本的衡量指标，但这种做法纯粹是出于学术研究上的便利，并非事实本身。

进一步考察人力资本与科技创新之间的关系。罗默（Romer，2009）指出，在推进科技进步和知识发展方面，最重要的是四项主导因素：对基础科学研究的支持，研发和创新的私人激励，人才可选择的机会，以及干中学。

第一，基础科学知识是人人皆可免费获得的公共产品，从事基础科学研究并不是由可以从市场中获利的欲望所驱动的，而是源于对知识的热爱、对声望的渴求，同时还因为它受到政府、富人和慈善团体等的支持。在现代社会中，基础科学研究的绝大多数成果来自研究型大学及其他科研机构。

第二，许多创新活动——其范围涵盖新产品的研制到对现有产品的细微改进——很少得到外部的支持，而几乎完全是受私利驱动的。不过，由于技术知识存在外溢性，因此，要激励研发活动，就需要赋予新思想的开创者独享使用其思想

---

① 参见 Todaro，Michael P. and Stephen C. Smith（2014）. *Economic Development*，12th Edition，Person：382～436。

的权利，并且可以向最终产品的生产者出售许可使用权。像专利权、专有权等知识产权保护法律的创设，正是为了因应这方面的需要。

第三，重大的技术创新和知识进展通常由高智商的人做出，而对他们来说，除了从事知识创新和开发产品来说，通常还有其他的机会可供选择，如成为政治家、军事家、哲学家、金融家等。因此，一些影响高智商者的经济激励和社会力量对于创新来说意义重大，包括明晰的产权体系、优良的商业环境、良好的政府治理等。

第四，干中学（learning by doing）指的是个人在生产产品过程中取得的技术革新和知识积累。干中学的技术进步效应不是刻意努力的结果，而是现有生产活动的副产品。之所以如此，是因为个人在制造产品的过程中，很可能会思考怎么对生产制造过程加以改进。于是，即使没有额外的经济资源投入到研发活动中，传统的经济活动仍有可能借助干中学而获得技术上的进步。

通过上述分析，我们不难看出，在推动创新的四项主导因素中，第一项因素和大学及其他科研机构密切相关；第二项和第三项涉及专利保护、产权保护、商业环境、政府治理水平等社会基础结构（social infrastructure），关乎人力资本的配置问题；第四项则与职业技术教育、在职培训等密切相关。

基于上述理解，提升中国人力资本水平的基本策略是：以研究型高校及其他科研机构作为达到或逼近科技前沿的主要通道；以职业教育和在职培训作为增进干中学技术进步效应的基本手段；通过公共政策和制度变革改善人力资本的配置效率。

第 5 节　提升中国人力资本的政策举措

遵照以上基本策略或政策思路，提升中国人力资本的具体举措主要包括：

1. 对高校实施分类改革，将研究型高校及其他科研机构确立为引领中国科技创新的主导力量

跨越"中等收入陷阱"的实质就是要突破前沿技术创新能力不足的瓶颈，而要突破瓶颈，就必须倚重研究型高校及其他科研机构所代表的科技攻坚体系。范登布奇等（Vandenbussche et al.，2006）发现，当一国远离技术前沿时，技术模仿是全要素生产率和经济增长的主要引擎；而当一国接近技术前沿时，其经济增长越来越依赖于技术创新，高技能型人力资本较一般人力资本更能推进增长。因此，远离技术前沿的低收入国家应该更多投资于基础教育，因为它们更需要通过技术模仿来获得增长；而接近技术前沿的国家就当更多投资于高等教育，因为这样可以通过技术创新来达到技术前沿。

可见，要突破中国在全球科技前沿领域创新能力上的瓶颈，完成对"中等收入陷阱"的跨越，就必须将研究型高校及其他科研机构确立为引领中国科技创新的主导力量。为此，当务之急是将已有的高校明确定位为研究型和应用型两类。研究型大学以基础科学研究和重大前沿攻关为己任，应用型大学以实用技术革新和职业技术技能培养为重心。前者的发展需要更集中、更有力的政府资源倾斜和更灵活、更开放的教学科研管理机制；后者的发展需要更加密切地响应市场对于实用型技术人才和专门职业人才的需求，并且更多地从市场和社会中获取资源。

2. 对现有中学教育结构进行调整，将加强职业技术教育作为增进干中学技术进步效应的重要途径

在当前的劳动力市场上，一边是企业用工需求量增大，却招不到所需的人员；另一边是大学毕业生、农民工和失业人员增加，却找不到合适的工作。这种"招工难"和"就业难"并存的结构性失衡状况，凸显了中国教育结构的不合理和在职技能培训服务供给的短缺。

在正规教育方面，近年来普通高中和大学招生数迅速增加，但职业中学、技术学校和高等职业技术学校学生的比例却增长缓慢，二者之间的差距迅速扩大。数据显示，高校和普通中学在校生占 15～24 岁人口的比重从 1990 年的 23% 增加到 2010 年的 44%，而职业中学和技校在校生的占比仅由 1990 年的 2% 增加至 4%。① 多数适龄人群试图从事白领工作的愿望，与就业市场对蓝领工人的强劲需求之间形成了矛盾，劳动力供求之间错配的现象严重。为此，一部分普遍高中和绝大部分本科院校应当将目光瞄向现实的社会和市场需求，实现向职业型、应用型高中和大学的转型。这一方面可以解决劳动力市场面临的结构性失衡的矛盾；另一方面可以通过就业规模的扩增，提升干中学的技术进步效应。

3. 重视在职培训，借助政府资金和政策倾斜、改革薪酬与晋升机制等手段，将在职技能培训作为增进干中学技术进步效应的又一重要途径

中国当前劳动力大军的主体是 2.4 亿进城务工人员，他们当中的 80% 只具有初中及以下的教育水平，且绝大多数人不可能再接受正规学校的教育。鉴于他们在未来很长的一段时间内仍旧是中国劳动力大军的主体，因此，重视对他们的在职培训就显得尤为重要。

一种做法是，要求工人在进入工厂前都要经过两年左右的职业技术培训，政府通过发放"教育券"的方式向他们提供培训费用方面的补助，同时通过补贴

---

① 资料来源：Wind 资讯。

培训学校的方式分配财政教育资金。此外，为了更好地激励工人，可以推行技术分级制；在工人进入工厂之后，可以根据他们的技术水平、经验和劳动贡献等，相应提升技术岗位等级，并提高薪资水平和相应的福利待遇，以及适时提供高级职业培训乃至进行进修深造的机会。

4. 继续加大财政教育投入，增加国民接受教育的平均年限，全面提升中国人力资本水平

2010 年，中国 15 岁以上人口平均受教育年限为 7.5 年，这一数字不仅远低于美国（13.2）、日本（11.6）等发达国家，甚至不如马来西亚（10.4）、菲律宾（8.4）、泰国（8.0）、拉美 9 国（8.5）[①] 等新兴经济体。而从人均受教育年限的增长态势看，1970~2010 年，拉美 9 国、马来西亚、印度尼西亚、菲律宾、泰国、印度和中国分别增长了 1.1 倍、1.5 倍、1.7 倍、0.8 倍、2.2 倍、2.9 倍和 1.1 倍，中国的增幅相对较低。[②]

人口受教育年限的较低水平固然与较低的国民收入水平有关，但也与政府在教育领域的投入不足有直接的关系。2005 年，OECD 国家的财政教育经费占 GDP 的比重介于 4%~6%，平均稳定在 5% 左右；墨西哥、巴西、智利、俄罗斯、中国等新兴经济体的比重分别为 5.3%、4.4%、3.0%、3.8%、3.0%。这表明，中国财政教育投入水平不仅明显低于发达国家，即便与其他新兴经济体相比，也存在明显差距。近几年来，中国政府在教育领域的投入力度有所加强，即便如此，2014 年和 2015 年财政教育支出占 GDP 的比重也分别仅为 3.62% 和 3.87%。中国于 1993 年提出的到 2000 年实现财政教育支出占 GDP 4% 的目标，到 2015 年仍然未能实现。

人力资本质量的提高有赖于人力资本规模的扩大，而提高国民接受正规教育的平均年限正是壮大人力资本规模，进而提高人力资本质量的重要举措。为此，国家应当继续加大财政资金在教育领域的投入，努力使国民受教育的水准匹配乃至领先于所处的经济发展阶段。

5. 推进制度变革，提升公共治理水平，通过改善社会基础结构增进人力资本的配置效率

当前，中国不仅存在人力资本水平相对较低的问题，而且还存在人力资本在

---

① 拉美 9 国为人口加权平均，这 9 国分别是乌拉圭、秘鲁、巴拉圭、墨西哥、厄瓜多尔、哥伦比亚、智利、巴西和阿根廷。

② 资料来源：Barro, R. J. and Jong-Wha Lee (2010). "A New Data Set of Educational Attainment in the World, 1950-2010", *NBER Working Paper 15902*, Cambridge, MA: National Bureau of Economic Research.

生产性行业和非生产性行业之间严重错配的问题。在美国、俄罗斯和欧洲 10 国①，大学以上学历的劳动者相对均匀地分布在制造业、批发零售、教育、卫生和社会工作、公共管理等行业。而在中国，大学以上学历的劳动者大量沉积在科教文卫等非市场化的事业单位和高度管制的电信、金融等行业。与其他国家形成鲜明对比的是，中国大学生较少配置到制造业和批发零售业等生产性部门。

生产性部门相对较低的人力资本配置格局，阻碍了中国经济增长质量的提高和产业结构的升级。为此，必须通过事业单位改革以及电信金融等现代服务的管制改革，优化人力资本的配置，提高人力资本定价的市场化程度。

第6节 结 论

从"收入倍增计划"②，到"三期叠加"③ 和"新常态"④，再到供给侧结构性改革和跨越"中等收入陷阱"，反映了决策层从理论到实践不断探索、深化认识的过程。如果说推进供给侧结构性改革是在认识经济形势之后选择的经济治理药方的话，那么，"努力跨越'中等收入陷阱'"的提法出现在"十三五"规划中，则反映了决策层应对复杂而严峻的中国经济形势的坚定决心。

从现实情况看，尽管中国落入"中等收入陷阱"的可能性相对较小，但也绝不可掉以轻心。毕竟，在 30 多年的超高速经济增长之后，中国经济呈现出诸如增长动能减弱、经济转型困难等诸多问题。要想成功实现从中等收入经济体向高收入经济体的跨越，必须采取正确的应对策略。

源于经济增长理论和国际经验的启示，要避免落入"中等收入陷阱"，只能依靠技术创新和人力资本投资。由于技术创新的根本还在于人力资本，因此，人力资本是摆脱"中等收入陷阱"的关键因素和原动力！

人力资本的内涵是多重的，提升中国人力资本水平的基本策略包括：以研究型高校及相关科研院所作为达到或逼近科技前沿的主要通道；以职业教育和在职培训作为增进干中学技术进步效应的基本手段；通过制度变革改善人力资本的配置效率。

---

① 欧洲 10 国分别是比利时、瑞士、德国、西班牙、法国、英国、意大利、荷兰、挪威和瑞典。

② 2012 年 11 月党的十八大报告提出"收入倍增计划"，即"2020 年实现国内生产总值和城乡居民人均收入比 2010 年翻一番"。

③ "三期叠加"指中国经济的位置正处于经济增长速度换挡期、结构调整阵痛期和前期刺激政策消化期。该表述于 2014 年 2 月 22 日出现在《瞭望》杂志和新华社通稿列表《十八大以来习近平同志关于经济工作的重要论述》中。

④ "新常态"是习近平于 2014 年 5 月在河南考察时提出的，用于反映新周期中的中国经济已经由原先的高速增长转为中高速增长的态势。

参考文献

［1］孔泾源：《"中等收入陷阱"的国际背景、成因举证与中国对策》，载于《改革》2011 年第 10 期。

［2］拉兰：《丰裕时代的拉丁美洲》，载于青木昌彦、吴敬琏主编：《从威权到民主：可持续发展的政治经济学》，中信出版社 2008 年版。

［3］伊兰伯格和史密斯：《现代劳动经济学：理论与公共政策》（第 10 版），中国人民大学出版社 2015 年版。

［4］罗默：《高级宏观经济学》（第 3 版），上海财经大学出版社 2009 年版。

［5］中国经济增长前沿课题组：《中国经济增长的低效率冲击与减速治理》，载于《经济研究》2014 年第 12 期。

［6］Gill, Indermit and HomiKharas（2007）. *An East Asian renaissance：idea for economic growth*, Washington D. C.：the World Bank.

［7］Kharas, Homi and HarinderKohli（2011）. "What is the Middle Income Trap, Why do Countries Fall into It, and How Can It be Avoided?", *Global Journal of Emerging Market Economics* 3（3）：281 – 289.

［8］Yang, Yao（2014）. "The Chinese Growth Miracle", in *Handbook of Economic Growth*, Vol. 2B, Elsevier B. V..

［9］Eichengreen, Barry, Park Donghyun, and Kwanho Shin（2013）. "Growth Slowdown Redux：New Evidence on the Middle-income Trap", *NBER Working Paper 18673*. Cambridge, MA：National Bureau of Economic Research.

［10］Vandenbussche, Jerome, Aghion, Philippe, and Costas Meghir（2006）. "Growth, Distance to Frontier and Composition of Human Capital". *Journal of Economic Growth*, 11（2）：97 – 127.

第 11 章 生产性消费、人力资本深化与长期经济增长 *

第 1 节 引 言

自 2010 年以来，中国经济增速连续五年出现下滑。经济的持续下行预示着传统依靠外需以及投资需求驱动的经济增长模式面临严峻挑战，亟须寻求新的增长动力。然而，在当前物质资本投资面临经济增长贡献效率及资本回报率双重下降的背景下，中国经济新一轮增长的动力何在？一个自然的选择是，当外需以及内需中的投资需求难以支撑经济持续增长时，提高内需中另一个主要构成——消费需求对经济增长的贡献，就成为宏观经济当局的必然选择。然而，问题在于：在当前中国经济面临巨大转型压力的背景下，能否主要依靠消费需求独撑经济增长大局，顺利实现跨越中等收入陷阱、进入高收入国家行列的目标？

学界对此还是存在较大争议的。一些学者认为，消费需求具备成为中国经济增长主要动力的能力。洪银兴（2013）提出，中国经济增长转向消费拉动有两个方面的原因：一是经济发展水平告别短缺时代，具备了消费需求拉动经济增长的能力；二是经济体制转向了市场经济，市场上形成了消费者主权；孙豪（2015）通过测算和比较 GDP 排名世界前 18

---

* 本章作者：王燕武。

个国家的消费主导型程度，指出处于不同发展阶段的国家，消费主导型的程度各不相同，但经济增长模式最终会趋于消费主导型。中国正处于由投资主导向消费主导的转型阶段。另一些学者则认为，消费需求还不足于成为经济增长的主要动力。林毅夫（2015）通过对比印度、韩国、新加坡以及中国台湾的经济增速放缓，指出本轮中国经济增长下滑更多的是外部性、周期性因素引发的，而并非内部性、体制性因素导致的。因此，他认为，尽管消费需求很重要，但要使消费需求成为拉动经济增长的持续动力，前提是能够带来劳动生产力持续提升的有效投资需求。

本章认为，现有关于消费需求的讨论多集中在总量需求方面，忽略了居民消费结构动态变迁带来的影响，而这可能恰好是解决争议的关键所在。首先，经过三十多年高速经济增长带来的财富积累，中国居民的消费能力和消费观念发生了明显改变。除了物质生活的满足之外，人们越来越追求更为高端的服务消费满足，包括优质的教育、娱乐、文体产品，健康、便捷的生活等。2014 年，中国城镇居民的医疗保健、教育文化娱乐以及其他商品与服务支出占比约为19.94%，比 2013 年提高了 0.38 个百分点，而衣着食品以及住房通信支出的占比则均出现下降。借鉴韩国、日本、美国等发达国家的转型经验，未来 5~20年，中国居民的消费结构将逐渐由实物消费为主转变为服务消费与高质量的实物消费并重，渐趋服务消费为主的消费结构（厦门大学宏观经济研究中心课题组，2016）。其次，依据中国经济增长前沿课题组（2015）的研究结论，这种偏向于"科教文卫体"等现代服务产品的消费结构具有生产消费一体化的特征，有利于广义人力资本提升和创新内生化，并以其外溢性促进传统工业、服务业部门的发展，推动经济结构升级。这意味着，只要居民消费结构能够顺利实现向现代服务消费的转换升级，其变迁的过程自然蕴含着经济增长动力的再造过程。

基于发展经济学的视角，我们可以从一个更为广泛意义上的分类来界定居民消费的结构，即将消费划分为生产性消费和非生产性消费。其中，生产性消费是指能够促进经济增长的消费支出；非生产性消费则是指纯消耗性质的消费支出。经验研究表明，现实生活中，居民的一些消费行为蕴含着再生产属性。例如，居民在食品健康方面的支出有助于提高劳动生产效率，促进经济增长（Leibenstein，1957；Wilford，1973；Strauss J. and Thomas D.，1998；Suchit Arora，2001）；在教育文化方面的支出有利于加快自身技术和经验积累，形成内生人力资本，促进长期经济增长（Steger，2000；Ichiroh Daitoh，2010）。由此，一些研究提出了生产性消费假说（productive consumption hypothesis，PCH）的概念（Ichiroh Daitoh，2010），认为生产性消费将通过提升劳动生产效率或人力资本积累促进经济的长期持续增长。

生产性消费假说的提出有助于更好地理解居民消费和储蓄行为的变化，丰富现代经济增长理论。特别是，生产性消费主要是通过劳动生产效率改进或人力资本积累的方式来促进经济增长，具有自我创新驱动增长的特性。这对于任何一个经济体而言，都是极具诱惑力的。但遗憾的是，现代主流经济学对生产性消费假说并不重视。这一方面是因为已有为数不多的研究发现，生产性消费的经济增长效应更多体现在发展中国家尤其是低收入国家的案例中（Gersovitz，1983；Steger，2002），在发达国家或地区并没有找到相应的经验证据；另一方面，也与早期的生产性消费主要关注营养健康支出对劳动力生产效率的改进，对其研究兴趣集中在微观劳动经济学领域，较少延伸至经济增长领域的探讨有关（Steger，2000）。

本章的工作是在斯蒂格（Steger，2000，2002）理论模型的基础上，借鉴中国经济增长前沿课题组（2015）关于知识产品和通用技术产品的分类，将消费品分为生产性消费和非生产性消费，构建一个两部门的带有人力资本的一般均衡模型，并利用参数校准，模拟分析：（1）生产性消费对均衡增长路径的影响；（2）生产性消费前提下，突破知识部门产品的供给障碍、提升供给效率的经济增长动态效应；（3）居民消费结构升级的经济效应。本章的目的在于：一是通过不同消费品、不同生产部门的划分，更为合理地对生产性消费的经济增长效应进行理论探讨；二是在生产性消费假说的前提下，讨论改进知识产品部门供给效率可能带来的宏观经济效应；三是在前述基础上，进一步分析居民消费结构向生产性消费品（现代服务品或知识产品）升级转换对经济增长的影响。本章认为，由于这些产品消费的再生产属性，以现代服务品为主的消费结构，进而以现代服务品为主的产业结构，不仅可以避免产业"鲍莫尔病"的发生，而且还可以通过人力资本的积累，实现经济的自我创新增长。我们所需要做的仅仅是，突破教育、健康、医疗等现代服务品的供给体制障碍，加快顺应和推进居民消费的结构演进。这对于当前正处于传统物质资本增长动力衰竭、经济增长减速的中国经济而言，无疑是提供了一条转变经济增长方式、实现增长动力转换、跨越经济发展障碍的可行路径。这些是本章对现有文献的边际改进和主要创新之处。

本章接下来的安排如下：第 2 节是文献综述；第 3 节是模型构建；第 4 节是参数校准与均衡分析；第 5 节是有关知识部门供给效率冲击和居民消费结构升级效应的延伸讨论；第 6 节是一些重要参数的敏感性检验；第 7 节是简要结论及政策含义。

第 2 节　文献综述

有关生产性消费的概念可追溯到卡尔·马克思（Karl Marx，1857，1971）

的《政治经济学批判大纲（导论）》①。他指出，消费和生产在一定程度上是统一的，它们彼此创造对方，"彼此又直接是自己的对立面"。他认为，在人类劳动中，生产同时是消费（指的是物质生产和消费），因为原材料和资源是在生产过程中被消耗，消费"表现为一种生产要素"；而另一方面，消费同时也是生产，因为它"会通过某种方式改造人类"。例如，我们通过进食改造身体，使得消费具备生产性。因此，生产和消费"其实是一个帷幕的不同面"②。没有生产，消费就不会存在，生产提供消费对象；同时，没有消费，生产将变得毫无意义，消费是新生产的主要动机，二者相互依存，互相引致。为捕捉这种依存关系，他使用了消费性生产（包括生产性和非生产性劳动）以及生产性消费（包括生产性和非生产性消费）的概念（Hartmann B. J.，2013）。

到 20 世纪 50 年代，一些发展经济学的著作开始逐渐关注生产性消费（Nurkse，1953；Leibenstein，1957），着重从营养支出、劳动效率改进的角度出发，指出生产性消费在满足当前消费需求的同时也会改善劳动者的潜在生产效率，进而提高未来的消费，也就是储蓄。换言之，消费与储蓄并不必然是跨期替代关系，有可能是互补关系，即当期消费的越多，越会促进下一期消费的增长。然而，此后多数文献并没有就此对这一跨期动态效应，进而对储蓄投资行为展开研究，而是转向劳动力市场就业、效率工资等劳动经济学领域的讨论（Stigliz，1976；Bliss and Stern，1978；Dasgupta and Ray，1986）。格尔索维茨（Gersovitz，1983）是一个重要的例外。通过构建一个代际跨期模型，他详细分析了生产性消费对消费和储蓄行为的重要性，认为生产性消费除了满足当前的需要之外，还存在第二种正向效应，包括增加存活率和提高劳动效率，而这有助于解释收入与平均储蓄倾向之间的正向关系。随后，格尔索维茨（1988）进一步概括了三种形式的生产性消费：营养支出、健康努力和教育，指出这些消费项目兼具满足当期消费需求以及提高劳动者潜在生产效率的功能。

近年来，以人力资本为要素供给的内生增长理论结合考虑微观主体行为的动态一般均衡模型（DGE），为研究生产性消费假说提供了新框架和新思路。斯蒂格（2000，2002）从以下两个方面突破了以往研究的局限：一是考虑生产性消费对人力资本的作用，并将其引入标准的 AK 内生增长模型，从而超越早期文献

---

① 在我国和苏联学术界中，一些学者将其称为"政治经济学批判大纲（草稿）"或"《资本论》第一稿"；还有一些学者将其称为"经济学手稿（1857—1858 年）"（《马克思恩格斯选集》第 2 卷，人民出版社 1995 年版，第 1 页）。西方学术界广泛称之为《大纲》（The Grundrisse）。引自：郑吉伟：《评西方学者对〈经济学手稿（1857—1858 年）〉的研究》，载于《马克思主义理论科学研究》2015 年第 4 期。本章引用的版本来自 1971 年由 David McLellan 翻译、纽约 Harper & Row 出版社出版的《The Grundrisse》。

② Karl Marx（1971）. *The Grundrisse*. Translated by David McLellan, New York：Harper & Row, 24–27.

将生产性消费主要用于劳动力市场的讨论限制。这实际上是将生产性消费由营养支出等实物产品消费升级到教育、知识等服务产品消费，前者偏向于影响工作努力程度和劳动效率，后者则更有利于人力资本积累和知识创新；前者适用于微观效率工资理论、就业市场的研究，后者则适用于经济增长方面的讨论；前者偏重于发展中国家或低收入经济体，后者则适合所有经济体。因此，可以说，通过人力资本积累的传递渠道，生产性消费假说（PCH）的应用范围大大得以扩张，尤其是在宏观经济增长层面。二是将分析建立在 DGE 框架下，结合微观主体的消费效用最大化和厂商利润最大化，探讨生产性消费的长期增长效应和动态转移路径，摆脱了以往文献更多运用静态模型分析的研究思路。

最终，基于渐进均衡解和数值模拟的结果，斯蒂格（2000，2002）发现：首先，当消费是生产性时，储蓄率会随着收入的增加而增加。这一结论与格尔索维茨（1983）的代际跨期模型得到的结论相同，但不同的是，格尔索维茨（1983）需要一些特别的参数限制才能得到上述结论，而这里并不需要。其次，新古典增长模型认为，在发展的初级阶段需要高边际产出才能实现经济持续增长，而这往往是难以实现的（King and Rebelo，1993）。而引入生产性消费假说之后，对低收入国家而言，由于生产在消费的同时被激发，且人力资本等内生增长要素也得以积累，因此，只需在一定的边际产出水平下即可实现经济的持续增长。再次，通过生产性消费对经济增长的作用差异，可以解释为何在技术和偏好一致的前提下，各国还具有不同的收入增长速度。而这是传统广义内生增长模型（AK 模型）所难以解释的（Rebelo，1992）。最后，随着储蓄率的提高，资本增速反而出现下降，换言之，收入越高越富有的国家，经济增长的速度会越慢，经济将出现 β 收敛。应该说，这些发现有些是对已有理论研究结论的进一步突破，有些是在一定程度上颠覆了旧有观点，有些则还存有争议。不过，这恰恰反映了生产性消费假说对于丰富现代经济增长理论知识积累的重要性，尤其是对发展中国家而言，上述研究预示着，通过一些政策措施鼓励和适度扶持居民的生产性消费，将有助于经济保持长期持续增长的内生动力，突破不同阶段的增长瓶颈。但美中不足的是，斯蒂格（2000，2002）的理论分析将所有消费都视为生产性消费，同时，也将人力资本和物质资本混为一谈，视为完全替代，这可能会高估生产性消费对人力资本进而对长期经济增长的作用。另外，引入生产性消费之后，模型不存在平衡增长路径（BGP），也无法直接求得均衡解析解。为此，斯蒂格（2000，2002）分别以渐近平衡增长路径和数值模拟来加以替代。

为克服这些不足，古普塔（Gupta，2003）在古普塔（2000）的模型基础上，将消费划分为生产性消费和奢侈性消费。然而，为了便于推导，他没有把生产性消费纳入居民效用函数，而只是考虑奢侈性消费，这意味着生产性消费对居民没有效用。显然，这一假设过于偏离事实情况。同时，他对生产性消费作用于经济增长的传递机制处理也没有延续斯蒂格（2000）设定的人力资本积累路径，而是回归早期的劳动生产效率路径。结果显示，人均收入的长期增长路径是内生决定的，但是动态系统的跨期均衡是不稳定的，并且均衡是非增长的均衡。一郎大东（Ichiroh Daitoh，2010）通过内生化人口增长很好地解决了斯蒂格（2000）模型不存在 BGP 的问题，证实在内点解的情况下，引入生产性消费的线性内生增长模型存在唯一的鞍点均衡。由此，他认为人口增长与收入水平之间呈现"倒 U 型"关系，对低收入国家的援助将有助于这些国家摆脱贫困陷阱。但他同样是将所有消费视为生产性消费。

国内方面，中国经济增长前沿课题组（2015）以及陈昌兵、张平（2016）的研究涉及消费结构与经济增长。尽管他们的研究并没有提及生产性消费，但其设定的知识部门最终产品消费实质上就是一种生产性消费，即生产消费一体化，并且其对经济增长的作用传递机制同样是人力资本的积累。不过，他们的模型设定分析属于局部均衡分析，只涉及生产部分，没有考虑市场出清，缺乏对微观主体消费行为、消费选择的考虑；同时，也只考虑知识部门产品的外溢性，而没有权衡知识部门的资源挤占效应。这些问题的处理可能会影响到其最终的结论，即以知识部门为代表的新生产要素供给将成为中国突破"中等收入陷阱"、迈向高收入增长阶段的关键动力。

为此，接下来，本章将尝试在斯蒂格（2000，2002）理论模型的基础上，借鉴中国经济增长前沿课题组（2015）关于知识部门和通用技术部门的分类，对应地将知识部门的最终产品视为生产性消费，将通用技术部门的产品视为非生产性消费，进而构建一个两部门的带有广义人力资本的 DGE 模型。本章将同时考虑两类产品部门（知识部门和通用技术部门）、两类消费品（生产性消费品和非生产性消费品）、两类资本（物质资本和人力资本），并且假定人力资本与物质资本一样，其积累过程同样需要劳动时间和资本要素投入，同样存在折旧损耗的情况。

第 3 节　模型构建

一、基本假设

1. 厂商

假定经济体中存在两类竞争性生产部门 Y_{1t} 和 Y_{2t}，对应两类产品的消费为 C_{1t} 和 C_{2t}。其中，Y_{1t} 表示知识产品生产部门，其产品更偏向资本密集型和知识密集型，生产除了受部门技术水平 A_{1t}、劳动时间 L_{1t} 和物质资本 K_{1t} 的作用之外，还受到全社会人力资本存量 H_t 的影响，即：

$$Y_{1t} = A_{1t} K_{1t}^{\alpha_1} L_{1t}^{\beta_1} H_t^{\psi} \tag{11.1}$$

这里，遵循罗默（Romer P. M.，1990）将人力资本引入生产函数的设定，假设 $\alpha_1 + \beta_1 + \psi = 1$，满足要素规模报酬不变的条件，体现人力资本的生产要素属性。

Y_{2t} 表示通用技术产品生产部门，其产品更偏向劳动密集型，生产只受到部门技术水平 A_{2t}、劳动时间 L_{2t} 和物质资本 K_{2t} 的作用，并且投入要素满足规模报酬不变：

$$Y_{2t} = A_{2t} K_{2t}^{\alpha_2} L_{2t}^{1-\alpha_2} \tag{11.2}$$

假设两个部门的物质资本折旧率相同，其运动方程分别由下面两个式子给出：

$$K_{1,t+1} = (1 - \delta_k) K_{1t} + I_{1t} \tag{11.3}$$

$$K_{2,t+1} = (1 - \delta_k) K_{2t} + I_{2t} \tag{11.4}$$

δ_k 表示物质资本的折旧率，I_{1t} 表示知识部门的物质资本投资，I_{2t} 则表示通用技术部门的物质资本投资。这样，第 t 期社会总物质投资和物质资本存量分别为：

$$I_t = I_{1t} + I_{2t} \tag{11.5}$$

$$K_t = K_{1t} + K_{2t} \tag{11.6}$$

人力资本则按照下式变化：

$$H_{t+1} = (1 - \delta_H) H_t + I_{Ht} \tag{11.7}$$

δ_H 表示人力资本的折旧率，反映人口老龄化和替代性，新增人力资本需要持续的培训和知识积累才能保持相同的人力资本存量，同时，也反映产业变迁带来的人力资本过时和无效情况；I_{Ht} 表示人力资本的投资，根据特洛斯特尔（Trostel，1993）所采用的方式，假设人力资本投资也需要时间投入，如学习新知识、接受培训等都需要时间，以及资本投入，如人力资本存量等。同时，本章将典型居民对应的知识部门产品消费 C_{1t} 考虑进来，体现为生产性消费。最终，人力资本投资的式子如下：

$$I_{Ht} = B_t E_t^{\varepsilon} H_t^{1-\varepsilon} C_{1t}^{\theta} \tag{11.8}$$

表示人力资本的新增投资由现存的人力资本结合投资在教育上的时间以及知识部门产品消费来生产。其中，B_t 表示人力资本的生产技术效率；E_t 表示学习时间投入，ε 表示学习时间投入的新增人力资产投资弹性，$0 < \varepsilon < 1$，E_t 和 H_t 对新增人力资本投资的贡献满足规模报酬不变条件；θ 表示生产性消费的新增人力资本投资弹性。这里，本章假设 $0 < \theta < 1$，满足 $\dfrac{\partial I_{Ht}}{\partial C_{1t}} > 0$、$\dfrac{\partial^2 I_{Ht}}{\partial (C_{1t})^2} < 0$，表明随着

生产性消费支出的增加，新增人力资本投资会随之增长，但其边际效应是递减的。换言之，与其他生产要素类似，生产性消费不能无限地促进人力资本积累，存在规模报酬递减。

2. 居民

假设经济中生活着具有无限期寿命的典型居民，其偏好由对数形式的效用函数来表示：

$$U(C_{1t}, C_{2t}, O_t) = \ln C_{1t} + \gamma \ln C_{2t} + \eta \ln O_t \tag{11.9}$$

其中，C_{1t} 表示居民对知识部门产品的消费，代表生产性消费；C_{1t} 表示通用技术产品的消费，代表非生产性消费；O_t 表示闲暇；参数 γ 既可以表示为非生产性消费对居民效用的贡献程度，也可以看成是非生产性消费与生产性消费的居民效用贡献之比。γ 越大，表示非生产性消费对居民效用的贡献越大，当 $\gamma > 1$ 时，表示非生产性消费对居民效用的重要性超过生产性消费；当 $0 < \gamma < 1$ 时，则刚好相反。类似的，参数 η 表示闲暇对居民效用的贡献程度。

进一步地，假设居民非闲暇时间可在知识部门劳动时间、通用技术部门劳动时间和受教育时间进行分配，将居民时间标准化为 1 之后，可得：

$$O_t = 1 - L_{1t} - L_{2t} - E_t = 1 - L_t \tag{11.10}$$

二、最优化问题及其求解

1. 厂商

知识产品部门厂商的利润最大化一阶条件为：

$$W_{1t} = \beta_1 Y_{1t} / L_{1t} \tag{11.11}$$

$$R_{1t} = \alpha_1 Y_{1t} / K_{1t} \tag{11.12}$$

通用技术产品部门厂商的利润最大化一阶条件为：

$$W_{2t} = (1 - \alpha_2) Y_{2t} / L_{2t} \tag{11.13}$$

$$R_{2t} = \alpha_2 Y_{2t} / K_{2t} \tag{11.14}$$

假设资本和劳动力要素市场是完全自由流动的，则两部门的竞争性租金价格和劳动力价格将趋于一致：

$$W_{1t} = W_{2t} = W_t = (1 - \alpha_2) Y_{2t} / L_{2t} = \beta_1 Y_{1t} / L_{1t} \tag{11.15}$$

$$R_{1t} = R_{2t} = R_t = \alpha_2 Y_{2t} / K_{2t} = \alpha_1 Y_{1t} / K_{1t} \tag{11.16}$$

2. 居民

典型居民效用的最优化问题为：

$$E_0\left[\sum_{t=0}^{\infty}\beta^t U(C_t, O_t)\right], 0 < \beta < 1 \tag{11.17}$$

不考虑政府部门，居民的预算约束定义为：

$$C_{1t} + C_{2t} + I_{1t} + I_{2t} = W_{1t}L_{1t} + W_{2t}L_{2t} + R_{1t}K_{1t} + R_{2t}K_{2t} \tag{11.18}$$

利用式（11.3）～式（11.6）以及式（11.15）、式（11.16），可将上述预算约束整理为：

$$C_{1t} + C_{2t} + K_{t+1} - (1-\delta_k)K_t = W_tL_{1t} + W_tL_{2t} + R_tK_t \tag{11.19}$$

结合人力资本运动方程式（11.7）和新增人力资本投资式（11.8）、式（11.9）、式（11.10）以及上述式（11.19），可写出对应的拉格朗日函数：

$$\max_{\substack{C_{1t}, C_{2t}, L_{1t}, L_{2t}, \\ E_t, K_{t+1}, H_{t+1}}} \Gamma = \sum_{t=0}^{\infty}\beta^t\left\{\begin{array}{l}\ln C_{1t} + \gamma\ln C_{2t} + \eta\ln(1 - L_{1t} - L_{2t} - E_t) \\ -\lambda_t\left[C_{1t} + C_{2t} + K_{t+1} - (1-\delta_k)K_t - W_tL_{1t} - W_tL_{2t} - R_tK_t\right] \\ -\mu_t\left[H_{t+1} - (1-\delta_H)H_t - B_tE_t^{\varepsilon}H_t^{1-\varepsilon}C_{1t}^{\theta}\right]\end{array}\right\} \tag{11.20}$$

其中，β 是贴现因子，λ_t 表示居民收入的效用乘子，μ_t 表示人力资本的效用乘子。

分别对 C_{1t}、C_{2t}、L_{1t}、L_{2t}、E_t、K_{t+1}、H_{t+1} 求一阶条件，并整理可得：

$$\frac{C_{1t}}{C_{2t}} = \frac{1}{\gamma}(1 + \theta\mu_t I_{Ht}) \tag{11.21}$$

式（11.21）代表典型居民效用最大化时，两类产品消费的最优比例变动取决于生产性消费和非生产性消费对居民效用的贡献程度之比、新增人力资本投资、人力资本效用乘子以及生产性消费对人力资本投资的贡献弹性。可以看出，生产性消费对人力资本投资的贡献弹性 θ 越大，消费结构会越偏向生产性消费。

$$W_t(1 - L_t) = \frac{\eta}{\gamma}C_{2t} \tag{11.22}$$

$$W_t = \frac{\varepsilon}{\gamma}C_{2t}\mu_t\frac{I_{Ht}}{E_t} \tag{11.23}$$

式（11.22）、式（11.23）分别表示在竞争性工资的条件下，典型居民选择在部门劳动或受教育时间与消费之间的最佳权衡关系。

$$\frac{C_{2,t+1}}{C_{2t}} = \beta(R_{t+1} + 1 - \delta_k) \tag{11.24}$$

$$\frac{\mu_t}{\mu_{t+1}} = \beta\left(1 - \delta_H + B_t(1-\varepsilon)\frac{I_{Ht}}{H_t}\right) \tag{11.25}$$

式（11.24）、式（11.25）分别代表非生产性消费的跨期替代条件和人力资本效用乘子的跨期条件，表明典型居民在不同时期进行消费和人力资本投资的影响因素。

3. 总资源约束

在厂商和居民行为确定之后，经济系统的总资源约束条件为：

$$Y_{1t} + Y_{2t} = C_{1t} + C_{2t} + K_{t+1} - (1 - \delta_k)K_t \tag{11.26}$$

三、模型方程

竞争性均衡条件下，上述经济系统将由 19 个方程构成的方程组给出。这些方程描述了内生变量 C_{1t}、C_{2t}、Y_{1t}、Y_{2t}、L_{1t}、L_{2t}、L_t、K_{1t}、K_{2t}、K_t、E_t、R_t、W_t、I_{Ht}、μ_t、H_t 以及 3 个技术变量 A_{1t}、A_{2t}、B_t 的变化特征。假设技术变量服从一阶自回归过程，写成：

$$\ln Z_t = (1 - \rho_z)\ln\bar{Z} + \rho_z\ln Z_{t-1} + \varepsilon_{zt} \tag{11.27}$$

其中，Z_t 包括 $\{A_{1t}, A_{2t}, B_t\}$ 三个变量，$\rho_z = \{\rho_{A1}, \rho_{A2}, \rho_B\}$，$0 < \rho_z < 1$，$\bar{Z}$ 为各技术变量的稳态值，ε_{Zt} 为序列不相关的新息，服从零均值、标准差为 σ_z 的正态分布。

由于涉及的方程及内生变量个数较多，方程组很难直接推导出解析解，为此，本章遵循 DSGE 模型的常用做法，先对各方程进行对数线性化处理，再利用参数校准的方法，对模型方程的均衡解及技术变量的冲击效应进行数值模拟。具体方程组及线性化过程参见附录。

第4节　参数校准与均衡分析

一、参数校准

结合模型方程，需要校准的参数集为 $\{\beta, \gamma, \eta, \delta_k, \alpha_1, \beta_1, \alpha_2, \psi, \delta_H, \varepsilon, \theta, \rho_{A1}, \rho_{A2}, \rho_B\}$。其中，居民部门的参数包括 β、γ、η、δ_k。根据王国静、田国强（2014）的做法，考虑稳态时的季度名义利率可折算为 2%，则折现因子 $\beta = \frac{1}{R} \approx 0.98$；非生产性消费相对于生产性消费的居民效用贡献比值 γ 先设定为 1.5，表示非生产性消费对居民的重要程度要大于生产性消费，符合发展中国家或低收入国家的情况；闲暇对居民的效用贡献 η，则参照郭长林等（2013）、王国静和田国强等（2014）的设定，设为2；物质资本的折旧率 δ_k 采用国内文献较常使用的季度折旧率，设为0.025。

两类厂商部门的参数，包括 $\{\alpha_1, \beta_1, \alpha_2, \psi\}$。根据王小鲁和樊纲（2000）、邹和李（Chow and Li, 2002）的估计结果，将通用技术部门的资本产出贡献弹性 α_2 设定为0.5；而由于假设知识部门的产品更偏向资本密集型，其资本要素对产出的贡献弹性要更大，为此，本章假设 $\alpha_1 = 0.6$；同时，在所有要素规模报酬不变的前提下（$\alpha_1 + \beta_1 + \psi = 1$），将劳动力对知识部门产出的贡献弹性 β_1 和人力资本要素的产出贡献弹性 ψ 均设为0.2。本章将在敏感性检验部分考虑更多的产出贡献弹性设定组合。

人力资本设定的参数包括 $\{\delta_H, \varepsilon, \theta\}$。参照德隆和伊格拉姆（DeJong D. and Ingram B., 2001）以及托雷斯（Torres J. L., 2015）的设定，本章将人力资本的折旧系数 δ_H 以及教育对新增人力资本的贡献弹性 ε 分别设为0.01和0.8。同样的，在敏感性检验部分，本章还将尝试更多的参数数值，以检验模拟结果的稳健性；生产性消费的新增人力资本弹性 θ 则设为在0到1之间变化的可变参数，基准值参照斯蒂格（2000）的设定，设为0.35。三个技术变量的一阶自回归系数统一设定为0.95，标准差为0.01。此外，对模型方程组一阶线性化之后，还需要对部分内生变量的稳态值进行赋值。根据黄赜琳（2005）的估计结果，本章将稳态时的劳动时间 $\bar{L}$ 设为0.542[①]；两个生产部门的技术变量 $\bar{A}_1$、$\bar{A}_2$ 的稳态值设为1，其余内生变量的稳态值则可以由校准的参数及稳态时的方程共同推导得出（参见附录）。最终，本章模型数值求解所需要校准的参数及其对应的赋值见表11-1。

表11-1　　　　　　　　模型参数校准的基准值

β	γ	η	δ_k	α_1	β_1	α_2
0.98	1.5	2.0	0.025	0.5	0.6	0.2
ψ	δ_H	ε	θ	ρ_{A1}	ρ_{A2}	ρ_B
0.2	0.01	0.8	0.35	0.95	0.95	0.95
σ_{A1}	σ_{A2}	σ_B	$\bar{L}$	$\bar{A}_1$	$\bar{A}_2$	
0.01	0.01	0.01	0.542	1	1	

---

① 根据《中国人口与劳动统计年鉴（2015）》给出的数据显示，2013年9月全国城镇就业人员调查周平均工作时间为46.6个小时，除以一周 $7 \times 24 = 168$ 个小时，工作时间占全部时间的比重仅约为0.28。由于缺乏教育时间的投入数据，采用黄赜琳（2005）的总劳动时间设定，实际上意味着本章假设典型居民用于教育的时间比重为0.262，接近每周的工作时间。

二、均衡分析

在均衡增长路径上,模型满足上述方程组,是一个稳态均衡,并且除了工作时间是一个常数之外,其余变量均按照一个不变的增长率增长。据此,两个部门的产出、消费与投资都将按照同一增长率增长,假设增长率为g[①],则$g_{y_1} = g_{y_2} = g_{c_1} = g_{c_2} = g_{I_1} = g_{I_2} = g$。从知识部门的生产函数可以看出,均衡增长路径意味着:

$$g = g_{a_1} g_{K_1}^{\alpha_1} g_H^{\psi} \tag{11.28}$$

其中,g_{a_1}表示稳态时外生技术A_{1t}的增长率,g_{K_1}表示稳态时物质资本K_{1t}的增长率,g_H表示人力资本H_t的增长率。根据知识部门物质资本积累的方程式(11.3)、人力资本积累方程式(11.7)以及新增人力资本投资方程式(11.8),容易得到:

$$g_{K_1} = g_{I_1} = g \tag{11.29}$$

$$g_H = g_{I_H} = g_B g_H^{1-\varepsilon} g^{\theta} \tag{11.30}$$

其中,g_{I_1}表示稳态时知识部门投资的增长率,g_{I_H}表示稳态时人力资本投资的增长率,g_B表示稳态时人力资本投资的生产技术效率增长率。将式(11.29)、式(11.30)代入式(11.28),可得:

$$g = \left(g_{a_1} g_B^{\frac{\psi}{\varepsilon}} \right)^{\frac{1}{1 - \alpha_1 - \frac{\theta\psi}{\varepsilon}}} \tag{11.31}$$

表明,均衡状态下的产出增长可分解为知识部门的技术进步增长以及新增人力资本的生产技术效率增长[②]。其增长路径受到生产性消费的人力资本投资贡献弹性θ、教育时间的人力资本投资贡献弹性ε、人力资本对知识部门产出的贡献弹性ψ以及知识部门物质资本对产出的贡献弹性α_1的影响。

---

① 为避免方程线性化带来的影响,这里的增长率设为$g = \dfrac{X_{t+1}}{X_t}$,X_t代表任意变量。

② 从通用技术部门的角度看,均衡增长路径意味着$g = (g_{a_2})^{\frac{1}{1-\alpha_2}}$,仅受本部门技术进步的影响。当两个部门的均衡产出增长率一致时,意味着$(g_{a_2})^{\frac{1}{1-\alpha_2}} = (g_{a_1} g_B^{\frac{\psi}{\varepsilon}})^{\frac{1}{1-\alpha_1-\frac{\theta\psi}{\varepsilon}}}$。在参数校准值及假设条件约束($\alpha_2 < \alpha_1 + \dfrac{\theta\psi}{\varepsilon} < 1$)下,容易推导出$g_{a_2} > g_{a_1}$(注意,这里的$g_{a_1}$、$g_{a_2}$、$g_B$均是大于1的数值,表示变量的稳态增长率为正),表明通用技术部门的技术进步增长率要高于知识部门。从经济学解释上看,这相当于落后部门可以通过技术模仿和引进实现"蛙跳"进步,而先进部门的技术进步则需要大量的研发投入、时间投入以及知识创新,增长相对缓慢。但整体而言,社会经济增长的驱动力主要来自知识部门的人力资本积累和技术进步,它将首先推动本部门的产出增长和收入提高,再通过技术外溢以及收入外溢的方式,带动通用技术部门的产出和收入增长。

利用表 11 –1 中校准的参数值，同时假设稳态时知识部门技术进步的外生增长率 g_{a1} 以及新增人力资本的生产技术效率增长率 g_B 均为 1.02，即保持 2% 的长期增长速度，可以对上式（11.31）进行直观的数值模拟，并显示各参数数值变

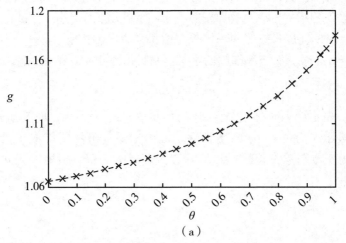

（a）

注：其余参数值为 $\varepsilon = 0.8$，$\psi = 0.2$，$\alpha_1 = 0.6$，$g_{a_1} = g_B = 1.02$。

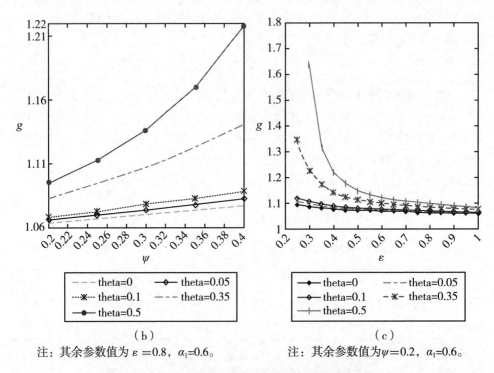

（b）

注：其余参数值为 $\varepsilon = 0.8$，$\alpha_1 = 0.6$。

（c）

注：其余参数值为 $\psi = 0.2$，$\alpha_1 = 0.6$。

图 11 –1　均衡状态下的产出均衡增长数值模拟

化的影响。如图 11-1（a）所示，生产性消费的人力资本投资贡献弹性 θ 越大，均衡状态下的产出增长将越快，表明当生产性消费对人力资本投资的边际效应越强时，其助推长期经济增长的作用也将越大；图 11-1（b）和（c）则分别给出在不同 θ 值情况下，人力资本对知识部门产出的贡献弹性 ψ 以及教育时间的人力资本投资贡献弹性 ε 变化对均衡产出增长率的影响。可以看出，ψ 越大，均衡产出增长得越快；ε 越小，均衡产出增长得越快。说明人力资本对产出的贡献越大，教育时间对人力资本投资的影响越小（为此，人力资本投资的资源挤占效应越小），都将有利于促进经济的长期增长。同时还可以发现，θ 值越大时，均衡产出增长路径的弯曲程度越大。表明生产性消费对人力资本投资的贡献越大，其对均衡产出增长的作用受其他参数的影响也将越大。

第 5 节　延伸讨论

一、知识部门供给效率改善的经济效应

除了均衡增长路径之外，有关生产性消费对于知识部门供给效率冲击效应的影响同样值得关注。由于知识部门被定义为围绕"科教文卫体"等现代服务业产品构建起来的部门（中国经济增长前沿课题组，2015），因此，知识部门的供给效率改善意味着现代服务业的供给改善。目前来看，尽管有不少的文献探讨了各种阻碍现代服务业供给的体制和机制原因（Wang and Wen，2012；徐朝阳，2014），却少有文献去进一步研究改善服务业供给效率的宏观经济效应，更没有文献研究考虑了生产性消费假说之后的叠加效应。

借助前述构建的模型，本章将模拟知识部门的供给效率发生 1 单位标准差正向冲击的宏观经济影响，并对比有无考虑生产性消费假说的效应差别。如图 11-2 所示，可以发现，首先，两种情景下（PCH 表示考虑生产性消费假说；NOPCH 表示不考虑生产性消费假说），正向的技术冲击均会促使产出增长，消费增加和劳动时间提高。这与传统单部门 DSGE 模型下，正向技术冲击对于宏观经济变量的作用方向基本吻合，说明本章模型的模拟结果基本是正确的。其次，分部门来看，由于知识部门受到的冲击更为直接，两种情景下，知识部门的产出、消费、劳动时间的即期增长都要快于通用技术部门。不过，由于劳动时间的增加会挤占受教育的时间，而基准假定中，受教育时间对新增人力资本的贡献较大（$\varepsilon = 0.8$），使得人力资本投资（ih）在即期出现负向变动，同时，人力资本积累（H）也相应地出现先下降后上升的变动趋势；再次，考虑了生产性消费的人力资本积累效应之后，PCH 的情景显示产出、消费和劳动时间的即期增长

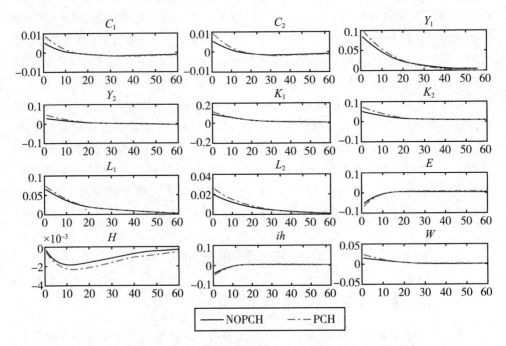

**图 11-2   主要变量对知识部门技术变量 1 单位标准差正向
冲击的脉冲响应函数**

注：PCH 表示考虑了生产性消费假说（$\theta = 0.35$），各变量对冲击的反应见图中虚线；
NOPCH 表示不考虑生产性消费假说（$\theta = 0$），各变量对冲击的反应见图中实线。

效应都将变得更快。其中，知识部门的产出（Y_1）、消费（C_1）和劳动时间（L_1）分别比 NOPCH 的情景提高 22.1%、76.0% 和 13.7%；通用技术部门的产出（Y_2）、消费（C_2）和劳动时间（L_2）则增长得更快，分别比 NOPCH 的情景提高了 47.2%、76.1% 和 38.2%，尽管从绝对数值上看，知识部门的各变量对技术冲击的即期增长效应依旧要高于通用技术部门。这说明，考虑了生产性消费之后，知识部门供给效率改善或技术进步的正向效应会进一步得到强化，形成正向叠加效应。最后，由于劳动时间的进一步增加会加剧对受教育时间的挤占，在基准设定下（$\theta = 0.35$），生产性消费增加带来的人力资本投资正向效应并不足以抵消受教育时间进一步减少所产生的负向效应，导致新增人力投资和人力资本的积累并没有比 NOPCH 的情景出现较大改善，仍然维持负向作用。不过，在提高了生产性消费对人力资本投资的贡献弹性 θ，以及降低了受教育时间对人力资本投资的贡献弹性 ε 之后，人力资本投资和积累的变化都将出现显著转向。这将在本章的稳健性检验部分详细体现。

二、居民消费偏好转变的经济效应

生产性消费对经济增长具有长期正向作用，同时也能够叠加技术冲击对各变量的正向冲击效应，因此，理论上，越偏向生产性消费的居民消费结构，越有利于经济增长和消费提升。如图 11-3 所示，在 [1, 2] 的数值期间内，非生产性消费对居民效用的贡献程度 γ 越小，换言之，居民越偏好于生产性消费，知识部门技术冲击所能够产生的即期产出和消费增长得越快。因此，当一个经济体的居民消费结构转向以"科教文卫体"等能够带来人力资本积累的现代服务品消费为主的消费结构时，其本身就蕴含着驱动经济长期持续增长的内生动力。如果进一步改善其供给效率，满足居民的消费结构转型需求，不但可以避免所谓的"鲍莫尔病"（即由于服务业的生产效率较低，一个经济体的服务业比重越高，经济增长将越慢），还可能会因为此类产品的生产性消费效应，进一步促使知识部门产出增长、消费提升，并外溢至非生产性消费部门的产出增长、消费提升，带动整体经济的长期可持续增长。

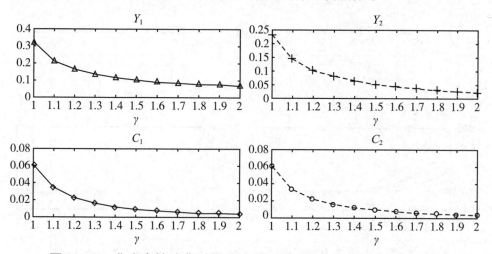

**图 11-3　非生产性消费对居民效用的贡献程度 γ 变化对知识部门
技术冲击即期效应的影响**

注：（1）基于 PCH 的情景；（2）其余变量的脉冲效应函数也基本维持类似变动。简约起见，本章就不给出全部变量的冲击图形显示。图 11-4 和图 11-5 采取同样的处理方法。

第 6 节　重要参数的敏感性检验

一、知识部门生产函数的要素贡献弹性变化

基准模拟中，对于知识部门生产函数的各要素贡献弹性，本章在假设所有要

素规模报酬不变的前提下（$\alpha_1 + \beta_1 + \psi = 1$），将劳动力对知识部门产出的贡献弹性 β_1 和人力资本要素的产出贡献弹性 ψ 均设为 0.2。为检验冲击结果的稳健性，本章考虑另外两种不同的要素贡献弹性数值组合，分别为：$\beta_1 = 0.15$、$\psi = 0.25$ 以及 $\beta_1 = 0.25$、$\psi = 0.15$，即假设知识部门的产出更依赖于人力资本，或是更依赖于劳动力要素。物质资本的要素贡献弹性保持不变，依旧为 $\alpha_1 = 0.6$。结果如图 11 - 4 所示，在不同的要素弹性数值组合下，各变量对知识部门技术变量的一单位标准差正向冲击的脉冲响应函数基本保持相同的作用方向，冲击结果并不随要素弹性数值组合的变化而发生方向性的转变，体现出一定的区间稳健性。同时，知识部门的产出更依赖人力资本要素，ψ 值越大，知识部门技术冲击所引发的产出和消费增长效应将越强。

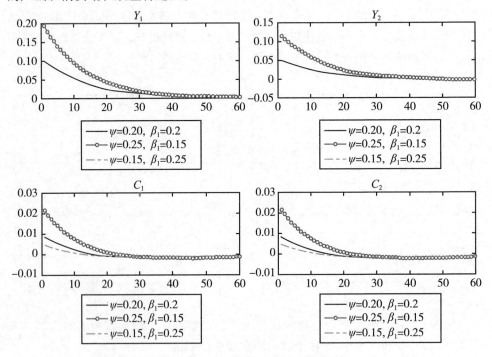

图 11 - 4　知识部门不同要素产出弹性组合的影响

注：基于 PCH 的情景。

二、人力资本投资函数的要素贡献弹性变动

在基准模拟的参数设定（$\theta = 0.35$，$\varepsilon = 0.8$）下，图 11 - 2 的结果显示，生产性消费所带来的人力资本积累效应并不足以扭转教育时间下降对人力资本的负向作用，造成人力资本投资和人力资本的积累在知识部门技术冲击的即期出现下

降。这里，本章重新调整了上述参数组合的数值校准，考虑其他三种情景的搭配，分别为：$\theta = 0.15$、$\varepsilon = 0.9$，$\theta = 0.75$、$\varepsilon = 0.5$ 以及 $\theta = 0.95$、$\varepsilon = 0.2$。结果如图 11 – 5 所示，更大的 θ 值和更小的 ε 值组合会产生更高的产出和消费即期增长效应，尽管上涨的幅度有限。同时，人力资本的新增投资将由负转正，出现即期正向增长。由此，人力资本的积累也将出现先上涨、后下降的趋势。因此，图 11 – 5 显示的结果，一方面再次检验了数值模拟结果在一定的参数区间内保持稳健，并非随机变化；另一方面也说明了，当生产性消费对人力资本投资的贡献越大，同时，教育时间对人力资本投资的贡献越小，知识部门的技术冲击将越可能通过引致生产性消费的增长，进一步对人力资本形成正向叠加效应，从而实现更快更持久的产出增长效应。

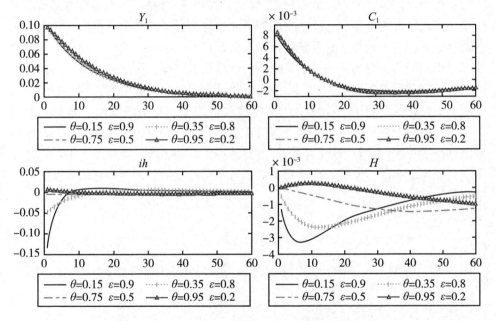

图 11 – 5　人力资本投资函数的要素弹性变动

注：基于 PCH 的情景；图中带加号的虚线表示基准模拟的情况。

第 7 节　简要结论及政策含义

通过一个区分知识产品部门和通用技术产品部门的动态一般均衡模型的设定，本章讨论了带有再生产属性的知识部门产品消费，即生产性消费，可以通过人力资本的累积，促进经济的长期持续增长。数值模拟的结果显示：（1）考虑了知识部门产品消费的再生产属性之后，由于消费的同时蕴含着生产，消费与生产趋于一体化，均衡状态下的经济增长率将得以提升。并且，生产性消费对人力资本的贡献弹性越大，均衡状态下的经济增长率将越高。（2）通过对人力资本投资的促进作用，生产性消费将有助于进一步推高知识部门供给效率改进对部门产出的正向冲击，并外溢至通用技术部门的产出增长和消费增加。（3）在一定的期间范围内，居民消费越偏向于生产性消费，其带来的产出增长效应将越强。部分参数的敏感性分析证实了模拟结果的稳健性。

基于上述结论，本章认为，下一阶段，即5~20年内，随着中国居民消费结构因收入水平的逐步提升而逐渐向更为高端的科学、教育、文体、娱乐、健康等现代服务品消费演进（厦门大学宏观经济研究中心课题组，2016），向个性化、多元化和服务型的消费演进（贾康、冯俏彬，2015），中国经济的增长动力模式蕴含着由传统依靠资源要素的粗放式增长模式向长期可持续的人力资本创新驱动的增长模式转变的可能性。决策层的当务之急应当是顺应居民消费向现代服务品消费升级转换的大趋势，着重解决现代服务品供给效率低下的问题，借助于体制改革、机制创新、市场开放等相关措施，淘汰落后产能，构建能够满足新消费结构的产品和现代服务供给体系，形成有效供给，促进生产性消费，重塑经济增长的新动力。这既有利于当前供给侧结构性改革的加法和乘法操作，做到有的放矢，进一步明晰供给侧结构调整工作的重点和方向；同时，也可避免过剩产能问题的循环出现，使得新形成的供给能力与消费需求相适应，实现以新供给创造新需求、新需求推动新消费、新消费倒逼新产业所产生的创造性破坏的良性产业演进过程。

附　录

一、模型方程

典型居民的拉格朗日函数为：

$$\max_{\substack{C_{1t}, C_{2t}, L_{1t}, L_{2t}, \\ E_t, K_{t+1}, H_{t+1}}} \Gamma = \sum_{t=0}^{\infty} \beta^t \left\{ \begin{array}{l} \ln C_{1t} + \gamma \ln C_{2t} + \eta \ln(1 - L_{1t} - L_{2t} - E_t) \\ - \lambda_t [C_{1t} + C_{2t} + K_{t+1} - (1 - \delta_k) K_t - W_t L_{1t} - W_t L_{2t} - R_t K_t] \\ - \mu_t [H_{t+1} - (1 - \delta_H) H_t - B_t E_t^\varepsilon H_t^{1-\varepsilon} C_{1t}^\theta] \end{array} \right\}$$

对各变量求一阶条件可得：

$$\frac{\partial \Gamma}{\partial C_{1t}} : \frac{1}{C_{1t}} + \theta \mu_t \frac{I_{Ht}}{C_{1t}} = \lambda_t \tag{A1}$$

$$\frac{\partial \Gamma}{\partial C_{2t}} : \frac{\gamma}{C_{2t}} = \lambda_t \tag{A2}$$

$$\frac{\partial \Gamma}{\partial L_{1t}} : \frac{\eta}{1-L_t} = \lambda_t W_t \tag{A3}$$

$$\frac{\partial \Gamma}{\partial L_{2t}} : \frac{\eta}{1-L_t} = \lambda_t W_t \tag{A4}$$

$$\frac{\partial \Gamma}{\partial E_t} : \frac{\eta}{1-L_t} = \varepsilon \mu_t \frac{I_{Ht}}{E_t} \tag{A5}$$

$$\frac{\partial \Gamma}{\partial K_{t+1}} : \beta \lambda_{t+1} (R_{t+1} + 1 - \delta_k) = \lambda_t \tag{A6}$$

$$\frac{\partial \Gamma}{\partial H_t} : \frac{\mu_t}{\mu_{t+1}} = \beta \left(1 - \delta_H + B_t (1-\varepsilon) \frac{I_{Ht}}{H_t} \right) \tag{A7}$$

整理一下，容易得到：

$$\frac{C_{1t}}{C_{2t}} = \frac{1}{\gamma} (1 + \theta \mu_t I_{Ht}) \tag{A8}$$

$$W_t (1-L_t) = \frac{\eta}{\gamma} C_{2t} \tag{A9}$$

$$W_t = \frac{\varepsilon}{\gamma} C_{2t} \mu_t \frac{I_{Ht}}{E_t} \tag{A10}$$

$$\frac{C_{2,t+1}}{C_{2t}} = \beta (R_{t+1} + 1 - \delta_k) \tag{A11}$$

$$\frac{\mu_t}{\mu_{t+1}} = \beta \left(1 - \delta_H + B_t (1-\varepsilon) \frac{I_{Ht}}{H_t} \right) \tag{A12}$$

上述式（A8）~（A12），结合以下方程（A13）~（A26），最终形成包含 16 个内生变量、3 个外生变量的模型方程组：

$$I_{Ht} = B_t E_t^\varepsilon H_t^{1-\varepsilon} C_{1t}^\theta \tag{A13}$$

$$H_{t+1} = (1 - \delta_H) H_t + I_{Ht} \tag{A14}$$

$$Y_{1t} = A_{1t} K_{1t}^{\alpha_1} L_{1t}^{\beta_1} H_t^\psi \tag{A15}$$

$$Y_{2t} = A_{2t} K_{2t}^{\alpha_2} L_{2t}^{1-\alpha_2} \tag{A16}$$

$$(1 - \alpha_2) Y_{2t} / L_{2t} = \beta_1 Y_{1t} / L_{1t} \tag{A17}$$

$$W_t = (1 - \alpha_2) Y_{2t} / L_{2t} \tag{A18}$$

$$\alpha_2 Y_{2t} / K_{2t} = \alpha_1 Y_{1t} / K_{1t} \tag{A19}$$

$$R_t = \alpha_2 Y_{2t} / K_{2t} \tag{A20}$$

$$K_t = K_{1t} + K_{2t} \tag{A21}$$

$$L_t = L_{1t} + L_{2t} + E_t \tag{A22}$$

$$Y_{1t} + Y_{2t} = C_{1t} + C_{2t} + K_{t+1} - (1 - \delta_k) K_t \tag{A23}$$

$$\ln A_{1t} = (1 - \rho_{A_1}) \ln A_1 + \rho_{A_1} \ln A_{1t-1} + \varepsilon_{A_1 t} \tag{A24}$$

$$\ln A_{2t} = (1 - \rho_{A_2}) \ln A_2 + \rho_{A_2} \ln A_{2t-1} + \varepsilon_{A_2 t} \tag{A25}$$

$$\ln B_t = (1 - \rho_B) \ln B + \rho_B \ln B_{t-1} + \varepsilon_{Bt} \tag{A26}$$

二、对数线性化处理

根据对数线性化的式子 $\ln Z_t = \ln Z + \tilde{z}_t$，依次对上述方程进行线性化处理，其中，没有时间下标的变量表示该变量的稳态值，小写且顶上带有"～"的变量表示该变量偏离稳态值的幅度变化，反映其波动率。具体线性化之后的式子如下：

$$\tilde{c}_{1t} - \tilde{c}_{2t} = \frac{\theta \mu I_H}{1 + \theta \mu I_H} (\tilde{\mu}_t + \tilde{i}_{Ht}) \tag{A27}$$

$$\frac{L}{1-L} \tilde{l}_t = \tilde{w}_t - \tilde{c}_{2t} \tag{A28}$$

$$\tilde{\mu}_t + \tilde{i}_{Ht} - \tilde{e}_t = \tilde{w}_t - \tilde{c}_{2t} \tag{A29}$$

$$\tilde{c}_{2,t+1} - \tilde{c}_{2t} = [1 - \beta(1 - \delta_k)] \tilde{r}_{t+1} \tag{A30}$$

$$\tilde{\mu}_t - \tilde{\mu}_{t+1} = [1 - \beta(1 - \delta_H)] (\tilde{b}_t + \tilde{i}_{Ht} - \tilde{h}_t) \tag{A31}$$

$$\tilde{i}_{Ht} = \tilde{b}_t + \varepsilon \tilde{e}_t + (1 - \varepsilon) \tilde{h}_t + \theta \tilde{c}_{1t} \tag{A32}$$

$$\tilde{h}_{t+1} = (1 - \delta_H) \tilde{h}_t + \delta_H \tilde{i}_{Ht} \tag{A33}$$

$$\tilde{y}_{1t} = \tilde{a}_{1t} + \alpha_1 \tilde{k}_{1t} + \beta_1 \tilde{l}_{1t} + \psi \tilde{h}_t \tag{A34}$$

$$\tilde{y}_{2t} = \tilde{a}_{2t} + \alpha_2 \tilde{k}_{2t} + (1 - \alpha_2) \tilde{l}_{2t} \tag{A35}$$

$$\tilde{y}_{1t} - \tilde{l}_{1t} = \tilde{y}_{2t} - \tilde{l}_{2t} \tag{A36}$$

$$\tilde{w}_t = \tilde{y}_{2t} - \tilde{l}_{2t} \tag{A37}$$

$$\tilde{y}_{1t} - \tilde{k}_{1t} = \tilde{y}_{2t} - \tilde{k}_{2t} \tag{A38}$$

$$\tilde{r}_t = \tilde{y}_{2t} - \tilde{k}_{2t} \tag{A39}$$

$$\tilde{k}_t = \frac{K_1}{K} \tilde{k}_{1t} + \frac{K_2}{K} \tilde{k}_{2t} \tag{A40}$$

$$\tilde{l}_t = \frac{L_1}{L} \tilde{l}_{1t} + \frac{L_2}{L} \tilde{l}_{2t} + \frac{E}{L} \tilde{e}_t \tag{A41}$$

$$Y_1 \tilde{y}_{1t} + Y_2 \tilde{y}_{2t} = C_1 \tilde{c}_{1t} + C_2 \tilde{c}_{2t} + K \tilde{k}_{t+1} - (1 - \delta_k) K \tilde{k}_t \tag{A42}$$

$$\tilde{a}_{1t} = \rho_{A_1} \tilde{a}_{1,t-1} + \varepsilon_{A1t} \tag{A43}$$

$$\tilde{a}_{2t} = \rho_{A_2} \tilde{a}_{2,t-1} + \varepsilon_{A2t} \tag{A44}$$

$$\tilde{b}_t = \rho_B \tilde{b}_{t-1} + \varepsilon_{Bt} \tag{A45}$$

三、变量稳态值求解

根据式（A27）~（A45），要求解上述线性方程组，除了要校准参数集合$\{\beta,$ $\gamma, \eta, \delta_k, \alpha_1, \beta_1, \alpha_2, \psi, \delta_H, \varepsilon, \theta, \rho_{A1}, \rho_{A2}, \rho_B\}$ 之外，还需要对一些变量的稳态值进行初值给定。依据稳态值的定义，即 $Z_{t+1} = Z_t = Z$，通过对式（A8）~（A26）的稳态处理可以发现，其中一些变量稳态值与参数之间存在等式约束，无需进行初值假设。

$$\frac{C_1}{C_2} = \frac{1}{\gamma}(1 + \theta\mu I_H) \tag{A46}$$

$$W(1 - L) = \frac{\eta}{\gamma} C_2 \tag{A47}$$

$$W = \frac{\varepsilon}{\gamma} C_2 \mu \frac{I_H}{E} \tag{A48}$$

$$R = \frac{1}{\beta} - (1 - \delta_k) \tag{A49}$$

$$B\frac{I_H}{H} = \frac{1 - \beta(1 - \delta_H)}{\beta(1 - \varepsilon)} \tag{A50}$$

$$I_H = BE^\varepsilon H^{1-\varepsilon} C_1^\theta \tag{A51}$$

$$\delta_H = \frac{I_H}{H} \tag{A52}$$

$$Y_1 = A_1 K_1^{\alpha_1} L_1^{\beta_1} H^\psi \tag{A53}$$

$$Y_2 = A_2 K_2^{\alpha_2} L_2^{1-\alpha_2} \tag{A54}$$

$$(1 - \alpha_2) Y_2 / L_2 = \beta_1 Y_1 / L_1 \tag{A55}$$

$$W = (1 - \alpha_2) Y_2 / L_2 \tag{A56}$$

$$\alpha_2 Y_2 / K_2 = \alpha_1 Y_1 / K_1 \tag{A57}$$

$$R = \alpha_2 Y_2 / K_2 \tag{A58}$$

$$K_t = K_1 + K_2 \tag{A59}$$

$$L_t = L_1 + L_2 + E \tag{A60}$$

$$Y_1 + Y_2 = C_1 + C_2 + \delta_k K \tag{A61}$$

式（A46）~（A61）共 16 个方程，但却有 19 个稳态变量，因此，我们还需要额外设定 3 个变量的稳态值。根据变量的属性及重要性，本章选择两个部门的外生技术变量稳态值以及全部劳动时间的稳态值来外生给定，分别设为：$A_1 = A_2 = 1$，$L = 0.542$。在给定参数集合 $\{\beta, \gamma, \eta, \delta_k, \alpha_1, \beta_1, \alpha_2, \psi, \delta_H, \varepsilon, \theta, \rho_{A1}, \rho_{A2}, \rho_B\}$ 的基准校准值条件下，容易求解上述稳态值方程组。

参考文献

[1] 陈昌兵、张平：《突破"中等收入陷阱"的新要素供给理论、事实及政策选择》，载于《经济学动态》2016 年第 3 期。

[2] 郭长林、胡永刚、李艳鹤：《财政政策扩张、偿债方式与居民消费》，载于《管理世界》2013 年第 2 期。

[3] 洪银兴：《消费需求、消费力、消费经济和经济增长》，载于《中国经济问题》2013 年第 1 期。

[4] 黄赜琳：《中国经济周期特征与财政政策效应——一个基于三部门 RBC 模型的实证分析》，载于《经济研究》2005 年第 6 期。

[5] 贾康、冯俏彬：《"十三五"时期的供给侧改革》，载于《国家行政学院学报》2015 年第 6 期。

[6] 林毅夫：《中国经济仍具备增长潜力》，载于《中国房地产业》2015 年第 21 期。

[7] 孙豪：《消费主导型大国：特征、测度及政策》，载于《社会科学》2015 年第 10 期。

[8] 王小鲁、樊纲等：《中国经济增长的可持续性——跨世纪的回顾与展望》，经济科学出版社 2000 年版。

[9] 王国静、田国强：《财政支出乘数》，载于《经济研究》2014 年第 9 期。

[10] 厦门大学宏观经济研究中心课题组：《需求结构升级转换背景下的供给侧结构性改革》，载于《中国高校社会科学》2016 年第 3 期。

[11] 徐朝阳：《供给抑制政策下的中国经济》，载于《经济研究》2014 年第 7 期。

[12] 郑吉伟：《评西方学者对〈经济学手稿（1857—1858 年）〉的研究》，载于《马克思主义理论科学研究》2015 年第 4 期。

[13] 中国经济增长前沿课题组：《突破经济增长减速的新要素供给理论、体制与政策选择》，载于《经济研究》2015 年第 11 期。

[14] 周学：《构建"微观、中观、宏观三位一体"的经济学理论体系——兼论破解我国内需不足的方略》，载于《经济学动态》2014 年第 4 期。

[15] Bliss, C., and Stern, N. (1978). "Productivity, Wages and Nutrition Part I: Theory", *Journal of Development Economics*, 5: 331 – 362.

[16] Chow, G. C., and Li, K. -W. (2002). "China's Economic Growth: 1952 – 2010",

Economic Development and Cultural Change, 51: 247 – 256.

[17] Dasgupta, P., and Ray, D. (1986). "Inequality as a Determinant of Malnutrition and Underemployment: Theory", *Economic Journal*, 96: 1011 – 1034.

[18] DeJong, D., and Ingram, B. (2001). "The Cyclical Behavior of Skill Acquisition", *Review of Economic Dynamics*, 4 (3): 536 – 561.

[19] Gersovitz, M. (1983). "Savings and Nutrition at Low Incomes", *Journal of Political Economy*, 91 (5): 841 – 855.

[20] Gersovitz, M. (1988). "Saving and Development", in *Handbook of Development Economics*, Volume I, H. Chenery and T. N. Srinivasan (eds.), Elsevier Science Publishers, 382 – 424.

[21] Gupta, M. R. (2003). "Productive Consumption and Endogenous Growth: A Theoretical Analysis", *Keio Economic Studies*, 40 (1): 45 – 57.

[22] Hartmann, B. J. (2013). "Consumption and Practice: Unfolding Consumptive Moments and the Entanglement with Productive Aspects", *Jönköping International Business School*, Dissertation Series, No. 093.

[23] Ichiroh Daitoh (2010). "Productive Consumption and Population Dynamics in an Endogenous Growth Model: Demographic Trends and Human Development Aid in Developing Economies", *Journal of Economic Dynamic and Control*, 34: 696 – 709.

[24] Karl Marx (1971). *The Grundrisse*, Translated by David McLellan, New York: Harper & Row.

[25] King, R. G., and Rebelo, S. (1993). "Transitional Dynamics and Economic Growth in the Neoclassical Model", *American Economic Review*, 83 (4): 908 – 931.

[26] Leibenstein, H. (1957). *Economic Backwardness and Economic Growth*, New York: Wiley.

[27] Nurkse, R. (1953). *Problems of Capital Formation in Underdeveloped Countries*, Oxford: Basil Blackwell, first edition.

[28] Rebelo, S. (1992). "Growth in Open Economies", *Carnegie Rochester Conference Series on Public Policy*, 36: 5 – 46.

[29] Romer, P. M. (1990). "Endogenous Technological Change", *Journal of Political Economy*, 98: 71 – 102.

[30] Steger, T. M. (2000). "Productive Consumption and Growth in Developing Countries", *Review of Development Economics*, 4 (3): 365 – 375.

[31] Steger, T. M. (2002). "Productive Consumption, the Intertemporal Consumption Trade-off and Growth", *Journal of Economic Dynamic and Control*, 26: 1053 – 1068.

[32] Stiglitz, J. (1976). "The Efficiency Wage Hypothesis, Surplus of Labor and Distribution of Income in the LDCs", *Oxford Economic Papers*, 28: 185 – 207.

[33] Strauss, J., and Thomas, D. (1998). "Health, Nutrition, and Economic Develop-

ment", *Journal of Economic Literature*, 36 (2): 766 – 817.

[34] Suchit Arora (2001). "Health, Human Productivity, and Long-Term Economic Growth", *The Journal of Economic History*, 61 (3): 699 – 749.

[35] Torres, J. L. (2015). *Introduction to Dynamic Macroeconomic General Equilibrium Models*, 中文译名《动态宏观经济一般均衡模型入门》, 刘斌译, 中国金融出版社。

[36] Trostel, P. (1993). "The Effect of Taxation on Human Capital", *Journal of Political Economy*, 101 (2): 327 – 350.

[37] Wang, X., and Y. Wen (2012). "Housing Prices and the High Chinese Savings Rate Puzzle", *China Economic Review*, 23 (2): 265 – 283.

[38] Wilford, W. T. (1973). "Nutrition Levels and Economic Growth: Some Empirical Measures", *Journal of Economic Issues*, 7 (3): 437 – 458.

第12章

知识产权保护与中国出口比较优势

第1节 引 言

改革开放 30 多年以来，中国通过充分发挥低劳动力成本所带来的出口比较优势和积极推动外向型经济发展战略，实现了出口的持续增长，目前已成为世界上名副其实的贸易大国。然而，作为全球最大出口国，一个不容回避的事实是，中国以劳动力比较优势为基础的粗放型对外贸易发展模式缺乏可持续发展的空间。随着近年来劳动力成本的不断上升，中国的出口比较优势逐渐被削弱，通过传统的廉价劳动力来获取出口比较优势将难以为继。在此背景下，寻求新型出口比较优势对于保持中国出口持续稳定增长进而带动经济增长显得至关重要。那么，进一步寻求比较优势发挥的空间何在？在传统成本比较优势逐渐削弱和国际贸易环境发生变化的大背景下，如何在继续坚守传统成本比较优势的同时，依靠制度层面的改革和创新来发掘制度比较优势进而促进中国出口增长，已经成为构建中国新型出口比较优势的重要突破口（邱斌等，2014）。事实上，除了劳动力和资本等有形要素能够产生出口比较优势之外，制度质量等无形要素也会影响一国的出口贸易，是一国出口比较优势的重要来源

＊ 本章作者：余长林。

（Levchenko，2007；Nunn and Trefler，2013）。

近年来，许多学者开始从制度层面探讨制度因素对提升一国出口竞争力以及培育出口比较优势的影响，这些能够塑造新型出口比较优势的制度具体包括契约执行制度、法律规则、金融制度和劳动力流动制度等。这些研究对制度因素与出口比较优势的考察是借助行业特征进行的，其共同特征是将行业特征视为国家层面的制度因素影响出口比较优势的渠道，揭示了一国的出口比较优势来源于国家层面的制度因素与行业特征的匹配效果[①]，认为制度质量越高的国家在制度依赖程度越强的行业出口较多，从而具有出口比较优势。对不同具体制度而言，莱文琴科（Levchenko，2007，2013）、科斯迪诺特（Costinot，2009）、纳恩和特莱福勒（Nunn and Trefler，2013）的研究均表明，契约执行制度越完善的国家在契约密集度或契约执行力较高的行业出口较多，因而具有出口比较优势。莱文琴科（2007）、纳恩（2007）、科斯迪诺特（2009）、乔（Chor，2010）、邱斌等（2014）的研究均表明，法律规则越完善的国家在更容易产生合同摩擦和"锁定"（holdup）的行业出口较多[②]。贝克（Beck，2003）、乔（2010）、玛诺瓦（Manova，2013）、邱斌等（2014）的研究均表明，金融发展水平越高的国家在金融依赖程度越高的行业出口较多，从而具有出口比较优势。库纳特和梅利茨（Cunat and Melitz，2007）、乔（2010）的研究均表明，拥有灵活劳动力市场制度的国家在销售额波动较大的行业出口较多，从而产生出口比较优势。

上述研究从理论和实证层面综合考察了不同制度因素对行业出口贸易的影响机制，为我们理解如何提升一国的出口竞争力和培育制度比较优势提供了重要的启示。然而，上述文献鲜有明确考察知识产权保护制度与出口比较优势之间的联系。知识产权保护作为促进国内技术创新和国际技术转移的一项重要制度安排，知识产权保护制度会对一国的出口比较优势产生影响[③]。理论上，知识产权保护制度可能会通过三种途径影响一国的出口比较优势。第一，根据要素禀赋理论，作为一种重要的制度禀赋，一国强化知识产权保护可能会诱致国内企业进行研发和自主创新（Chen and Puttitanun，2005；Qian，2007）[④]，进而能够促进该国研发（专利）密集型产品的相对供给，降低其相对价格，在封闭经济条件下，这

---

① 这是因为，不同行业对生产所需要的制度需求不同，而国家对于不同行业的制度供给也存在差异。实证考察的样本同时具有国家和行业两个维度，核心解释变量是刻画国家层面的制度因素与行业层面的制度依赖程度（或制度密集度）的乘积项。这是"倍差法"（difference-in-difference）估计的变形。

② 这些行业特征主要包括关键要素投入集中度（Levchenko，2007；Chor，2010；邱斌等，2014）、专属性投资联系（Nunn，2007；Chor，2010；邱斌等，2014）、工作复杂度（Costinot，2009；Chor，2010）。

③ 研发和创新本身是一种智力创造的活动，创新过程和成果需要知识产权制度才能产生出口比较优势。

④ 莫泽尔（Moser，2005）通过经济史资料研究发现，专利制度不仅会影响总体发明，而且可能会影响 R&D 投资的部门分配。

将使得该国在研发（专利）密集型产品上具有潜在比较优势。贸易开放以后，随着生产的调整，知识产权保护越强的国家在研发（专利）密集型行业上具有相对更多的产出和出口，从而具有出口比较优势。第二，加强知识产权保护会扩大贸易和外商直接投资（FDI）引致的内向型技术转移（Branstrtter et al.，2006），进而可能会通过提高国内企业或跨国子公司的生产率水平而潜在地扩大其出口能力和出口绩效（Branstetter et al.，2011；Melitz，2003)[①]，进而产生出口比较优势。第三，加强知识产权保护制度可以通过规范契约执行环境，提高契约执行效率，减少生产和营销成本而成为出口比较优势的重要来源（Levchenko，2013；柴江艺和许和连，2012）。

世界贸易组织（WTO）在1994年签署的《与贸易有关的知识产权》（TRIPs）协定生效以来，一些学者开始评估知识产权保护与出口之间的关系（Maskus and Penubarti，1995；Smith，1999；Fink and Primo-Braga，2005；Weng et al.，2009；Falvey et al.，2009；Ivus，2010）。现有文献主要聚焦于进口国（出口目标国）知识产权保护与出口国出口贸易之间的关系。马斯库斯和佩努巴蒂（Maskus and Penubarti，1995）利用1984年OECD的28个细分制造业行业研究发现，进口国加强知识产权保护对OECD国家出口的影响在最低专利敏感性行业中显著为正，而在最高专利敏感性行业中不存在显著影响。同时，在强模仿能力、市场规模较大的进口国，知识产权保护促进了OECD国家的出口；在弱模仿能力、市场规模较小的进口国，知识产权保护阻碍了OECD国家的出口。史密斯（Smith，1999）运用1992年美国制造业出口的截面数据证实，在中低收入国家，知识产权保护显著促进了美国的出口；而在高收入、中高收入和低收入国家，知识产权保护阻碍了美国的出口。芬克和普利莫－布拉加（Fink and Primo-Braga，2005）运用1989年的89个国家双边贸易数据研究发现，进口国的知识产权保护对出口国的高技术产品出口具有不显著的负面影响。法维等（Falvey et al.，2009）运用1970～1999年5个发达国家对69个国家制造业出口数据研究表明，进口国加强知识产权保护对出口国出口的影响依赖于进口国的模仿能力和市场规模。翁等（Weng et al.，2009）运用美国出口到48个国家的贸易数据研究发现，不论是强模仿威胁还是弱模仿威胁的进口国，加强知识产权保护均显著促进了美国信息产品出口。艾维斯（Ivus，2010）运用1962～2000年贸易数据研究发现，加强发展中国家的知识产权保护促进了发达国家高技术行业的出口，这种效应在

---

① 布兰特等（Branstetter et al.，2011）利用美国进口数据研究发现，实施专利权改革的国家会倾向于增加该国对美国出口产品种类的数量。随着一国知识产权保护的加强，只要在一定程度上存在国际技术转移对国内企业的生产率溢出效应，则国内企业更可能进入出口市场。梅利茨（2003）研究发现，生产率更高的企业更容易选择出口。

严格依赖专利保护的行业中最显著。

事实上，一国出口能力的扩张和出口绩效的提升除了受出口目标国知识产权保护的影响外，国内知识产权保护制度也是重要影响因素。国内知识产权保护制度一方面会通过激励国内企业自主研发和创新来提升该国的出口比较优势；另一方面也通过影响中间品贸易和 FDI 所带来的技术溢出效应，进而通过提高国内企业和跨国公司子公司的生产率水平扩大了本国企业的出口能力和出口竞争力。然而，现有研究主要集中于本国知识产权保护对国内自主创新和国际技术转移渠道的影响，直接考察出口国知识产权保护制度对本国出口能力和出口绩效影响的研究尚不多见。布兰特等（2011）利用美国对 16 个国家进口产品分类数据研究表明，这些国家加强知识产权保护水平会增加美国跨国公司当地子公司出口的密度。杨和马斯库斯（Yang and Maskus, 2009）则在理论上对出口国知识产权保护制度与本国出口能力之间的关系给予了一定的解释，他们基于南北贸易分析框架考察了南方加强知识产权保护对南方企业出口决策的影响。研究表明，南方提高知识产权保护水平会促使北方企业增加技术许可转移技术的行为，进而会降低南方企业获取国际知识的边际成本，因而提高了南方企业的出口概率及出口绩效。维克瑙恩（Vichyanond, 2009）在理论和实证上考察了一国的专利权保护水平如何影响不同创新密集度行业的出口，从而讨论了本国知识产权保护制度如何决定一国贸易模式的问题。研究发现，专利保护越强的国家在专利密集度越高的行业出口较多，从而具有出口比较优势。马斯库斯和杨（2013）利用 82 个国家对美国的 136 个三分位制造业行业出口数据研究表明，专利保护越强的国家在专利密集度越高的行业拥有更好的出口表现，且这种效应在 TRIPs 协定签署后及发展中国家样本中更为显著。

综上所述，现有关于知识产权保护与出口之间关系的研究主要集中于考察进口国知识产权保护对出口国出口的影响，考察出口国知识产权保护对本国出口影响的研究较为少见。本章旨在从理论上考察出口国知识产权保护制度对本国出口的影响机制，并考察中国知识产权保护制度对中国出口比较优势的影响及其作用机制。与以往研究不同，本章从知识产权保护制度入手，研究中国如何突破传统成本比较优势，通过本国知识产权保护制度改革来塑造知识产权制度比较优势这一重大现实问题，这对于保持中国出口持续平稳增长以及实现经济可持续增长和发展具有重要的政策含义。有鉴于此，本章在乔（2010）的研究基础上，将反映国家层面的知识产权保护制度与行业特征的变量纳入模型中，从理论上考察了国家层面的知识产权保护对行业出口贸易的影响机制。在此基础上，本章利用 2001~2013 年中国对 95 个国家的 30 个制造业行业出口的面板数据对上述理论分析结论进行了实证分析，结果发现理论分析结论通过了较好的逻辑一致性计量检验。

与现有研究相比较，本章的贡献在于：一是本章在乔（2010）的研究基础上，将反映国家层面的知识产权保护制度与行业特征的变量纳入模型中，从理论上考察了国家层面的知识产权保护对行业出口贸易的影响机制，揭示了知识产权保护与行业特征的相互匹配效应如何影响一国的出口比较优势。二是本章利用 2001~2013 年中国对 95 个国家 30 个制造业行业出口的面板数据，考察了知识产权保护制度与行业特征的相互匹配效应对异质性行业出口的影响差异，目的是探索不同制造业行业对知识产权保护的不同诉求。三是考察了知识产权保护与行业特征的相互匹配效应对不同出口目标国出口的影响差异，以此揭示当前中国知识产权保护制度的现状与问题。四是识别和检验了知识产权保护与行业特征的相互匹配效应对出口比较优势的影响机制，即知识产权保护与行业特征的相互匹配效应通过提高行业生产率促进了中国出口增长。

本章余下的结构安排：第 2 节主要从理论上考察国家层面的知识产权保护制度对行业出口比较优势的作用机制；第 3 节为实证结果与分析；第 4 节为生产率渠道的识别和检验；第 5 节为稳健性估计；第 6 节为结论与政策启示。

第 2 节　理论模型

本节在乔（2010）的研究基础上，将反映国家层面的知识产权保护与行业特征的变量纳入理论模型中，考察国家层面的知识产权保护对行业出口贸易的影响机制，揭示了知识产权保护与行业特征的相互匹配效应如何影响一国的出口比较优势。

一、模型设定

假定世界经济中存在 n 个国家和 k 个行业，$n = 1, \cdots, N, k = 0, 1, \cdots, K$，第 0 个行业的产品是同质的非贸易品，第 $1, \cdots, K$ 个行业的产品是差异化的可贸易品，每个差异化行业的产品种类可表示为 $j^k \in [0, 1]$[①]。

1. 效用

假定国家 n 的代表性消费者的效用函数为如下形式：

$$U_n = (Q_n^0)^{1-\eta} \left(\sum_{k \geqslant 1} \left(\int_0^1 (Q_n^k(j))^{\alpha} \mathrm{d}j \right)^{\frac{\beta}{\alpha}} \right)^{\frac{\eta}{\beta}} \quad \alpha, \beta, \eta \in (0, 1) \quad (12.1)$$

---

① 每个行业的产品种类标准化为 1。为了行文方便，下文将 j^k 简写为 j。

其中，$Q_n^k(j)$ 表示国家 n 在行业 k 中差异化产品种类 j 的消费数量，Q_n^0 为同质品的消费数量。可贸易品的效用采用不变替代弹性（CES）形式，总效用采用贸易品和非贸易品的 C - D 函数形式。$\varepsilon = \dfrac{1}{1-\alpha} > 1$ 为同一行业内部任意两种产品的替代弹性，$\phi = \dfrac{1}{1-\beta} > 1$ 为不同行业之间两种产品的替代弹性。假定 $\varepsilon > \phi$，即同一行业内的产品比不同行业间的产品更容易替代。η 为花费在贸易品上的收入份额。

国家 n 的代表性消费者的预算约束条件为如下形式：

$$p_n^0 Q_n^0 + \sum_{k \geqslant 1} \left(\int_0^1 p_n^k(j) Q_n^k(j)\, \mathrm{d}j \right) = Y_n \tag{12.2}$$

Y_n 为国家 n 的总收入，$p_n^k(j)$ 为国家 n 的第 k 个行业的产品种类 j 的价格，p_n^0 为国家 n 的非贸易品的价格，通过求解效用最大化，得到每种贸易品种类的需求为：

$$Q_n^k(j) = \frac{\eta Y_n (P_n^k)^{\varepsilon-\phi}}{\sum_{k \geqslant 1} (P_n^k)^{1-\phi}} p_n^k(j)^{-\varepsilon} \quad k \geqslant 1 \tag{12.3}$$

其中，P_n^k 为国家 n 在产业 k 中的总体价格指数，满足 $(P_n^k)^{1-\varepsilon} = \int_0^1 (p_n^k(j))^{1-\varepsilon} \mathrm{d}j$。根据效用最大化，可得同质的非贸易品的需求为 $Q_n^0 = \dfrac{(1-\eta) Y_n}{p_n^0}$。

2. 产品价格

假定每种产品种类的市场完全竞争，生产技术规模报酬不变，固定成本为 0，因而所有生产者在国内均以单位生产成本定价。考虑向国家 n 供给行业 k 中的产品种类的市场，世界上所有的 N 国均是该产品种类的潜在生产者。遵循伊顿和科顿姆（Eaton and Kortum, 2002）的做法，我们将国家 i 出口到国家 n 的第 k 个行业产品种类 j 的价格 $p_{ni}^k(j)$（下标 n、i 分别表示进口国和出口国）表达成如下形式：

$$p_{ni}^k(j) = \frac{c_i^k d_{ni}^k}{z_i^k(j)} \tag{12.4}$$

其中，c_i^k 为出口国 i 的第 k 个行业的单位生产成本；d_{ni}^k（假定 $n \neq i$ 时，$d_{ni}^k > 1$；$n = i$ 时，$d_{ni}^k = 1$）为地理距离或政策壁垒所引起的冰山运输成本（贸易成本），由于不同产品运输成本不同（如产品重量、行业关税等），因此允许 d_{ni}^k 可能因行业而异；$z_i^k(j)$ 为国家 i 生产产品种类 j 的生产率。

通过求解成本最小化问题可以得到单位生产成本 c_i^k。假设企业生产函数为生产要素投入的 C – D 函数形式，要素收入份额不变，则单位生产成本可以表达成 $c_i^k = \prod_{f=0}^{F} (w_{if})^{s_f^k}$，其中，$f = 0, 1, \cdots, F$ 表示生产要素，w_{if} 表示国家 i 的生产要素 f 的价格，s_f^k 为行业 k 中生产要素的收入份额，在生产技术规模报酬不变的条件下，满足 $\sum_{f=0}^{F} s_f^k = 1$，每个生产者视 $w_{if}s$ 给定。

3. 生产率

一般而言，国家的制度因素与行业特征的相互匹配作用会影响一个行业的生产率，进而会影响到该行业所生产产品的价格，因而会产生制度比较优势（Levchenko，2007；Nunn，2007；Chor，2010；邱斌等，2014）。知识产权保护作为促进技术创新和规范契约实施环境的一项制度安排，会对一个行业的技术创新和契约执行效率产生重要影响（Aghion et al.，2013；柴江艺和许和连，2012），即知识产权保护制度与行业的研发密集度（专利密集度）的相互匹配作用也会影响到一个行业的生产率①，进而对该行业生产产品的价格产生影响，因而知识产权保护制度与行业特征的相互匹配作用也会产生相应的知识产权保护制度比较优势。此外，一国在某一行业上的生产率还可能受到随机冲击（stochastic stock）的影响，进而对行业所生产产品的价格产生影响，有利的随机冲击会通过提高该行业的生产率而降低了产品价格，因而会促使该行业对外出口（Chor，2010）。基于上述分析，参照乔（2010）的做法，将生产率的对数形式设定为：

$$\ln z_i^k(j) = \sum_{\{S,I\}} \gamma_{SI} IPR_i I_i^k + \gamma_0 \zeta_i^k(j) + \lambda_i + \mu_k \qquad (12.5)$$

其中，IPR_i 表示国家 i 的知识产权保护强度；I_i^k 表示国家 i 的行业 k 的行业特征，如研发密集度、专利密集度等；$\zeta_i^k(j)$ 表示国家 i 的行业 k 的产品 j 受到的随机冲击因素；γ_{SI} 表示知识产权保护与行业特征的相互匹配作用系数，γ_0 表示随机冲击的影响，λ_i 和 μ_k 分别表示出口国和行业的固定效应。

理论上，如果国家层面的知识产权保护制度和行业特征产生较好的相互匹配效应并提高该行业的生产率，则 $\gamma_{SI} > 0$，这表示知识产权保护水平越强的国家在研发密集度（专利密集度）越高的行业的生产率也越高②，从而降低了该行业所生产产品的价格；反之，如果 $\gamma_{SI} \leq 0$，则表示知识产权保护与行业特征的相互匹

---

①② 本章的经验研究结论验证了这一点。

配效应不利于提高该行业的生产率。

将式（12.5）代入式（12.4）得：

$$p_{ni}^k(j) = \frac{c_i^k d_{ni}^k}{\exp(\sum\limits_{\{S,I\}} \gamma_{SI} IPR_i I_i^k + \gamma_0 \zeta_i^k(j) + \lambda_i + \mu_k)} \qquad (12.6)$$

遵循乔（2010）的设定，假定随机冲击因素 $\zeta_i^k(j)$ 服从 Gumbel 分布，由于 $p_{ni}^k(j)$ 是 $\zeta_i^k(j)$ 的函数，因而 $p_{ni}^k(j)$ 也服从 Gumbel 分布，即国家 i 出口到国家 n 的第 k 个行业的产品种类 j 的价格分布为：

$$G_{ni}^k(p) = \text{prob}\{p_{ni}^k(j) < p\} = 1 - \exp\{-(c_i^k d_{ni}^k)^{-\theta} p^\theta \varphi_i^k\} \qquad (12.7)$$

其中，$\theta > 0$ 表示行业 k 中的产品差异化程度，$\varphi_i^k = \exp\{\theta \sum\limits_{\{S,I\}} \gamma_{SI} IPR_i I_i^k + \theta \lambda_i + \theta \mu_k\}$。

二、行业贸易

假定进口国 n 从行业 k 中进口产品 j 的最低价格为 $p_n^k(j) = \min\{p_{ni}^k(j) : i = 1, \cdots, N\}$，则行业 k 的价格也服从 Gumbel 分布，即：

$$G_n^k(p) = 1 - \prod_{i=1}^N [1 - G_{ni}^k(p)] = 1 - \exp\{-(\sum_{i=1}^N (c_i^k d_{ni}^k)^{-\theta} \varphi_i^k) p^\theta\} \quad (12.8)$$

假定 π_{ni}^k 为国家 i 成为最低价格提供者的概率，即进口国 n 从国家 i 进口产品 j 的概率为 π_{ni}^k，其表达式为：

$$\pi_{ni}^k = \int_0^\infty \prod_{m \neq i} [1 - G_{nm}^k(p)] dG_{ni}^k(p) = \frac{(c_i^k d_{ni}^k)^{-\theta} \varphi_i^k}{\sum_{m=1}^N (c_m^k d_{nm}^k)^{-\theta} \varphi_m^k} \qquad (12.9)$$

令 X_{ni}^k 为国家 i 出口到国家 n 的行业 k 的价值（出口值），$X_n^k = \sum\limits_{i=1}^N X_{ni}^k$ 为进口国在行业 k 的总消费。由于进口国 n 从任何国家 i 进口产品的价格服从 Gumbel 分布，这种价格分布并不依赖于出口商的性质，因而进口国 n 从任一国家 i 进口产品的比重也为 π_{ni}^k（Eaton and Kotum，2002；Chor，2010），即：

$$\pi_{ni}^k = \frac{X_{ni}^k}{X_n^k} = \frac{\pi_{ni}^k \int_0^\infty \int_0^1 p_n^k(j) Q_n^k(j) \, dj \, dG_n^k(p_n^k)}{\sum_{i=1}^N \pi_{ni}^k \int_0^\infty \int_0^1 p_n^k(j) Q_n^k(j) \, dj \, dG_n^k(p_n^k)} = \frac{(c_i^k d_{ni}^k)^{-\theta} \varphi_i^k}{\sum_{m=1}^N (c_m^k d_{nm}^k)^{-\theta} \varphi_m^k}$$

$$(12.10)$$

则国家 n 消费本国商品的比重为：

$$\frac{X_{nn}^k}{X_n^k} = \frac{(c_n^k)^{-\theta} \varphi_n^k}{\sum_{m=1}^N (c_m^k d_{nm}^k)^{-\theta} \varphi_m^k} \tag{12.11}$$

由式（12.10）和式（12.11），可得：

$$X_{ni}^k = X_{nn}^k \cdot \frac{(c_i^k d_{ni}^k)^{-\theta} \varphi_i^k}{(c_n^k)^{-\theta} \varphi_n^k} \tag{12.12}$$

将 $\varphi_i^k = \exp\{\theta \sum_{\{S,I\}} \gamma_{SI} IPR_i I_i^k + \theta\lambda_i + \theta\mu_k\}$ 和 $\varphi_n^k = \exp\{\theta \sum_{\{S,I\}} \gamma_{SI} IPR_n I_n^k + \theta\lambda_n + \theta\mu_n\}$ 代入上式可得：

$$X_{ni}^k = X_{nn}^k \cdot \frac{(c_i^k d_{ni}^k)^{-\theta} \exp\{\theta \sum_{\{S,I\}} \gamma_{SI} IPR_i I_i^k + \theta\lambda_i + \theta\mu_k\}}{(c_n^k)^{-\theta} \exp\{\theta \sum_{\{S,I\}} \gamma_{SI} IPR_n I_n^k + \theta\lambda_n + \theta\mu_n\}} \tag{12.13}$$

为了保证模型分析的完整性，我们以要素市场出清来完成模型的分析。假定要素在一国内部的行业间自由流动，但在不同国家间不能流动。要素市场出清意味着要素收入等于要素支出，即：

$$s_f^0 (1-\eta) Y_i + \sum_{k=1}^K \sum_{n=1}^N s_f^k X_{ni}^k = w_{if} V_{if} \tag{12.14}$$

其中，$Y_i = \sum_{f=0}^F w_{if} V_{if}$，$V_{if}$ 表示国家 i 的要素 f 的禀赋。通过在式（12.14）两边关于所有生产要素 f 进行加总，结合 $\sum_{f=0}^F s_f^k = 1$，得到 $(1-\eta) Y_i + \sum_{k=1}^K \sum_{n=1}^N X_{ni}^k = \sum_{f=0}^F w_{if} V_{if} = Y_i$，可得要素市场出清条件为：

$$\sum_{k=1}^K \sum_{n=1}^N X_{ni}^k = \eta Y_i \tag{12.15}$$

三、模型分析结论

由式（12.13），我们容易得到 $\frac{\mathrm{d}X_{ni}^k}{\mathrm{d}X_{nn}^k} > 0$，$\frac{\mathrm{d}X_{ni}^k}{\mathrm{d}(d_{ni}^k)} < 0$，$\frac{\mathrm{d}X_{ni}^k}{\mathrm{d}(c_i^k / c_n^k)} < 0$，因此，传统贸易理论的基本观点得到证实。由此我们可以得到命题 1。

命题 1 一国的经济规模越大，越有利于促进该国对其贸易伙伴国的出口；出口规模随着两国之间距离（贸易成本）的增加而降低；一国在某一行业上的相对成本越高，越不利于该国对其贸易伙伴国的出口。

我们从式（12.13）还可以发现 $\frac{\mathrm{d}X_{ni}^k}{\mathrm{d}(IPR_i I_i^k)}$ 和 $\frac{\mathrm{d}X_{ni}^k}{\mathrm{d}(IPR_n I_n^k)}$ 的符号不确定，其符

号依赖于 γ_{SI} 的符号，$\dfrac{\mathrm{d}X_{ni}^k}{\mathrm{d}(IPR_iI_i^k)}$ 的符号与 γ_{SI} 符号一致，而 $\dfrac{\mathrm{d}X_{ni}^k}{\mathrm{d}(IPR_nI_n^k)}$ 的符号与 γ_{SI} 符号相反。若 $\gamma_{SI}>0$，则 $\dfrac{\mathrm{d}X_{ni}^k}{\mathrm{d}(IPR_iI_i^k)}>0$，$\dfrac{\mathrm{d}X_{ni}^k}{\mathrm{d}(IPR_nI_n^k)}<0$；若 $\gamma_{SI}<0$，则 $\dfrac{\mathrm{d}X_{ni}^k}{\mathrm{d}(IPR_iI_i^k)}<0$，$\dfrac{\mathrm{d}X_{ni}^k}{\mathrm{d}(IPR_nI_n^k)}>0$。根据前文对 γ_{SI} 的经济学意义的解释，我们可以得到命题2和命题3。

命题2 知识产权保护越强的国家在研发密集度（专利密集度）越高的行业出口较多，从而具有出口比较优势。

命题3 当贸易伙伴国的知识产权保护和行业特征（研发密集度和专利密集度）能够产生较好的相互匹配效应时，则不利于该国对其贸易伙伴国的出口，从而使得该国不具有出口比较优势。

由命题2和命题3我们可以得到：如果出口国 i 的知识产权保护与行业特征能够产生较好的相互匹配效应，则能够促进该国对其贸易伙伴国出口；如果进口国的知识产权保护与行业特征能够产生较好的相互匹配效应，则不利于出口国对其贸易伙伴国的出口。由此我们可以得到命题4。

命题4 当一国相对其贸易伙伴国的知识产权保护水平越高，知识产权保护与研发密集度（专利密集度）的相互匹配效应越能促进该国对其贸易伙伴国的出口；反之，则会降低该国对其贸易伙伴国的出口规模。

第3节 实证结果与分析

本章接下来将在前文理论分析的基础上，运用2001～2013年中国对95个国家[①]的30个制造业行业[②]出口的面板数据对上述理论分析结论进行检验。为了检验知识产权保护与行业特征的相互匹配效应对出口的影响，本章接下来的计量分析

---

① 限于篇幅，95个国家的具体名称省略，备索。

② 其中剔除了工艺品及其他制造业、废弃资源和废旧材料回收加工业和电力、热力、燃气及水的生产和供应业，同时将农副食品加工业、食品制造业和饮料制造业合并，最终将制造业行业数目调整为30个。30个制造业行业具体为：食品及饮料加工制造业、纺织和服装及其他纤维制品制造业、皮革皮毛羽绒及其制品业、木材加工及木竹藤棕草制品业、家具制造业、印刷及记录媒介业、文教体育用品业、橡胶制品业、烟草加工业、造纸及纸制品业、塑料制品业、金属制品业、煤炭采选业、石油及天然气开采业、黑色金属矿采选业、有色金属矿采选业、其他非金属矿采选业、非金属矿物制品业、石油加工及炼焦加工业、黑色金属冶炼及压延加工业、有色金属冶炼及压延加工业、通用设备制造业、专用设备制造业、化学原料及其制品业、医药制造业、化学纤维制造业、交通运输设备制造业、电气机械器材制造业、电子通信设备制造业、仪器仪表及文化办公用机械制造业。

分为三个步骤进行：一是基于中国对 95 个贸易伙伴国 30 个制造业行业的总体样本，运用随机效应模型和两阶段最小二乘法（2SLS）两种估计方法来考察知识产权保护和行业特征的相互匹配效应对出口的影响，揭示知识产权保护如何通过行业特征对出口产生影响。二是分别按照研发密集度和专利密集度对 30 个行业进行分类，运用 2SLS 估计方法考察知识产权保护和行业特征的相互匹配效应对异质性行业出口的不同影响。三是通过区分发达经济体和发展中经济体两个样本，运用 2SLS 估计方法考察知识产权保护与行业特征的相互匹配效应对不同出口市场出口的影响，旨在间接证明中国与贸易伙伴国之间的知识产权保护差异对出口的影响。

一、计量模型

为了验证前文理论分析结论，本章根据理论模型构建了如下的计量模型：

$$\ln EXP_{it} = a_0 + a_1 \ln GDP_t + a_2 \ln GDP_t^f + \Phi dist + \Theta fact_{it}$$
$$+ a_3 IPR_t + a_4 industry_{it} + a_5 IPR_t \times industry_{it} + \nu_i + \varphi_t + \mu_{it}$$

$$(12.16)$$

其中，EXP_{it} 表示中国对其贸易伙伴国在制造业行业层面的出口额；GDP_t 表示中国的经济规模；GDP_t^f 表示贸易伙伴国的经济规模；$dist$ 表示影响贸易成本的广义距离，具体包括中国与贸易伙伴国之间的地理距离（$dist\_geo$）、是否拥有共同的边界（$dist\_bord$）和是否使用同一种官方语言（$dist\_lang$）；$fact_{it}$ 表示行业的要素密集度；IPR_t 表示中国的知识产权保护制度变量；$industry_{it}$ 表示行业特征变量，具体包括行业的研发密集度和专利密集度。ν_i 为行业固定效应，φ_t 为时间固定效应，μ_{it} 为随机扰动项。

二、变量与数据

（1）出口额 EXP_{it}。该变量为 2001～2013 年中国对各贸易伙伴国在制造业行业层面的出口额，各行业出口贸易数据的分类标准为 SITC Rev. 3，借鉴盛斌（2002）建立的国际贸易商品标准分类与国民经济行业分类的对应关系，进一步将出口贸易数据与 30 个细分行业对应起来，从而整理出中国对各贸易伙伴国的出口额数据。出口额数据来源于联合国贸易统计（COMTRADE）数据库。

（2）中国的知识产权保护强度 IPR_t。吉纳特和帕克（Ginarte and Park，1997）构建的知识产权保护指数（简称 GP 指数）[1] 被认为是测算知识产权保护

---

① 吉纳特和帕克（1997）将专利保护分为技术领域的覆盖范围、国际专利协定成员国、提供保护损失、法律执行体制和保护持续时间五个方面，并根据决定每个方面有效强度的多种因素分别评分，最后加总得到一个 0～5 之间的国家评分。

强度的最理想指标，得到了广泛的应用。但 GP 指数存在两个明显的缺陷：由于 GP 指数每 5 年一个数值，利用专利法所测算的指数并不能真实地反映一国知识产权保护强度的动态变化。该指数主要是基于立法指标测算出来的结果，由于没有考虑司法执行体制方面的执法指标，因此不能代表知识产权的实际保护水平。为此，中国学者韩玉雄和李怀祖（2005）提出了包含立法因素和执法因素的新方法来测算中国知识产权的实际保护强度。本章参照韩玉雄和李怀祖（2005）的方法对中国 1985~2013 年知识产权的实际保护强度进行了测算①，具体测算结果如图 12-1 所示。

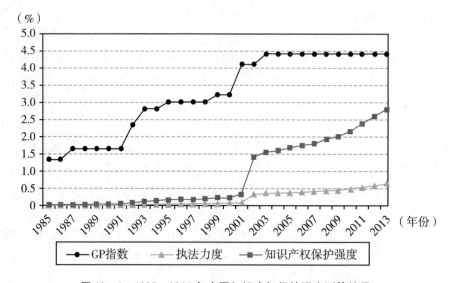

图 12-1　1985~2014 年中国知识产权保护强度测算结果

（3）行业特征 $industry_{it}$。鉴于数据的可得性，为了估计知识产权保护与行业特征的相互匹配效应对中国出口比较优势的影响，我们采用行业的研发密集度和专利密集度来反映与知识产权保护强度相关的行业特征。研发密集度采用各行业大中型企业科技活动经费内部支出总额与销售收入的比值来衡量，专利密集度采用各行业每年的发明专利授权数与行业的年平均就业人员数的比值来衡量（李凤新等，2014）。数据来源于《中国工业经济统计年鉴》《中国科技统计年鉴》和《中国统计年鉴》。

（4）中国的经济规模 GDP_t 与贸易伙伴国的经济规模 GDP_t^f。分别采用中国和贸易伙伴国以 2001 年为基期在国家层面上的历年实际 GDP 来衡量，数据来源

---

① 具体测算过程及测算结果省略，备索。

于世界银行 WDI 数据库。

（5）广义距离 $dist$。由于贸易成本不仅体现在空间地理距离上，而且还与两国的地理位置以及文化和语言差异等因素有关，因此我们采用广义距离来测度两国之间的距离，具体包括：中国与贸易伙伴国之间的地理距离（$dist\_geo$）的自然对数、是否拥有共同的边界（$dist\_bord$）和是否使用同一种官方语言（$dist\_lang$）。$dist\_bord$ 和 $dist\_lang$ 均为虚拟变量：若中国和贸易伙伴国相邻，则 $dist\_bord = 1$，否则 $dist\_bord = 0$；若中国与贸易伙伴国使用同一语言，则 $dist\_lang = 1$，否则 $dist\_lang = 0$。数据来源于 CEPII 的 BACI 数据库。

（6）行业要素密集度 $fact_{it}$。结合中国的经济现实，为了反映劳动和资本两种要素对中国出口比较优势的影响，本章采用各制造业行业的劳动密集度（$labor$）和资本密集度（$capital$）两个指标来估计其对中国出口的影响，具体分别采用各制造业行业的劳动力规模和资本存量除以制造业行业总产值来衡量，数据来源于《中国统计年鉴》《中国工业经济统计年鉴》。

三、计量结果与分析

1. 总体样本的估计结果

表 12 – 1 报告了总体样本的估计结果。估计结果（1）~（3）显示了随机效应（RE）模型的估计结果[①]，其中，估计结果（1）只包含引力模型中的传统影响因素；估计结果（2）在基本引力模型的基础上，引入了知识产权保护、研发密集度以及二者的交互项；估计结果（3）在基本引力模型的基础上，引入了知识产权保护、专利密集度以及二者的交互项。表 12 – 1 中的估计结果（1）~（3）均显示，中国和贸易伙伴国的经济规模在 1% 的水平下均显著促进了中国对外出口，贸易两地的地理距离在 1% 的水平下对中国出口产生显著的负面影响，说明地理距离越远，运输成本和贸易风险也就越高，从而不利于中国对外出口。两国拥有共同的边界或邻国关系对中国出口的影响在 1% 的水平下显著为正，说明两国拥有共同的边界会降低两国之间的贸易成本，而且会使得两国具有相似的文化习俗以及贸易双方的相互了解，这些都促进了出口规模的扩张（邱斌等，2014）。两国使用同一种语言对中国出口的影响在 1% 的水平下显著为正，说明两国使用同一种语言会降低两国之间的贸易成本，而且也容易增进贸易双方的互

---

① 估计结果（1）~（3）的豪斯曼（Hausman）检验结果均显示随机效应模型优于固定效应模型，因而选择随机效应模型进行估计。实际上，由于计量模型（16）中包含不随时间变化的地理距离变量，如果采用固定效应模型进行估计，将无法得到地理距离的估计系数，因而选择随机效应模型进行估计较为适宜（Weng et al. , 2009）。

信，减少贸易摩擦，这些都有利于中国对外出口。各行业的劳动密集度在5%的水平下均显著促进了中国出口贸易的扩张，说明中国在劳动力方面仍然具有一定的出口比较优势；而资本密集度则不利于中国出口规模的扩张，说明中国在资本密集型产品上尚不具备出口比较优势。上述结论不仅与传统引力模型的基本观点完全一致，而且也与前文的理论命题1及中国的现实相吻合。由于上述结论并不是本章关注的重点，所以下文我们重点分析知识产权保护与行业特征的相互匹配效应对中国出口的影响。

表 12 – 1　　　　　　　　　总体样本的估计结果

解释变量	(1) RE	(2) RE	(3) RE	(4) 2SLS	(5) 2SLS	(6) 2SLS
$\ln GDP$	4.136 *** (3.527)	4.062 *** (4.108)	4.085 *** (3.724)	2.316 *** (4.513)	2.304 *** (4.216)	2.309 *** (3.931)
$\ln GDP^f$	0.861 *** (8.261)	0.861 *** (8.261)	0.861 *** (8.261)	0.731 *** (6.713)	0.742 *** (6.028)	0.751 *** (5.612)
dist_geo	−0.652 *** (−4.813)	−0.652 *** (−4.813)	−0.652 *** (−4.813)	−0.427 ** (−2.351)	−0.439 ** (−2.247)	−0.462 *** (−2.916)
dist_bord	0.671 *** (6.836)	0.671 *** (6.836)	0.671 *** (6.836)	0.369 ** (2.417)	0.341 *** (3.014)	0.336 ** (2.361)
dist_lang	1.962 *** (3.516)	1.962 *** (3.516)	1.962 *** (3.516)	1.261 *** (3.163)	1.532 *** (4.019)	1.924 *** (4.632)
labor	0.052 ** (2.162)	0.046 ** (2.317)	0.056 ** (2.258)	0.061 *** (3.165)	0.068 *** (3.827)	0.064 *** (4.216)
capital	−0.028 ** (−2.416)	−0.031 * (−1.893)	−0.036 ** (−2.182)	−0.032 ** (−2.271)	−0.037 ** (−2.372)	−0.041 * (−1.924)
行业特征		研发密集度	专利密集度		研发密集度	专利密集度
IPR		3.216 *** (3.016)	3.027 *** (3.713)		2.624 *** (5.163)	2.813 *** (5.718)
industry		0.083 ** (2.361)	0.086 ** (3.362)		0.062 ** (2.291)	0.058 ** (2.316)

行业特征	研发密集度	专利密集度		研发密集度	专利密集度
$IPR \times industry$	0.026 *** (4.624)	0.023 *** (4.369)		0.037 *** (6.135)	0.042 *** (5.427)
常数项	−17.291 *** (−8.216)	−21.524 *** (−7.527)	−27.137 *** (−9.251)	−4.238 ** (−2.381)	−5.712 *** (−3.571)	−7.138 *** (−4.518)
识别不足检验				83.421 [0.000]	86.736 [0.000]	92.015 [0.000]
弱识别检验				48.931 [0.000]	52.472 [0.000]	53.621 [0.000]
过度识别检验				0.076 [0.739]	0.057 [0.724]	0.038 [0.741]
地区效应	是	是	是	是	是	是
时间变量	是	是	是	是	是	是
R^2	0.638	0.636	0.641	0.732	0.736	0.734
Wald 检验	83 421 [0.000]	85 914 [0.000]	87 481 [0.000]	84 931 [0.000]	88 902 [0.000]	90 218 [0.000]
组数	2 850	2 850	2 850	2 850	2 850	2 850
观测值	37 050	37 050	37 050	37 050	37 050	37 050

注：*** 、** 、* 分别表示 1%、5% 和 10% 的显著性水平，（）的数值为 t 统计量，方差为稳健性标准差，［ ］内的数值为 p 值。

估计结果（2）显示，知识产权保护与研发密集度的交互项的估计系数在 1% 的水平下显著为正，说明知识产权保护与研发密集度的相互匹配效应促进了中国的出口增长。R&D 和创新是提升行业技术水平、提高行业出口竞争力的重要途径，对于高研发密集度的行业而言，其技术水平通常较高，这些行业的出口竞争力主要依赖于其快速发展的技术水平以及公平、合理和规范的契约执行环境。而加强知识产权保护是促进 R&D 和创新、规范契约执行环境和提高契约执行效率的基本制度保障。随着知识产权保护制度的不断完善，企业从 R&D 和自主创新活动中所获取的预期利润的可预见性较高，降低了创新者面临非法模仿的风险，激励了行业 R&D 和自主创新。因此，知识产权保护越强，研发密集度较高的行业一般出口竞争力也越强，出口也越多，从而具有出口比较优势，即知识产权保护与行业研发密集度的相互匹配效应是提高出口竞争力、保持出口持续稳定增长的动力（Yang and Maskus，2009）。根据本章的测算结果，在样本期内2013年中国知识产权的实际保护强度比2001年提高了大约7.36倍，而同期中国各行业的研发密集度平均也提高了2.21倍，知识产权保护的不断强化和研发密集度的不断提高所带来的相互匹配效应促进了中国出口规模的扩张，逐步塑造了知识产权保护制度比较优势。

估计结果（3）显示，知识产权保护与专利密集度的交互项的估计系数在1%的水平下也显著为正，意味着知识产权保护与专利密集度的相互匹配效应也是促进中国出口增长的重要因素。作为一种重要的制度禀赋，一国强化知识产权（专利权）保护会促进该国专利密集型产品的相对供给，降低其相对价格，因而在封闭条件下，这将使得该国在专利密集型产品上具有潜在比较优势。随着贸易开放后该国对生产的调整，知识产权（专利权）保护越强，该国在专利密集型行业上具有相对更多的产出和出口，从而具有出口比较优势（Vichyanond，2009；Maskus and Yang，2013）。根据本章的测算结果，在样本期内2013年中国各行业的专利密集度比2001年提高了大约27.08倍，知识产权保护的不断完善与专利密集度的不断提高所带来的相互匹配效应也促进了中国出口的增长，逐步培育了知识产权保护制度比较优势。

严重的内生性问题会使得上述普通面板数据的随机效应估计结果是有偏的和非一致的，这可能大大降低了估计结果的可靠性和精确度。一方面，知识产权保护水平会促进中国的出口贸易，同时出口贸易也可能会强化中国的知识产权保护，这意味着知识产权保护与出口贸易之间可能存在双向因果关系，这使得知识产权保护具有较强的内生性。通常的改进做法是，寻找一个与知识产权保护显著相关、而与出口贸易无关的变量作为工具变量进行两阶段最小二乘法（2SLS）估计，但这样的经济变量在现实中很难找到[①]。因此，参照马斯库斯和佩努巴蒂（1995）、余长林（2011，2015a，2015b，2016）的做法，本章在采用2SLS对计量模型（16）进行估计时，将知识产权保护变量和知识产权保护与行业特征的交互项视为内生变量，以知识产权保护变量滞后一期、GDP的滞后一期和知识产权保护的滞后一期与行业特征的交互项（$IPR_{t-1} \times industry_{it}$）作为知识产权保护的工具变量。为检验工具变量的有效性，我们对上述工具变量分别进行了识别不足检验、弱识别检验和过度识别检验，这三个检验的原假设分别为：工具变量是内生的、工具变量与内生解释变量弱相关、工具变量是外生的。从表12-1中估计结果（4）~（6）的工具变量检验结果来看，计量结果显示在1%的显著性

[①] 一般而言，工具变量的选择需要满足两个条件：一是工具变量与内生解释变量具有较高的相关性；二是要求工具变量必须是外生的。

水平下拒绝弱识别检验的原假设，表明工具变量与内生解释变量高度相关，满足工具变量选择的第一个条件。同时，识别不足检验在 1% 的显著性水平下拒绝原假设，而过度识别检验接受原假设，说明本章所选取的工具变量是外生的，满足工具变量选择的第二个条件。

表 12 – 1 中的第（4）~（6）列显示了 2SLS 估计结果。估计结果表明，2SLS 估计结果与随机效应估计结果完全一致。研究结果表明，知识产权保护可以通过与研发密集度和专利密集度产生较好的相互匹配效应来促进中国出口的增长，从而能够形成出口的知识产权保护制度比较优势，即一国的知识产权保护越强，其在研发密集度和专利密集度越高的行业出口较多，从而具有出口比较优势，这与理论研究的结论相符合。此外，贸易引力模型中的经济规模、广义距离和要素禀赋等传统解释变量的估计系数及其显著性并未发生较大变化。上述估计结果说明了本章估计结果的稳健性。

2. 不同行业的估计结果

为了考察知识产权保护与行业特征的相互匹配效应对异质性行业出口的不同影响，我们分别以研发密集度和专利密集度两个指标作为行业异质性分类标准，将 30 个制造业行业按照对应指标在样本时期内的平均值为依据划分为两个子样本，具体划分为"高"和"低"两类，对应指标高于平均值的行业划入较高样本组，对应指标低于平均值的行业划入较低样本组。本章接下来重点关注知识产权保护与研发密集度和专利密集度的相互匹配效应对不同行业出口比较优势的影响，表 12 – 2 报告了区分不同行业的 2SLS 估计结果[①]。

表 12 – 2　　　　　　　　　　　不同行业的估计结果

解释变量	低研发密集度行业	高研发密集度行业	低专利密集度行业	高专利密集度行业
	（1） 2SLS	（2） 2SLS	（3） 2SLS	（4） 2SLS
$\ln GDP$	0. 214 *** （4. 216）	0. 352 *** （3. 931）	0. 614 *** （5. 712）	0. 732 *** （6. 183）
$\ln GDP^{f}$	0. 531 *** （6. 316）	0. 737 *** （5. 428）	0. 725 *** （3. 182）	0. 813 *** （4. 016）

---

① 由于 2SLS 估计方法更为可靠，因此我们只报告了 2SLS 方法的估计结果，随机效应模型的估计结果备索。

解释变量	低研发密集度行业	高研发密集度行业	低专利密集度行业	高专利密集度行业
	（1）	（2）	（3）	（4）
	2SLS	2SLS	2SLS	2SLS
dist_geo	-0.521***	-0.428***	-0.721***	-0.642***
	(-3.271)	(-4.527)	(-6.812)	(-7.246)
dist_bord	0.612***	0.591**	0.542**	0.513***
	(3.217)	(2.316)	(2.341)	(3.016)
dist_lang	1.653***	2.016***	1.836***	2.461***
	(3.716)	(4.912)	(4.337)	(5.316)
labor	0.042**	0.031	0.046**	0.034*
	(2.271)	(1.316)	(2.327)	(1.871)
capital	-0.021***	-0.043***	-0.027***	-0.038***
	(-3.517)	(-3.016)	(-4.336)	(-3.921)
IPR	1.527***	1.634***	1.216***	1.327***
	(3.514)	(2.937)	(4.031)	(4.722)
industry	0.147**	0.116***	0.132**	0.102***
	(2.162)	(3.461)	(2.381)	(3.813)
IPR × industry	0.158***	-0.037**	0.174***	-0.052***
	(4.713)	(-2.316)	(3.328)	(-3.152)
常数项	-2.316**	-2.617*	-3.012**	-2.914**
	(-2.132)	(-1.816)	(-2.418)	(-2.183)
识别不足检验	105.327	109.642	96.583	102.602
	[0.000]	[0.000]	[0.000]	[0.000]
弱识别检验	45.471	42.683	50.931	47.036
	[0.003]	[0.005]	[0.002]	[0.004]
过度识别检验	0.056	0.021	0.078	0.043
	[0.712]	[0.814]	[0.739]	[0.827]
地区效应	是	是	是	是
时间变量	是	是	是	是
R^2	0.613	0.682	0.632	0.701
Wald 检验	94 803	102 187	97 592	109 324
	[0.000]	[0.000]	[0.000]	[0.000]
组数	1 710	1 140	1 520	1 330
观测值	22 230	14 820	19 760	17 290

注：同表 12 - 1。

表 12 - 2 中估计结果（1）和（2）表明，在低研发密集型行业样本中，知识产权保护与研发密集度的交互项的估计系数在 1% 的水平下显著为正；在高研发密集型行业样本中，知识产权保护与研发密集度的交互项的回归系数在 5% 的水平下显著为负。说明知识产权保护与研发密集度的相互匹配效应只对低研发密集型行业的出口产生了显著的促进作用，并没有对高研发密集型行业的出口产生促进作用。估计结果（3）和（4）显示，在低专利密集型行业估计中，知识产权保护与专利密集度的乘积项在 1% 的水平下对行业出口产生显著的正面影响；在高专利密集型行业估计中，知识产权保护与专利密集度的乘积项在 1% 的水平下对行业出口产生显著的负面影响。说明知识产权保护与专利密集度的相互匹配效应促进了低专利密集型行业的出口，但未能促进高专利密集型行业的出口。主要原因在于，中国的知识产权保护强度虽然在样本期内获得了较大的提高，但是与世界发达国家或世界平均水平相比，中国的知识产权保护强度还是相对比较弱的[①]。而高研发密集度和高专利密集度的制造业行业对知识产权保护一般比较敏感（Vichyanond，2009；Maskus and Yang，2013），在这些较高行业特征的样本中，知识产权保护强度尚未达到"知识产权保护制度门槛"水平，还无法满足高研发密集度和高专利密集度行业对知识产权保护提出的诉求，中国在这些行业所体现出来的恰恰是知识产权保护制度的"比较劣势"，因而未能促进高研发密集型和高专利密集型行业的出口，相反对中国出口的增长起到一定的抑制作用。而对于低研发密集度和低专利密集度行业而言，由于这些行业对知识产权保护的要求不是太敏感，只要知识产权保护强度达到一定的水平就能够促进这些行业的出口，因而较低的知识产权保护强度只能促进低研发密集度和低专利密集度行业的出口，这些研究结论与前文的理论命题 2 的结论相符合。

3. 不同贸易伙伴国的估计结果

根据前文的理论分析结论，不同国家之间知识产权的相对保护强度对出口比较优势将产生不同影响。为此，本章接下来将中国对 95 个贸易伙伴国分成发达国家和发展中国家两个不同样本，分别考察知识产权保护与行业特征的相互匹配效应对中国不同贸易伙伴国出口的影响，旨在间接证明中国与贸易伙伴国之间的知识产权保护强度差异对中国出口比较优势的影响，以此判断当前中国知识产权保护的现状与问题。

表 12 - 3 报告了区分不同贸易伙伴国的 2SLS 估计结果。估计结果（1）和

---

① 根据本章的测算结果，2001~2013 年中国知识产权保护强度的平均值为 1.84，远低于同时期世界发达国家的平均值 3.87，也低于同时期世界平均水平 2.41。

（2）表明，无论行业特征是研发密集度还是专利密集度，知识产权保护与行业特征的交互项的估计系数至少在 5% 的水平下显著为负。说明中国知识产权保护与研发密集度和专利密集度的相互匹配效应未能促进中国对发达国家出口的增长，相反却不利于中国对其出口。估计结果（3）和（4）显示，知识产权保护与研发密集度和专利密集度的交互项在 1% 的水平下对中国出口产生显著的正面影响，意味着中国知识产权保护与行业特征的相互匹配效应能够显著促进中国对发展中国家出口的增长。实际上，在本章样本期内，发达国家知识产权保护强度的平均水平为 3.87，是中国知识产权保护强度的 2.10 倍；而同时期发展中国家知识产权保护强度的平均值为 1.63，低于中国同时期的知识产权保护强度。因而中国的知识产权保护强度平均而言高于发展中国家，而远远低于发达国家，使得中国知识产权保护与行业特征的相互匹配效应促进了中国对发展中国家出口的增长，相反却不利于中国对发达国家出口的增长。这验证了前文的理论命题 4，即当出口国的知识产权保护强度相对于进口国越高时，出口国的知识产权保护与行业特征的相互匹配效应越有利于促进其出口增长，反之则不利于出口国出口规模的扩张。

表 12 - 3 不同贸易伙伴国的估计结果

解释变量	发达国家		发展中国家	
	（1） 2SLS	（2） 2SLS	（3） 2SLS	（4） 2SLS
$\ln GDP$	0.536 *** (5.316)	0.612 *** (4.715)	0.512 *** (3.271)	0.626 *** (4.218)
$\ln GDP^f$	0.741 *** (3.618)	0.628 *** (3.472)	0.617 *** (4.716)	0.673 *** (4.105)
$dist\_geo$	− 0.417 *** (− 4.391)	− 0.431 *** (− 3.910)	− 0.510 ** (− 2.318)	− 0.562 ** (− 2.472)
$dist\_bord$	0.316 *** (6.125)	0.285 *** (5.931)	0.421 *** (5.327)	0.392 *** (5.812)
$dist\_lang$	2.316 ** (2.153)	2.613 ** (2.371)	2.014 *** (3.015)	2.152 *** (2.924)
$labor$	0.061 ** (2.261)	0.054 * (1.901)	0.047 ** (2.284)	0.058 ** (2.357)

解释变量	发达国家		发展中国家	
	（1） 2SLS	（2） 2SLS	（3） 2SLS	（4） 2SLS
capital	−0.037 *** （−3.615）	−0.031 *** （−4.024）	−0.028 *** （−5.618）	−0.036 *** （−5.316）
行业特征	研发密集度	专利密集度	研发密集度	专利密集度
IPR	1.317 *** （3.276）	1.218 *** （3.816）	1.526 ** （2.481）	1.701 ** （2.142）
industry	0.181 ** （2.310）	0.152 ** （2.152）	0.164 * （1.923）	0.174 ** （2.474）
IPR × *industry*	−0.048 ** （−2.251）	−0.054 *** （−2.932）	1.526 ** （4.516）	0.058 *** （5.024）
常数项	−1.514 ** （−2.271）	−2.712 ** （−2.336）	−2.036 ** （−2.362）	−3.027 ** （−2.184）
识别不足检验	92.541 [0.000]	96.408 [0.000]	98.021 [0.000]	101.642 [0.000]
弱识别检验	53.871 [0.003]	57.021 [0.001]	55.402 [0.002]	59.316 [0.000]
过度识别检验	0.081 [0.716]	0.068 [0.731]	0.057 [0.742]	0.037 [0.792]
地区效应	是	是	是	是
时间变量	是	是	是	是
R^2	0.516	0.638	0.561	0.682
Wald 检验	108 925 [0.000]	120 567 [0.000]	105 721 [0.000]	119 086 [0.000]
组数	1 020	1 020	1 830	1 830
观测值	13 260	13 260	23 790	23 790

注：同表 12 − 1。

第 4 节　生产率渠道的识别和检验

本节的目的主要是识别和检验知识产权保护与行业特征的相互匹配效应对出口的影响机制。本章的理论模型分析表明，知识产权保护与行业特征的相互匹配效应主要通过作用于行业生产率进而对出口产生影响，即知识产权保护与行业特征的相互匹配效应主要是通过行业生产率这一渠道作用于出口的。而前文的计量结果表明，知识产权保护与行业特征的相互匹配效应总体上促进了中国出口规模的扩张，而且知识产权保护在不同行业特征下对出口会产生不同影响。那么，这种影响是否像理论模型所揭示的那样，是通过行业生产率这个作用渠道而发挥作用的？虽然前文关于知识产权保护与出口之间关系的计量分析结论验证了理论模型的预测结果，但是，这种一致性尚未证明知识产权保护与行业特征的相互匹配效应是通过行业生产率对出口比较优势产生影响的。例如，一种可能的情况是，知识产权保护程度会影响外资在技术密集型行业的直接投资意愿，进而影响到出口，从而在计量结果上呈现知识产权保护与行业特征的相互匹配效应对出口影响的显著性，但是，这一影响机制与本章理论模型中所指出的行业生产率这一作用渠道存在明显差异。因此，为了使本章的经验研究结论与理论模型的分析逻辑更为契合，本章接下来将对行业生产率这一作用渠道进行明确的识别和检验，即验证知识产权保护与行业特征的相互匹配效应是否是通过行业生产率这一作用渠道而对出口产生影响的。

另一方面，本章的理论模型分析结论依赖于一个假设，即知识产权保护对行业生产率存在着影响，而且知识产权保护水平越强的国家在研发密集度（专利密集度）越高的行业的生产率也越高。但是，无论是纯理论研究还是经验研究，目前在知识产权保护是否对行业生产率存在显著影响，并且知识产权保护是否在研发密集行业能更好地促进行业生产率这一问题上尚无定论[①]。我们认为，从经验性角度来验证这一问题可能是较为合适的。因此，在验证知识产权保护与行业特征的相互匹配效应是否能够通过行业生产率对出口产生影响之前，我们需要首先识别和检验知识产权保护是否能够对行业生产率产生影响，并且在研发密集领域是否能够较好地促进行业生产率。因此，本节的计量分析分为两个步骤：一是

[①]　例如，一些极端的理论认为，专利权不利于促进研发，相反会带来社会福利的净损失。反对性的观点来源于两个方面。一是专利阻塞效应（反公共地悲剧），即过多的初始专利在累积性创新中将阻碍后续创新的展开；二是专利申请的策略性行为，即企业纯粹为了限制进入和竞争而申请专利，使得很多专利与技术缺乏紧密联系。而且许多经验研究也发现知识产权保护对行业生产率的影响并不显著。非常感谢匿名审稿专家提出了这一点。

验证知识产权保护与行业生产率之间的关系；二是识别和检验知识产权保护与行业特征的相互匹配效应如何通过行业生产率对出口产生影响。

一、知识产权保护与行业全要素生产率

为了验证知识产权保护对行业全要素生产率的影响，本章设定以下计量模型：

$$TFP_{it} = \beta_0 + \beta_1 IPR_t + \beta_2 IPR_t \times industry_{it} + \Theta C_{it} + \varepsilon_{it} \qquad (12.17)$$

其中，TFP_{it} 表示行业 i 在 t 时期的全要素生产率；IPR_t 表示知识产权保护变量；$industry_{it}$ 表示行业特征变量，具体包括行业的研发密集度（专利密集度）；C_{it} 为影响行业全要素生产率的控制变量，主要包括研发密集度（RD_{it}）（专利密集度 $Patent_{it}$）、贸易开放度（$trade_{it}$）、外商直接投资（FDI_{it}）、行业规模（$size_{it}$）、人力资本（HC_{it}）、物质资本（K_{it}）等。

本章采用数据包络分析（DEA）方法测度全要素生产率 TFP_{it}。具体而言，将 30 个制造业行业的每个细分行业看作一个生产决策单位，运用 DEA 方法来构造在每一个时期各行业的最佳生产前沿面，使用基于投入的技术效率，将 Malmquist 生产率指数设定为以第 t 期的技术为参考集的条件下第 $t+1$ 期的全要素生产率水平相对于第 t 期的相对值，和以第 $t+1$ 期的技术为参考集的条件下第 $t+1$ 期的全要素生产率水平相对于第 t 期的相对值的几何平均数①。测算 Malmquist 生产率指数时，采用工业增加值表示产出，并用 2001 年各行业的工业品出厂价格指数进行平减；假定只使用劳动和资本两种生产要素，以固定资产年均余额表示资本投入，使用 2001 年固定资本投资价格指数进行平减；采用各行业从业人员年平均人数表示劳动投入，数据来源于 2001～2013 年的《中国统计年鉴》。

知识产权保护（IPR_t）和行业特征（研发密集度 RD_{it} 和专利密集度 $Patent_{it}$）的数据如前文数据部分所述；贸易开放度（$trade_{it}$）采用行业进出口总额与各行业的总产值的比值表示；外商直接投资（FDI_{it}）采用外商投资企业销售收入占行业总销售收入的比重来表示；行业规模（$size_{it}$）采用各行业工业增加值和企业数量之比表示，各行业工业增加值采用各年工业出厂价格指数折算为以 2001 年为基期的实际值；人力资本（HC_{it}）以大型企业研发人数占行业总就业人数的比值表示；物质资本（K_{it}）采用固定资产年均余额占行业总产值的比重表示。

---

① Malmquist 生产率指数还可以分解为技术进步变化和技术效率变化的乘积，限于篇幅，本章只关注知识产权保护对全要素生产率（TFP）的影响。

表 12 – 4 报告了知识产权保护对行业全要素生产率影响的估计结果。豪斯曼检验统计值均在 5% 的显著性水平下拒绝原假设，因此采用固定效应模型估计较为合适，为便于比较，本章也采用了 OLS 方法进行估计。其中，表 12 – 4 中的估计结果（1）和（2）纳入了知识产权保护、知识产权保护与研发密集度的交互项；估计结果（3）和（4）纳入了知识产权保护、知识产权保护与专利密集度的交互项。

表 12 –4　　　　　　　　　　知识产权保护与行业全要素生产率

解释变量	(1) OLS	(2) FE	(3) OLS	(4) FE
IPR	0. 113 * (1. 937)	0. 106 ** (2. 426)	0. 125 ** (2. 374)	0. 138 *** (4. 782)
RD	0. 036 ** (2. 472)	0. 041 *** (3. 716)		
patent			0. 016 ** (2. 384)	0. 033 *** (5. 218)
IPR × RD	0. 021 ** (2. 294)	0. 037 ** (2. 316)		
IPR × Patent			0. 018 * (1. 892)	0. 024 ** (2. 163)
trade	0. 421 (0. 809)	0. 381 * (1. 946)	0. 336 (1. 261)	0. 316 ** (2. 093)
FDI	− 0. 171 (−0. 782)	− 0. 206 ** (− 2. 427)	− 0. 217 * (− 1. 941)	− 0. 183 ** (− 2. 273)
size	0. 016 (0. 428)	0. 027 (1. 316)	0. 031 (1. 428)	0. 037 (1. 018)
HC	0. 713 ** (2. 416)	0. 624 ** (2. 168)	0. 531 *** (4. 671)	0. 562 *** (5. 316)
K	0. 831 *** (3. 612)	0. 742 *** (4. 164)	0. 672 *** (4. 516)	0. 639 *** (3. 921)
R^2	0. 524	0. 581	0. 541	0. 602
观测数	390	390	390	390

注：***、**、* 分别表示 1%、5% 和 10% 的显著性水平，（ ）的数值为 t 统计量，方差为稳健性标准差。

表 12 – 4 中的估计结果（2）显示，知识产权保护的估计系数在 5% 的水平下显著为正，意味着加强知识产权保护提高了行业的全要素生产率，这在一定程度上说明加强知识产权保护强度能够促进中国产业研发和自主创新能力以及资源配置效率的提高，进而提高了中国行业的全要素生产率（代中强、刘从军，2011；朱树林，2013；蔡虹等，2015）；知识产权保护与研发密集度的交互项的估计系数在 1% 的显著性水平下为正，说明了知识产权保护与研发密集度的相互匹配效应显著促进了行业全要素生产率的提高，这在一定程度上验证了知识产权保护越强的国家在研发密集度越高的行业的生产率也越高的结论。表 12 – 4 中的估计结果（4）表明，知识产权保护的估计系数在 1% 的水平下显著为正，意味着知识产权保护对行业的全要素生产率产生显著的正向影响；知识产权保护与专利密集度的交互项的估计系数在 1% 的水平下显著为正，也表明知识产权保护与专利密集度的相互匹配效应促进了行业生产率的提高，即知识产权保护越强的国家在专利密集度越高的行业的生产率也越高。因此，上述估计结果初步验证了本章理论模型假设具有一定的合理性。此外，研发强度或专利密集度均对行业全要素生产率产生显著的正向影响；贸易开放度、物质资本和人力资本对行业全要素生产率的影响均显著为正；外商直接投资对行业全要素生产率的影响显著为负；行业规模对行业全要素生产率的影响不显著[1]。

二、生产率渠道的识别和检验

为了验证知识产权保护与行业特征的相互匹配效应是否会通过行业生产率对出口产生影响，本章设定以下计量模型：

$$\ln EXP_{it} = a_0 + a_1\ln GDP_t + a_2\ln GDP_t^f + \Phi dist + \Theta fact_{it} + a_3 IPR_t + a_4 industry_{it}$$
$$+ a_5 TFP_{it} + a_6 IPR_t \times industry_{it} \times TFP_{it} + \nu_i + \varphi_t + \mu_{it} \tag{12.18}$$

其中，计量模型（18）是在计量模型（16）的基础上纳入了 TFP_{it} 和 $IPR_t \times industry_{it} \times TFP_{it}$ 两个解释变量，TFP_{it} 反映了行业生产率对出口的影响，$IPR_t \times industry_{it} \times TFP_{it}$ 反映了知识产权保护与行业特征的相互匹配效应通过行业生产率这一作用渠道对出口所产生的影响。

表 12 – 5 报告了基于总体样本的生产率渠道的 2SLS 估计结果。其中，估计结果（1）的行业特征变量为研发密集度，估计结果（2）的行业特征变量为专利密集度。本章在采用 2SLS 对计量模型（18）进行估计时，将 IPR 和 $IPR_t \times industry_{it} \times TFP_{it}$ 视为内生变量，以知识产权保护变量滞后一期、中国 GDP 的滞

---

[1] 限于篇幅，本章没有详细讨论这些因素对行业全要素生产率（TFP）的影响。

后一期、$IPR_{t-1} \times industry_{it} \times TFP_{it}$ 作为知识产权保护的工具变量。估计结果表明，当行业特征为研发密集度时，$IPR_t \times industry_{it} \times TFP_{it}$ 的估计系数在 1% 的水平下显著为正，这说明知识产权保护与研发密集度的相互匹配效应通过行业生产率这一渠道对中国出口产生正向影响；当行业特征为专利密集度时，$IPR_t \times industry_{it} \times TFP_{it}$ 的估计系数在 1% 的显著性水平下也为正，意味着知识产权保护与专利密集度的相互匹配效应通过行业生产率提高了中国的出口规模。结合本节前面关于知识产权保护与行业全要素生产率关系的估计结果，因此，上述估计结果在一定程度上验证了知识产权保护与行业特征的相互匹配效应通过提高行业的全要素生产率提高了中国的出口规模，逐步塑造和培育了知识产权制度所带来的出口比较优势。此外，估计结果还表明，TFP_{it} 的估计系数至少在 5% 的显著性水平下为正，说明行业全要素生产率对行业出口产生显著的正向影响，这与我们的理论预期相吻合。

表 12 - 5　　　　　　　　总体样本的生产率渠道估计

解释变量	(1) 2SLS	(2) 2SLS
ln*GDP*	2. 136 *** (3. 872)	2. 034 *** (4. 531)
ln*GDP*^{f}	0. 639 *** (4. 236)	0. 527 *** (4. 138)
dist_geo	− 0. 237 ** (− 2. 318)	− 0. 371 ** (− 2. 471)
dist_bord	0. 175 ** (2. 227)	0. 284 ** (2. 039)
dist_lang	1. 186 *** (5. 816)	1. 628 *** (3. 932)
labor	0. 041 *** (4. 152)	0. 053 *** (3. 284)
capital	− 0. 019 ** (− 2. 192)	− 0. 036 ** (− 2. 446)
IPR	2. 026 *** (4. 328)	2. 431 *** (5. 041)
industry	0. 039 *** (4. 317)	0. 052 ** (2. 291)
TFP	0. 071 ** (2. 451)	0. 083 *** (5. 026)
IPR × industry × TFP	0. 011 *** (5. 272)	0. 016 *** (3. 473)
常数项	− 4. 338 *** (− 5. 624)	− 6. 139 *** (− 5. 613)
识别不足检验	73. 261[0. 000]	86. 416[0. 000]
弱识别检验	65. 031[0. 000]	57. 428[0. 000]
过度识别检验	0. 075[0. 639]	0. 047[0. 702]
地区效应	是	是
时间变量	是	是
R^2	0. 703	0. 716
Wald 检验	86 931[0. 000]	89 024[0. 000]
组数	2 850	2 850
观测值	37 050	37 050

注：同表 12 - 1。

表 12 – 6 显示了基于不同行业样本的生产率渠道的 2SLS 估计结果。其中，估计结果（1）和（2）表明，在低研发密集型行业样本中，$IPR_t \times industry_{it} \times TFP_{it}$的估计系数在 1% 的水平下显著为正；在高研发密集型行业样本中，$IPR_t \times industry_{it} \times TFP_{it}$的回归系数在 5% 的水平下显著为负。说明知识产权保护与研发密集度的相互匹配效应通过提高行业全要素生产率对低研发密集型行业的出口产生了显著的促进作用，并没有通过行业生产率对高研发密集型行业的出口产生促进作用。估计结果（3）和（4）显示，在低专利密集型行业估计中，$IPR_t \times industry_{it} \times TFP_{it}$在 1% 的水平下对行业出口产生了显著的正面影响；在高专利密集型行业估计中，$IPR_t \times industry_{it} \times TFP_{it}$在 1% 的水平下对行业出口产生了显著的负面影响。说明知识产权保护与专利密集度的相互匹配效应能够通过提高行业生产率促进低专利密集型行业的出口，但并未通过行业生产率促进高专利密集型行业的出口[①]。

表 12 –6　　　　　　　　　不同行业的生产率渠道估计

解释变量	低研发密集度行业	高研发密集度行业	低专利密集度行业	高专利密集度行业
	（1） 2SLS	（2） 2SLS	（3） 2SLS	（4） 2SLS
$\ln GDP$	0. 239 *** (3. 814)	0. 316 *** (4. 682)	0. 537 *** (4. 813)	0. 628 *** (5. 931)
$\ln GDP^f$	0. 564 *** (5. 429)	0. 682 *** (6. 913)	0. 703 *** (4. 713)	0. 792 *** (5. 317)
$dist\_geo$	− 0. 493 *** (− 4. 138)	− 0. 416 *** (− 4. 721)	− 0. 691 *** (− 5. 813)	− 0. 626 *** (− 6. 428)
$dist\_bord$	0. 526 *** (3. 691)	0. 573 ** (2. 183)	0. 521 ** (2. 418)	0. 547 *** (4. 518)
$dist\_lang$	1. 421 *** (3. 516)	2. 261 *** (4. 482)	1. 537 *** (3. 931)	2. 103 *** (5. 715)
$labor$	0. 026 ** (2. 172)	0. 036 (1. 523)	0. 041 ** (2. 486)	0. 031 * (1. 916)

[①]　说明在高研发密集度和高专利密集度的行业中，中国知识产权保护与行业特征并未产生良好的相互匹配效应，进而不利于行业生产率的提高，因而并没有通过行业生产率促进高研发密集度和高专利密集度行业的出口。

解释变量	低研发密集度行业	高研发密集度行业	低专利密集度行业	高专利密集度行业
	(1) 2SLS	(2) 2SLS	(3) 2SLS	(4) 2SLS
capital	−0.016 *** (−4.613)	−0.038 *** (−3.612)	−0.022 *** (−4.819)	−0.032 *** (−4.183)
IPR	1.328 *** (3.016)	1.526 *** (3.842)	1.142 *** (4.613)	1.273 *** (4.281)
industry	0.127 ** (2.329)	0.104 ** (2.437)	0.125 ** (2.284)	0.117 ** (2.385)
TFP	0.052 ** (2.351)	0.072 *** (3.416)	0.061 ** (2.416)	0.083 ** (2.319)
IPR × industry × TFP	0.158 *** (4.713)	−0.037 ** (−2.316)	0.174 *** (3.328)	−0.052 *** (−3.152)
常数项	−3.031 ** (−2.316)	−3.481 ** (−2.418)	−3.416 ** (−2.031)	−0.052 *** (−2.339)
识别不足检验	96.462 [0.000]	103.713 [0.000]	92.649 [0.000]	99.241 [0.000]
弱识别检验	51.524 [0.002]	47.263 [0.003]	52.571 [0.001]	49.914 [0.003]
过度识别检验	0.047 [0.739]	0.036 [0.842]	0.030 [0.761]	0.052 [0.806]
地区效应	是	是	是	是
时间变量	是	是	是	是
R^2	0.682	0.716	0.631	0.692
Wald 检验	93 716 [0.000]	103 516 [0.000]	95 871 [0.000]	106 271 [0.000]
组数	1 710	1 140	1 520	1 330
观测值	22 230	14 820	19 760	17 290

注：同表 12 − 1。

因此，表 12 − 5 和表 12 − 6 的估计结果在一定程度上验证了知识产权保护与行业特征的相互匹配效应通过提高行业全要素生产率促进中国出口规模的扩张，从而揭示了知识产权保护与行业特征的相互匹配效应对出口的影响机制，这与本章的理论模型分析逻辑相吻合。

第5节　稳健性估计

本节的主要目的是基于知识产权保护的不同测算指标，运用 2SLS 估计方法分别对总体、不同行业和不同贸易伙伴国样本的估计结果进行稳健性检验。知识产权保护强度是本章的核心解释变量，因此有必要采用知识产权保护强度的不同测算指标进行稳健性估计。为了克服 G - P 指数衡量知识产权保护强度的可能缺陷，我们采纳了 WEF（World Economic Forum）开发的知识产权保护指数，该数据包含了每年连续的问卷调查数据①。WEF 开发的知识产权保护指数的优势在于：该数据为被调查者对于特定国家知识产权保护情况的实际感受，可以衡量知识产权的实际保护水平。因此，本章采用 WEF 开发的知识产权保护指数对估计结果进行了稳健性检验。

表 12 - 7 显示了总体样本的稳健性检验结果。其中，估计结果（1）为在传统影响因素的基础上引入了知识产权保护、研发密集度及二者的交互项的估计结果；估计结果（2）为在传统影响因素的基础上引入了知识产权保护、专利密集度及二者的交互项的估计结果。估计结果表明，表 12 - 7 的估计结果与表 12 - 1 的估计结果完全一致。中国知识产权保护与研发密集度和专利密集度的交互项的估计系数在 1% 的水平下显著为正，说明知识产权保护可以通过与行业特征产生良性互动来促进中国出口的增长，因此，中国可以依靠知识产权保护制度的不断改革来培育知识产权保护制度比较优势。上述估计结果在一定程度上验证了总体样本估计结果的稳健性。

表 12 - 7　　　　　　　　　　　**总体样本的稳健性检验**

解释变量	研发密集度	专利密集度
	（1） 2SLS	（2） 2SLS
IPR	2. 162 *** （4. 392）	2. 524 *** （4. 836）
industry	0. 053 ** （2. 372）	0. 064 ** （2. 324）
IPR × industry	0. 041 *** （5. 013）	0. 046 *** （5. 719）

---

① 该指数的取值范围为 1 ~ 7，1 表示知识产权保护很弱，7 表示知识产权保护是世界上最强的。

解释变量	研发密集度	专利密集度
	（1） 2SLS	（2） 2SLS
识别不足检验	117.804 ［0.000］	125.302 ［0.000］
弱识别检验	60.462 ［0.000］	66.318 ［0.000］
过度识别检验	0.084 ［0.842］	0.076 ［0.851］
地区效应	是	是
时间变量	是	是
R^2	0.753	0.758
Wald 检验	85 902 ［0.000］	83 407 ［0.000］
组数	2 850	2 850
观测值	37 050	37 050

注：①限于篇幅，表 12 - 7 只报告了知识产权保护、行业特征及其两者的交互项的估计结果，传统解释变量和常数项的估计结果省略，备索。

②同表 12 - 1。

表 12 - 8 报告了不同行业样本的稳健性检验结果。估计结果表明，在低研发密集型和低专利密集型行业样本中，中国知识产权保护强度与研发密集度和专利密集度的交互项的估计系数为正，并且在 1% 的水平下对中国出口具有显著的正面影响；在高研发密集型和高专利密集型行业样本中，中国知识产权保护强度与研发密集度和专利密集度的交互项的估计系数为负，并且至少在 5% 的水平下对中国出口具有显著的负面影响。因此，中国的知识产权保护强度尚未超过高研发密集型和高专利密集型行业所要求的知识产权保护门槛水平，还无法满足这些行业对知识产权保护提出的较高要求，知识产权保护制度比较优势还无法充分体现出来。上述估计结果进一步证明了前述估计结果的稳健性。

表 12 - 9 给出了不同贸易伙伴国的稳健性检验结果。估计结果表明，在发达国家样本中，中国知识产权保护与研发密集度和专利密集度的交互项的估计系数至少在 5% 的水平下显著为负，说明知识产权保护与行业特征的相互匹配效应未能促进中国对发达国家出口的增长；在发展中国家样本中，中国知识产权保护与研发密集度和专利密集度的交互项的估计系数在 1% 的水平下显著为正，说明中国知识产权保护与行业特征的相互匹配效应能够显著促进中国对发展中国家出口的增长。这些结果与前文的估计结果完全一致，进一步证明了前述估计结果具有较好的稳健性。

解释变量	低研发密集度行业	高研发密集度行业	低专利密集度行业	高专利密集度行业
	(1) 2SLS	(2) 2SLS	(3) 2SLS	(4) 2SLS
IPR	1. 461 *** (3. 812)	1. 527 *** (3. 261)	1. 316 *** (4. 627)	1. 482 *** (4. 248)
industry	0. 1367 ** (2. 384)	0. 127 *** (4. 382)	0. 129 ** (2. 192)	0. 114 *** (3. 372)
IPR × *industry*	0. 138 *** (4. 029)	− 0. 045 ** (− 2. 247)	0. 162 *** (3. 621)	− 0. 048 *** (− 3. 793)
识别不足检验	103. 461 [0. 000]	107. 574 [0. 000]	104. 905 [0. 000]	108. 462 [0. 000]
弱识别检验	47. 241 [0. 001]	43. 965 [0. 003]	41. 805 [0. 004]	40. 802 [0. 005]
过度识别检验	0. 079 [0. 742]	0. 065 [0. 781]	0. 071 [0. 752]	0. 062 [0. 793]
地区效应	是	是	是	是
时间变量	是	是	是	是
R^2	0. 713	0. 732	0. 661	0. 714
Wald 检验	93 901 [0. 000]	97 509 [0. 000]	104 215 [0. 000]	109 531 [0. 000]
组数	1 710	1 140	1 520	1 330
观测值	22 230	14 820	19 760	17 290

表 12 - 8　　　　　　　　　　不同行业的稳健性检验

注：同表 12 - 7。

表 12 - 9   不同贸易伙伴国的稳健性检验

解释变量	发达国家		发展中国家	
	研发密集度	专利密集度	研发密集度	专利密集度
	（1） 2SLS	（2） 2SLS	（3） 2SLS	（4） 2SLS
IPR	1. 461 *** （5. 316）	1. 306 *** （4. 923）	1. 382 *** （4. 336）	1. 264 *** （4. 016）
industry	0. 173 ** （2. 275）	0. 146 ** （2. 368）	0. 186 ** （2. 196）	0. 164 ** （2. 227）
IPR × industry	- 0. 052 ** （- 2. 137）	- 0. 058 *** （- 3. 261）	0. 068 *** （3. 921）	0. 061 *** （4. 836）
识别不足检验	124. 905 [0. 000]	122. 704 [0. 000]	126. 308 [0. 000]	129. 603 [0. 000]
弱识别检验	59. 041 [0. 002]	53. 804 [0. 003]	52. 438 [0. 001]	50. 612 [0. 002]
过度识别检验	0. 052 [0. 732]	0. 047 [0. 741]	0. 062 [0. 725]	0. 058 [0. 736]
地区效应	是	是	是	是
时间变量	是	是	是	是
R^2	0. 537	0. 642	0. 541	0. 651
Wald 检验	116 042 [0. 000]	108 045 [0. 000]	125 731 [0. 000]	115 038 [0. 000]
组数	1 020	1 020	1 830	1 830
观测值	13 260	13 260	23 790	23 790

注：同表 12 - 7。

第 6 节　结论与政策启示

随着近年来劳动力和资源成本的不断上升，中国过去长期依赖低成本来获取出口比较优势将面临诸多困难，转变中国原有的以廉价劳动力为基础的粗放型对外贸易发展模式已迫在眉睫。在此背景下，寻求新型出口比较优势对于保持中国出口持续平稳增长显得尤为重要。本章从知识产权保护制度入手，考察中国知识产权保护制度对制造业行业出口比较优势的影响及其作用机制，旨在揭示知识产权保护制度能否成为中国出口增长的新型动力。为此，本章在乔（2010）的研究基础上，将国家层面的知识产权保护制度与行业特征的变量纳入模型中，从理论上探讨了知识产权保护制度与行业特征的相互匹配效应对出口的影响，以此来揭示知识产权保护如何通过行业特征对一国的出口产生影响。随后，基于 2001 ～ 2013 年中国对 95 个贸易伙伴国 30 个制造业行业出口的面板数据，本章利用 2SLS 方法实证考察了知识产权保护与研发密集度和专利密集度的相互匹配效应对中国出口的影响，并识别和检验了中国知识产权保护与行业特征的相互匹配效应如何通过行业生产率对中国出口产生影响，得出了以下主要结论与政策启示：

（1）总体行业的估计结果表明，知识产权保护与研发密集度和专利密集度的相互匹配效应显著促进了中国总体制造业行业出口的增长，是推动中国出口增长的新型动力。虽然要素禀赋在促进中国出口增长的过程中依然发挥了一定作用，但是，在中国当前依赖廉价劳动力所带来的"人口红利"持续衰退和国际形势诸多冲击的背景下，为保持中国出口持续稳定增长，中国的出口动力已不能单单依赖传统的劳动力比较优势，可以通过完善和改革知识产权保护制度，不断加强知识产权保护立法和执法强度，并以此塑造知识产权保护制度比较优势。

（2）不同行业的估计结果显示，知识产权保护与研发密集度和专利密集度的相互匹配效应只能显著促进低研发密集度和低专利密集度行业的出口，但是未能促进高研发密集度和高专利密集度行业的出口。这表明，知识产权保护制度与行业特征的相互匹配效应对中国出口的影响存在"知识产权保护门槛"效应，中国当前尚未跨越知识产权保护制度门槛水平。由于不同行业对知识产权保护的敏感度不同，高研发密集度和高专利密集度行业对知识产权保护一般比较敏感，对知识产权保护的诉求一般也较高，因此，对这些行业而言，更需要加强知识产权保护强度，通过不断完善知识产权保护制度来促进这些行业的出口，以此来培育知识产权保护所产生的出口比较优势。

（3）不同贸易伙伴国的估计结果表明，知识产权保护与研发密集度和专利密集度的相互匹配效应显著促进了中国对发展中国家制造业行业的出口，但是未能促进中国对发达国家制造业行业的出口。这说明，知识产权保护与行业特征的相互匹配效应对中国出口的影响除了受中国知识产权保护水平的影响外，还依赖于贸易伙伴国的知识产权保护水平。由于中国当前的知识产权保护强度相比发达国家而言仍处于较低水平，因此，中国需要通过不断完善知识产权保护制度以缩小与发达国家之间的差距，通过不断强化知识产权保护来构建知识产权保护制度所带来的出口比较优势。

参考文献

［1］ 蔡虹、蒋仁爱、吴凯:《知识产权保护对中国技术进步的贡献研究》,载于《系统管理学报》2015 年第 3 期。

［2］ 代中强、刘从军:《知识产权保护、地区行政垄断与技术进步》,载于《国际贸易问题》2011 年第 4 期。

［3］ 韩玉雄、李怀祖:《关于中国知识产权保护水平的定量分析》,载于《科学学研究》2005 年第 3 期。

［4］ 李凤新、刘磊、倪苹:《中国产业专利密集度统计报告》,载于《科学观察》2014 年第 1 期。

［5］ 柴江艺、许和连:《行业异质性、适度知识产权保护与出口技术进步》,载于《中国工业经济》2012 年第 2 期。

［6］ 邱斌、唐保庆、孙少勤等:《要素禀赋、制度红利与新型出口比较优势》,载于《经济研究》2014 年第 8 期。

［7］ 盛斌:《中国对外贸易政策的政治经济学分析》,上海人民出版社 2002 年版。

［8］ 余长林:《知识产权保护与中国的进口贸易增长:基于扩展贸易引力模型的经验分析》,载于《管理世界》2011 年第 6 期。

［9］ 余长林:《知识产权保护如何影响了中国的出口边际?》,载于《国际贸易问题》2015 年第 9 期。

［10］ 余长林:《知识产权保护、模仿威胁与中国制造业出口》,载于《经济学动态》2015 年第 11 期。

［11］ 余长林:《知识产权保护与中国企业出口增长的二元边际》,载于《统计研究》2016 年第 1 期。

［12］ 朱树林:《知识产权保护对我国全要素生产率的影响研究》,载于《财经理论与实践》2013 年第 2 期。

［13］ Aghion, P. , P. Howitt, and S. Prantl (2013). "Patent Rights, Product Market Reform and Innovation", *NBER working paper*, No. 18854.

［14］ Beck, T. (2003). "Financial Development and International Trade", *Review of International Economics*, 11: 296 – 316.

［15］ Branstetter, L. , R. Fisman, and C. F. Foley (2006). "Do Stronger Intellectual Property Rights Increase International Technology Transfer? Empirical Evidence from US Firm-level Panel Data", *Quarterly Journal of Economics*, 121: 321 – 349.

［16］ Branstetter, L. , R. Fisman, and C. F. Foley (2011). "Does Intellectual Property Rights Reform Spur Industrial Development?", *Journal of International Economics*, 83: 27 – 36.

［17］ Chen, Y. M. and T. Puttitanun (2005). "Intellectual Property Rights and Innovation in

Developing Countries", *Journal of Development Economics*, 78: 474 – 493.

[18] Cunat, A. and M. Melitz (2007). "Volatility, Labor Market Flexibility, and the Pattern of Comparative Advantage", *Journal of European Economic Association*, 10 (2): 225 – 254.

[19] Chor, D. (2010). "Unpacking Sources of Comparative Advantage: A Quantitative Approach", *Journal of International Economics*, 82: 152 – 167.

[20] Costinot, A. (2009). "On the Origins of Comparative Advantage", *Journal of International Economics*, 77: 255 – 264.

[21] Eaton, J. and S. Kotum (2002). "Technology, Geography, and Trade", *Econometrica*, 70 (5): 1741 – 1779.

[22] Falvey, R., N. Foster, and D. Greenaway (2009). "Trade, Imitative Ability and Intellectual Property Rights", *Review of World Economics*, 145 (3): 373 – 404.

[23] Fink, C. and C. A. Primo-Braga (2005). "How Stronger Protection of Intellectual Property Rights Affects International Trade Flows", in Fink, C. and K. E. Maskus (eds.), *Intellectual Property and Development: Lessons from Recent Research*, Washington DC. Oxford University Press.

[24] Ginarte, J. C. and W. G. Park (1997). "Determinants of Patents Rights: A Cross-national Study", *Research Policy*, 26: 283 – 301.

[25] Ivus, O. (2010). "Do Stronger Patent Rights Raise High-Tech Exports to the Developing World", *Journal of International Economics*, 81 (1): 38 – 47.

[26] Levchenko, A. A. (2007), "Institutional Quality and International Trade", *Review of Economic Studies*, 74: 791 – 819.

[27] Levchenko, A. A. (2013). "International Trade and Institutional Change", *Journal of Law Economics and Organization*, 29 (5): 1145 – 1181.

[28] Maskus, K. E. and M. Penubarti (1995). "How Trade-related are Intellectual Property Rights", *Journal of International Economics*, 39: 227 – 248.

[29] Maskus, K. E. and Lei Yang (2013). "The Impacts of Post-TRIPS Patent Reforms on the Structure of Exports", *RIETI Discussion Paper Series*, 13 – E – 030.

[30] Manova, K. (2013). "Credit Constraints, Heterogeneous Firms, and International Trade", *Review of Economic Studies*, 80 (2): 711 – 744.

[31] Melitz, M. (2003). "The Impact of Trade on Intra-industry Reallocations and Aggregate Industry Productivity", *Econometrica*, 71: 1695 – 1725.

[32] Moser, P. (2005). "How Do Patent Laws Influence Innovation? Evidence from Nineteenth-Century World's Fairs", *American Economic Review*, 95 (4): 1214 – 1236.

[33] Nunn, N. (2007). "Relationship-Specification, Incomplete Contracts, and the Pattern of Trade", *Quarterly Journal of Economics*, 122 (5): 569 – 600.

[34] Nunn, N. and D. Trefler (2013). "Domestic Institution as a Source of Comparative Advantage", *NBER Working Paper*, No. 18851.

[35] Qian, Y. (2007). "Do National Patent Laws Stimulate Domestic Innovation in a Global

Patenting Environment?", *Review of Economics and Statistics*, 89: 436 – 453.

[36] Smith, P. J. (1999). "Are Weak Patent Rights a Barrier to U. S. Exports?", *Journal of International Economics*, 48: 151 – 177.

[37] Weng, Yingho, Chian-Hai, Yang and Yi-Ju. Huang (2009). "Intellectual Property Rights and U. S, Information Goods Exports: The Role of Imitation Threat", *Journal of Cultural Economics*, 33: 109 – 134.

[38] Vichyanond, J. (2009). "Intellectual Property Protection and Patterns of Trade", *CEPS Working Paper*, No. 197.

[39] Yang, L. and K. E. Maskus (2009). "Intellectual Property Rights, Technology Transfer and Exports in Developing Countries", *Journal of Development Economics*, 90: 231 – 236.

第13章 境外上市对中国企业经营绩效的影响分析*

第1节 问题提出

尽管当前中国企业境外上市还存在诸多的限制，但境外上市已开始成为中国企业在境外资本市场增发融资、解决企业资金问题的越来越重要的融资方式。近年来，企业在境外融资的成本显著低于境内。上海自贸区挂牌后不久，中国银行上海分行的数据显示，通过境外融资成本比境内低18%左右①；2015年下半年，中国农业银行上海分行以不到2%的境外融资成本为多家贸易企业带来了实实在在的收益，这一融资成本显著低于境内人民币平均5.3%的贷款水平②。"设立自贸区的初衷就是用开放倒逼改革。要通过开放跨境金融业务，倒逼内地融资成本降低。"李克强总理在2015年4月考察福建自贸试验区福州片区时提出上述观点。此外，境外上市还可让国外的投资者更多地了解中国企业，是企业"走出去"的一条有效路径。

然而，一系列关于境外上市对企业经营绩效的研究却没有取得一致性的结论。国外学者的研究中，扎尔基西安

---

* 本章作者：龚敏、辛明辉。

① http://www.chinairn.com/news/20141011/133656123.shtml。

② http：//gov.eastday.com/ldb/node41/node2151/20150923/n48361/n48367/u1ai248781.html。

（Sarkissian）等以25个国家的境外上市企业为对象，检验了境外上市与企业长期绩效的关联性，发现即便境外上市国家的证券市场流动性更强、对投资者的法律保护更好，企业仍无法在长期内改善其经营绩效；道伊奇（Doidge）等基于40个国家的境内外上市企业所进行的研究表明，选择境外上市的企业，其"托宾Q值"要比境内上市的企业高16.5%，从而证实了"境外上市溢价"的存在。在选择境外上市的中国企业方面，黄贵海和宋敏的研究发现，IPO效应可放大H股企业上市时的绩效，但之后的2~3年里，随着IPO效应的释放，企业经营绩效会大幅下降；周建等以在美国上市的中国企业为研究对象，同样发现在企业上市前后，其经营绩效先上升后下降，IPO效应明显，因而认为中国企业境外上市并不能显著提升其绩效。另一方面，任虹和刘光友的研究发现，在发达资本市场（以中国香港为例）上市的中国内地企业，其会计信息披露质量可以得到很好地提高。沈红波等的研究得出，境外上市可以通过捆绑效应显著改善公司的盈余质量，且投资者监督是产生捆绑效应的主要因素。沈红波等通过研究赴中国香港上市企业的溢价程度，发现由于AH股所面临的法律监管比AB股更严格，故境外上市企业溢价程度更高、企业价值增加更多。

上述大部分研究都以中国境外上市企业作为一个整体展开，从境外上市企业的行业布局和所有制结构入手研究境外上市对企业经营绩效的影响的文献还很少。孔宁宁和秦蕊对赴中国香港上市的民营企业进行研究后，认为境外上市并不能持续提升民营企业的绩效，IPO效应强于捆绑效应。这是少数的针对境外上市的民营企业所进行的研究。针对境外上市的不同行业的企业所进行的研究，几乎还是空白。

福建省长期以来是中国的制造业大省，其在纺织业等传统制造业行业具有较强的比较优势。近年来，福建境外上市企业的数目也在不断增加，其中很大一部分是纺织品和服装类企业。对于中国传统制造业中具有比较优势的企业，境外上市的"捆绑效应"是否存在？境外上市能否有效提高这些企业的经营绩效呢？相对于金融服务以及互联网信息技术产业等企业，分析中国传统的制造业企业境外上市对其经营绩效的影响，对于当前产能过剩的背景下提升制造业的竞争优势显然具有更重要的实践意义。进一步，"一带一路"、自贸区建设的大力推进，将给福建探索资本市场开放提供机会，为福建企业通过境外上市走出国门搭建桥梁。因此，深入研究境外上市对福建企业经营绩效的影响具有重要的现实意义。

本章在第2节从行业布局和企业所有制结构的角度，简单梳理中国企业、福建企业以及福建的纺织服装类企业境外上市的发展历程；在此基础上，第3节选取49家境外上市的福建企业的样本数据，实证分析"捆绑效应"对企业经营绩效的影响作用；第4节，对比分析上海与福建境外上市企业在行业布局上的差异，讨论优化福建境外上市企业行业布局，促进福建产业结构升级的问题；第 5 节为研究结论及建议。

第 2 节　中国企业境外上市的发展历程：简要回顾

本节先从行业布局和企业所有制结构的角度梳理中国企业境外上市的发展历程，然后是福建企业的境外上市历程，并进一步研究了作为福建省"优势产业"的纺织服装类境外上市的发展情况。

一、基于行业布局和企业所有制结构的中国企业境外上市发展历程

第一阶段：1993～1994 年，中国企业初试国际资本市场的探索阶段。这一时期，中国 GDP 增长势头迅猛，深受国际投资者青睐，加上中国政府对制造业的扶植，引发了第一轮境外上市热潮。1993 年，国务院批准了第一批共 6 家国有企业赴中国香港上市，这 6 家企业是上海石化、北人印刷、马鞍山钢铁、青岛啤酒、昆明机床和广船国际，大部分为制造业企业。其中，青岛啤酒在最盛时期的认购率超额 200 倍，有 39 家国外著名投资公司争相充当其代理商。截至 1994 年，由于墨西哥金融危机的影响，加上中国企业治理结构的问题，这股浪潮仅维持了两年多便告一段落。

第二阶段：1995～1996 年，中国企业赴境外上市缓慢发展的时期。这一阶段的境外上市企业以基础设施类为主。1995 年，中国政府大力推进电力、交通等基础设施建设，吸引了大量国外投资者的关注，其中代表性企业有广深铁路、东北电气、安徽皖通等。但在中国经济紧缩调控，以及美联储 6 次加息的影响下，许多基础建设项目被迫停工，股价下跌，浪潮结束。

第三阶段：1997～1998 年，"红筹股"崭露头角并迅速发展。在香港回归的有利条件带动下，许多内地企业选择在中国香港上市。1997 年在中国香港上市的内地企业有 16 家，融资额达到 46.85 亿美元。"红筹股"指数从 1996 年下半年到 1997 年上半年上涨了将近 200%，远超恒生指数 39% 的上涨幅度；国企指数也从 1 000 点暴涨至 1 700 点。但至 1997 年年底，受亚洲金融危机影响，赴境外上市企业的数量急剧下降，1998 年只有兖州煤业一家企业在境外上市。

第四阶段：1999～2001 年，以科技网络股为代表的民营企业境外上市热潮。在中国证券市场发展的起步阶段，国家为了支持国有企业改革，重点鼓励国有企业在证券市场发行上市。相较之下，民营企业在境内外上市受到各种各样的限制。直至 1999 年，境外上市的民营企业数量才开始逐步增多。1999 年 7 月 14

日，中华网在美国纳斯达克上市，上市时股价为 20 美元，收盘时飙升至 67.2 美元，涨幅达到 236%；到 7 月 17 日，上市仅仅 4 天的时间，股价便狂涨至 137 美元。在中华网境外上市重大利好的吸引下，中国互联网三大门户——网易、新浪和搜狐纷纷于 2000 年挂牌纳斯达克，掀起了科技网络股的境外上市热潮。直至 2002 年，随着网络泡沫破裂，互联网企业境外上市热潮也落下帷幕。

第五阶段：2002~2006 年，国内企业境外上市全面发展。2001 年 12 月，中国成功加入世界贸易组织，带动了内地企业的深化改革，使不少股份公司更加规范化，为它们境外上市奠定了良好的基础；同时也加快了中国的资本国际化进程，越来越多的国外投资者开始关注中国企业。中国政府于 2003 年取消"无异议函"，加速了企业境外上市的审批时间，有利于国内企业及时把握国际证券市场商机。据中国证券监督管理委员会的不完全统计显示，仅 2003 年一年的时间，在境外主板和创业板上市的中国企业数量就达到 14 家[①]之多。2005 年，中国推进股权分置改革，许多企业无法通过在境内上市的方式融得资金，因此选择于境外资本市场上市。其结果是，2005 年境外上市的企业数目有 9 家，2006 年更是达到了 16 家之多。这一时期境外上市企业的数量更多、行业分布范围更广。

第六阶段：2007~2009 年，境外上市企业数目和融资额都大幅下降，行业布局更加集中。受次贷危机影响，全球股市陷入低迷。境外融资环境的恶化，也使中国境外上市企业的数量和融资额大幅下降。据中国证券监督管理委员会的不完全统计数据显示，2007~2009 年在境外主板上市的中国企业分别只有 7 家、6 家、6 家，约为 2006 年境外上市企业数量的 1/3。三年期间境外上市企业的融资总额分别为 126.97 亿美元、45.56 亿美元、156.36 亿美元，其中 2008 年的融资额还不到 2006 年的 1/8。

第七阶段：2010~2012 年，由部分中国企业财务造假和 VIE 结构脆弱性引发的境外上市低谷。2010 年底，美国监管机构 SEC 对中概股财务造假问题进行调查，引发了投资者对中概股的信任危机。2011 年 6 月支付宝的股权纠纷，以及 2012 年新东方 VIE 结构变动，引起市场对中概股普遍采用 VIE 结构的公司治理的担忧。在这一阶段，境外上市的中国企业普遍被市场低估，无论是在境外上市数量还是在融资额度方面，均遇到阻碍。

第八阶段：2013~2014 年，以互联网企业为代表的新一轮境外上市热潮。2008 年金融危机以后，直至 2013 年，境外发达资本市场开始逐渐复苏，引发大

---

① http：//www.csrc.gov.cn/pub/newsite/gjb/jwss/jwssgsml/201508/t20150831_283447.html。
http：//www.csrc.gov.cn/pub/newsite/gjb/jwss/jwssgsml/201503/t20150331_274444.html。

量资本重新流回境外资本市场。2013 年，全球股票市场的牛市和移动互联网的发展使中国的互联网企业受到境外投资者的青睐。除此之外，科技股行情向好也带动了中国的医药和新能源类企业境外上市的发展。2014 年境外上市的中国企业有 96 家，其中互联网企业的数量占据了 25%，互联网企业的市值更是超过了96 家企业总市值的 75%。科技网络股的境外上市，从 1999 年掀起第一轮热潮，到 2002 年陷入低谷，直至 2013 年重新恢复元气，接着迎来 2014 年京东和阿里巴巴相继境外上市的另一个高峰。

综上所述，从行业布局来看，中国境外上市企业从最初以大型制造业为主，行业范围逐步扩大、发展到各类产业综合，到最近几年互联网、新能源等科技概念股在国际市场受到投资者热捧，境外上市企业的行业范围越来越广、种类越来越多。从所有制结构来看，境外上市发展初期的只有国有企业参与，到民营企业逐步加入境外上市的行列，中国境外上市企业的所有制结构也越来越完善。

二、福建企业境外上市发展历程

众所周知，福建省民营经济发达，民营企业是福建经济建设中非常重要的部分，为福建经济发展提供了莫大的推动。本章在 Wind 数据库中筛选出的 83 家①福建境外上市企业中，民营企业所占比例将近 70%。然而，由于政策倾斜等原因，许多民营企业在融资等方面存在困难，发展受到阻碍。这与民营企业在经济发展中的地位是极不匹配的。在国家推出"一带一路"建设和自贸区试点的有利政策背景下，鼓励民营企业境外上市，不仅可以解决在国内融资难的困境，还可以为企业拓展国际市场奠定基础。因此，有必要对福建企业境外上市历程进行回顾，以借鉴成功经验，推动以民营企业为主导的福建境外上市企业更好地发展。

第一阶段：1998 年 12 月 8 日，恒安国际在香港联交所上市，成为第一家在境外上市的福建企业，开辟了福建企业境外上市新时代。恒安国际首次发行股票2.5 亿股，每股发行价 2.8 港元，共募集资金 7 亿港元，首发境外上市的成功极大地刺激了福建企业赴境外上市的意愿。

第二阶段：2002~2009 年，福建省赴境外上市的企业数量呈整体增长态势。即使 2007 年美国次贷危机以及 2008 年全球金融危机爆发给世界各国经济造成严重冲击，世界经济出现明显下滑的情况下，福建省赴境外上市的企业数量也并无

---

① 在实证部分，出于对所有指标数据获取的完整性考虑，只选用了这里提出的 83 家企业中的 49 家作为实证样本。

明显减少，甚至稳步上升。这也得益于福建省政府对企业上市的大力扶持。2007年6月福建省政府下发《福建省人民政府关于加快推进企业上市的意见》，指出企业于境外上市，并将募集资金的70%以上在福建省内投资，经研究确认后，便可享受意见所规定的扶持政策。

第三阶段：2010~2011年，福建境外上市企业数量大幅增加。中国政府不断改善宏观调控，加快转变经济增长方式，推进改革，使中国经济运行逐步摆脱国际金融危机带来的不良影响，总体经济形势向好加速了福建企业境外上市的步伐，使得2010年和2011年境外上市企业数量大幅增加。这一时期，境外上市企业的行业分布、上市地点等都呈现更多元化的特征，金融、可选消费、工业、日常消费、材料和信息技术类企业在这一时期均有境外上市，上市地点也包含了中国香港、德国、新加坡和美国等地区和国家的证券交易中心。其中，2010年3月30日中宇股份成为第一家挂牌法兰克福德意志证券交易所的福建企业，首次共发行700万股，发行价13欧元，筹资1.09亿欧元，上市后第一笔交易价14.75欧元，涨幅为13.5%①。

第四阶段：2012年，福建境外上市企业数量大幅下降。2012年在欧债危机的影响下，美国经济虽然有所复苏，但进度依然很慢，全球经济发展速度仍处于较低水平，由此导致境外资本市场下跌，福建境外上市的企业也都变得更加理性与谨慎②。

第五阶段：2013年至今，福建境外上市企业数量缓慢回升。2012年11月"浙江世宝"上市以后，直至2013年11月，国内A股市场的新股发行都处于暂停状态，很多企业因此转道境外市场，这也引发了福建企业境外上市的热潮。且随着欧债危机的影响慢慢减弱，境外上市重新变成各企业增发融资、提升业绩，以及扩大国际知名度的重要渠道。

三、福建纺织服装类企业境外上市发展历程

福建省纺织服装产业具有产业集聚的特色，从纺织服装类企业数量占比（见表13-1和图13-1）来看，大部分年份都处于较高的水平。纺织服装产业集群的发展有效地解决了城乡就业问题，在产业构成中有举足轻重的地位，已成为福建省区域经济发展的重要特色。在全国也有十分重要的影响，福建省已有多个地市、城镇被中国纺织工业协会命名为纺织业重点地区。下面对福建省纺织服装类企业的境外上市历程进行回顾。

---

① http：//frankfurt. china - consulate. org/chn/zxxx/t676941. htm。

② http：//research. pedaily. cn/report/pay/986. shtml。

表 13 – 1   福建纺织服装类企业境外上市情况

年份	纺织服装（家）	比例（%）
2003	1	50
2004	0	0
2005	3	60
2006	0	0
2007	3	42.86
2008	6	100
2009	5	55.56
2010	4	28.57
2011	4	33.33
2012	1	20
2013	2	40
2014	3	50
2015	2	33.33

资料来源：根据 Wind 数据库数据由作者整理及计算。

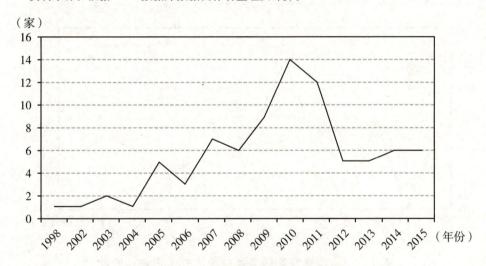

图 13 – 1 福建境外上市企业数量

资料来源：根据 Wind 数据库数据由作者绘制。

第一阶段：2003 ~ 2006 年，纺织服装类企业境外上市的摸索阶段。继 1998 年恒安国际在香港联交所上市后，2003 年宝国国际成为第三家在境外上市的福建企业，同时也是福建省第一家境外上市的纺织服装类企业。纺织服装类企业境外上市之初，无论是在绝对数量上，还是在占当年境外上市企业的比例上，都在一定区间范围内有较大波动（见图13-2和图13-3），说明这一阶段纺织服装类企业境外上市仍处于摸索阶段。

（家）

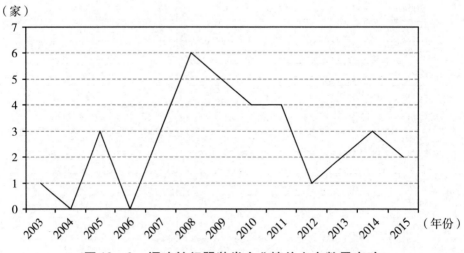

图13-2　福建纺织服装类企业境外上市数量变动
资料来源：根据 Wind 数据库数据由作者绘制。

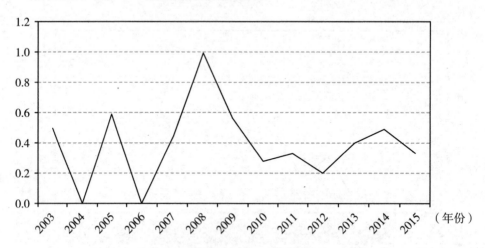

图13-3　福建纺织服装类企业境外上市占比变动
资料来源：根据 Wind 数据库数据由作者绘制。

第二阶段：2007~2011年，纺织服装类企业境外上市迅猛发展。这一阶段境外上市的纺织服装类企业数目整体居于较高水平（见表13-1和图13-2）。尤其在2008年，福建省6家境外上市的企业全都属于纺织服装类。当与福建纺织服装类企业年产值增长率的变化趋势（见图13-4）对照时发现，这一时期纺织服装类企业的年均增长率也处于高位，产值增长迅猛，从一定程度上表明境外上市与企业产值的正向相关关系。

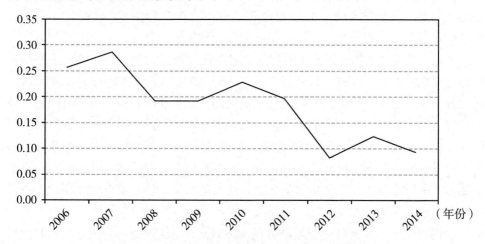

图13-4　福建纺织服装类企业产值增长率

资料来源：根据 Wind 数据库数据由作者绘制。

第三阶段：2012年，境外上市的纺织服装类企业数量和占比均大幅下降。这一年纺织服装类产值比重增加值也跌至2006年以来的最低点。欧债危机带来的全球经济恶化亦给福建省纺织服装类企业境外上市带来不利影响。

第四阶段：2013～2015年，境外上市的纺织服装类企业占比稳步回升。2013～2015年，纺织服装类企业占福建省境外上市企业数量的比例分别为40%、50%和33.33%。2013年，在全国境外上市的企业中，纺织及服装行业所占比重只有6.4%[①]，而在福建省却达到了40%之高，远超全国平均水平。

第3节　实证研究

现有文献认为境外上市对企业经营绩效的影响途径主要有以下两个方面：一是IPO效应。认为管理层为了达到股票发行上市的目的，会在上市前对其财务进行包装，并进行过度盈余管理等一系列的行为。显然，这种人为因素的干扰并不能真实反映企业绩效的变化。随着企业成功上市，IPO效应产生的影响会逐年减弱，且通常在企业上市三年后IPO效应就基本消除。不可否认，IPO效应是所有

---

① http://www.askci.com/news/201312/06/0615712168442.shtml。

上市公司都可能存在的现象，包括境外和境内上市的企业。二是捆绑效应。科菲（Coffee）提出，企业赴境外更加发达的资本市场上市，将接受更加严格的法律监管与市场约束，通过强制性增大控股股东的"隧道挖掘"①成本，减少"隧道挖掘"行为，从而提高企业的治理水平。即为了有效地解决承诺问题，取得投资者的信任，降低融资成本，必须提高公司治理水平，提升企业绩效。

一般认为，IPO 效应只能在短期内改善企业的经营绩效，而捆绑效应可在长期内提升企业的经营绩效。拉波塔（La Porta）等证明了法律监管对企业治理的重要性，王化成等分析得出良好的治理结构能优化企业的理财决策，进而提升公司价值。其原因在于，一个健全的法制与司法环境将有助于企业改善其公司治理结构，解决其管理层与投资者之间的委托—代理问题，从而提升其公司业绩。同时，企业选择境外上市将直接面临境外投资者的监督，并按照国际会计准则要求提供相应的财务报表，接受世界知名会计师行的年审。这在制度层面促使企业长期改善其经营绩效。

然而，关于境外上市对企业经营绩效影响方向的实证研究，现有文献并未得出一致结论。并且，在当前中国产能过剩的背景下，缺少对传统制造业代表性省份的境外上市研究，文章这一部分的实证分析试图填补这一空缺。

这里，我们将分别选择 49 家境外上市的福建企业和境内上市的福建企业组成样本对照组。确定了适当的企业经营绩效的代理指标后，在初步了解样本统计特征的基础上，进一步得出各变量明确的相关关系，以实证检验企业境外上市对经营绩效的影响。本章所用数据的形式为均衡面板，故使用混合回归和随机面板两种方法，最后结合稳健性分析，充分保证了模型结果的可信性。

一、变量及数据的选取

1. 自变量和因变量的选择

自变量是境外上市与否（OL），该变量用哑变量形式表示，若企业是境外上市企业时 $OL=1$，若企业是境内上市企业时 $OL=0$。

用来代表企业绩效的指标一般有两类：一类是以股价为基础进行衡量，如托宾 Q 值和累计超常收益率（cumulative abnormal return，CAR）；另一类是以会计数据为基础进行衡量，如总资产收益率（return on total assets，ROTA）②和净资

---

① "隧道挖掘"是指大股东对小股东的利益侵害行为。具体指大股东通过非公平关联交易、资金占用、现金股利、股价操纵等方式赚取收益。

② 下文中总资产收益率统一用 ROTA 表示。

产收益率（rate of return on common stockholders' equity，ROE)[1]。

本章采用以会计数据为基础的衡量方法，主要基于以下两点考虑：一是，虽然近年来，尤其是股权分置改革以后中国股票市场的效率有了很大提高，但仍有很大比例的企业股价并不能如实反映企业价值，以股价为基础对企业绩效进行衡量的办法更适用于资本市场比较成熟的国家。二是，企业股价变动趋势受当地资本市场变动趋势影响，不利于境外上市企业与配对样本企业绩效之间的比较。

在总资产收益率（ROTA）和净资产收益率（ROE）的选择上，陈小悦和徐晓东认为，因为证监会将对上市公司进行首次公开发行（IPO）、配股和特别处理（ST）的考核指标定为企业的净资产收益率（ROE），造成企业对净资产收益率（ROE）进行盈余管理的现象非常严重，所以本章选择总资产收益率（ROTA）作为企业绩效的代表指标。

2. 控制变量的选择

在境外上市影响企业绩效的相关文献中，企业绩效主要受到公司规模、偿债能力和后续发展能力等方面的影响，因此本章选取企业规模、财务杠杆和营业收入增长率作为控制变量，以尽量控制由于遗漏变量造成的模型设定错误（见表 13 - 2）。其中企业规模（size）用企业总资产的自然对数表示；财务杠杆（lever）用总资产负债率表示；营业收入增长率（ror）用营业总收入同比增长率表示。

表 13 - 2　　　　　　　　　　　变量列表

变量类型	变量名	代理指标	符号
因变量	企业绩效	总资产收益率	ROTA
自变量	境外上市与否	境外上市与否	OL
控制变量	企业规模	总资产的自然对数	size
	财务杠杆	总资产负债率	lever
	营业收入增长率	营业总收入同比增长率	ror

资料来源：作者整理。

3. 数据选取及来源

截至 2011 年[2]，福建省所有在境外上市的企业中，扣除已经退市及数据不

---

① 下文中净资产收益率统一用 ROE 表示。

② 2011 年以后上市的企业由于上市后数据跨度太短，故不做研究。

全的，剩下 49 家企业为研究对象，数据的时间跨度为上市后 5 年（包括上市当年）。根据"与境外上市企业行业相同，上市年份相近"的原则，找出另外 49 家福建省境内上市的企业，作为对比样本，数据的时间跨度仍为上市后 5 年（包括当年）。

本章中的数据大部分来自 Wind 数据库，小部分缺失的数据从 CSMAR 及上市公司财务报表中补充。

二、模型构建

1. 简单统计分析

经过简单的统计分析可初步看出（见表 13 - 3），福建境外上市企业的绩效要高于境内上市的企业。但同时，境外上市企业绩效的波动亦大于境内上市企业。

表 13 - 3　　　　　　　　　　企业绩效的简单统计分析

		均值	标准差	最小值	最大值
ROTA	境外上市	12.9802%	15.6543	− 67.0770%	48.9815%
	境内上市	7.8069%	5.1732	− 24.6927%	22.1100%

资料来源：笔者计算。

2. 相关性检验

如表 13 - 4 所示，因变量（ROTA）与自变量（OL）的相关系数为 0.213，且在 5% 的水平上显著。可见，用总资产收益率衡量的企业绩效与境外上市有显著正相关关系。这一显著的正相关关系也粗略地验证了前述企业境外上市对经营绩效的影响分析中，捆绑效应对经营绩效的正向激励大于 IPO 效应带来的负面影响，跨境上市可以通过捆绑效应促进企业绩效增长。

表 13 - 4　　　　　　　　　　各变量相关系数

相关系数	ROTA	OL	$size$	$lever$	ror
ROTA	1	0.213 **	0.101 *	− 0.212 **	0.268 **
OL	0.213 **	1	0.132 **	− 0.119 **	− 0.02
$size$	0.101 *	0.132 **	1	0.307 **	0.053
$lever$	− 0.212 **	− 0.119 **	0.307 **	1	0.06
ror	0.268 **	− 0.02	0.053	0.06	1

注：*、** 分别表示双尾检验中 10%、5% 的显著性水平。

资料来源：笔者计算。

同时，用总资产收益率表示经营绩效时，绩效与规模和成长性呈显著正相关（相关系数分别为0.101和0.268），与杠杆呈显著负相关（相关系数为 -0.212）。

3. 回归分析

构建以下计量模型考察境外上市对企业绩效的影响，并用混合回归和随机效应面板回归两种方法对以上模型进行估计，结果如表13-5所示。

$$ROA = \alpha + \beta_1 \cdot OL + \beta_2 \cdot size + \beta_3 \cdot lever + \beta_4 \cdot ror + \varepsilon \qquad (13.1)$$

其中，α 为截距项，β_1 为自变量的系数，$\beta_2 \sim \beta_4$ 为控制变量的系数，ε 为随机干扰项。

表 13-5　　　　　　　　　　　　　回归结果

变量	混合回归	随机面板
OL	4.4070 *** (4.23)	3.9430 ** (2.11)
size	0.5429 *** (9.32)	1.7580 ** (2.09)
lever	-0.1601 *** (-5.22)	-0.2190 *** (-5.48)
ror	0.0582 *** (6.64)	0.0545 *** (7.08)

注：①括号里的值代表 t 检验量。

②＊、＊＊、＊＊＊ 分别表示双尾检验中10%、5%、1%的显著性水平。

资料来源：笔者计算。

用随机面板回归方法时，企业经营绩效（ROTA）与企业规模（size）的系数为1.758，在5%的水平上显著；用混合回归方法时，企业经营绩效（ROTA）与企业规模（size）的系数为0.5429，在1%的水平上显著。可见无论用哪种方法，均显示出经营绩效与企业规模的显著正相关关系。白贵玉等通过实证研究表明，中国上市公司的企业规模与研发竞争行为存在明显的正向关系，而研发行为对企业绩效的提升有正向激励。这与本章中企业经营绩效与规模显著正相关是一致的。

用随机面板和混合回归方法时，企业经营绩效（ROTA）与企业杠杆（lever）的系数分别为 -0.219 和 -0.16，均在1%的水平上显著。可见，经营绩效与企业杠杆有显著的负相关关系。中国企业融资的主要来源是银行贷款，而政府对银行存在行政干预，把来自政府的、对企业融资的约束称为"预算软约束"。田利辉的研究发现，中国上市企业由于"预算软约束"的存在，财务杠杆会导致经理人代理成本上升，从而降低了企业价值，这也与本章的实证结果一致。同样可见，用随机面板和混合回归方法时，企业经营绩效（ROTA）与成长性（ror）的系数分别为 0.0545 和 0.0582，均在 1% 的水平上显著。

综上所述，企业经营绩效与企业规模、成长性有显著正向关系，与企业杠杆有显著负向关系，与前文相关性分析的结论相符，因此可以认定控制变量的选取是合理的。

用随机面板回归方法时，得到境外上市变量与企业总资产收益率（ROTA）的系数为 3.943，在 5% 的水平上显著，表明企业经营绩效（ROTA）与境外上市变量（OL）呈现显著的正相关关系；当用混合回归方法时，境外上市变量与企业总资产收益率（ROTA）的系数为 4.407，在 1% 的水平上显著。相比随机面板回归方法，混合回归得到的结论更具说服力。因此，可以断定福建省企业境外上市对其绩效有明显的正向激励，境外上市更加严格的法律监管和市场约束使捆绑效应对企业绩效的影响突出。

4. 稳健性检验

选择境外上市的企业可能原本在同行业中就属于佼佼者，即境外上市后更好的绩效并不是来自发达资本市场的捆绑效应，而是事前自选择的结果。赫克曼（Heckman）对美国劳动力供给进行研究时发现了这一问题并提出了解决方案，这一解决方案也因此被称为赫克曼备择模型。下面采用这一方法对该内生性问题进行分析，以确保系数估计的无偏性。

该方法分为两步。

第一步，构建一个选择方程，以"企业是否选择境外上市"作为被解释变量，使用影响企业境外上市的因素，也即 3 个控制变量（用向量 W 表示）——企业规模、杠杆、成长性作为解释变量，用 Probit 估计得到企业境外上市的概率，即 $OL=1$ 的概率：

$$OL^* = W\gamma + v \tag{13.2}$$

$$OL_i = 1[W\gamma + v > 0] \tag{13.3}$$

$$P(OL_i = 1 | w) = \Phi(w_i' \gamma) \tag{13.4}$$

得到估计值 $\hat{\gamma}$，计算逆米尔斯比 $\hat{\lambda}_i = \hat{\lambda}(-w_i' \hat{\gamma})$。

第二步，用企业经营绩效 ROTA 对 OL、$size$、$lever$、ror 和逆米尔斯比 $\hat{\lambda}_i$ 进行

回归。赫克曼模型得到的似然比检验结果为：$\chi^2(1) = 14.30, \mathrm{Prob} > \chi^2 = 0.0002$。这表示可以拒绝原假设，不存在内生性问题，应该使用样本选择模型，上面的估计结果是可信的。

综上所述，从福建省企业的实际情况来看，境外上市对企业经营绩效有明显的正向影响，捆绑效应作用显著。

第4节 福建省境外上市行业分布现状

第3节得出结论：境外上市可以有效提升企业的经营绩效。然而，要提升境外上市企业的绩效，除了关注企业本身外，也需要关注境外上市的行业结构和产业结构，这反映了要素的配置效率和宏观政策的结果，有助于进行更进一步地宏观指导。上海是中国资本市场开放程度最高的地区，因此，将福建境外上市企业的行业分布现状与上海进行比较，对福建省如何更快更好地发展资本市场、推动企业境外上市，具有很好的借鉴意义。

福建省境外上市的 83 家企业中，扣除截至 2014 年已经退市的，对剩下 77 家企业按所属 Wind 行业进行分类，结果如表 13 - 6 和图 13 - 5 所示。发现，福建省境外上市的 77 家企业中，有 38 家，也即将近 50% 属于"可选消费"的一级行业，在这 38 家"可选消费"企业中，纺织品、服装类企业达到 27 家之多，比例达到了 71%，占福建省所有境外上市企业的比例也达到了 35%。材料、工业和日常消费类企业分别占到百分之十几。其他诸如公共事业、金融、信息技术和医疗保健产业的比例却只有不足 5%。

表 13 - 6　　　　　　福建境外上市企业的行业分布

序号	所属 Wind 一级行业	企业数目（家）	所占比例（%）
1	材料	9	11.6883
2	工业	10	12.9870
3	公共事业	2	2.5974
4	金融	3	3.8961
5	可选消费	38	49.3506
6	日常消费	11	14.2857
7	信息技术	3	3.8961
8	医疗保健	1	1.2987

资料来源：根据 Wind 数据库数据由作者整理及计算。

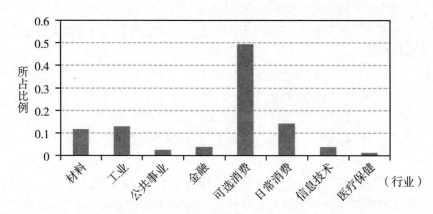

图 13 - 5　福建境外上市企业的行业分布

资料来源：根据 Wind 数据库数据由作者绘制。

如表 13 - 7 和图 13 - 6 所示，上海境外上市企业的行业分布更加均匀。从各行业所占比重来看，可选消费最高为 24.6753%，其次是信息技术类占比 19.4805%、金融类占比 18.1818% 和工业类占比 16.8831%，这几个行业间占比虽略有差距，但差距并不大。可见，上海境外上市企业中传统产业和高新技术产业齐头并进，并无明显数量上的差异。相较之下，福建省与之存在明显差距。

表 13 - 7　　　　　　　　　上海境外上市企业的行业分布

序号	所属 Wind 一级行业	企业数目（家）	所占比例（%）
1	材料	5	6.4935
2	电信服务	1	1.2987
3	工业	13	16.8831
4	金融	14	18.1818
5	可选消费	19	24.6753
6	能源	4	5.1948
7	日常消费	6	7.7922
8	信息技术	15	19.4805
9	医疗保健	6	7.7922

资料来源：根据 Wind 数据库数据由作者整理及计算。

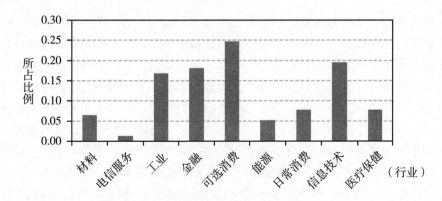

图 13-6　上海境外上市企业的行业分布

资料来源：根据 Wind 数据库数据由作者绘制。

由表 13-8 可知，2014 年福建境外上市的所有行业中，总资产收益率高于10% 的只有 2 个，分别是日常消费类 12.52% 和金融类 11.2793%。将福建与上海境外上市行业分布进行比较，发现在两地区均有企业上市的行业中，除了医疗保健类外，福建在其他行业的总资产收益率均比上海高，高出幅度超过 5% 的有可选消费类和金融类。由于福建境外上市的金融类企业只有 3 家，不具有统计意义上的可比性，因此具有行业整体代表意义的只有可选消费类，其代表了福建省最有竞争优势的行业。但是，可选消费类行业的整体效率在绝对数值上却是值得忧虑的，其无法获得比一年期银行贷款利率高的绩效。同样值得关注的还有信息技术类和医疗保健类行业，它们的总资产收益率处于更低水平。

表 13-8　　　　　　　上海与福建各行业的 ROTA 均值对比

序号	所属 Wind 一级行业	上海	福建
1	材料	4.9352	7.0310
2	电信服务	3.5779	—
3	工业	4.8824	6.7884
4	金融	5.7436	11.2793
5	可选消费	- 3.5433	5.0155
6	能源	3.5124	—
7	日常消费	7.9075	12.5201
8	信息技术	1.2250	2.3886
9	医疗保健	1.6005	- 72.4607
10	公共事业	—	8.8510

资料来源：根据 Wind 数据库数据由作者计算。

综上所述，从福建省境外上市企业的行业分布现状及其与上海的比较来看：福建省的生产要素很大一部分配置在纺织服装类企业，然而该行业的整体绩效仍处于较低水平。作为福建最有竞争优势的行业，纺织服装企业的绩效不仅会影响到福建整体境外上市企业的绩效水平，而且反映出目前要素配置的效率并不高。近年来，福建省政府推动产业结构升级转型，但从境外上市企业结构来看：福建省在旅游、茶叶、港口运输等行业具有相对优势，然而，除了港口运输类的厦门港务和平潭海洋实业分别在香港联交所和纳斯达克上市外，旅游和茶叶这类优势产业并无企业于境外上市；与上海对比，金融和信息技术领域的境外上市公司更少。福建境外上市企业的行业分布并未充分反映福建产业结构演化的方向，需要进一步加大调整的力度。鼓励优势产业及新兴技术产业有效地"走出去"，利用境外上市提高企业在海外的知名度，在实物市场上可以借此扩大销售额，在资本市场上亦可得到更多境外投资者认可，最终有效提高企业绩效。

第 5 节　研究结论及建议

正确看待自贸区设立的意义，不应仅局限在货物贸易的关税优惠上，其为资本市场开放带来的机遇也应予以肯定和重视。资本市场开放可以为企业融资提供更多样化的渠道，低成本融资又与企业绩效息息相关。现有关于境外上市与企业经营绩效的研究，均是以全国境外上市的企业作为整体。而针对某一地区研究我国资本市场开放情况，其研究对象也大都集中于上海。而本章以福建省作为研究对象，在我国各省份经济发展不均衡、产业布局不相同的现实条件下，得到的研究结论更有针对性，也更有利于制定符合现实的政策建议。

分别选取福建省 49 家境外上市企业及相同数量的境内上市企业，搜集这些企业上市后 5 年的指标数据，组成均衡面板，实证检验了福建省企业境外上市对其经营绩效的影响。结果显示，与仅在境内上市的福建企业相比，境外上市企业得益于发达资本市场更严格的法律监管和投资者约束，"捆绑效应"对企业绩效的正向激励作用十分有效。进一步分析境外上市的行业布局，通过将福建与上海进行比较，可明显看出福建省境外上市企业的行业分布现状及问题：纺织服装类企业作为福建省最具竞争优势的产业，目前的企业绩效仍处于较低水平。其他优势产业和新兴技术产业发展势头较弱。境外上市的产业结构仍需改善。

可见，境外上市可以有效改善企业的经营绩效，这部分企业又可以进一步推动区域内优势产业及相应产业链条的形成。因此，应该鼓励福建企业，尤其是本省优势产业和高新技术产业"走出去"，以推动福建省经济持续平稳发展，形成合理有效的产业结构。

参考文献

［1］邝佳丽：《中国企业海外上市的现状及动因研究》，对外经济贸易大学硕士学位论文，2009年。

［2］白贵玉、徐向艺、徐鹏：《企业规模、动态竞争行为与企业绩效》，载于《经济管理》2015年第7期。

［3］陈小悦、徐晓东：《股权结构、企业绩效与投资者利益保护》，载于《经济研究》2001年第11期。

［4］陈强：《高级计量经济学及Stata应用》，高等教育出版社2010年版。

［5］黄运成、张军辉：《上海上市公司发展特点、问题与对策》，载于《上市公司》2003年第4期。

［6］黄贵海、宋敏：《H股公司上市前后绩效变化的实证研究》，载于《管理世界》2005年第5期。

［7］孔宁宁、秦蕊：《民营企业境外上市与业绩变动研究——基于内地赴香港上市民营企业的经验证据》，载于《国际商务——对外经济贸易大学学报》2015年第4期。

［8］任虹、刘光友：《中国境外上市公司的会计信息披露质量与公司治理研究——基于A＋H股上市公司年度报告数据的实证检验》，载于《中大管理研究》2011年第6期。

［9］沈红波、廖理、廖冠民：《境外上市、投资者保护与企业溢价》，载于《财贸经济》2008年第9期。

［10］沈红波、廖冠民、廖理：《境外上市、投资者监督与盈余质量》，载于《世界经济》2009年第3期。

［11］田利辉：《杠杆治理、预算软约束和中国上市公司绩效》，载于《经济学》（季刊），2004年第10期。

［12］王化成、李志杰、孙健：《境外上市背景下治理机制对公司价值的影响——基于融资决策传导效应的研究》，载于《会计研究》2008年第7期。

［13］袁德利：《企业跨境对竞争优势的影响研究：战略风险治理的视角》，南开大学博士学位论文，2014年。

［14］张军辉：《上海上市公司发展中的问题和对策》，载于《上海企业》2004年第1期。

［15］周建、刘小元、程广林：《境外上市战略与企业绩效动态性研究》，载于《山西财经大学学报》2010年第1期。

［16］钟宏：《2010年国民经济运行态势总体良好》，载于《中国统计》2011年第2期。

［17］Coffee, J. (1999). "The Future as History: The Prospects for Global Convergence in Corporate Governance and Its Implication", *Northwestern University Law Review*, 3: 641 – 708.

［18］Coffee, J. (2002). "Racing Towards the Top: The Impact of Cross-Listings and Stock Market Competition on International Corporate Governance", *Columbia Law Review*, 7: 1757 – 1831.

［19］Doidge，C.（2009）. "Cross-listings and the Private Benefits of Control：Evidence from Dual-Class Firms"，*Journal of Financial Economics*，72：519 − 553.

［20］Sarkissian，Sergei and Michael J. Schill（2004）. "The Overseas Listing Decision：New Evidence of Proximity Preference"，*The Review of Financial Studies*，17：769 − 809.

［21］Sarkissian，Sergei and Michael J. Schill（2009）. "Are There Permanent Valuation Gains to Overseas Listing?"，*Review of Financial Studies*，1：371 − 412.

第 3 篇

预测与政策模拟篇

　　根据中国季度宏观经济模型（CQMM）2017 年春季的预测显示：2017 年，中国 GDP 增速将为 6.64%，比 2016 年下降 0.06 个百分点；2018 年，GDP 增长率可能进一步下探至 6.59%，比 2017 年下降 0.05 个百分点。报告提出，要缓解经济下行的压力，重中之重是要彻底扭转民间投资增长失速的局面，通过激活民间投资，重塑经济增长动力。为此，必须提振民营企业家对国内经济发展的信心；而提振信心的根本是通过全面深化改革，将供给侧结构性改革的侧重点逐步转向降成本、补短板，改善国内经济体制环境，保护企业家精神，支持企业家专心创新创业。

第 14 章 2017~2018 年中国宏观经济预测[*]

第 1 节 模型外生变量假设

1. 美国及欧元区经济增长率

美国经济在 2016 年下半年呈现强力反弹态势，经济已经接近充分就业。2017 年在特朗普就任美国总统后，市场对其财政刺激政策、削减税收、资本回流及美联储鹰派反应有所期待。这将提振美国经济，同时导致通胀率的上升，对美联储加息的预期进一步推动美元走强。根据国际货币基金组织（IMF）在 2017 年 1 月 16 日发布的最新预测，受美国财政刺激政策的激励，2017 年经济增速可能升至 2.3%，2018 年进一步提高至 2.5%。

另一方面，2016 年下半年以来，欧元区的经济表现也强于预期，其失业率已降至了七年以来的最低点，就业增长推动了家庭消费需求的扩张，经济出现了温和复苏的态势。但是，欧元区自身既有的结构性问题并未完全解决，英国脱欧将带来进一步的冲击，加之最近意大利银行又陷入困境，整体而言，整个经济和金融体系都未摆脱脆弱性，难民问题，德国、法国、荷兰大选的不确定性加剧，这

---

* 本章作者：卢盛荣、李静、李文溥、吴华坤。

些都会对今明两年消费者和商业信心产生不利的影响。根据 IMF 在 2017 年 1 月 16 日发布的最新预测，2017 年、2018 年欧元区经济增长均为 1.6%（见图 14 – 1）。

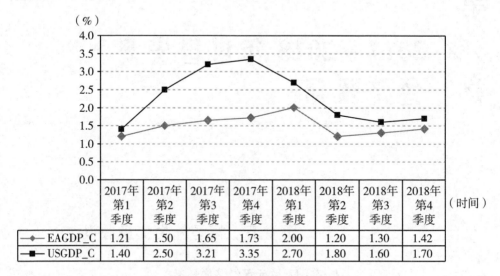

（%）	2017年第1季度	2017年第2季度	2017年第3季度	2017年第4季度	2018年第1季度	2018年第2季度	2018年第3季度	2018年第4季度	（时间）
EAGDP_C	1.21	1.50	1.65	1.73	2.00	1.20	1.30	1.42	
USGDP_C	1.40	2.50	3.21	3.35	2.70	1.80	1.60	1.70	

图 14 – 1　美国与欧元经济增长率的变化趋势假定
（季度性调整后的环比折年率）

注：EAGDP_C 表示欧元区 GDP 增速，USGDP_C 表示美国 GDP 增速。
资料来源：课题组假定。

2. 主要汇率水平

　　至 2016 年年末，人民币兑美元中间价比上年贬值了 6.83%，贬值幅度超过了过去两年之和。① 2017 年，由于中国经济增速将继续小幅放缓，美元可能仍将保持强势，人民币汇率存在着继续下行的压力，预计人民币兑美元汇率的贬值幅度将在 3% 左右，预计至 2017 年年底，人民币兑美元中间价汇率将为 7.10。2018 年，随着中国经济逐步企稳，美国财政赤字及通胀上升，将在一定程度上抑制美元指数继续走强，预计人民币兑美元中间价汇率将略微贬值至 7.20（见图 14 –2）。

　　欧洲央行 2016 年 12 月 8 日决定，为刺激欧元区经济复苏，应对通缩压力，将继续维持欧元区现行的零利率政策不变。美元继续走强的预期以及欧洲

---

　　① 在 2015 年正式启动"8·11 新汇改"后，2016 年，人民币出现了三轮较为明显的贬值（2016 年 1 月、2016 年 5 ~ 8 月、2016 年国庆后至年底），贬值走势贯穿全年。此前两年，2014 年贬值 0.36%，2015 年贬值 6.12%，两年贬值幅度合计为 6.48%。

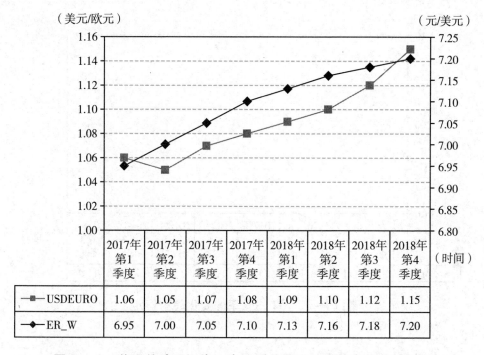

	2017年 第1 季度	2017年 第2 季度	2017年 第3 季度	2017年 第4 季度	2018年 第1 季度	2018年 第2 季度	2018年 第3 季度	2018年 第4 季度
■ USDEURO	1.06	1.05	1.07	1.08	1.09	1.10	1.12	1.15
◆ ER_W	6.95	7.00	7.05	7.10	7.13	7.16	7.18	7.20

图 14-2　美元兑欧元汇率、人民币兑美元汇率的变化趋势假定

注：USDEURO 表示美元/欧元（左轴）；ER_W 表示元/美元（右轴）。

资料来源：课题组假定。

各类政治经济风险的上升，预计都将对欧元构成利空。预计 2017 年上半年 1 欧元兑美元的汇率将走低至 1.05，下半年随着欧元区经济前景逐渐改善，将回升至 1.08。2018 年随着欧元区经济回暖，欧元兑美元汇率可能将回升至 1.15（见图 14-2）。

3. 广义货币供应量（M2）增速

2016 年 12 月的中央经济工作会议明确提出，2017 年货币政策要保持稳健中性，在维护流动性基本稳定的同时，要"把防控金融风险放到更加重要的位置"。因此，货币政策不仅要考虑稳增长，也需要考虑汇率变动、通货膨胀、股市、楼市等方面的因素。在控制资产价格泡沫、CPI 温和上行以及资金外流、人民币贬值压力增大的背景下，预计 2017 年广义货币供应量（M2）增速将与上年基本持平，为 11.2%，以"保持流动性合理充裕和社会融资总量适度增长"；2018 年广义货币供应量（M2）增速略有回升，为 11.9%（见图 14-3）。

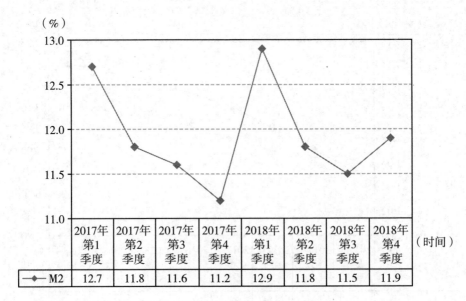

	2017年 第1 季度	2017年 第2 季度	2017年 第3 季度	2017年 第4 季度	2018年 第1 季度	2018年 第2 季度	2018年 第3 季度	2018年 第4 季度
M2	12.7	11.8	11.6	11.2	12.9	11.8	11.5	11.9

图 14 – 3　M2 增长率的变化趋势假定

资料来源：课题组假定。

第 2 节　2017～2018 年中国宏观经济主要指标预测

1. GDP 增长率预测

在上述外生变量的设定下，中国季度宏观经济模型（CQMM）预测：2017 年，中国 GDP 增速将为 6.64%，比 2016 年下降 0.06 个百分点；2018 年，GDP 增长率可能进一步下探至 6.59%，比 2017 年下降 0.05 个百分点。模型预测结果表明，今后两年经济仍然存在着下行压力。首先是外部经济的不确定以及逆全球化趋势将继续压制中国产品出口的增长，服务贸易逆差的持续扩大将进一步减少货物贸易的顺差，从而削弱货物与服务净流出对经济增长的贡献率；其次，2016 年靠房地产和基础设施投资快速增长拉动投资增长的模式将难以持续，民间投资增速在短期内也难以大幅度回升，资本外流规模如若不能得到有效控制，那么，这些因素都将抑制投资的增长；最后，城乡居民实际收入增长的放缓将阻碍消费的快速增长，尽管城市化速度的提升可以在一定程度上支持居民消费的扩张。然而，随着过剩产能的逐步消化、制造业的结构升级，加上第三产业占比的持续提高对拉动就业的贡献，今后两年，尽管经济增长将持续放缓，但增速下降的幅度预计将逐渐缩小。

从季度同比增长率看（见图 14 – 4），2017 年第 1 季度的 GDP 增速预计可以维持在 6.7%；之后，预计房地产投资增速的下降将拉低投资的增长速度，继而拉低经济的增速，第 2 季度 GDP 同比预计增长至 6%；第 3 季度 GDP 同比增速小幅回升至 6.64%；第 4 季度基本保持在 6.62% 的水平。2018 年各季度的同比增速预计将继续呈现"前高后低"的走势。

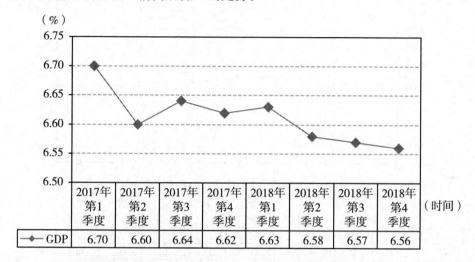

图 14-4　GDP 季度增长率预测（季度同比增长率）

资料来源：课题组计算。

2. 主要价格指数预测

模型预测，今明两年消费者价格指数（CPI）将继续保持温和上涨的态势：2017 年 CPI 将上涨 2.15%，涨幅比 2016 年上升 0.15 个百分点；到 2018 年，预计 CPI 涨幅将略降至 2.03%。另一方面，随着国内去过剩产能进程的加快，以及国际大宗商品价格可能持续上涨的预期，生产者价格指数（PPI）预计将恢复正增长。2017 年 PPI 将上涨 2.41%，涨幅将比 2016 年提高 3.81 个百分点；2018 年，在国内投资增速进一步下降的情况下，PPI 则可能上涨 0.06%。PPI 恢复正增长将有利于上游生产资料企业利润的恢复性增长，减轻企业的实际债务负担。但是，在新的经济增长动力没有形成、经济持续减速的情况下，短期内 PPI 预计将维持一个较低的上涨幅度。

分季度看（见图 14-5），2017 年第 1 季度的 CPI 可能为 2.01%，第 2 季度可能为 2.06%；之后，受 PPI 上涨的影响，第 3 季度和第 4 季度的同比增速预计将分别提高至 2.28% 和 2.26%。受经济下行压力的影响，2018 年 CPI 预计将维持在 2% 左右的水平上。由于基数较低的原因，PPI 增速可能于 2017 年前 3 季度分别高达 3.82%、3.28% 和 2.44%，但在第 4 季度调整至 0.18%。

随着供给侧结构性改革影响的释放，该指标预计将在 2018 年 4 个季度维持平稳态势。

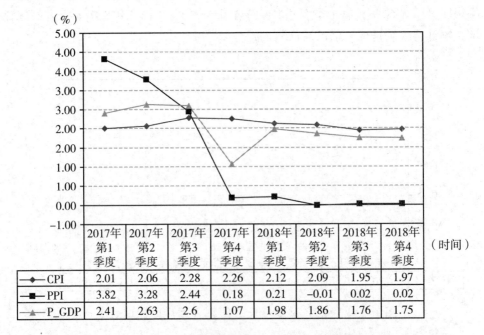

（%）	2017年 第1 季度	2017年 第2 季度	2017年 第3 季度	2017年 第4 季度	2018年 第1 季度	2018年 第2 季度	2018年 第3 季度	2018年 第4 季度
CPI	2.01	2.06	2.28	2.26	2.12	2.09	1.95	1.97
PPI	3.82	3.28	2.44	0.18	0.21	−0.01	0.02	0.02
P_GDP	2.41	2.63	2.6	1.07	1.98	1.86	1.76	1.75

图 14 - 5　价格指数预测（季度同比增长率）

注：CPI 表示居民消费价格指数；P_GDP 表示 GDP 平减指数；PPI 表示生产者价格指数。

资料来源：课题组计算。

2017 年，GDP 平减指数（P_GDP）增速可能升至 2.17%，涨幅比 2016 年提高 1.04 个百分点；2018 年将略微下调至 1.84%。预测表明，今明两年，由于 PPI 的"转正"以及 CPI 的基本稳定，中国经济将可维持一个温和稳定的通货膨胀率水平，出现高通胀的可能性较小。分季度看，2017 年前 3 季度受基数影响，GDP 平减指数会有所升高，第 4 季度可能会降至 1.07%；2018 年，4 个季度的变化呈现出"前高后低"态势，基本上与 GDP 的增速变化保持一致（见图 14 - 5）。

3. 其他主要宏观经济指标增长率预测

（1）进出口增速及外汇储备预测。

今明两年，主要经济体国家经济增长的不确定性依然很高，尤其是特朗普政府可能采取的极端贸易保护主义的风险以及欧债新危机再爆发的可能，都将成为压制中国出口增长的重要因素。在国内工资持续上涨的压力下，中国加工贸易快速萎缩，一定程度上削弱了人民币贬值对出口的拉动作用。此外，由于中国制造业出口产品的升级调整短期内难以完成，因此，预计今明两年中国进出口依然将持续减速，但至少下降的幅度将明显收窄。模型预测，2017年出口（现价人民币值）增速预计为 0.39%，增速将比 2016 年提高 2.39 个百分点；进口（现价人民币值）增速预计为 5.07%，将比 2016 年提高 4.47 个百分点（见图 14 - 6）；由于预期人民币持续贬值，出口（现价美元值）增速预计将降至 - 5.11%，降幅将比 2016 年收窄 2.59 个百分点；进口（现价美元值）增速可能降至 - 0.24%，降幅将比 2016 年收窄 5.26 个百分点（见表 14 - 1）。2018 年出口（现价美元值）增速预计将达到 - 0.72%；受国内产业结构和消费结构升级的影响，进口（现价美元值）增速预计为 1.55%。

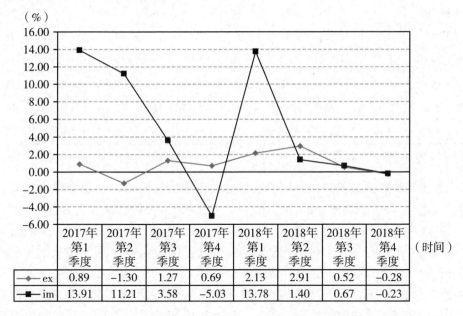

（%）

	2017年第1季度	2017年第2季度	2017年第3季度	2017年第4季度	2018年第1季度	2018年第2季度	2018年第3季度	2018年第4季度
ex	0.89	-1.30	1.27	0.69	2.13	2.91	0.52	-0.28
im	13.91	11.21	3.58	-5.03	13.78	1.40	0.67	-0.23

（时间）

图 14 - 6　进出口（现价人民币值）增速预测（季度同比增长率）

注：ex 表示出口额；im 表示进口额。

资料来源：课题组计算。

分季度看，2017 年出口（现价美元值）同比增速将继续保持负增长，但是降幅将逐渐变小，从第 1 季度的 - 5.21% 缩减至第 4 季度的 - 3.09%，而且在 2018 年可能进一步缩小降幅。由于大宗商品价格有所恢复以及人民币贬值，进口（现价美元值）同比增速将在 2017 年缓慢增长，前 3 季度均为正增长；但是由于较高的基数效应，第 4 季度同比增速将为 - 1.81%。2018 年的后 3 季度受

表 14 - 1　　　　2017～2018 年中国进出口增速及净出口
占 GDP（现价）比重预测

单位：%

时间	出口				进口				净出口占GDP的比重
	不变价（人民币）	现价（美元）	一般贸易现价（美元）	加工贸易现价（美元）	不变价（人民币）	现价（美元）	一般贸易现价（美元）	加工贸易现价（美元）	
2017 年	- 0.98	- 5.11	- 7.19	- 4.44	1.87	- 0.24	3.54	- 5.76	3.60
第 1 季度	- 1.57	- 5.21	- 11.97	- 1.69	- 0.06	0.75	2.02	- 1.57	4.42
第 2 季度	- 2.85	- 7.90	- 11.89	- 4.87	5.81	1.69	5.59	- 5.34	2.94
第 3 季度	0.17	- 4.25	- 3.70	- 5.60	3.75	1.03	4.99	- 7.26	3.36
第 4 季度	0.29	- 3.09	- 0.85	- 5.44	- 1.81	- 4.08	1.48	- 8.48	3.53
2018 年	0.50	- 0.72	2.51	- 4.00	2.45	1.55	4.25	- 5.78	3.00
第 1 季度	1.73	- 0.44	2.63	- 3.61	12.09	10.90	17.41	- 5.12	2.78
第 2 季度	1.89	0.61	4.12	- 2.96	0.40	- 0.87	0.62	- 5.01	2.98
第 3 季度	- 0.37	- 1.30	1.86	- 4.50	- 0.33	- 1.15	0.68	- 6.23	3.10
第 4 季度	- 1.08	- 1.67	1.54	- 4.90	- 1.22	- 1.61	0.23	- 6.74	3.23

资料来源：课题组计算。

到人民币持续贬值的影响，同比增速将开始出现负增长。2017 年中国净出口占 GDP（现价）的比重将降至 3.6% 的水平，比 2016 年下降 0.9 个百分点。

2016 年中国对外投资出现了一个资本外流高峰，[①] 加上人民币的大幅贬值，使中国的外汇储备减少了 0.32 万亿美元。虽然 2016 年 10 月开始实施更为严格的外汇管制，有效控制了资本外流速度，但是 2017 年依然存在着因经济减速而导致的人民币贬值预期以及资本外流的压力，为维持人民币汇率的稳定所采取的政策措施将继续消耗中国的外汇储备。预计 2017 年外汇储备可能降至 2.88 万亿美元；2018 年将进一步降至 2.86 万亿美元（见图 14 - 7）。

（2）固定资产投资增速预测。

今明两年抑制投资增长的因素依然存在：2016 年快速增长的房地产投资难以继续；企业高企的债务将继续抑制新增投资的增长；民间投资的增长短期内快速反弹的可能性较低，等等。模型预测（见图 14 - 8），2017 年按现价计算的城

---

① 据商务部网站公布，2016 年中国对外投资的规模（非金融类对外直接投资）达到 1 700.1 亿美元，比 2015 年增加了 520.9 亿美元，增速高达 44.1% 。

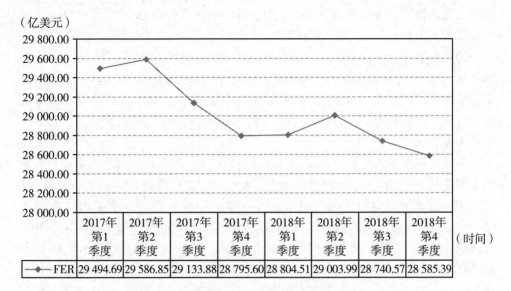

图 14－7　外汇储备预测

注：FER 表示外汇储备规模。

资料来源：课题组计算。

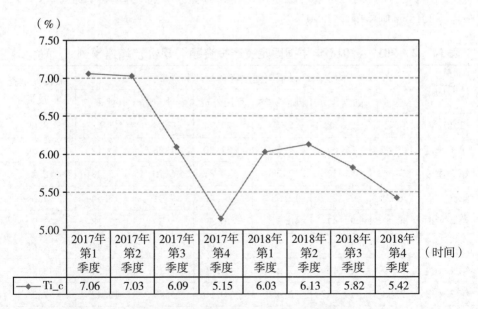

图 14－8　固定资本形成额增速预测（季度同比增长率）

注：Ti_c 表示固定资本形成额（不变价）增速。

资料来源：课题组计算。

镇固定资产投资增速预计为 8.09%，比 2016 年下降 0.01 个百分点；2018 年进一步下滑至 7.65%，比 2017 年降低 0.44 个百分点。

2017 年按不变价计算的固定资本形成额增速预计为 6.32%，比 2016 年小幅增加 0.12 个百分点；2018 年下滑至 5.85%，比 2017 年降低 0.47 个百分点。分季度来看，2017 年第 1 季度在基建项目集中启动的影响下，固定资本形成额（不变价）增速可能为 7.06%；随后 3 个季度将持续走低，分别为 7.03%、6.19% 和 5.05%。

从固定资产投资的资金来源看（见表 14 - 2）：来自预算内的固定资产投资资金增速在 2017 年预计可以提高至 23.88%，2018 年微降至 19.75%；2017 年来自国内贷款的固定资产投资增速将进一步下滑至 8.73%，并在 2018 年降至 6.6%；2017 年来自自筹部分的固定资产投资增速可能恢复达到 7.84%，2018 年降至 5.73%；2017 年来自其他部分的固定资产投资增速预计可提高至 11.68%，2018 年将升至 13.44%；2017 年来自外资的固定资产投资增速降进一步下滑至 -27.74%，2018 年降幅有所缩窄，增速为 - 7.9%。总体上看，由于制造业和民间投资增速的下滑，资金来源结构有所变化，贷款部分和外资部分下降较大，而预算部分和其他部分的投资有所提升，自筹部分缓慢恢复。2017 年全年固定资产投资到位资金的增速估计达到 9.41%，将比 2016 年提高 3.61 个百分点；2018 年则将降至 7.90%。

表 14 - 2　2017 ~ 2018 年中国固定资产投资额（现价）增速预测　　单位：%

时间	固定资产投资额到位资金及其资金来源						城镇固定资产投资额
	总量	国内预算	国内贷款	利用外资	企业自筹	其他来源	
2017 年	9.41	23.88	8.73	- 27.74	7.84	11.68	8.09
第 1 季度	11.42	22.62	4.29	- 31.80	11.98	15.12	8.56
第 2 季度	7.64	21.12	7.78	- 49.31	6.70	5.38	8.22
第 3 季度	10.28	27.27	12.58	- 4.48	7.31	13.54	7.64
第 4 季度	8.40	24.47	10.51	- 10.69	5.57	13.18	7.94
2018 年	7.90	19.75	6.60	- 7.90	5.73	13.44	7.65
第 1 季度	8.94	21.16	7.26	- 1.06	7.19	13.51	8.85
第 2 季度	7.68	19.38	6.45	0.50	5.49	13.42	7.36
第 3 季度	7.65	18.87	6.30	- 14.66	5.42	13.38	7.33
第 4 季度	7.35	19.68	6.39	- 14.94	4.84	13.44	7.08

资料来源：课题组计算。

（3）消费增长率预测。

在经济增速减缓的背景下，居民实际收入增速也持续减速，并开始抑制消费的快速增长。今明两年，如果人口城市化维持既有增速，居民消费增速将呈现缓慢下降的态势。模型预测，2017年按不变价计算的居民消费总额增速预计为8.41%，比2016年下降0.59个百分点；2018年继续下降至8.08%，比2017年下降0.33个百分点。2017年按现价计算的社会消费品零售总额增速将为9.45%，比2016年下降0.95个百分点；2018年将下降至8.61%。

分季度看，2017年的居民消费总额（不变价）增速前3季度缓慢走低，分别为8.63%、8.49%和7.38%；第4季度由于2016年第4季度的低基数效应，提升至9.16%。社会消费品零售总额（现价）增速在2017年与不变价居民最终消费保持一致走势；2018年则延续2017年的季度走势，但各季度增速都有所下调（见图14-9）。

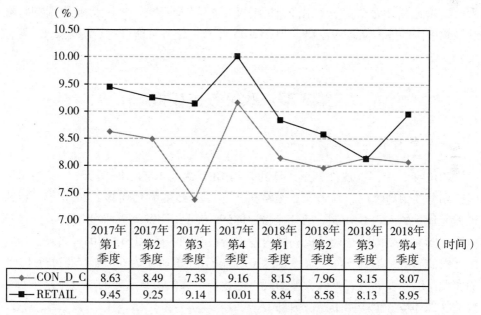

（%）

	2017年第1季度	2017年第2季度	2017年第3季度	2017年第4季度	2018年第1季度	2018年第2季度	2018年第3季度	2018年第4季度
CON_D_C	8.63	8.49	7.38	9.16	8.15	7.96	8.15	8.07
RETAIL	9.45	9.25	9.14	10.01	8.84	8.58	8.13	8.95

图14-9　消费增速预测（季度同比增长率）

注：CON_D_C表示居民消费总额（不变价）增速；RETAIL表示社会消费品零售总额（现价）增速。

资料来源：课题组计算。

综上所述，模型预测表明，今明两年，中国经济增速在外需风险增强、民间投资恢复缓慢以及城乡居民实际收入持续下降的压力下还将继续减速，但增速下降的幅度将逐步收窄；同时，通货膨胀率有望维持在温和稳定的水平上。

（1）预计 2017 年 GDP 增速为 6.64%，在 2016 年的基础上继续下降 0.06 个百分点；CPI 上涨 2.15%，涨幅比 2016 年上升 0.15 个百分点；PPI 预计为 2.41%，比 2016 年提升了 3.81 个百分点；GDP 平减指数可能增长 2.17%，涨幅比 2016 年提高 1.04 个百分点。

（2）民间投资增速难以迅速恢复，对投资增长形成较大的下行压力。2017 年按现价计算的城镇固定资产投资增速预计为 8.09%，比 2016 年下降 0.01 个百分点。

（3）经济增长减速导致的居民收入增速下滑对消费增长的抑制效应开始显现，今明两年居民消费增速将缓慢下滑。2017 年按现价计算的社会消费品零售总额增速将为 9.45%，比 2016 年进一步下降 0.95 个百分点。

（4）预计今明两年中国对外贸易形势依然严峻。2017 年出口（现价人民币值）增速预计为 0.39%，增速比 2016 年提高 2.39 个百分点；进口（现价人民币值）增速预计为 5.07%，比 2016 年提高 4.47 个百点。人民币贬值预期将继续导致中国的外汇储备净流出。预计 2017 年外汇储备可能进一步降至 2.88 万亿美元。

第 3 节　政策效应模拟

一、背景分析

2010 年，中国以现价美元计算的人均 GDP 达到 4 478.49 美元，[①] 跻身世界银行划分的中高收入组别国家，经济进入了一个新的发展阶段；2016 年，以现价美元计算的人均 GDP 进一步达到 8 104.91 美元，[②] 继续稳步朝高收入经济体迈进。同期，受国际金融危机和国内发展阶段转型的影响，中国的经济增速呈持续下滑的态势，连续 5 年低于 8%，2016 年 GDP 增速仅为 6.7%。经过近 10 年的实践，旧有发展方式难以为继的观点已逐步成为共识，求变的压力不仅来自多变的外部环境，也产生于经济内部。

从外部经济局势的动向来看，尽管全球经济在后危机时代逐步转向复苏，但贸易保护主义与孤立主义随着欧美右翼政治势力的崛起而有所抬头，"逆全球化"的趋势令中国出口增长面临较大的不确定性。从经济内部结构来看，政府

［①］　为与国内较常使用的 GDP 指标相适应，此处采用了国际货币基金组织（International Monetary Fund，IMF）提供的人均 GDP 数据，而非世界银行（World Bank，WB）用于区分收入组别的人均 GNI 数据。一般而言，两者差距不大，如后者在 2010 年的数据是 4 300 美元。

［②］　课题组估算，如按 2015 年末的汇率，应是 8 658.48 美元。

主导型经济体制下"投资驱动、出口拉动"的粗放型经济增长模式在为中国带来多年持续高速增长的同时，也使中国经济逐渐出现结构失衡，结构失衡的不断加剧及累积，使社会矛盾也逐渐尖锐、凸显。综观近20年来的国民经济结构变迁，可以看出，失衡过程具有鲜明的两阶段特征（见图14-10）。

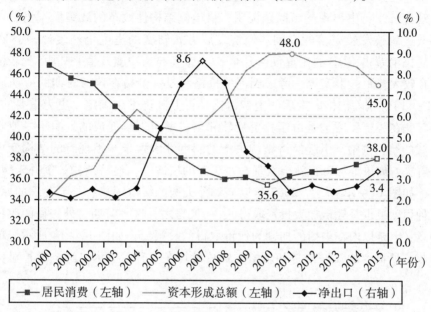

图14-10　从国民收入份额看国民经济结构失衡

资料来源：CEIC。

2000年以来，随着中国加入WTO，更深地融入全球经济，参与国际分工，净出口在GDP中的份额不断上升，至2007年达到高点；2008年国际金融危机爆发之后，净出口占比随着外需的萎缩快速下降，弥补外需萎缩的投资在宽松货币政策的驱动下占比持续攀升，2011年一度高达48%。在这一过程中，居民收入尤其是劳动报酬增长缓慢，居民消费率因此整体呈下行态势，至2010年已不足36%。尽管嗣后缓慢回升到2015年的38%，但仍与国际比较值和历史实现值存在较大差距，而且无法排除消费占比的回升是由于投资和出口受到冲击，下降速率更快而导致的消费占比被动提升。过度投资带来的边际收益递减、供需不匹配造成的产能过剩以及伴随民间投资趋冷而来的投资效率降低，使整个国民经济的投资回报率下降，投资尽管仍然处于高位，但难以继续带动中国经济较快前行。失衡的结构在当前内外部经济环境下，十分不利于中国经济保持较快稳定增长。因此，无论是从内部矛盾还是从外部环境压力看，都要求对经济结构改善予以更多重视。

尽管"经济新常态"的提出标志着决策高层已全面反思自国际金融危机之后以总需求拉动为主、"大水漫灌"式的宏观调控政策的偏颇，逐步形成了重在改善有效供给能力、提高经济增长质量的供给侧结构性改革新政，一年来的实践证明它已经取得了一定成果，但过去一年来的供给侧结构性改革的实施情况和宏观经济运行中出现的新问题证明，供给侧结构性改革的政策操作仍然存在诸多改进调整发展完善的空间。经济发展方式转变的进度仍然缓慢，至2015年，居民消费占GDP的比重仅回升至38.0%，与历史实现值[①]或国际比较值都还存在较大差距；事实上，考虑到消费价格和投资价格在这一时期的变动（见图14-11），剔除价格因素后的消费占比是否上升仍难以确定。更为重要的是，这一转变在一定程度上是由于投资疲软和出口增速下滑促成的，属于一种"失血"式的结构调整，引起经济结构失衡的制度性因素未必因现有的结构变化得到了解决。如果细加审视就会发现，在更深的层次上，经济结构失衡并未缓解。第一，如图14-12所示，2007年以来对外失衡的缓解固然有外需萎缩的原因，在某种程度上也是凭借加大投资取得的；[②] 换言之，这一时期对外失衡的改善在某种意义上是以内在失衡的加剧为代价取得的。第二，如图14-13所示，单位GDP增量所需要的新增信贷和新增融资总量均在上升，显示出经济增长对信贷

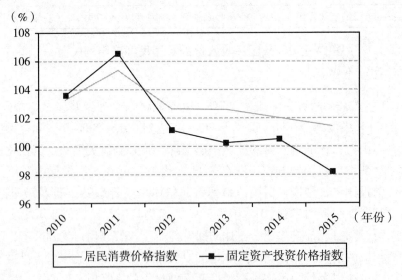

（%）

图14-11　消费物价与投资价格分化

资料来源：CEIC。

---

① 如2000年为46.7%。
② 在一个开放经济中，根据国民收入恒等式，储蓄不变的情况下，投资上升使经常项目顺差减少。

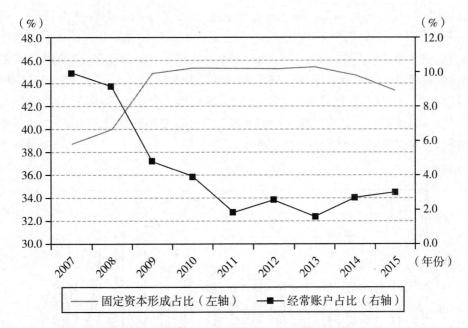

图 14 - 12　对外失衡与内在失衡的代偿效应

资料来源：CEIC。

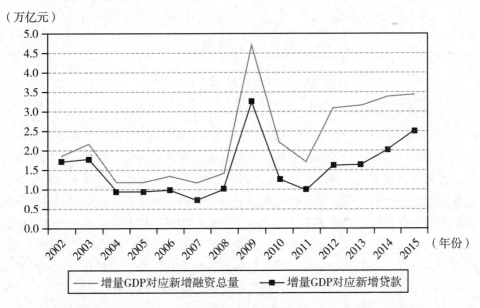

图 14 - 13　单位 GDP 增量对应的新增信贷和新增融资总量

资料来源：CEIC。

投放的依赖程度还在加深。第三，以经济整体债务率衡量的杠杆率快速上升
（见图14-14），投资增速尽管下滑，但是累积的风险仍在攀升。此外，投资整
体增速较为和缓的下降的背后是民间投资增速大幅度下降，说明投资结构改善的
步伐明显减慢，同时也意味着信贷配置和投资效率降低（中国季度宏观经济模
型课题组，2015）；产能过剩与有效供给不足并存是目前中国经济的典型特征，
源于投资和消费需求结构失调（中国季度宏观经济模型课题组，2016），从供给
和需求两侧同时限制了经济的增长潜力。

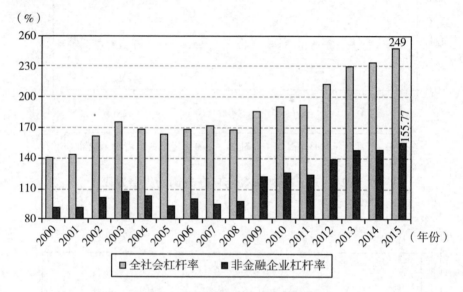

图14-14　经济杠杆率持续攀升
资料来源：中国社会科学院"中国国家资产负债表研究"课题组。

以上观察表明，比起GDP中消费与投资占比的失衡，消费与投资内在结构
的失衡是中国经济更加隐蔽也更难克服的痼疾，在某种意义上已成为中国经济向
全新发展阶段迈进的更深层次障碍。因此，决策层有必要充分重视旧有发展方式
持久而隐蔽的负面效应，注意到当前经济结构调整的成果还比较有限，特别是消
费与投资内部结构的失衡并未得到解决，它们都将继续拖累迈向高收入经济体的
步伐。为使中国经济以健康、平衡、稳健、可持续的状态向高收入经济体迈进，
决策层应该以更大的决心和力度推进发展方式转型和经济结构调整，推动经济结
构"再平衡"；"再平衡"不应被理解为投资或消费占比此消彼长的简单会计关
系，消费与投资内在结构的优化也应得到重视；如果说前者是"再平衡"的
"量"，则后者是"再平衡"的"质"（见图14-15）。具体到消费与投资的内在
结构，前者指居民消费结构在新发展阶段的转型升级，后者指供给侧企业所有制

结构的改革。

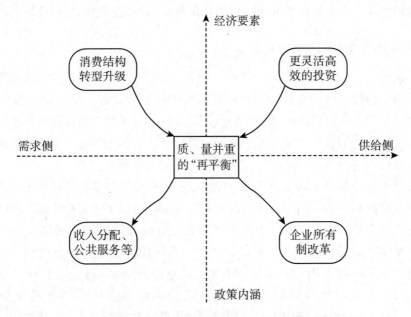

图 14 - 15 质、量并重的"再平衡"

围绕上述讨论要点，课题组将利用 CQMM 模型模拟经济结构再平衡的关键要素——消费和投资各自内在结构优化的相关政策，即消费结构转型升级与混合所有制改革进一步推进可能产生的宏观经济效应，探索中国迈向高收入经济体的可行政策空间，为相关政策的制定提供有益的参考。

二、模型设定说明

1. 生产函数形式

自 2013 年秋季起，改造升级的 CQMM 模型就已经具备了结合生产模块、进行供给侧政策分析的扩展能力。为分析混合所有制等制度性因素变动对生产效率的影响，参考王小鲁和周伊晓（Wang and Zhou, 2016）的做法，课题组将生产函数设定如下：

$$Y = AK^{\alpha_K}H^{\alpha_H}e^{\sum \beta_i X_i}$$

式中，Y 为可比价 GDP，K 为固定资本存量，H 为人力资本存量。全要素生产率 TFP 分为两部分，一部分是作为索罗余量的 A，另一部分则由包含若干对 TFP 有影响的制度变量或结构变量 X_i 的 $e^{\sum \beta_i X_i}$ 显式地加以体现。具体而言，X_i 包括：城市化率 $rcity$；非国有经济比重 $rprivate$；外贸依存度 $exdep$；财政干预力度 gov；

R&D 研发投入增速 rnd；全社会杠杆率 lr；居民消费率 $rcon$ 及其二次项 $rcon\_sq$。[①] 我们将这一模型纳入 CQMM，以模拟两种情形可能产生的宏观经济效应。

2. 传导机制示意图

如前所述，做好结构调整，实现中国经济"再平衡"是确保中国经济以健康、平衡、稳健、可持续的步调迈向高收入经济体的关键，且"再平衡"的要点不在于消费和投资占比此消彼长的会计关系，而在于消费与投资内在结构的优化调整。因此，围绕新发展阶段的可行政策空间，课题组将沿着消费结构转型升级和混合所有制改革两个方向对"再平衡"政策进行模拟。

理论上，随着一个国家经济由中等偏上收入经济体向高收入经济体过渡，居民消费将由以实物消费为主转变为服务消费与高质量的实物消费并重，逐渐趋向以服务消费为主的消费结构。中国季度宏观经济模型课题组（2016）以及王燕武、李文溥（2016）以韩国、日本、美国为参照探讨了这一转型过程：1981～1989 年，韩国实际人均 GDP 由 4 151 美元快速提升至 8 158 美元，同一时期教育、健康、文化娱乐及杂项四项支出占消费的比重也从 18.8% 迅速提升至 28.6%。日本在 1980～1995 年人均 GDP 迅速提升的时期，教育、文化娱乐、健康及杂项支出占比由 1980 年的 23.3% 快速提高到 1990 年的 29.4%，增加近 6.1 个百分点，之后一直保持平稳上升势头。美国在 1970～2008 年的近 40 年里，随着人均 GDP 的持续上升，居民的教育、文化娱乐、健康等支出占比由 1970 年的 28.2% 稳步提高到 2008 年的 45.3%，增长了 17.1 个百分点。1998 年起，教育、文化娱乐、健康等支出占比超过食品、服装、住房、交通、通信支出占比，成为居民消费的第一大支出。比照相应的发展阶段，我们认为，随着中国逐渐从中等偏上收入经济体成长为高收入经济体，中国居民的消费结构也应该呈现相似的转型升级。

另一方面，2008 年国际金融危机爆发以来，国有企业加杠杆扩大投资，固然在短时期内取得了一定的稳增长效果，但从长期看，它也引发了内在失衡加

---

① 上述变量中，固定资本存量根据永续盘存法计算（单豪杰，2008）；人力资本存量根据历年《中国劳动统计年鉴》数据计算，具体为就业人数按受教育年限加权；R&D 研发投入数据取自历年《全国科技经费投入统计公报》；全社会杠杆率数据来自社科院"中国国家资产负债表研究"课题组；以上数据频率均为年度，分别以 CQMM 数据库中已有的投资、人口、社会融资总量占比等序列引导插值为季度数据。可比价 GDP、城市化率、贸易依存度、财政干预力度、居民消费率的季度数据基于 CQMM 模型已有数据计算，其中，城市化率由城镇人口占比表示，贸易依存度根据进出口总额除以 GDP 求得，财政干预力度由财政支出占 GDP 的比重表示，居民消费率为支出法下居民消费占 GDP 的比例。此外，非国有经济占比参考中国季度宏观经济模型课题组（2015）对混合所有制指标的构建，采用非国有企业固定资产投资在总固定资产投资中的占比代表；消费结构指标采用城镇居民的教育文化娱乐、医疗保健以及其他项目的三项支出占总消费支出的比重表示；这部分数据取自 CEIC 数据库。

剧、投资效率下降、信贷风险堆积、民间投资空间被挤占等一系列不利后果。当前中国经济整体的杠杆率水平处于全球中游，但是，非金融企业的杠杆率是最高的，而且大部分非金融企业杠杆率集中于国有企业。据不同来源研究，中国国有企业债务占整体非金融企业债务的比例接近七成，国有企业债务总规模与 GDP 之比已超过 100%，倘若去掉国有企业债务，中国非金融企业杠杆率则只有 50% 左右。[①]

基于上述考虑，利用 CQMM 进行政策模拟的传导机制设定如图 14 - 16 所示。按照图 14 - 15 所示的质、量并重的"再平衡"战略，从需求侧模拟分析居民消费结构变动对宏观经济的影响，构成下文模拟情景之一；从供给侧模拟分析进一步推进混合所有制改革，提高非国有经济比重、降低杠杆率等对宏观经济的影响，构成下文模拟情景之二。

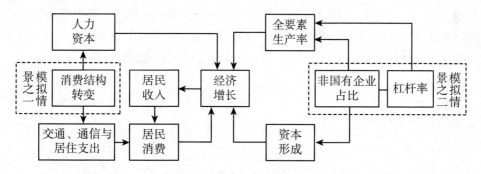

图 14 - 16　基于 CQMM 实施政策模拟的传导机制

这里把消费结构、非国有企业占比以及杠杆率的变化都作为外生给定的。一方面，自 2008 年国际金融危机以来，由于稳增长就需要增加投资，而投资主要是通过上项目并借助国企平台落实，导致了非金融企业特别是国有企业的杠杆率不断攀升，这就将过多的信贷资源错误地配置给了低效率的国有企业、地方融资平台等，这种资源的错误配置导致了严重的效率损失。因此，进一步推进混合所有制改革、提高非国有经济比重并降低杠杆率，将能够改善全要素生产率（Wang and Zhou，2016），促进经济增长。另一方面，当供给侧的结构性改革促进了经济增长并带动居民收入提高时，需求侧的消费结构也将随之调整，居民对教育、医疗卫生等支出比重的提高不仅会扩大内需，而且从长远看，将增加经济

---

① 中国社会科学院"中国国家资产负债表研究"课题组的研究表明，2015 年中国非金融企业杠杆率达156%，其中65%来自国企，则不含国有企业的非金融企业杠杆率约为54.6%。而钟正生（2016）基于国际清算银行（BIS）债务率数据的研究则指出，2015 年底166.3%的非金融企业杠杆率中有70%属于国有企业，则不含国有企业的非金融企业杠杆率约为49.5%。

的人力资本存量积累，进一步提升和改善供给能力，促进经济增长。因而，从供给侧启动的结构性改革将通过提升全要素劳动生产率这一直接渠道促进经济增长，从长远看，从需求侧改善居民消费结构将通过扩大人力资本存量这一间接渠道推动经济增长，改善增长质量。更重要的是，人力资本存量的提高又将强化劳动生产率的增长，劳动生产率的增长将成为持续提高居民收入的稳固基础。这一过程最终将使中国经济增长的持续稳定建立在劳动生产率稳定增长的基础上，有利于从根本上扭转现有的靠投资驱动的经济增长方式。

三、模拟情景设计

课题组从消费结构转型升级与混合所有制改革两个角度出发，设计了两种政策模拟情形。情景之一着眼于迈向高收入阶段的消费结构变动，主要参考韩国、日本、美国在相似发展时期的消费结构变化情况，考虑中国居民科教文娱、医疗保健等消费占比在 2012 ~ 2015 年均较基准水平逐步提高，3 年内共提升 3% 可能产生的宏观经济效应。模拟情景之一与基准情景的对比如图 14 - 17 所示。

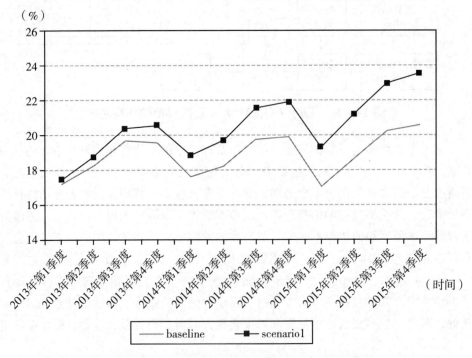

图 14 - 17　消费结构变动的模拟情形设定

注：baseline 表示基准模型中消费结构假定；scenario 1 表示模拟情景之一中消费结构假定。

资料来源：课题组计算。

模拟情景之二主要考虑进一步推进混合所有制改革，打出"去过剩产能＋去杠杆"的组合拳，提高非国有企业占比，同时降低杠杆率的情形。具体来说，目前经济中不论是投资占比还是总资产占比，国有企业占比基本保持在30%强的水平，对应债务占比为100%；非国有企业占比70%，对应债务占比为56%。那么，1%的国企对应的债务占比为3.33%，1%的非国企对应的债务占比为0.8%。以此为基础，如果经济中国企的占比下降1个百分点，为29%，同时，非国企的占比提高1个百分点，为71%，那么，总债务率应为29×3.33%＋71×0.8%约为153%，较原来的156%下降了3个百分点。因此，假设模拟期内非国有企业比重（rpri）稳步提升1%，同时杠杆率（LR）整体平稳下降3%。模拟情景之二与基准情形的对比如图14－18所示。

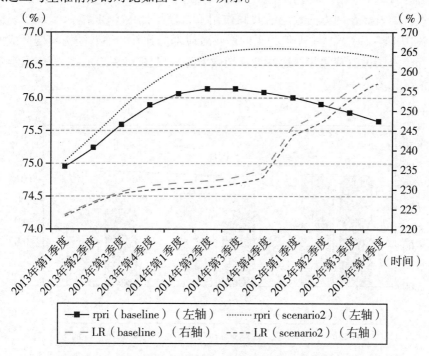

图14－18　推进混合所有制改革的模拟情景设定2

　　注：baseline表示基准模型中非国有企业比重和杠杆率的假定；scenario 2表示模拟情景之二中非国有企业比重和杠杆率的假定。

　　资料来源：课题组计算。

四、政策模拟结果

1. 模拟情景之一：消费结构转型升级

　　消费结构转型升级对国民经济的影响是多重的。一方面，中国当前的居民消费仍以交通、通信和居住支出为主，约占全部居民消费支出的1/3强，它带动了住房、汽车等重型消费的关联产业的强势发展，也由此塑造了中国以房地产、交通等产业为核心的投资架构。2016年的固定资产投资中，房地产业和基础设施投资的比重分别占22.7%和19.9%。然而，随着中国逐步朝高收入经济体迈进，根据发达国家的转型经验，居民消费结构将出现变迁，具体表现为住房、交通需求增长将逐步见顶，代之以教育文娱、医疗保健等服务性消费需求。假设这一消费结构在较快时间内发生转变，可能在短期内影响住房、汽车等重型消费，引起整体消费下降。

另一方面，教育文娱、医疗保健等服务性消费有利于人力资本积累，可产生袁富华等（2016）所强调的"动态效率补偿"效应，将有助于提高经济效率、促进经济增长。在两方面效应的共同作用下，模拟期内GDP增速实现了轻微上涨（见图14-19）。这一净值为正的增收效应部分弥补了消费结构转变造成的消费下降，令居民消费实际增速最终仅稍微下降（见图14-20）。人力资本存量的变化情况见图14-21。

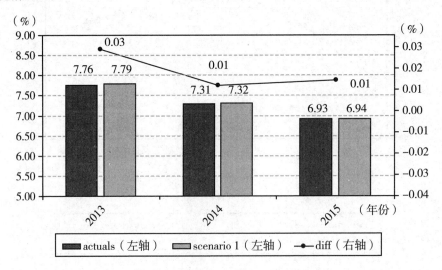

图14-19　情景之一的GDP增速变动

注：actuals代表实际值；scenario1代表模拟值；diff代表模拟值与实际值之差。

资料来源：课题组计算。

2. 模拟情景之二：混合所有制改革与"去杠杆"协同发力

模拟情景之二主要考虑模拟期内非国有企业占比平稳上升1%，同时杠杆率同步下降3%。这一变动意味着国有企业加杠杆所进行的投资逐步让位于民间投

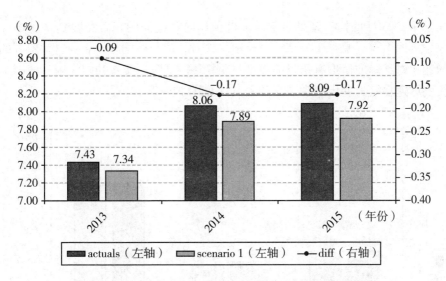

图 14 – 20 模拟情景之一的居民消费实际增速变动

注：actuals 代表实际值；scenario1 代表模拟值；diff 代表模拟值与实际值之差。

资料来源：课题组计算。

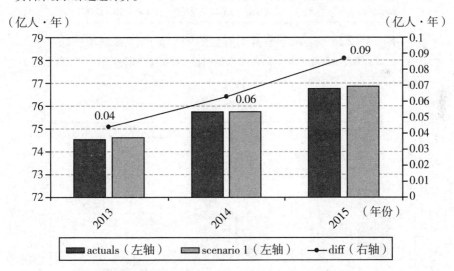

图 14 – 21 模拟情景之一的人力资本存量变动

注：actuals 代表实际值；scenario1 代表模拟值；diff 代表模拟值与实际值之差。

资料来源：课题组计算。

资。鉴于来自国企的投资是过去一段时间稳增长的重要力量，这种变化可能对固定资产投资造成冲击；与此同时，民间投资比重上升与杠杆率下降可望带来经济整体投资效率的提升，在供给侧产生积极的增长效应。

基于 CQMM 的模拟结果表明，来自预算内资金的固定资产投资增速出现了一定程度的下滑（见图 14-22a、图 14-22b），但与此同时，企业自筹资金的投资增速相对于基准情形有明显的提高（见图 14-23）。两者共同作用，使固定资产投资增速在模拟期内出现了净的上升（见图 14-24）。

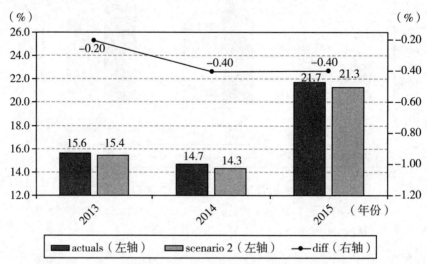

图 14-22a　来源于预算内资金的固定资产投资增速变动

注：actuals 代表实际值；scenario1 代表模拟值；diff 代表模拟值与实际值之差。

资料来源：课题组计算。

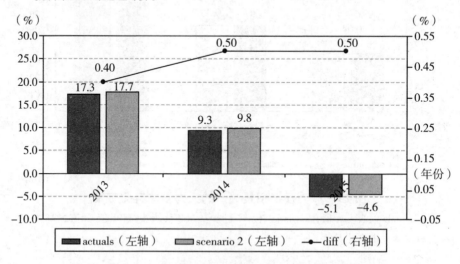

图 14-22b　来源于国内贷款的固定资产投资增速变动

注：actuals 代表实际值；scenario1 代表模拟值；diff 代表模拟值与实际值之差。

资料来源：课题组计算。

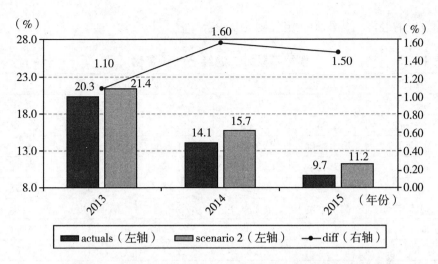

图 14 – 23　企业自筹资金的固定资产投资增速变动

注：actuals 代表实际值；scenario1 代表模拟值；diff 代表模拟值与实际值之差。

资料来源：课题组计算。

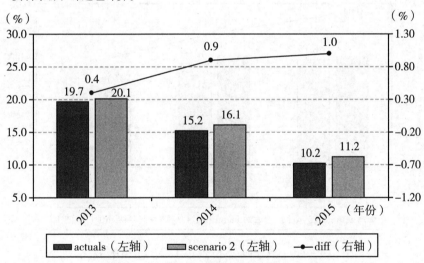

图 14 – 24　全社会固定资产投资增速变动

注：actuals 代表实际值；scenario1 代表模拟值；diff 代表模拟值与实际值之差。

资料来源：课题组计算。

投资增速上升推动了 GDP 增长，同时，投资内部结构变动带来的投资效率提升进一步助推 GDP 增幅，模拟期内 GDP 增速有显著上升（见表 14 – 3）。支出法 GDP 下投资占比的变动进一步展示了投资"质"、"量"齐增的情况：尽管投资增速上升，但是投资在支出法 GDP 中的比重不升反降（见图 14 – 25），过度依赖投资的经济结构得到一定程度的改善。

表 14-3   模拟情景之二的经济增长变化   单位：%

2013 年	第 1 季度	第 2 季度	第 3 季度	第 4 季度	全年
actuals	7.88	7.62	7.96	7.6	7.76
scenario2	8.04	7.95	8.49	8.30	8.18
2014 年	第 1 季度	第 2 季度	第 3 季度	第 4 季度	全年
actuals	7.42	7.51	7.15	7.15	7.31
scenario2	8.14	8.27	7.92	7.95	8.07
2015 年	第 1 季度	第 2 季度	第 3 季度	第 4 季度	全年
actuals	7.07	7.05	6.88	6.73	6.93
scenario2	7.87	7.87	7.69	7.54	7.74

资料来源：课题组计算。

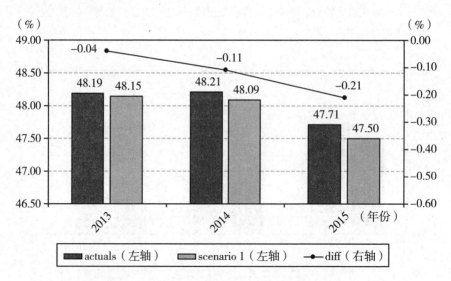

图 14-25   支出法下投资占 GDP 比重的变化

注：actuals 代表实际值；scenario1 代表模拟值；diff 代表模拟值与实际值之差。
资料来源：课题组计算。

第 4 节   结   论

模拟结果表明，消费结构转型升级能够促进人力资本积累，从而对经济增长产生积极影响，但短期内消费重心由交通、通信、居住等成熟领域更多地转向教育文娱、医疗保健等服务性消费领域，或将对消费总量造成微弱的不利影响。然而，考虑到人力资本积累对经济增长所具有的长期积极意义，这一转型成本在长期内仍然是值得的。与此相对，基于混合所有制改革与去杠杆协同发力的供给侧政策能够显著改善投资结构、提升投资效率，在带来较显著经济增长效应的同时降低投资占 GDP 的比重。

在当前国际经济态势下，"逆全球化"随着欧美右翼政治势力的崛起而甚嚣尘上，中国出口增长面临较大的不确定性，净出口在短期内很难有所作为；而在经济整体减速的情况下，消费增速也难以逆势拔高；此时，投资结构改善与投资效率提升的重要意义就越加凸显。在中国由中高收入经济体向高收入经济体迈进的过程中，需要特别重视发挥混合所有制改革政策所能带来的总量增长效应和结构优化效应。而在长期内，消费结构的转型升级有助于人力资本积累，将以有限的代价为经济增长提供更持久和稳定的助力。

第 5 节　政策建议

民间投资增速的大幅度下滑，是 2016 年中国宏观经济运行最值得关注的动态。众所周知，经过近 40 年的改革开放，民营经济已经成为当今中国经济的主体、社会主义市场经济的最重要基础之一。民营企业创造了 60% 左右的国内生产总值，80% 左右的社会就业，提供了超过一半的税收，民间投资占固定资产投资的 60%~65%，在制造业投资和房地产投资中占 85% 以上。民营经济投资增长速度的大幅下滑对中国经济增长的影响，可以从一年来的宏观经济运行，从其他宏观经济变量的相应变化中深切感受到。在 2016 年秋季的中国宏观经济预测与分析报告中，我们运用 CQMM 模型模拟了民间投资增速提高对经济增长率等宏观经济变量的影响（中国季度宏观经济模型课题组，2016 年 9 月），发现模拟期内每个季度民间投资增速若比基准情景下的投资增速平均提高 5.0 个百分点，那么，每季平均的 GDP 同比增速将比基准值提高 0.94 个百分点。

从 2016 年固定资产投资的有关数据可以看出，为了弥补民营投资增速下滑对经济增长的负面影响，有关部门不得不大幅度地增加了基础设施投资，甚至房地产投资。在民营经济国内投资增速大幅度下滑的同时，是非金融类企业对外直接投资与民营企业对外投资的急剧增长（见图 14 - 26、图 14 - 27）。民营经济在国内的投资增速在一年之内从 10% 以上急剧降至 3.2%；与此同时，对外投资增速却跃升至 40% 以上。[①] 这种现象，显然值得深思。

---

① 图 14 - 26 数据引自 CEIC。2016 年非金融类对外直接投资增速与商务部网站公布数据（44.1%）有出入。

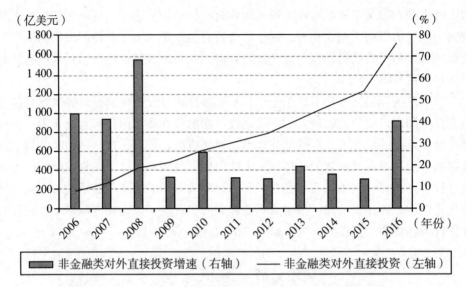

图 14 – 26　2006 ～ 2016 年中国非金融类对外直接投资

资料来源：CEIC。

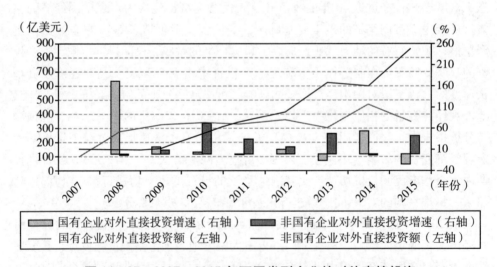

图 14 – 27　2007 ～ 2015 年不同类型企业的对外直接投资

资料来源：CEIC。

　　显然，如果民营经济继续这样的国内、国外投资"冰火两重天"的状态，将十分不利于实现中国经济的内外平衡，不利于中国经济继续保持较快稳定增长，不利于经济新常态下的发展方式转型。民营经济国内投资增速的大幅度下滑是中国经济难以承受之痛。然而，时至 2016 年年底的数据表明，民营经济的国内投资增速仍然没有明显的回升趋势。

本期 CQMM 模型预测数据表明：2017～2018 年，民营经济的投资增长速度仍将维持在一个相当低的水平上，如要实现 6.5% 左右的经济增长，仍然需要有关政府部门发力，提供超过 20% 的基础设施投资增长，需要国有部门的更多投资。在目前一些地方政府、国企的杠杆率居高不下，债务风险上升，去杠杆任务仍然繁重的情况下，要继续依靠政府及国有企业加大投资力度而保增长，实在是难以承受之重。更何况它将进一步扭曲国民经济结构，降低投资效率，造成潜在的增长拖累。与此同时，超高速的民营经济对外投资增长也造成了本币汇率稳定、外部经济平衡的额外负担。因此，我们认为，稳定民营企业家信心，尽快恢复民营经济的国内投资增速，实现民营经济国内投资与对外投资的平衡，是 2017 年宏观经济调控的首要任务和当务之急。这一问题的解决，将有利于推动当前国民经济其他多种矛盾的化解。

为了实现民营经济国内投资增速的回升，实现用民间资本推进混合所有制改革，降杠杆、调结构、补发展短板，发展社会主义市场经济，我们认为：

（1）必须坚定不移地坚持扩大开放，稳定民营企业家信心。民营经济国内投资的大幅度下滑与其对外直接投资的超高速增长，相当程度是民营企业家对国内经济信心不足的一种反映。因此，要恢复民营经济的国内投资增速，首先必须提振民营企业家对国内经济发展的信心。而提振信心的根本是通过全面深化改革，改善国内经济体制环境，保护企业家精神，支持企业家专心创新创业。

（2）将供给侧结构性改革的侧重点逐步转向降成本、补短板。在经济发展从跨越贫困陷阱转向从中高收入经济体向高收入经济体演进阶段，需求结构的深刻变化要求转变既有的经济发展方式。供给侧结构性改革就其本质而言，是实现经济发展方式转变的重要改革举措，而非既有发展轨道上的"调整、巩固、充实、提高"，是新一轮的国民经济调整。供给侧结构性改革要对此前发展阶段的多年过度投资和投资结构扭曲进行调整，需要去过剩产能，处置"僵尸企业"；需要通过去库存解决一些地区在土地财政推动下盲目扩张，导致三四线城市房地产库存过多的问题；需要降杠杆，解决近年来由于保增长导致的地方政府融资平台与部分国企杠杆率过高的问题。即通过"三去"处理此前发展遗留问题。但是，降成本、补短板则更为重要，因为它们更多是面向未来，因应需求结构转换而进行的供给结构调整。降成本，关键是"要在减税、降费、降低要素成本上加大工作力度。要降低各类交易成本特别是制度性交易成本，减少审批环节，降低各类中介评估费用，降低企业用能成本，降低物流成本，提高劳动力市场灵活性"；① 补短板"要从严重制约经济社会发展的重要领域和关键环节、从人民群众迫切需要解决的突出问题着手，既补硬短板也补软短板，既补发展短板也补制度短板。"② 近年来，中国三次产业结构的演变趋势清楚地说明了现阶段"严重制约经济社会发展的重要领域和关键环节、人民群众迫切需要解决的突出问题"之所在，而第三产业尤其是现代服务业的发展滞后与中国的第三产业尤其是现代服务业的市场化进程相对滞后密切相关，服务业的发展短板与制度短板密切相关。因此，供给侧结构性改革更重要的是国民经济范围内的结构调整和全面深化改革，其根本点是适应中国的经济服务化进程，适应中国向高收入经济体的发展转变。"供给侧结构性改革，最终目的是满足需求，主攻方向是提高供给质量，根本途径是深化改革。"③ 因此，应当逐步地将工作重点转向降成本、补短板，通过降制度性交易成本补制度短板，促进民营经济扩大国内投资，推动国有企业的混合所有制改革，参与降杠杆，参与第三产业中管制产业的市场化进程，发展高新技术产业、现代服务业等，补发展短板。

（3）全面落实《中共中央关于全面深化改革若干重大问题的决定》，致力于现代国家治理体系与治理能力的建设，是降成本、补制度短板的根本之策。中国经济的制度性交易成本过高，固然有现行体制下的政府不作为、乱作为等方面的一面，但是，更为关键、更为根本的是既有的体制框架、财税制度的安排在相当程度上与现代市场经济体制不同，是一种前现代的国家治理体系。因此，从中等收入经济体向高收入经济体过渡时，必须实行国家经济管理体系的相应调整。很难想象，当一个经济体正在迈向高收入经济体时，其经济管理体系还停留在前现代阶段。中国目前经济运行中的相当部分矛盾，如产业结构不合理、企业税费太高、创新激励不足、收入分配差距过大、土地财政、房地产泡沫、信贷资源配置结构扭曲、环境污染……大多与现有的国家治理体系、治理能力严重地落后于市场经济的发展密切相关。因此，降成本、补制度短板的根本之策，是全面落实《中共中央关于全面深化改革若干重大问题的决定》，实现国家治理体系与治理能力的现代化。

（4）充分调动全体人民群众、基层单位、各级地方政府、各级部门的改革热情是落实全面深化改革的根本。改革开放以来的历史经验证明：人民群众蕴藏着无穷的创造精神，只有政府尤其是中央政府的改革推进努力而无人民群众、基层以及各级地方政府的自主创新精神和改革热情，这样的改革必然是没有活力

---

①②③ 新华社：《中央经济工作会议在京举行习近平李克强作重要讲话》http://finance.china.com.cn/news/special/2016zyjjgz/20161216/4029731.shtml。

的，是注定不能成功的。只有充分调动最广大人民群众的改革积极主动性和自主创新创造精神，才能造就生机蓬勃的社会经济发展局面，极大地激发整个社会经济的活力，增强经济增长的动能。因此，党的十八届三中全会决定指出：经济体制改革的核心问题是处理好政府和市场的关系，使市场在资源配置中起决定性作用和更好地发挥政府作用。如何再次充分调动人民群众、各个基层组织、各级地方政府的全面深化改革与自主创新的积极性，与此同时保障社会经济的有序发展？我们认为，逐级明确各级政府的分工与管理权限、全面落实负面清单管理，是划分政府与市场边界的有效方式，也是有效划分各级政府部门职权范围，实行法无禁止皆可行，充分调动人民群众、各个基层组织、各级地方政府的全面深化改革与自主创新的积极性，同时保障社会经济的有序发展的有效方式。

参考文献

［1］新华社：《中央经济工作会议在京举行习近平李克强作重要讲话》，http：// finance. china. com. cn/news/special/2016zyjjgz/20161216/4029731. shtml。

［2］中国季度宏观经济模型课题组：《2015—2016 年中国宏观经济再展望》，载于《厦门大学学报（哲学社会科学版）》2015 年第 6 期。

［3］单豪杰：《中国资本存量 K 的再估算：1952～2006 年》，载于《数量经济技术经济研究》2008 年第 10 期。

［4］袁富华、张平、刘霞辉、楠玉：《增长跨越：经济结构服务化，知识过程和效率模式重塑》，载于《经济研究》2016 年第 10 期第 51 卷。

［5］中国季度宏观经济模型课题组：《2016—2017 年中国宏观经济预测与分析》，载于《厦门大学学报（哲学社会科学版）》2016 年第 3 期。

［6］中国季度宏观经济模型课题组：《中国宏观经济预测与分析——2016 年秋季报告》，2016 年 8 月。

［7］王燕武、李文溥：《人力资本增进型消费与跨越"中等收入陷阱"》，厦门大学宏观经济研究中心 2016 年工作论文。

［8］李扬、张晓晶、常欣等：《中国国家资产负债表 2015》。

［9］钟正生：《分析解读国企杠杆率》，财新智库莫尼塔（http：//cebm. caixin. com/），2016 年 8 月 10 日。

［10］Wang, Xiaolu, and Yixiao Zhou（2016）. "Forecasting China's Economic Growth by 2020 and 2030". In *China's New Sources of Economic Growth*: *Reform*, *Resources and Climate Change*, ed. Song, L. et al., Canberrra: ANU Press.

第 15 章 2016～2017 年中国宏观经济预测[*]

第 1 节 模型外生变量假设

一、美国与欧元区经济增长率

英国公投脱欧给全球经济增长前景增加了不确定性，也增强了发达经济体进一步放宽货币政策的预期。受此影响，国际货币基金组织（IMF）在 2016 年 7 月 19 日发布的最新预测中，相比 4 月的预测调低了对美国经济增长率的预测值，将 2016 年和 2017 年美国 GDP 增长率分别调整为 2.2% 和 2.5%。然而，随后公布的 2016 年第 2 季度美国经济增长率仅为 1.2%，不及市场预期 2.5% 的一半。基于此，尽管美国经济的基本面是稳定的，但课题组假定：2016 年和 2017 年美国经济的增速将比 IMF7 月的预测值低 0.2 个百分点，分别为 2% 和 2.3%。

另一方面，根据 IMF7 月的最新预测，课题组假定 2016 年欧元区 GDP 增长率将为 1.6%；2017 年则可能降至 1.4%。分季度的美国和欧元区经济增长率的变化见图 15-1。

二、主要汇率水平

2015 年以来，经济的持续减速、人民币流动性的扩张以及

---

[*] 本章作者：王燕武、李静、林致远。

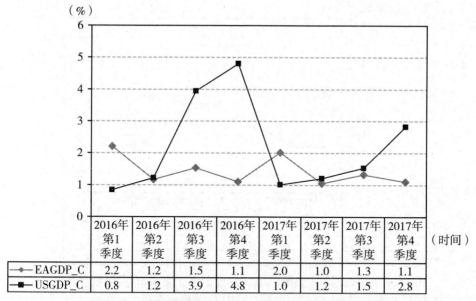

（%）

	2016年第1季度	2016年第2季度	2016年第3季度	2016年第4季度	2017年第1季度	2017年第2季度	2017年第3季度	2017年第4季度
EAGDP_C	2.2	1.2	1.5	1.1	2.0	1.0	1.3	1.1
USGDP_C	0.8	1.2	3.9	4.8	1.0	1.2	1.5	2.8

（时间）

图 15 – 1　美国与欧元区 GDP 增长率的变化趋势假定

注：（1）EAGDP_C 表示欧元区实际 GDP 增速；USGDP_C 表示美国实际 GDP 增速。

（2）GDP 增长率为季节调整后的环比折年率。

资料来源：课题组假定。

美元加息的预期等使人民币面临巨大的贬值压力，并导致大量资本外流。在 2015 年 8 月人民币汇率中间价决定机制改革后，人民币贬值的预期有所弱化，资本外流的速度也有所减缓。鉴于今明两年中国经济增长所面临的下行压力以及债务风险，短期内人民币贬值的预期还难以化解。预计 2016 年人民币兑美元汇率中间价还将呈现震荡贬值态势，至年末将贬至 1 美元兑 6.75 元人民币；2017 年人民币兑美元中间价将进一步贬值，年末维持在 1 美元兑 7.1 元人民币的水平上（见图 15 – 2）。

考虑到欧洲央行宽松的货币政策立场（负利率）以及英国公投引发的不确定性影响，可以认为欧洲央行通过弱势欧元提振欧元区经济的政策方向非常坚定。另一方面，美国经济的逐渐企稳将有利于形成美元升值预期。预计 2016 年下半年欧元基本上保持贬值态势，至年末 1 欧元可兑 1.08 美元；2017 年末 1 欧元预计可兑 1.06 美元（见图 15 – 2）。

三、广义货币供应量（M2）增速

2016 年第 1 季度中国 M2 的增速达到 13.4%，第 2 季度降为 11.8%。考虑到下半年经济下行压力依然很大，央行可能会增加一定的货币量，有可能降息一次，降准一次，以维持全年的经济增速预期，因而假定 2016 年 M2 增速为

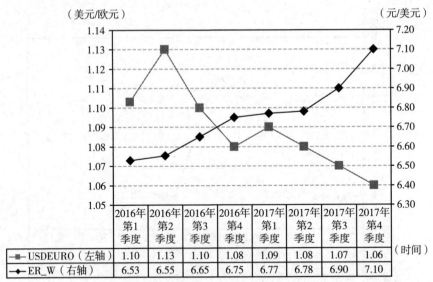

	2016年第1季度	2016年第2季度	2016年第3季度	2016年第4季度	2017年第1季度	2017年第2季度	2017年第3季度	2017年第4季度	（时间）
■ USDEURO（左轴）	1.10	1.13	1.10	1.08	1.09	1.08	1.07	1.06	
◆ ER_W（右轴）	6.53	6.55	6.65	6.75	6.77	6.78	6.90	7.10	

图 15 - 2　人民币兑美元汇率、欧元兑美元汇率的变化趋势假定

注：USDEURO 表示美元/欧元（左轴）；ER_W 表示元/美元（右轴）。

资料来源：课题组假定。

12.5%。考虑到 M2 基数较大，已超出 GDP 一倍，同时央行也在积极探索提升资金投放效率的路径，将采取更多其他方式增加社会投资，因此，2017 年 M2 增速将表现平稳，预计全年为 12%（见图 15 - 3）。

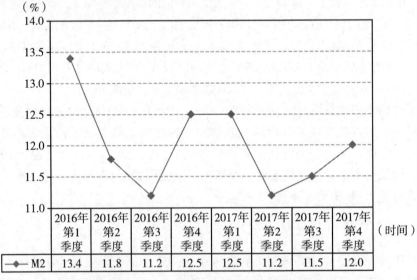

	2016年第1季度	2016年第2季度	2016年第3季度	2016年第4季度	2017年第1季度	2017年第2季度	2017年第3季度	2017年第4季度	（时间）
◆ M2	13.4	11.8	11.2	12.5	12.5	11.2	11.5	12.0	

图 15 - 3　M2 增长率的变化趋势假定

资料来源：课题组假定。

第 2 节　2016~2017 年中国宏观经济主要指标预测

1. GDP 增长率预测

在上述外生变量的假定下，基于中国季度宏观经济模型（CQMM）的预测结果表明：2016 年，中国经济将继续维持下行趋势，GDP 增速将为 6.63%，比 2015 年下降 0.27 个百分点；2017 年，GDP 增长率将可能进一步下探至 6.54%，比 2016 年下降 0.09 个百分点。

从季度同比增长率看，2016 年第 3 季度 GDP 增速将可能回落至 6.57%，第 4 季度继续降至 6.52%。全年 4 个季度 GDP 增速呈现不断走低的态势。进入 2017 年，随着人民币贬值效应的释放和美国经济的缓慢回升，以及国内去产能所导致的工业结构调整效应的显现，都将在一定程度上支撑经济增长。预计 4 个季度 GDP 的增速将延续"前高后低"的态势，第 1 季度同比增长 6.61%，第 4 季度下行至 6.52%（见图 15-4）。

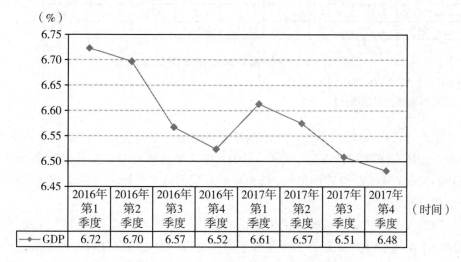

（%）

	2016年第1季度	2016年第2季度	2016年第3季度	2016年第4季度	2017年第1季度	2017年第2季度	2017年第3季度	2017年第4季度
◆ GDP	6.72	6.70	6.57	6.52	6.61	6.57	6.51	6.48

（时间）

图 15-4　GDP 季度同比增长率预测

资料来源：课题组计算。

2. 主要价格指数预测

模型预测，2016 年 CPI 将上涨 2.01%，涨幅将比 2015 年上升 0.57 个百分点；到 2017 年，预计 CPI 涨幅将略降至 1.71%。今明两年中国通货膨胀将有望保持温和稳定的水平。分季度来看，尽管 2016 年第 1 季度受猪肉、蔬菜等价格上涨的影响，CPI 上涨至 2.14%，但第 2 季度已降至 2.07%；预计第 3 季度将继续降到 1.67%，但第 4 季度则有可能回升至 2.17%。2017 年经济增长的持续减速将继续拉低 CPI 的涨幅：第 1 季度下行至 1.86%，第 2 季度至第 4 季度小幅下调至 1.65%（见图 15－5）。

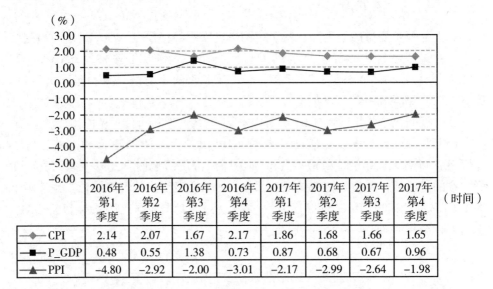

（%）	2016年第1季度	2016年第2季度	2016年第3季度	2016年第4季度	2017年第1季度	2017年第2季度	2017年第3季度	2017年第4季度
◆ CPI	2.14	2.07	1.67	2.17	1.86	1.68	1.66	1.65
■ P_GDP	0.48	0.55	1.38	0.73	0.87	0.68	0.67	0.96
▲ PPI	-4.80	-2.92	-2.00	-3.01	-2.17	-2.99	-2.64	-1.98

图 15－5　价格指数季度同比增长率预测

注：P_GDP 表示 GDP 平减指数。

资料来源：课题组计算。

生产者价格指数（PPI）在未来两年中仍将继续维持负增长，但跌幅将继续收窄。2016 年 PPI 预计下降 3.19%；2017 年降幅有所收窄，预计下降 2.45%。PPI 降幅的收窄将有利于上游生产资料企业利润的恢复性增长，以及企业实际债务负担的减轻。

分季度来看，受大宗商品价格上扬的影响，2016 年第 2 季度 PPI 降幅一度收窄，下降 2.92%。不过，下半年大宗商品价格的变化还存在较大的不确定性。预计 2016 年第 3 季度 PPI 下降 2%，在第 4 季度降幅扩大，下降 3.01%。进入 2017 年，随着供给侧改革结构性改革的深入推进，预计 PPI 的降幅将继续收窄，第 4 季度下降 1.98%（见图 15－5）。

2016 年，GDP 平减指数（P_GDP）将上涨至 0.79%；2017 年也基本维持在 0.79% 的水平。预测表明，未来两年，中国经济所面临的通货紧缩风险依旧较小。2016 年上半年 GDP 平减指数有所升高，下半年预计将维持温和增长状态。分季度看，由于第 3 季度 PPI 回升，GDP 平减指数在第 3 季度将持续上升至

1.38%，第 4 季度则回调至 0.73%。此后，由于 PPI 跌幅缩减，GDP 平减指数将持续增长，至 2017 年第 4 季度，其增速将提高到 0.96%（见图 15 - 5）。

3. 其他主要宏观经济指标增长率预测

（1）进出口增速与外汇储备额预测。

英国公投脱欧，以及美国 2016 年第 2 季度的经济数据大大低于预期等事件，提高了下半年外部市场的不确定性。但是，人民币贬值效应的释放以及"一带一路"框架的展开，将在一定程度上减缓出口下降的速度。受国内经济减速的影响，预计进口增长依然乏力。模型预测 2016 年以美元、按现价计算的出口总额预计下降 6.01%，降幅比 2015 年扩大 3.79 个百分点；进口总额预计下降 14.12%，与 2015 年持平（见表 15 - 1）。

表 15 - 1　　2016～2017 年中国进出口及净出口占 GDP 比重预测　　单位：%

时间	出口				进口				净出口占 GDP 的比重
	不变价（人民币）	现价（美元）	一般贸易现价（美元）	加工贸易现价（美元）	不变价（人民币）	现价（美元）	一般贸易现价（美元）	加工贸易现价（美元）	
2016 年	3.92	- 6.01	- 2.76	- 12.22	3.97	- 14.12	- 13.85	- 13.82	1.25
第 1 季度	- 0.31	- 9.54	- 7.33	- 15.62	4.73	- 13.07	- 14.00	- 17.51	0.87
第 2 季度	5.34	- 4.14	- 0.99	- 11.85	17.07	- 6.65	- 3.61	- 15.17	1.35
第 3 季度	5.02	- 5.53	- 1.42	- 12.10	- 0.43	- 17.90	- 19.42	- 10.06	1.38
第 4 季度	5.71	- 4.69	- 1.10	- 9.17	- 4.59	- 18.90	- 18.60	- 12.34	1.39
2017 年	6.01	1.65	2.53	3.09	- 1.74	- 5.87	- 10.04	4.27	1.14
第 1 季度	8.20	3.91	5.19	5.23	2.57	- 4.00	- 8.89	6.64	0.95
第 2 季度	3.05	- 0.92	- 0.61	2.20	- 11.02	- 13.18	- 18.86	5.04	1.30
第 3 季度	4.91	1.10	2.04	2.19	1.26	- 1.81	- 4.04	2.61	1.14
第 4 季度	7.89	2.57	3.57	2.78	1.54	- 3.47	- 6.53	2.91	1.18

资料来源：课题组计算。

分季度来看，出口同比增速在 2016 年下半年将继续保持负增长。第 3 季度下降 5.53%，第 4 季度下降 4.69%。由于大宗商品价格处于低位，以及人民币贬值，进口同比增速在 2016 年第 2 季度下降 6.65%，降幅有所收窄。但随着去产能的进程和人民币进一步贬值，进口增速降幅收窄的态势难以维持。第 3 季度预计下降 17.9%，第 4 季度下降 18.9%，降幅继续扩大。2016 年中国净出口占 GDP 的比重将降至 1.25% 的水平。尽管下半年美国加息的概率有所降低，但依然存在因经济减速而导致的人民币贬值的预期以及资本外流的压力，为维持人民币汇率的稳定将继续消耗中国的外汇储备。预计 2016 年中国的外汇储备可能降至 2.98 万亿美元。

2017 年，随着外部市场需求的逐步恢复以及人民币的进一步贬值，中国出口将呈现恢复性增长。以美元、按现价计算的出口增速预计将达到 1.65%。因加工贸易出口增加而带来的加工贸易进口的增加，将使进口增速的降幅显著收窄，预计下降 5.87%。外汇储备则可能进一步下滑至 2.67 万亿美元（见图 15 −6）。

（亿美元）

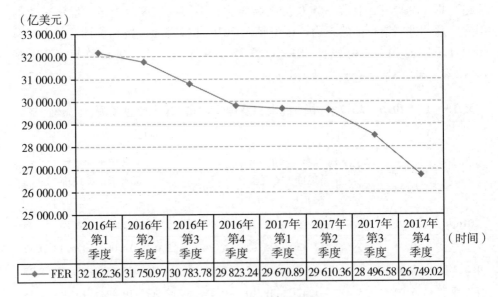

	2016年第1季度	2016年第2季度	2016年第3季度	2016年第4季度	2017年第1季度	2017年第2季度	2017年第3季度	2017年第4季度
◆—FER	32 162.36	31 750.97	30 783.78	29 823.24	29 670.89	29 610.36	28 496.58	26 749.02

图 15 −6　外汇储备预测

注：FER 表示外汇储备规模。

资料来源：课题组计算。

（2）固定资产投资增速预测。

2016 年下半年，制造业的过剩产能、房地产业的过度库存，以及企业高债务率所导致的金融风险，将继续抑制投资的增长，特别是民间投资的增速将继续回落。模型预测，2016 年按现价计算的固定资产投资（不含农户）增速预计为 9.72%，比 2015 年下降 0.47 个百分点；2017 年进一步下滑至 6.38%，比 2016 年降低 3.34 个百分点。分季度来看，由于房地产市场的提振，固定资产投资额在 2016 年第 1 季度达到了 10.38%，但在第 2 季度下滑到 8.13%。预计下半年在进一步积极财政政策作用下将有所调整，第 3 季度为 10.26%，第 4 季度为 10.11%。由于房地产市场的下滑以及民间投资的萎缩，2017 年的 4 个季度值均在低位波动，在第 2 季度达到 7.04% 的全年高点（见图 15 −7）。

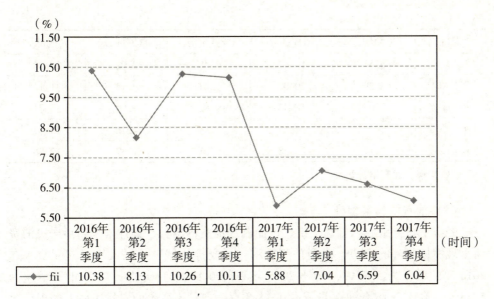

图 15 - 7   固定资产投资季度同比增长率预测

注：fii 表示固定资产投资额（现价）增速。

资料来源：课题组计算。

2016 年全社会固定资产投资总额增速将维持在 8.97%，比 2015 年提高 0.84 个百分点，2017 年进一步下滑为 6.51%。从全社会固定资产投资的资金来源看，来自预算内的固定资产投资资金增速在 2016 年预计可以维持在 20.1% 的水平上，2017 年微降至 19.67%；2016 年来自国内贷款的固定资产投资增速将回升至 14.87%，并在 2017 年降至 8.4%；2016 年来自自筹部分的固定资产投资增速可能达到 1.6%，2017 年升至 2.02%；2016 年来自其他部分的固定资产投资增速预计可提高至 39.93%，2017 年将降至 19.1%（见表 15 - 2）。从总体上说，由于制造业持续下降，民间投资增速大幅下滑，资金来源结构有所变化，自筹部分下降较大，而其他部分和贷款部分有所提升。

表 15 - 2   2016～2017 年全社会固定资产投资额增速预测　　　单位：%

时间	总额增速	预算部分	贷款部分	自筹部分	其他部分
2016 年	8.97	20.10	14.87	1.60	39.93
第 1 季度	6.85	16.54	13.68	-0.01	31.33
第 2 季度	8.86	24.63	11.64	2.28	41.86
第 3 季度	9.32	20.95	12.98	2.60	41.70
第 4 季度	10.69	18.48	21.38	1.49	43.93

时间	总额增速	预算部分	贷款部分	自筹部分	其他部分
2017 年	6.51	19.67	8.40	2.02	19.10
第 1 季度	8.29	20.37	7.41	3.15	31.11
第 2 季度	7.07	18.43	9.82	1.90	19.71
第 3 季度	5.78	19.59	8.41	1.76	15.17
第 4 季度	5.11	20.28	8.01	1.37	12.76

资料来源：课题组计算。

（3）消费增长率预测。

经济下行导致收入增速下滑，进而制约消费的增长，预计未来两年居民消费将呈现缓慢下降的态势。模型预测显示，不变价的城镇居民人均可支配收入在 2016 年的增速为 5.77%，将比 2015 年下降 0.83 个百分点；2017 年的增速为 5.43%，将比 2016 年进一步下滑 0.34 个百分点。不变价的农村居民人均现金收入在 2016 年的增速为 9.06%，将比 2015 年下降 0.95 个百分点；2017 年的增速为 8.29%，将比 2016 年进一步下滑 0.77 个百分点（见图 15 - 8）。

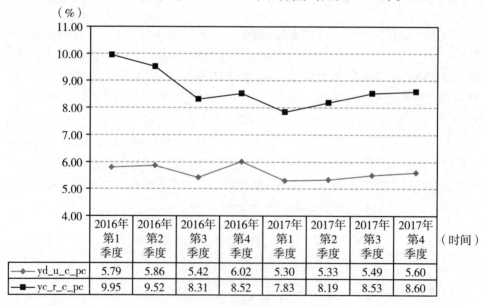

（%）	2016年第1季度	2016年第2季度	2016年第3季度	2016年第4季度	2017年第1季度	2017年第2季度	2017年第3季度	2017年第4季度
yd_u_c_pc	5.79	5.86	5.42	6.02	5.30	5.33	5.49	5.60
yc_r_c_pc	9.95	9.52	8.31	8.52	7.83	8.19	8.53	8.60

图 15 - 8　城乡居民收入预测

注：yd_u_c_pc 表示城镇居民人均可支配收入（不变价）；yc_r_c_pc 表示农村居民人均现金收入（不变价）。

资料来源：课题组计算。

2016 年按不变价计算的居民消费总额增速预计为 8.06%，比 2015 年下降 0.04 个百分点；2017 年继续下降至 7.84%，比 2016 年下降 0.22 个百分点。2016 年按现价计算的社会消费品零售总额增速将为 10.3%，比 2015 年小幅下降 0.4 个百分点；2017 年将小幅下降至 10.05%。

分季度看，2016 年的居民消费总额（不变价）增速将维持 2015 年的"前高后低"的季度走势，在第 3 季度降至 7.33%，第 4 季度降为 5.98%；2017 年小幅波动，第 2 季度达到全年最低值 7.08%。社会消费品零售总额（现价）增速在 2016 年保持平稳，第 3 季度降至 9.94% 的全年最低点；2017 年则表现非常平稳，各季度保持在 10% 之上（见图 15－9）。

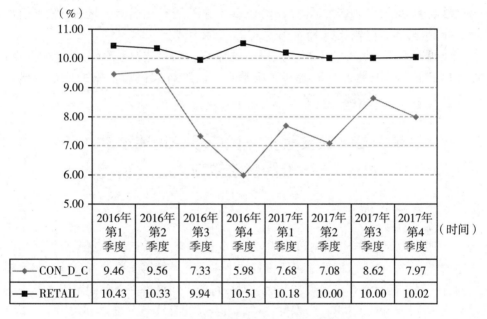

（%）	2016年第1季度	2016年第2季度	2016年第3季度	2016年第4季度	2017年第1季度	2017年第2季度	2017年第3季度	2017年第4季度	（时间）
CON_D_C	9.46	9.56	7.33	5.98	7.68	7.08	8.62	7.97	
RETAIL	10.43	10.33	9.94	10.51	10.18	10.00	10.00	10.02	

图 15－9　消费季度同比增长率预测

注：CON_D_C 表示居民消费总额（不变价）增速；RETAIL 表示社会消费品零售总额（现价）增速。

资料来源：课题组计算。

综上所述，基于 CQMM 模型的预测表明，2016 年下半年至 2017 年，因外需持续疲软、投资继续减速和消费相对平稳，中国经济增速仍将继续下行，但全面通货紧缩的风险相对较小。

（1）预计 2016 年实际 GDP 增长 6.63%，比 2015 年下降 0.3 个百分点；CPI 预计上涨 2.01%，涨幅比 2015 年上升 0.57 个百分点；PPI 预计下降 3.19%，降幅比 2015 年减少 2.01 个百分点；GDP 平减指数预计上升 0.79%，涨幅比 2015

年提高 1.2 个百分点。

（2）制造业投资的继续减速、民间投资的大幅下降，将导致全社会投资继续减速。按现价计算，2016 年中国固定资产投资（不含农户）预计增长9.72%，比 2015 年下降 0.47 个百分点。

（3）城乡居民实际可支配收入增速将继续下行，导致居民消费增速呈现缓慢下滑态势。按现价计算，2016 年社会消费品零售总额预计增长 10.3%，比2015 年下降 0.4 个百分点。

（4）英国公投脱欧，以及美国上半年 GDP 增长率大幅低于预期，预示着主要发达经济体的增长面临很大的不确定性。按现价计算，2016 年以美元计价的出口总额预计下滑 6.01%，降幅比 2015 年扩大 3.79 个百分点；进口总额增速预计下降 14.12%，降幅比 2015 年收窄 0.27 个百分点。

（5）因经济增长继续下行，人民币贬值预期和资本外流的压力持续存在。在此背景下，中国的外汇储备将继续消耗，以维持人民币汇率的稳定。预计2016 年年末外汇储备降至 2.98 万亿美元。

第 3 节 政策模拟：民间投资增速变动的宏观经济效应

一、研究背景

民间投资增速的突然大幅下降是 2016 年上半年中国宏观经济运行的最令人关注的新情况。是何原因造成民间投资在上半年尤其是第 1 季度货币政策实质放松的背景下，反而突然出现失速？通过对分行业民间投资占全部固定资产投资比重变化的分析，可以看出一些端倪。

首先，从投资占比上看，2016 年上半年，受民间投资增速急剧下降的影响，民间投资占全部固定资产投资的比重由 2015 年同期的 65.12% 下降到 61.46%，减少约 3.66 个百分点。其中，第三产业民间投资占全部固定资产投资的比重由2015 年上半年的 30.43% 降至 2016 年上半年的 28.39%，降低了 2.04 个百分点，贡献了全部民间投资占比下降的 55.66%；第二产业民间投资占比则由 32.60%下降到 30.77%，降低了 1.83 个百分点，贡献了全部民间投资占比下降的49.98%；第一产业民间投资的占比则提高了 0.21 个百分点（见表 15 - 3）。因此，第三产业和第二产业民间投资减速是导致民间投资增速大幅下降的主要因素。

表15 –3   **分行业民间投资占比变化情况**   单位：%

时间	变量名	民间投资	第一产业	第二产业	第三产业
2012 年上半年	占总投资比重	62.14	1.67	32.84	27.64
2013 年上半年	占总投资比重	63.74	1.61	32.69	29.44
	占比变动	1.60	- 0.05	- 0.15	1.80
	分行业贡献	100	- 3.40	- 9.31	112.67
2014 年上半年	占总投资比重	65.14	1.79	32.78	30.58
	占比变动	1.40	0.17	0.09	1.13
	分行业贡献	100	12.22	6.75	81.03
2015 年上半年	占总投资比重	65.12	2.11	32.60	30.43
	占比变动	- 0.02	0.32	- 0.19	- 0.15
	分行业贡献	100	- 1 947.47	1 126.77	920.69
2016 年上半年	占总投资比重	61.46	2.31	30.77	28.39
	占比变动	- 3.66	0.20	- 1.83	- 2.04
	分行业贡献	100	- 5.64	49.98	55.66

资料来源：CEIC。

    其次，从第二产业的民间投资投向上看，在垄断特征更为明显的电力、热力、燃气和水的供应业中，民间投资占比由2015年的1.62%提高到2016年上半年的1.90%。2012年至今，该行业的民间投资占比始终呈稳步提升的态势（见表15 –4）。导致2016年上半年第二产业民间投资占比下降的主要因素是制造业和采矿业民间投资，前者约贡献了95.09%，后者贡献了17.43%。值得注意的是，采矿业民间投资占比下降并非始于今年上半年，2012年以来，就一直如此，只是今年的降幅进一步扩大了。

表15 –4   **第二产业民间投资占比变化情况**   单位：%

时间	变量名	第二产业民间投资	电力、热力、燃气及水的生产和供应业	建筑业	采矿业	制造业
2012 年上半年	占总投资比重	32.84	1.23	0.50	1.89	29.21
2013 年上半年	占总投资比重	32.69	1.30	0.40	1.74	29.34
	占比变动	- 0.15	0.07	- 0.10	- 0.15	0.13
	分行业贡献	100	- 49.61	68.18	100.72	- 86.53

时间	变量名	第二产业民间投资	电力、热力、燃气及水的生产和供应业	建筑业	采矿业	制造业
2014年上半年	占总投资比重	32.78	1.36	0.44	1.58	29.50
	占比变动	0.09	0.06	0.04	-0.17	0.16
	分行业贡献	100	66.07	45.46	-175.54	170.21
2015年上半年	占总投资比重	32.60	1.62	0.43	1.30	29.32
	占比变动	-0.19	0.26	-0.01	-0.27	-0.19
	分行业贡献	100	-140.87	4.52	147.84	101.23
2016年上半年	占总投资比重	30.77	1.90	0.37	0.98	27.58
	占比变动	-1.83	0.27	-0.06	-0.32	-1.74
	分行业贡献	100	-14.86	3.43	17.43	95.09

资料来源：CEIC。

从制造业的细分行业看，2016年上半年非金属矿物质、黑色金属和有色金属冶炼及压延加工业的民间投资占全部固定资产投资的比重比2015年同期分别下降0.38个、0.04个和0.14个百分点，合计贡献了32.59%的制造业民间投资比重下降；通用设备和专用设备制造业的民间投资占全部固定资产投资的比重也降得比较快，分别贡献了制造业民间投资下降的10.53%和13.61%。由于通用设备制造业和专用设备制造业中价值较大的部分设备包括采矿、冶金、建筑、金属加工等，这两个行业的民间投资比重下降可能也与民间投资从采矿业、非金属矿物质、黑色金属和有色金属冶炼及压延加工业等行业的退出相关，并受政府对上述行业产能限制的影响（见表15-5）。

表15-5   制造业分行业民间投资占比变化情况   单位：%

时间	变量名	民间投资占比	非金属矿物质	黑色金属冶炼及压延加工业	有色金属冶炼及压延加工业	通用设备	专用设备	汽车制造业	电器机械和器材	计算机通信和其他电子设备
2012年上半年	占总投资比重	29.21	3.17	1.06	0.96	2.09	2.03	1.58	2.06	0.97
2013年上半年	占总投资比重	29.34	3.07	0.99	1.07	2.20	2.09	1.60	1.95	1.08
	占比变动	0.13	-0.10	-0.08	0.10	0.11	0.06	0.02	-0.11	0.11
	分行业贡献	100	-73.81	-60.92	80.67	85.74	42.73	16.79	-83.10	84.33

时间	变量名	民间投资占比	非金属矿物质	黑色金属冶炼及压延加工业	有色金属冶炼及压延加工业	通用设备	专用设备	汽车制造业	电器机械和器材	计算机通信和其他电子设备
2014 年上半年	占总投资比重	29.50	3.04	0.81	1.02	2.30	2.07	1.59	1.97	1.02
	占比变动	0.16	− 0.03	− 0.18	− 0.05	0.10	− 0.02	− 0.01	0.02	− 0.06
	分行业贡献	100	− 20.75	− 111.77	− 29.31	61.77	− 10.80	− 5.69	11.65	− 38.63
2015 年上半年	占总投资比重	29.32	3.02	0.63	0.96	2.28	2.08	1.60	1.91	1.16
	占比变动	− 0.19	− 0.02	− 0.18	− 0.05	− 0.02	0.02	0.01	− 0.06	0.14
	分行业贡献	100	8.99	94.74	28.59	10.60	− 8.82	− 3.04	30.93	− 75.70
2016 年上半年	占总投资比重	27.58	2.64	0.58	0.82	2.10	1.85	1.63	1.92	1.10
	占比变动	− 1.74	− 0.38	− 0.04	− 0.14	− 0.18	− 0.24	0.03	0.01	− 0.06
	分行业贡献	100	21.74	2.56	8.29	10.53	13.61	− 1.76	− 0.72	3.51

资料来源：CEIC。

最后，从第三产业民间投资看，交通运输、仓储和邮政业的民间投资占全部固定资产投资的比重由 2015 年上半年的 2.20% 下降到今年上半年的 2.06%，跌幅为 0.14 个百分点，贡献了第三产业民间投资占全部固定资产投资比重下降的 6.96%；水利、环境和公共设施行业的民间投资占全部固定资产投资的比重仅轻微下降了 0.01 个百分点，对第三产业民间投资占全部固定资产投资的比重下降贡献为 0.63%，而教育、卫生和社会工作行业的民间投资占全部固定资产投资的比重不降反升，分别提高 0.03 个和 0.04 个百分点；文化、体育和娱乐业以及公共管理、社会保障和社会组织行业的民间投资占全部固定资产投资的比重只是小幅下降，对第三产业民间投资占全部固定资产投资比重的减少贡献有限（见表 15 − 6）。从 2015 年上半年的情况看，与 2014 年同期相比，上述 6 个行业的民间投资占全部固定资产投资的比重则是全部增加。不过，从总量上看，2016 年上半年，这 6 个行业的民间投资合计仅约占全部第三产业民间投资比重的 22.23%。这些行业还不是决定第三产业民间投资变动的主要因素，真正的原因是第三产业其他行业民间投资的变动。

表 15 - 6　　　　　　　　　第三产业分行业民间投资占比变化情况　　　　　　　　单位：%

时间	变量名	第三产业民间投资占比	交通运输、仓储和邮政业	水利、环境和公共设施管理业	教育	卫生和社会工作	文化体育和娱乐业	公共管理社会保障和社会组织
2012 年上半年	占总投资比重	27.64	1.58	1.64	0.30	0.17	0.53	0.51
2013 年上半年	占总投资比重	29.44	1.80	1.89	0.33	0.21	0.64	0.38
	占比变动	1.80	0.22	0.24	0.03	0.04	0.11	-0.13
	分行业贡献	100	11.95	13.53	1.88	2.10	6.13	-7.41
2014 年上半年	占总投资比重	30.58	1.97	2.20	0.38	0.24	0.69	0.37
	占比变动	1.13	0.17	0.31	0.04	0.03	0.05	-0.01
	分行业贡献	100	15.44	27.41	3.70	2.88	4.79	-0.78
2015 年上半年	占总投资比重	30.43	2.20	2.47	0.39	0.34	0.73	0.40
	占比变动	-0.15	0.23	0.28	0.02	0.10	0.04	0.03
	分行业贡献	100	-149.85	-182.68	-12.99	-65.89	-27.71	-18.70
2016 年上半年	占总投资比重	28.39	2.06	2.46	0.42	0.38	0.66	0.32
	占比变动	-2.04	-0.14	-0.01	0.03	0.04	-0.07	-0.08
	分行业贡献	100	6.96	0.63	-1.48	-1.90	3.41	3.73

资料来源：CEIC。

由于缺乏第三产业其他细分行业的民间投资数据，我们无法直接分析哪些行业是决定第三产业民间投资进而决定民间投资增速下降的关键因素。不过，以下一些线索有助于分析上述问题。一是扣除上述六个行业之后，根据《国民经济行业分类》（GB/T 4754 - 2002），剩下的服务业分类有：批发零售业、信息传输计算机服务和软件业、金融业、房地产业、租赁和商务服务业、科学研究技术服务和地质勘查业、居民服务和其他服务业等七个行业。简单换算可知，正是这七个行业的民间投资变动决定了今年上半年第三产业民间投资下降的 88.66%；二是在上述七个行业中，民间投资占比较高并且在第三产业中比重较大、影响力较大的行业是批发零售业、房地产业。以房地产业为例，2014 年全国房地产开发投资中内资规模为 86 592.9 亿元，其中，集体企业和国有及国有控股企业投资的比重占 85% 左右，其余绝大部分为民间投资；三是由于上半年中国社会消费品零售总额增速保持平稳，可以预计批发零售业的民间投资变化不会太大。这意味着，很可能是房地产业的民间投资占比变化对第三产业民间投资占比下降起到了决定作用。如图 15 - 10 所示，2015 年 6 月起，国有及国有控股的房地产开发投资增速开始超过全部房地产开发投资；2016 年 1 月之后，增速突然由 2015 年底的 2.7% 一下子跃升到 17.0%，而同期全部房地产开发投资的增速仅由 1% 提高到 3.0%。这充分说明，占据绝对主体地位（85%）的非国有投资增速相对较低，导致全部房地产开发投资增长缓慢。国有及国有控股房地产开发投资占全部房地产开发投资的比重由 2015 年底的 15.0% 上升至 2016 年 6 月的 16.6%，比 2015 年同期水平提高 2.0 个百分点。进一步从房地产开发投资的增量资金上看，2015 年上半年房地产开发投资较 2014 年同期增加了 1 936.3 亿元，其中，国有及国有控股投资的增量占比仅为 6.01%；而到 2016 年上半年，房地产开发投资较 2015 年同期增加了 2 675.6 亿元，其中国有及国有控股投资增加了 1 153.97 亿元，占全部增量的比重高达 43.1%。

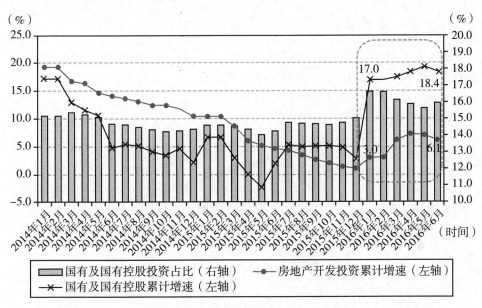

图 15 – 10　国有及国有控股房地产开发投资增速变化及其占比

资料来源：CEIC。

综上所述，课题组认为上半年民间投资增速突然失速的直接原因：一是民间资本加快退出制造业中产能过剩的领域，与此同时，在高端制造业、半或准公共服务业领域，或受制于技术壁垒，或缺乏人力资本，或苦于资金短缺，或受限于体制障碍，一时难以进入，导致了部分产业民间投资增速下降，这些退出的资本"脱实就虚"，部分流入商品期货、一线城市房地产市场、美元、黄金等虚拟经济领域，部分对外输出，加快了对外投资。① 二是房地产业的民间投资增速在上

---

① 目前对外投资的主体还是国有企业，但近年来，民间资本对外投资规模也在不断上升。

半年没有明显回升，使房地产业中民间投资比重出现较大幅度下降，国有及国有控股投资的比重上升。这一方面可能是由于银行信贷偏向和一二线城市房地产的较高的资金进入门槛，使得资金和资源相对弱势的民间资本难以与国有企业在一二线城市竞争，新增投资有限；另一方面，受实力所限，多数民间投资集中在三四线城市，而这些城市的房地产市场本身就面临巨大的"去库存"压力，因而很难有新增的投资空间。可见，上半年民间投资在房地产业的增速下降，反映出当前房地产业严重的区域分化现象。在一二线城市房地产市场升温，而三四线城市存在较大"去库存"压力的背景下，民间资本难以和资金雄厚、资源动员能力强的国有资本相竞争。

二、进一步研究

基于上述分析，我们不难发现，2016 年上半年民间投资的大幅下滑与当前的供给侧结构性改革之间有着密切的联系。其一，过剩产能行业的"去产能"行动加码，导致民间投资加快退出相关行业；其二，在一二线城市房价上扬、三四线城市去库存并存的格局下，民间投资被更具实力的国有资本挤出。这反映出当前的供给侧改革可能存在两大问题：第一，如课题组在 2016 年春季报告中所提出的，既有的供给侧结构性改革措施过于强调做"减法""除法"，而对如何做"加法""乘法"缺乏有效措施，其结果是，过剩产能问题虽得以适当缓解，但退出的资本却难以进入新的实体经济领域；第二，现有改革在执行过程中没有完全遵循"市场在资源配置中起决定性作用"的原则。一方面，"去产能"行动未能遵循效率标准，用市场化的方式淘汰真正的僵尸企业，而是用"一刀切"、按比例的行政方式淘汰过剩产能，从而使部分效率较高的民间资本报废了产能；另一方面，即使是在竞争性领域，"让市场在资源配置中起决定性作用"的原则也没有渗透到市场的各个环节，在资本要素市场，政府的债务背书使国有资本总能以远超民间资本的资源动员能力参与进来，从而造成事实上的不平等竞争。课题组认为，应当适当反思并调整当前供给侧改革的一些思路和做法，从而在缓解产能过剩问题的同时，增加有效投资，避免经济的过快下滑。

课题组认为，供给侧结构性改革调整的关键是回归市场，提高投资回报率，根据市场需求吸引投资、配置资源。事实上，民间投资增速下滑并非今年的新问题，从有统计数据的 2012 年以来，民间投资增速一直都在下降，其根本原因在于实体经济的投资回报率持续下降。如图 15-11 所示，自 2011 年起，工业企业的投资回报率和总资产贡献率均出现了持续下降的趋势。今年第 1 季度和第 2 季度的投资回报率基本延续这一趋势，但是并未出现突然间陡降的情形。

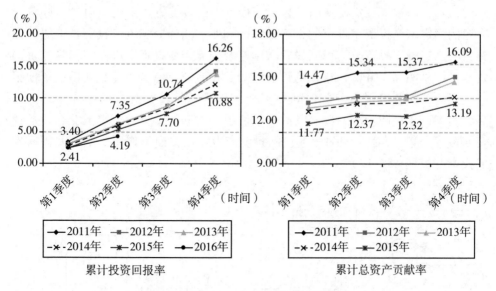

图 15 – 11　工业企业投资回报率

注：投资回报率 = (利润总额 – 所得税)/(总资产 – 总负债) = (利润总额 × 0.75)/(总资产 – 总负债)。

资料来源：CEIC。

投资回报率是一个综合反映企业运行效率的指标。影响投资回报率的因素众多，包括工资、利率、资产、负债、利润总额和所得税等。由于资产、负债和利润总额更多受不同企业特定经营条件的影响，因此，政府部门能够直接影响的主要是税费制度。中国当前以间接税为主的税制不利于企业的生产经营和再投资，尤其是在经济低迷时，由于产品市场的不出清，企业难以将税负转嫁给下游消费者，使得企业较大程度地承担了生产经营过程中产生的税负。同时，社会保险制度中的相关税费也主要由企业承担，容易造成经济越下行，企业税负和成本压力越大的扭曲局面。为此，我们认为，在经济低迷时，应当通过减税降费，为企业降成本、减负担，提高其投资回报率，这可能是从根本上解决投资增速下降，尤其是民间投资失速问题的关键所在。为了验证投资回报率提升的宏观经济改善效应，课题组利用 CQMM 模型进行政策模拟。

三、政 策 模 拟

1. 模型设定修正

为了使 CQMM 模型能够模拟投资回报率提升带来的影响，课题组对原有的CQMM 模型进行了适当调整，主要包括：

第一，修改了投资模块的方程。原模型中的投资方程主要是通过不同资金来源的固定资产投资来设定的，不分民间和非民间的固定资产投资。这里，课题组将固定资产投资分为民间投资和国有及国有控股投资，进而解释可比价的资本形成总额和GDP。由于现有调查统计数据只能够测算工业企业的投资回报率，因此，课题组引入工业民间投资变量作为民间投资变量的中介指标。同时，为了区分民间投资与国有及国有控股投资之间的差异，假定工业企业的投资回报率变量（ROI）只对工业民间投资产生作用，而不作用于国有及国有控股投资（见图 15 – 12）。

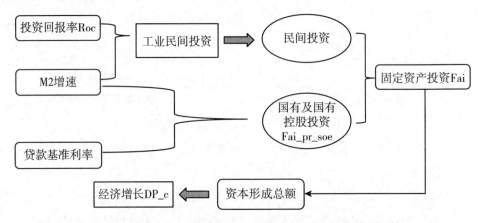

图 15 – 12　投资回报率对民间投资的传递路径

第二，为便于讨论，课题组将投资回报率变量设定为外生变量，其影响路径主要是政府税制调整，包括生产税净额、企业所得税额的降低等。值得注意的是，通常税制结构的调整会对模型内各个模块产生内生的影响。以往的研究中，我们曾基于 CQMM 模型考虑过税制结构变化的影响，这里我们简化为外生的变动。

2. 模拟情景设计

根据前文估算的工业企业投资回报率，考虑两种情景的模拟。

情景一：假设工业企业的投资回报率在 2014 年、2015 年、2016 年上半年维持 2013 年的同期水平[①]。情景模拟的主要目的是评估投资回报率提升的宏观经济效应。

---

① 从图 15 – 13 中可以看出，近年来基准估算的投资回报率出现下降拐点的时期在 2013 年。为此，这里我们简单假设 2014 年、2015 年以及 2016 年上半年维持与 2013 年相同的水平。

情景二：假设情况变得更糟，工业企业的投资回报率增速在 2014 年就出现类似 2015 年的大幅下滑，2015 年、2016 年同期增速则维持与 2014 年一样的增速下降水平。情景模拟的主要目的是评估投资回报率继续下降的宏观经济效应。

两种情形之间的具体变化对比见图 15 – 13。

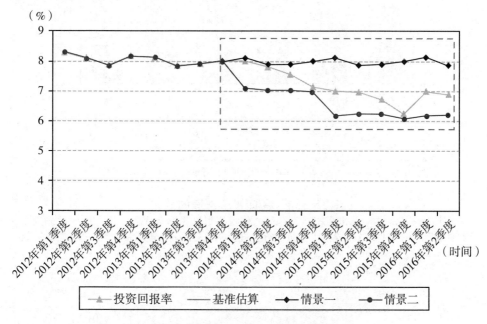

图 15 – 13　投资回报率的模拟情景对比

注：投资回报率 =（利润总额 – 所得税）/（总资产 – 总负债）=（利润总额 × 0.75）/（总资产 – 总负债）；数据经过季节调整处理。

资料来源：课题组计算。

四、模 拟 结 果

1. 情景一与基准模拟的对比结果

首先，投资回报率的回升有助于提高民间投资的增速及其在全社会投资中的占比。如图 15 – 14 所示，受投资回报率回升的影响，2015 年以来，情景一的民间投资增速每个季度要比基准情景下的民间投资增速平均提高 5.0 个百分点；而从趋势上看，2015 年全年增速逐季提高，这与基准模拟背景下民间投资增速持续下降的情形截然不同。同时，受此影响，民间投资占全部固定资产投资的比重明显增加，增加的幅度呈现震荡扩大的态势。到 2016 年第 2 季度，情景一下的民间投资占比要高出基准值 2.10 个百分点（见图 15 – 15）。

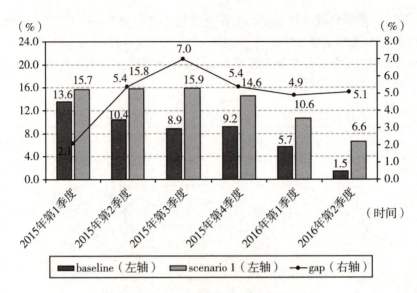

图 15 – 14 民间投资增速的变化

注：baseline 表示基准模拟。为尽可能使得模拟结果贴近实际情况，课题组采用了附加因子的方法对涉及主要内生变量的方程进行调整；scenario1 表示情景一的模拟结果；gap = scenario1 – baseline。

资料来源：课题组计算。

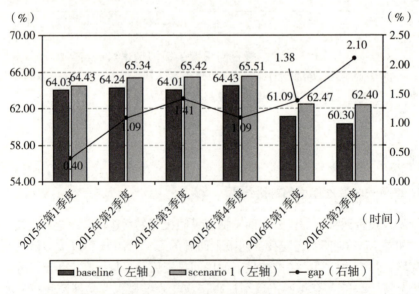

图 15 – 15 民间投资占固定资产投资的比重变化

注：baseline 表示基准模拟。为使得模拟结果贴近实际情况，课题组采用了附加因子的方法对涉及主要内生变量的方程进行调整；scenario1 表示情景一的模拟结果；gap = scenario1 – baseline。

资料来源：课题组计算。

其次，民间投资增速的回升促进了 GDP 增速的提高。如图 15 - 16 所示，情景一的 GDP 同比增速较基准值每季度平均提高 0.94 个百分点，2015 年、2016 年上半年的经济增长速度基本可维持在 7.7% ~ 7.8%，比现有增速提高 0.8 ~ 1.2 个百分点。使 GDP 增长率维持在与 2012 年、2013 年相近的水平。

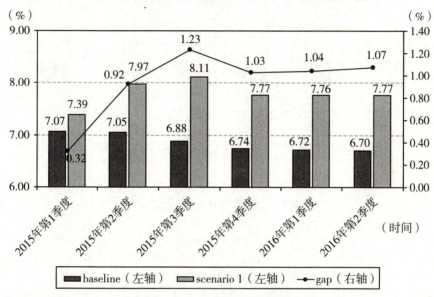

图 15 - 16　GDP 增速的变化

注：baseline 表示基准模拟。为尽可能使得模拟结果贴近实际情况，课题组采用了附加因子的方法对涉及主要内生变量的方程进行调整；scenario1 表示情景一的模拟结果；gap = scenario1 - baseline。

资料来源：课题组计算。

最后，总需求结构方面，受固定资产投资增速增加的作用，资本形成总额占 GDP 的比重将有所提高，而居民消费、净出口占 GDP 的比重则出现小幅下降。图 15 - 17 显示，到 2016 年第 2 季度，情景一的资本形成总额占比将比基准值提高 0.59 个百分点，而居民消费占比则下降 0.20 个百分点。其中，居民消费占比的下降是因其增速相对于投资增速更慢所致，居民消费增速本身并没有下降；相反，得益于 GDP 增长的加快，居民消费增速要高于基准值；净出口占比下降则是因国内需求上升、进口增速提高所导致的。

2. 情景二与基准模拟的对比结果

首先，投资回报率提前一年大幅度下降的假定，使情景二下的民间投资 2015 年的每季度增速较基准值平均下降 3.30 个百分点；2016 年，由于 2015 年的基数翘尾作用，同比增速基本与基准值持平（见图 15 - 18）。与此同时，民间

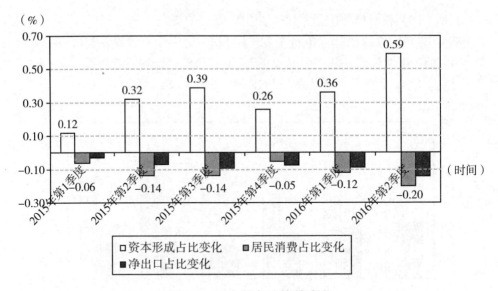

图 15 - 17　需求结构的变化

资料来源：课题组计算。

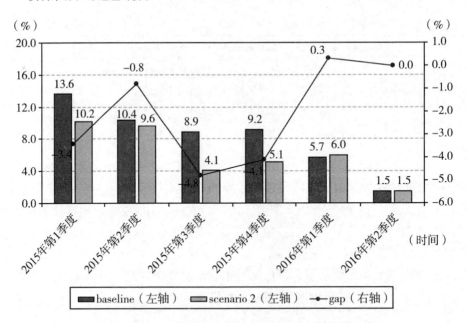

图 15 - 18　民间投资增速的变化与基准情形相似

注：baseline 表示基准模拟。为使模拟结果尽可能贴近实际情况，这里采用附加因子方法对涉及主要内生变量的方程进行调整；scenario2 表示情景二的模拟结果；gap = scenario2 - baseline。

资料来源：课题组计算。

投资占全部固定资产投资的比重也出现较大幅度的下降。2015 年，情景二的民间投资占比平均每个季度要比基准值低 0.68 个百分点。2016 年第 1 季度、第 2 季度进一步较基准值减少 0.57 个和 0.14 个百分点（见图 15 – 19）。

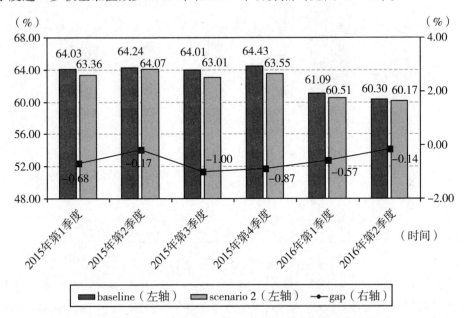

图 15 – 19　民间投资占固定资产投资的比重变化

注：baseline 表示基准模拟。为使模拟结果尽可能贴近实际情况，这里采用附加因子方法对涉及主要内生变量的方程进行调整；scenario2 表示情景二的模拟结果；gap = scenario2 – baseline。

资料来源：课题组计算。

其次，从经济增速看，民间投资增速的下降将导致 GDP 增速的进一步放缓。如图 15 – 20 所示，情景二的 GDP 同比增速较基准值每季度平均减少 0.42 个百分点。这意味着，如果民间投资增速下降，则 2015 年 GDP 增长率就会降至 6.5% 左右，2016 年上半年将进一步降至 6.3%，这比现有的 GDP 增长率下降 0.4 个百分点（见图 15 – 20）。

最后，总需求结构方面，资本形成总额占 GDP 的比重将出现下降，居民消费、净出口占 GDP 的比重则相应提高（见图 15 – 21）。同样地，居民消费占比增加是其增速相对于投资增速下降得更慢导致的。但是，由于 GDP 增长放缓，居民消费增速要低于基准值；净出口占比提高则是由于国内需求下降之后，进口增速进一步下降导致的。

综上所述，两种情景模拟的结果显示：

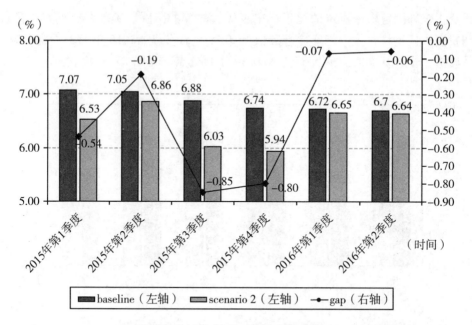

图 15 – 20　GDP 增长率的变化

注：baseline 表示基准模拟。为使模拟结果尽可能贴近实际情况，这里采用附加因子方法对涉及主要内生变量的方程进行调整；scenario2 表示情景二的模拟结果；gap = scenario2 – baseline。

资料来源：课题组计算。

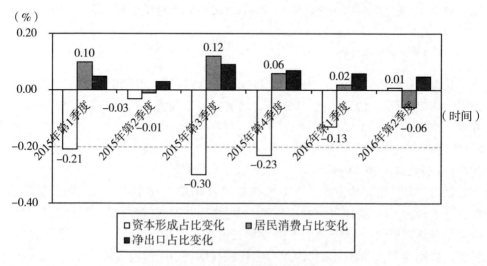

图 15 – 21　总需求结构的变化

资料来源：课题组计算。

第一，投资回报率的提高会显著地拉动民间投资增长，加快经济增长步伐。若能提高投资回报率，使其维持在 2013 年同期约 8% 的水平，将显著提升民间投资增速，使中国经济增长维持在 7%~8% 的水平上，实现近年来宏观经济政策一直期待的效果。尽管民间投资增速提高会使总需求结构中投资占比提高，但并不因此对居民消费产生抑制作用，反而通过经济的更快增长，促使居民消费增加。

第二，投资回报率如果持续大幅下降，将使民间投资增速加快下滑，引发经济增长进一步减速。当投资回报率下降到一定程度时，其所导致的民间投资下降有可能会使得经济增长突破政府制定的 6.5% 增长底线，甚至可能进一步引发经济增长率的螺旋性下滑。

2016 年上半年，资本形成总额对经济增长的贡献率为 37.0%，仅比去年同期小幅下降 0.6 个百分点。这主要应归功于基础设施建设和房地产投资的较快增长，较大程度地弥补了制造业投资的大幅下滑。不过，下半年，以基础设施和房地产投资为支撑的投资增长可能难以持续。课题组认为，下半年，固定资产投资增速持续下降的趋势能否得到扭转，必须看占据全部固定资产投资近 1/3 的制造业投资是否出现逆转①。其中最为关键的是作为制造业投资绝对主体的民间资本的投资增速能否止跌回升②。政策模拟结果显示，民间投资增速的提高有赖于企业投资回报率的提升。

第 4 节 政策建议

2016 年，中国宏观经济运行最引人注目的新现象是民间投资增速的迅速下滑。众所周知，改革开放以来，民营经济已经成为中国国民经济的主体。民营企业创造了 60% 左右的国内生产总值，80% 左右的社会就业，提供了超过一半的税收，民间投资占固定资产投资 60% 以上，在制造业投资中占 85% 以上；从投资效率③看，民间投资也一直优于国有资本投资。本次报告的政策模拟结果显示，若能提高投资回报率，使其维持在 2013 年同期约 8% 的水平，将显著提升民间投资增速，使中国经济增长维持在 7%~8% 的水平上。相反，若投资回报率持续下降，将使民间投资增速加快下滑，引发经济增长进一步减速。当投资回报率下降到一定程度时，其所导致的民间投资减速将使中国经济降至比目前更低的

---

① 2016 年上半年，制造业占全部固定资产投资的比重为 31.8%。

② 2016 年上半年，制造业民间固定资产投资占全部制造业固定资产投资的比重高达 86.6%。

③ 投资效率用投资乘数——GDP 增量除以投资增量——来度量。

增长水平。可见，无论是从当前还是从长远看，民间投资增长的大幅下滑都是中国经济难以承受的。可以说，民营经济的发展状况决定着中国经济未来的发展前景。

课题组的研究发现，尽管自 2011 年以来，由于全球经济再平衡与国内经济发展转型的叠加，中国的民间投资增速一直处于下降的通道之中，然而，民间投资于 2016 年上半年的突然失速却与当前的供给侧结构性改革尤其是其实施方式有一定的关系。因此，对民营投资失速原因的探讨引起了我们对当前供给侧结构性改革措施的反思。

毫无疑问，长期以来，政府主导下的粗放型经济发展所导致的过度投资、资源配置结构失衡、国民收入分配结构失衡等是当前中国经济增速下滑的主要内因。为此，必须从供给侧入手，通过去产能、去库存、去杠杆、降成本和补短板进行结构性调整。

然而，去产能、去库存、去杠杆、降成本和补短板仅仅是手段，而不是目的，供给侧结构性改革所要实现的根本目标是提升供给质量和效率，是建立全新的供给结构以适应需求结构上的转换。2016 年上半年的实践表明，并非任何方式的供给侧改革举措都能提升供给的质量和效率，事实上，以计划经济的思维和简单的行政手段推进的改革措施，却在相当程度上导致了我们最不愿意看到的结果——民间投资的失速。同时，我们也看到，在供给侧改革的过程中，市场经济发展滞后，尤其是国有企业占比高的地区，遭遇到严重的经济增长失速。这些现象提醒我们，必须遵循《中共中央关于全面深化改革若干重大问题的决定》提出的方略，用全面深化改革、发展社会主义市场经济的思路进行供给侧结构性改革。

自 2010 年以来，中国经济进入了一个从中等偏上收入向高收入经济体过渡的新阶段，此后 15 年的社会经济发展关系着中国能否顺利跨越中等收入阶段，进入高收入经济体的行列。从 2010 年开始，中国的经济结构开始出现引人注目的深刻变化：第三产业的增长速度持续高于第二产业。2016 年上半年，第三产业增加值占 GDP 的 54.1%，比上年同期提高 1.8 个百分点，高于第二产业 14.7 个百分点。人均收入水平的提高和居民需求结构的升级换代，推动着中国经济的服务化。[1] 这就使当前正在进行的供给侧结构性改革具有了更为深刻而丰富的内涵：它不仅仅是既有需求结构下供给结构失衡的常规调整，而是适应向新发展阶段过渡而导致的需求结构转换的新一代供给结构的形成。从这个意义上说，供给侧结构性改革并非短期的治理整顿，而是一个较长时期内的供给侧结构不断适应

---

① 有关分析请参阅本课题组 2016 年春季报告。

需求结构发展变化的调整。在这一过程中，比"去"更为重要的是"增"，是适应新需求的产生，调动以民间资本为主的供给侧的投资积极性，不断地进入新的投资领域，从而高效率地形成新的供给能力。

因此，供给侧结构性改革的关键是如何扩大民营经济的投资领域，[①] 提高民营经济的投资回报率。从全社会层面和长远发展的角度看，提高民营经济的投资回报率绝不仅仅是一个简单的减税、降息的数量型政策所能实现的，而是一个涉及政府与企业、居民的收入分配结构、[②] 税制结构、直接融资、间接融资结构及体制、市场准入及管制解除等一系列关乎现代市场经济条件下的国家治理体系和治理能力现代化的问题。因此，供给侧结构性改革本质上就是一场全面深化的体制改革，是一场建立与高收入经济体相适应的国家治理体系的深刻变革。

基于以上分析，我们认为，从短期看，应当继续实施需求侧稳增长政策，唤起各方尤其是民间资本对于中国经济前景的预期；从长期看，应当站在推进国家治理体系和治理能力现代化的广阔视角，重新审视供给侧结构性改革中亟须推进的制度变革。

具体政策建议如下：

（1）实行稳健中性的货币政策，以稳定中国经济增长。上半年的货币政策相对宽松，对稳定上半年的经济增长产生了积极作用，但也在一定程度上导致了一二线城市的楼市快速升温，因此，下半年的货币政策应回归稳健中性，着力疏通货币政策传导渠道，引导货币信贷和社会融资总量合理增长，让更多资金从金融向实体流动，在抑制金融资产泡沫的同时促进实体经济的复苏。考虑到欧美日的经济增长低于年初预期，美联储将推迟加息，中国调低利率的外部环境约束减弱，而国内经济的下行压力目前仍然较大，因此，建议央行在 2016 年下半年适时降息、降准，以降低企业成本，缓解债务违约风险，促进出口，提振经济。

（2）实行宽松财政政策，促进中国经济增长。民间投资的复苏有赖于民营企业家恢复对中国经济前景的信心。在围绕供给侧结构性改革而实施的制度变革的增长效应尚未充分呈现之前，短期内需求侧稳增长的任务将主要依靠需求管理政策的作用。在货币政策回归中性的情况下，放缓中国经济下行的主要任务要由财政政策来担纲。2016 年上半年累计达 3 651 亿元的财政赤字，距全年 2.18 万

---

① 有关分析请参阅本课题组 2016 年春季报告。

② 近期研究证实，在中国的资本报酬分配上，政府的生产税比重过高。1992～2012 年，尽管中国的资本报酬占 GDP 之比远远高于美、日（均值分别高 12.84 个和 12.77 个百分点），然而，由于生产税净额占比较高（均值分别比美、日高 13.37 个和 4.49 个百分点），因此，中国的税后资本报酬占比均值反而比美国低了 3.67 个百分点，仅比日本高 8.89 个百分点。有关研究请参阅李文溥、李昊：《中国居民的财产性收入状况分析》，厦门大学宏观经济研究中心工作论文，2016 年 2 月。

亿元的财政预算赤字额尚有 1.8 万亿元左右的赤字空间，这就为财政政策的运用提供了较大空间。基建投资因其投资额大、工期长、风险高、投资回报率低等特点，主要由政府主导，一般不会对民间投资产生"挤出效应"，反而常常能够带动民间投资，因此基建投资将是宽松财政政策发力的重要领域。而加大像医疗保险、公共卫生、教育、保障性住房等民生方面的支出，也可通过增加居民可支配收入的方式间接带动居民消费需求的增加，因而也是财政支出政策的着力点。

财政收入政策方面，由于税费的调整事关各方利益之间的复杂博弈，同时税法的调整往往历时较久，因此短期内可行的办法是在既定的法律框架下，继续沿着减税降费的思路进行政策上的微调。比如，针对 2016 年 5 月 1 日全面推开的营改增试点工作，通过细化相关的实施细则，真正落实营改增所要达到的减税效果，让绝大多数的中小企业真正获得减税的好处。

（3）落实市场准入政策，扩大投资领域，稳定民间投资预期。在需求结构转换阶段，资本从夕阳产业、产能过剩领域退出，转向朝阳行业和新兴需求领域，有利于促进投资，实现供给结构调整。自 2010 年以来，中国服务化迅速扩张，然而，时至今日，第三产业仍然是三大产业中市场化程度最低的产业，垄断、管制和所有制歧视的存在，导致第三产业中的不少部门竞争不足、效率低下、发展缓慢，难以满足社会日益增长的服务需求，严重阻碍了其他部门和产业的技术进步和效率提升，也大大限制了民间资本的投资领域。为此，应当加快清除这些领域的壁垒，破除垄断，同时大力推行混合所有制改制，在改制中实行同股同权，鼓励不同所有制资本平等竞争。在稳定民间投资的预期上，有意识地开辟新的投资领域，降低投资成本，提高民间资本的投资回报率，促进民间投资尽快止跌回升。

（4）加大对民间投资的融资支持。最近几年，国家针对中小企业融资难、融资贵的问题，已经出台了不少政策措施，但这一问题至今仍未得到有效解决，反而在近期表现出融资越难、融资越贵的问题。针对这一情况，政府应积极做好相关项目的引介和牵线搭桥作用，加大对民营企业金融服务的政策技术力度，着力强化民营企业的征信服务和信息服务，稳步推进由民间资本发起设立中小型银行等金融机构，等等，为疏通民间资本的融资管道奠定基础。

从制度变革的角度看，中国金融机构体系浓厚的国有背景和垄断色彩，决定了民营企业的融资难、融资贵的问题难以得到根本上的解决。如果可以建立起更加自由、开放、竞争的金融机构体系，那么，成千上万家规模不等、经营风格各异的金融机构相互竞争，争相提供个性化服务，就能够更加贴近不同性质的企业，更好地解决借款人和贷款人之间普遍存在的信息不对称问题。这样，多数民营企业目前不得不承受较高的融资成本的问题就有望得以缓解。同时，通过严格的证券市场监管，着力构建一个多层次的资本市场，为民营企业提供更加便捷的直接融资通道，也是解决民营企业融资难问题的长远之策。

（5）推进税制结构改革，降低企业税负。建立现代财政制度是推进国家治理体系和治理能力现代化的重要基础，而完善税收制度则是建立现代财政制度的基本组成部分。供给侧结构性改革中"降成本"的任务不仅要由企业通过技术革新和提高管理水平的途径来完成，而且也需要政府从减税降费方面多做文章。[①]

在企业缴纳的各种税收中，增值税、消费税等间接税占全部税收收入的55%以上，加上企业所得税，全部税收的75%以上由企业缴纳。尽管这些税收尤其是增值税、消费税等间接税种可以经由税负转嫁的方式最终大部分由消费者承担，但沉重的法定税负必然体现在较高的商品价格上，削弱了产品的国际竞争力。从收入分配角度看，这些税负具有富人承担相对较少、穷人承担较多的累退性质，加剧了收入分配不平等，对于居民消费增长是逆向激励。如果考虑到企业分担的社会保险缴费、偏高的融资成本以及大量的政府收费和基金等，企业承担的运营成本相当高昂，这是不少民间资本对外直接投资、资本外逃以及"脱实入虚"的重要动因。

因此，在构建现代财政制度的过程中，不仅要继续清理不合理的政府基金和收费，更要重视将当前以间接税为主体的税制逐步转变成以直接税为主体的税制，即在降低增值税、消费税税率的同时，逐步开征保有环节的房地产税，开征遗产与赠与税，实行综合个人所得税制等，以减轻企业税负；并且充分发挥直接税调节收入分配差距的功能，以刺激居民消费需求，促进民营企业增加投资。

---

① 目前，中国政府实际支配的财力资源已超过当年 GDP 的 50%。有关研究请参阅本课题组 2015 年春季报告。

第16章 中国宏观经济形势和政策问卷调查报告*

为及时把握中国宏观经济形势和政策走向，新华社《经济参考报》和教育部人文社会科学重点研究基地——厦门大学宏观经济研究中心自 2013 年 8 月首次联合开展每年 2 次的"年度中国宏观经济形势和政策问卷调查"活动。2016 年 1 月和 7 月，通过电子邮件向国内相关领域经济学家发出调查邀请的方式，我们进行了本项研究的第六次和第七次问卷调查。两次调查最终分别收到 121 位和 116 位专家的答复。通过两次问卷调查，我们获得了专家们关于 2016 年世界经济形势、2016 年中国宏观经济主要指标的变化趋势、2016 年中国宏观经济政策的走势、中国供给侧结构性改革以及"十三五"期间中国平均经济增长率预测等问题的最新认识和判断。

第 1 节 2016 年中国宏观经济形势和政策问卷春季调查报告

一、2016 年世界经济形势

根据 2016 年 1 月 19 日国际货币基金组织（IMF）的最新预测，2015 年美国经济增长率为 2.5%，2016 年将升至

---

* 本章作者：陈贵富。

2.6%。为此，我们对2016年美国经济增长率的变化趋势进行了问卷调查。调查结果显示，57%的专家预期2016年美国经济增长率在"2.1%～2.5%"之间；39%的专家预期在"2.6%～3.0%"之间；2%的专家预期在"2.1%以下"；2%的专家预期在"3.1%～3.5%"之间，没有专家预期在"3.5%以上"。总体来看，有近六成接受调查的专家预期2016年美国经济将呈现缓慢下降趋势，但也有超过四成接受调查的专家预期较IMF乐观，认为2016年美国经济增长率将呈现一定的回暖趋势。

根据2016年1月19日国际货币基金组织（IMF）的最新预测，2015年欧元区经济增长率为1.5%，2016年将升至1.7%。我们也对2016年欧元区经济增长率的变化趋势开展了问卷调查。调查结果显示，75%的专家预期2016年欧元区经济增长率在"1.3%～1.6%"之间；19%的专家预期在"1.7%～2.0%"之间；6%的专家预期在"1.3%以下"；没有专家预期在"2.1%～2.4%"之间和"2.4%以上"。总体而言，按照IMF的最新预测，有超过八成接受调查专家的预测较IMF悲观，认为2016年欧元区经济增长率呈现缓慢下降趋势，但也有近二成的专家预期2016年欧元区经济将呈现一定的回暖趋势。

此外，我们对2016年美国加息次数及加息时间问题进行了问卷调查。调查结果显示，在115份有效调查问卷中，55%的专家预期2016年美国将选择加息1次；35%的专家预期2016年美国将选择加息2次；3%的专家预期2016年美国将选择加息3次；2%的专家预期2016年美国将选择加息4次。另外，55%的专家预期2016年美国将选择在上半年加息；40%的专家预期2016年美国将选择在下半年加息。

二、对2016年中国宏观经济主要指标的预测

根据国家统计局2016年1月19日发布的初步核算数据，2015年中国国内生产总值（GDP）比2014年增长6.9%。那么，2016年中国国内生产总值（GDP）增速如何呢？调查结果显示（见表16-1），76%的专家预期全年GDP增速在"6.5%～6.8%"之间；12%的专家预期在"6.8%～7.0%"之间；8%的专家预期"小于6.5%"；3%的专家预期"大于7.0%"。因此，超过八成的专家认为2016年中国经济仍将呈现进一步下滑的态势。

2015年中国居民消费价格指数（CPI）比2014年上涨1.4%。那么，2016年中国居民消费物价指数（CPI）的变化趋势如何呢？调查结果显示，63%的专家预期2015年中国CPI增长在"1.4%～1.8%"之间；22%的专家预期在"0.9%～1.3%"之间；13%的专家预期在"1.9%～2.3%"；2%的专家预期在"0.9%以下"。考虑到2015年CPI比上年上涨1.4%，因而超过3/4接受调查

表 16 –1　　　　课题组与 121 位专家对中国主要宏观经济指标
预测结果之比较

2016 年主要宏观经济指标	课题组预测（%）	专家预测区间及比例（%）	
		区间	比例
GDP 增长率	6.66	6.5 ~ 6.8	76
CPI 增长率	1.48	1.4 ~ 1.8	63
PPI 增长率	– 3.31	– 6.2 ~ – 5.3	26
		– 5.2 ~ – 4.2	40
		– 4.2 ~ – 3.2	21
社会消费品零售总额名义增长	11.53	10.1 ~ 11.0	64
		11.1 ~ 12.0	18
固定资产投资总额名义增长	9.13	9.0 ~ 9.9	32
		10.0 ~ 11.0	26
按美元计价的出口总额名义增长	0.83	0.0 ~ 2.5	35
		– 2.5 ~ – 0.1	35
		– 5.0 ~ – 2.6	26

的专家认为 2016 年中国物价水平将呈现一定的上升态势；但也有近 1/4 的专家认为 2016 年中国物价水平将持续下降，通缩压力将进一步上升。

2015 年我国工业生产者出厂价格指数（PPI）较 2014 年下降 5.2%。那么，2016 年中国工业生产者出厂价格指数（PPI）的增长态势如何呢？调查结果表明，40% 的专家预期 2015 年中国 PPI 增长在"– 5.2% ~ – 4.2%"之间；26% 的专家预期在"– 6.2% ~ – 5.3%"；21% 的专家预期在"– 4.1% ~ – 3.2%"；4% 的专家预期在"– 6.2% 以下"；9% 的专家预期在"– 3.2% 以上"。考虑到 2015 年 PPI 比 2014 年下降 5.2%，因而有七成接受调查的专家认为 2016 年中国 PPI 降幅将逐渐收窄，但仍有三成的专家认为 2016 年中国 PPI 降幅将继续扩大。

2015 年 8 月 11 日中国人民银行启动了人民币汇率中间价定价机制改革，截至 2015 年 12 月 31 日，1 美元兑换人民币按中间价为 6.4936，全年人民币兑美元中间价累计下跌约 6%。当前人民币贬值预期依然强烈，那么，2016 年年末人民币兑美元汇率中间价的变动趋势和幅度如何呢？调查结果显示，45% 的专家预期按中间价 2016 年年末人民币兑美元汇率"继续贬值，贬值幅度在 3% 左右，约为 6.6884 的水平"；35% 的专家预期"继续贬值，贬值幅度在 6% 左右，约为

6.8832 的水平";10%的专家预期"基本保持稳定";4%的专家预期"小幅升值,升值幅度在2%左右,约为6.3637 的水平"。另外,有6%的专家提出不同的观点:如贬值至7.0 的水平;继续贬值,贬值幅度在4%左右,约为6.73 的水平;继续贬值,贬值幅度在10%左右,约为7.1 的水平;先贬值后趋稳,在6.85～6.40 之间的水平。因此,超过八成接受调查的专家认为2016 年人民币兑美元汇率将呈现一定的贬值趋势。

根据城乡一体化住户调查,2015 年全国居民人均可支配收入同比名义增长8.9%(扣除价格因素,实际增长7.4%)。其中,城镇居民人均可支配收入同比名义增长8.2%(实际增长6.6%);农村居民人均可支配收入同比名义增长8.9%(实际增长7.5%)。那么,2016 年全年城乡居民收入同比名义增长的变化趋势如何呢?调查结果显示,53%的专家认为"城镇居民人均可支配收入增速低于2015 年8.2%的水平,农村居民可支配收入增速低于2015 年8.9%的水平";21%的专家认为"城镇居民人均可支配收入增速高于2015 年8.2%的水平,农村居民可支配收入增速高于2015 年8.9%的水平";19%的专家认为"城镇居民人均可支配收入增速低于2015 年8.2%的水平,农村居民可支配收入增速高于2015 年8.9%的水平";7%的专家认为"城镇居民人均可支配收入增速高于2015 年8.2%的水平,农村居民可支配收入增速低于2015 年8.9%的水平"。总体来说,超过一半的专家认为2016 年城乡居民人均可支配收入将呈现下降趋势,但也有二成的专家认为城乡居民人均可支配收入将呈现上升趋势。

2015 年中国固定资产投资(不含农户)总额约为551 590 亿元,比上年名义增长10%(扣除价格因素,实际增长12%)。那么,2016 年中国的固定资产投资名义增速如何呢?问卷调查结果表明,32%的专家预期2016 年全年固定资产投资总额比2015 年名义增长在"9.0%～9.9%"之间;26%的专家预期在"10.0%～11.0%"之间;16%的专家预期在"11.1%～12.0%"之间;17%的专家预期在"12.0%以上";9%的专家预期在"9.0%以下"。考虑到2015 年中国固定资产投资比上年名义增长10%,因而有近六成接受调查的专家认为2016 年中国固定资产增速将保持上升态势,但也有超过四成的专家认为2016 年中国固定资产投资增速将继续保持下滑态势。

相对于整体经济与投资增速的放缓,2015 年中国房地产开发投资总额约为95 979 亿元,比上年名义增长1.0%(扣除价格因素,实际增长2.8%)。那么,2016 年中国房地产开发投资增速如何呢?问卷调查结果表明,66%的专家预期2016 年中国房地产开发投资增速在"0.1%～3.0%"之间;18%的专家预期在"−5%～0%"之间;12%的专家预期在"3.1%～5.0%"之间;2%的专家预期在"5.1%～8.0%";2%的专家预期在"8%以上"。考虑到2015 年中国房地产开发投资名义增长 1.0%，因此，超过八成接受调查的专家认为 2016 年中国房地产市场投资将保持上升态势，但也有近二成的专家认为 2016 年中国房地产市场投资将呈现负增长的变化态势。

2015 年中国社会消费品零售总额约为 300 931 亿元，比上年名义增长 10.7%。那么，2016 年中国社会消费品零售增速如何呢？调查结果显示，64% 的专家预期 2016 年中国社会消费品零售名义增长在 "10.1% ~ 11%" 之间；18% 的专家预期在 "11.1% ~ 12%" 之间；15% 的专家预期在 "10% 以下" 之间；2% 的专家预期在 "12.1% ~ 13%"；1% 的专家预期在 "13% 以上"。考虑到 2015 年中国社会消费品零售名义增长 10.7%，因此，相较于 2015 年，超过八成接受调查的专家认为 2016 年中国社会消费品零售增长将会呈现一定的上升趋势，但仍有 15% 的专家认为 2016 年中国社会消费品零售增长将呈现一定的下滑趋势。

2015 年按美元计价的中国出口总额比 2014 年下降 2.5%，增速下降明显。那么，2016 年中国出口总额增速如何呢？调查结果显示，35% 的专家预期 2016 年按美元计价的中国出口总额增长在 " - 2.5% ~ - 0.1%" 之间；35% 的专家预期在 "0% ~ 2.5%"；26% 的专家预期在 " - 5.0% ~ - 2.6%" 之间；2% 的专家预期在 " - 5.0% 以下" 之间；2% 的专家预期在 "2.5% 以上"。由于 2015 年按美元计价的中国出口总额比 2014 年下降 2.5%，因此调查结果表明，超过七成接受调查的专家认为 2016 年中国出口增速将保持一定的上升态势，但仍有超过 1/4 的专家认为 2016 年中国出口增速将持续保持下滑趋势。

2015 年按美元计价的中国进口总额比 2014 年下降 14.0%，增速下降明显。那么，2016 年中国进口总额增速如何呢？调查结果显示，36% 的专家预期 2016 年按美元计价的中国进口总额增长在 " - 14.0% ~ - 9.0%" 之间；26% 的专家预期在 " - 9.0% ~ - 4.0%" 之间；16% 的专家预期在 " - 15.1% ~ - 14.1%" 之间；12% 的专家预期在 " - 4.0% 以上"；10% 的专家预期在 " - 15.1% 以下"。由于 2015 年按美元计价的中国进口总额比 2014 年下降 14.0%，因此调查结果表明，有近 3/4 的专家认为 2016 年中国进口增速将保持上升的趋势，但仍有超过 1/4 接受调查的专家认为 2016 年中国进口增速将持续保持下滑态势。

三、中国未来可能采取的宏观经济政策措施

2015 年我国广义货币供应（M2）余额为 139.23 万亿元，比上年末增长 13.3%。那么，2016 年中国广义货币供应量（M2）增速如何呢？问卷调查结果表明，43% 的专家预期 2016 年 M2 比 2015 增长在 "13.3% ~ 14.3%" 之间；

29%的专家预期在"12.2%~13.2%"之间；14%的专家预期在"11.1%~12.1%"之间；14%的专家预期在"14.4%以上"；2%的专家预期在"11.1%以下"。考虑到2015年中国广义货币供应（M2）比上年增长13.3%，因此调查结果表明，近六成接受调查的专家认为2016年M2的增长将保持上升态势，这意味着2016年中国政府将可能持续保持适度宽松的货币政策。

2016年央行是否会继续降低存款准备金率？如果会，可能会在什么时间？我们对此进行了问卷调查。在117份有效调查问卷中，调查结果显示，45%的专家预期2016年央行会在第1季度降低存款准备金率；31%的专家预期央行会在第2季度降低存款准备金率；12%的专家预期央行会在2016年下半年降低存款准备金率；8%的专家认为2016年央行不会降低存款准备金率。总体而言，近九成的专家认为2016年央行会继续降低存款准备金率，这可能释放了中国央行在2016年将保持适度宽松的货币政策的信号。

2016年央行是否会继续降息？如果会，可能会在什么时间降息？我们也对此进行了问卷调查。在108份有效调查问卷中，调查结果显示，31%的专家预期中国央行会在2016年第2季度降息；23%的专家预期会在2016年第1季度降息；21%的专家预期中国央行在下半年降息；13%的专家预期央行在2016年不会降息。因而调查结果表明，超过3/4的专家认为2016年央行会继续降息，这也预示着中国在2016年仍将保持适度宽松的货币政策。

2015年中国新增人民币贷款11.72万亿元，比上年多增1.81万亿元。那么，2016年全年新增人民币贷款规模的变化趋势如何呢？调查结果表明，70%的专家预期2016年全年新增人民币贷款规模将"大于11.72万亿元"；18%的专家预期"小于11.72万亿元"；12%的专家认为"无法判断"。总体来看，有七成接受调查的专家认为2016年全年新增人民币贷款规模将保持增加趋势，这进一步预示着中国央行在2016年将保持适度宽松的货币政策。

2016年1月8日结束的中国人民银行工作会议提出，2016年中国将继续实施稳健的货币政策。那么，实施的具体措施有哪些呢？调查结果显示，83%的专家认为是"继续推进利率市场化改革，进一步完善市场化汇率形成机制，保持人民币汇率在合理均衡水平上的基本稳定"；67%的专家认为是"继续运用抵押补充贷款、中期借贷便利、信贷政策支持再贷款等货币政策工具，引导降低社会融资成本"；65%的专家认为是"通过政策法律约束，令小贷公司、民间借贷、互联网金融等规范发展，真正打通银行间交易市场"；62%的专家认为是"建立健全与市场相适应的利率形成和调控机制，提高央行调控市场利率的有效性"；59%的专家认为是"完善宏观审慎政策框架，探索建立宏观审慎评估体系"；48%的专家认为是"按照精准扶贫、精准脱贫要求，全面做好扶贫开发金融服务"；36%的专家认为是"深度参与全球经济金融治理，继续推动金融业双向开放"。此外，还有3%的专家提出了其他观点，包括降低直至实行超额准备金存款负利率；限制私人银行发展和地下金融业务；完善股票、证券市场的监管，尤其是规范进入与退出机制。

在财政政策方面，我们对2016年财政政策可能实施的空间进行了问卷调查。调查结果显示，85%的专家认为是"进一步实施减税降费政策，给企业和市场主体留有更多可用资金"；66%的专家认为是"阶段性提高赤字率，适度扩大财政赤字规模，相应增加国债发行规模"；63%的专家认为是"调整优化财政支出结构，压缩'三公'经费等一般性支出，按可持续性、保基本原则增加基本民生支出"；61%的专家认为是"加大统筹财政资金和盘活财政存量资金使用力度，提高资金使用效益"；55%的专家认为是"发行地方政府债券置换存量债务，处理好化解债务风险与稳增长的关系"；52%的专家认为是"积极推广政府和社会资本合作模式（PPP），运用PPP模式支持交通、公用事业等基础实施投资"；45%的专家认为是"加快推进对建筑业、房地产业、金融业和生活服务业进行营改增，降低企业有效税率"；39%的专家认为是"扩大长期建设债券发行规模，通过贷款贴息、资本金补助等措施，引导银行贷款和民间投资方向"。此外，有2%的专家提出了其他观点，包括支持国有企业发展，压缩私人生产的获利空间；设立生态文明与流域治理的专项财政支出。

四、供给侧结构性改革

2015年中央经济工作会议强调推进供给侧结构性改革，供给侧结构性改革包括宏观和微观等各个层面。那么，改革的重要领域包括哪些方面？我们对此进行了问卷调查。调查结果显示，72%的专家认为是"通过提高产品品质改善供给产品结构，扩大有效供给，严控新增产能、淘汰落后产能、改造优势产能，化解产能过剩"；69%的专家认为是"创新体制机制，积极推动创新、创业和"互联网＋"，以消费升级引领产业升级，通过推动新消费引领新供给，创造经济增长的新极点"；67%的专家认为是"改善当前需求产品结构和供给产品结构不匹配、产能过剩与有效供给不足并存的现象"；64%的专家认为是"加快推进垄断性领域改革，允许民营资本以独资或混合所有制形式进入垄断行业参与竞争"；62%的专家认为是"进一步加快推进要素市场化改革，优化资源配置，促进要素生产率的提高"；61%的专家认为是"以市场为导向，建立健全优胜劣汰的市场化退出机制，让市场上有能力的企业在市场竞争中脱颖而出，淘汰效率低下的'僵尸企业'，推进企业兼并重组"；60%的专家认为是"降低制度性交易成本，简政放权，约束政府治理边界，交由市场支配资源"；52%的专家认为是"加快实施以结构性减税为重点的税费改革";40%的专家认为是"加快推进农民工市民化,扩大有效需求,打通供需通道,消化库存,稳定房地产市场"。此外,还有3%的专家提出了其他观点,包括全面实施创新驱动发展战略,深化科研体制改革,推动科研成果的转化,提升创新能力;取消计划生育、增加劳动力供给;在经济萧条时期,最重要的不是淘汰落后产能,而是健全与优化政府职能,培育有效需求,稳定市场预期;大量建立新的国有企业等。

从微观层面而言,供给侧结构性改革需要进一步开放要素市场,打通要素流通通道,优化资源配置,提高全要素生产率。那么,改革的重要领域包括哪些方面?我们也对此进行了问卷调查。调查结果显示,83%的专家认为是"进一步放宽准入,加快行政性垄断行业改革,在石油、天然气、电力、电信、铁路等领域,引入新的投资者,鼓励和加强竞争";81%的专家认为是"着力创造有利于创新的制度环境,保护产权特别是知识产权,促进创新要素流动,培育人力资本,改造金融支撑体系等";72%的专家认为是"加快城乡之间土地、资金、人员等要素的流动和优化配置";71%的专家认为是"加快产业转型升级,推动制造业由粗放经营转向精致生产,提高附加值比重,向全球价值链的中高端攀升";65%的专家认为是"通过市场化的优胜劣汰挤出过剩产能,按现有产能将减产配额分配到各地,同时允许配额交易,积极推动优势企业主导的市场化兼并重组"。此外,还有3%的专家提出了其他观点,包括深化国有企业改革,发展民营经济,把产权制度改革与资源配置机制再造、消化过剩产能结合起来;改革政府工资体制,完善政府官员的激励机制;打破区际之间的壁垒,建立跨区间的合作平台,建立区际间要素使用与流动的补偿机制;大力推进教育改革,统筹城乡一体化教育相关政策,改善劳动力存量;放宽民营经济的经营范围和领域,尤其是在金融、文化、民生和服务等领域。

本次问卷调查共有121位专家参与,他们是(按姓名汉语拼音排序):柏培文、常欣、陈昌兵、陈工、陈建宝、陈昆亭、陈浪南、陈梦根、陈守东、陈学彬、陈彦斌、陈钊、陈志勇、戴魁早、范从来、范子英、高波、高培勇、耿强、郭其友、郭熙保、郭晓合、郭志仪、韩兆洲、贺京同、胡小平、黄建忠、黄茂兴、简新华、蒋永穆、李翀、李建伟、李军、李拉亚、李善同、李实、李晓、李雪松、李英东、林曙、林学贵、刘东、刘凤良、刘建平、刘金全、刘穷志、刘树杰、刘锡良、刘霞辉、刘晓欣、刘云中、刘志彪、陆铭、马颖、逄锦聚、彭水军、彭素玲、邱崇明、瞿宛文、任保平、沈坤荣、石刚、宋立、苏剑、孙巍、汤吉军、汪昌云、汪同三、汪义达、王诚、王大树、王海杰、王继平、王今朝、王立勇、王美今、王曦、王艺明、王跃生、文传浩、吴信如、肖兴志、谢攀、徐建国、徐一帆、许文彬、许宪春、杨灿、杨澄宇、杨瑞龙、杨志勇、易宪容、殷醒民、于立、于左、袁富华、臧旭恒、曾金利、曾康华、曾五一、张成思、张东辉、张立群、张连城、张龙、张明志、张茉楠、张平、赵晓雷、赵昕东、赵振全、赵志君、郑超愚、郑挺国、钟春平、周立群、周泽炯、朱保华、朱建平、朱启贵、庄宗明。参加本次问卷调查的专家学者来自财政部、国家发展和改革委员会、国家统计局、国务院发展研究中心宏观经济研究部、国务院发展研究中心社会发展研究部、国务院发展研究中心发展战略和区域经济研究部、商务部、中国国际经济交流中心、中国社会科学院财经战略研究院、中国社会科学院金融研究所、中国社会科学院经济研究所、中国社会科学院世界经济与政治研究所、中国社会科学院数量经济与技术经济研究所、台湾"中研院"、台湾"中华经济研究院"等机构，以及安徽财经大学、北京大学、北京师范大学、重庆工商大学、东北财经大学、复旦大学、福建师范大学、华东师范大学、华侨大学、华中科技大学、吉林大学、暨南大学、兰州大学、南京财经大学、南京大学、南开大学、清华大学、山东大学、陕西师范大学、上海财经大学、上海对外经贸大学、上海交通大学、首都经贸大学、四川大学、台湾大学、天津财经大学、天津商业大学、武汉大学、西安交通大学、西北大学、西南财经大学、厦门大学、新加坡国立大学、浙江财经大学、浙江工业大学、郑州大学、中国人民大学、中南财经政法大学、中山大学、中央财经大学等高校。

第2节　2016 年中国宏观经济形势和政策问卷秋季调查报告

一、2016 年世界经济形势

根据 2016 年 6 月 23 日国际货币基金组织（IMF）的最新预测，2016 年美国经济增长率为 2.2%。为此，我们对 2016 年美国经济增长率的变化趋势进行了问卷调查。调查结果显示，58% 的专家预期 2016 年美国经济增长率在"2.0% ~ 2.2%"之间；30% 的专家预期在"2.3% ~ 2.5%"之间；10% 的专家预期在"1.9% 以下"；1% 的专家预期在"2.6% ~ 2.8%"之间，1% 的专家预期在"2.9% 以上"。总体来看，超过 2/3 接受调查的专家预期 2016 年美国经济将呈现缓慢下降趋势，但也有超过三成接受调查的专家预期较 IMF 乐观，认为 2016 年美国经济增长率将呈现一定的回暖趋势。

受英国"脱欧"的影响，2016 年 7 月 8 日国际货币基金组织（IMF）下调了欧元区经济增长率的预测：2016 年为 1.6%，2017 年为 1.4%。我们也对 2016 年欧元区经济增长率的变化趋势开展了问卷调查。调查结果显示，83% 的专家预期 2016 年欧元区经济增长率在 "1.3%~1.6%" 之间；9% 的专家预期在 "1.7%~2.0%" 之间；8% 的专家预期在 "1.2% 以下"；没有专家预期在 "2.1%~2.4%" 之间和 "2.5% 以上"。总体而言，按照 IMF 的最新预测，有超过九成接受调查专家的预测较 IMF 悲观，认为 2016 年欧元区经济增长率呈现缓慢下降趋势，但也有近一成的专家预期 2016 年欧元区经济将呈现一定的回暖趋势。

2016 年上半年，全球和国内大宗商品市场大幅回暖，大宗商品价格进入上行通道。那么，2016 年下半年全球大宗商品价格走势如何呢？为此，我们对 2016 年下半年全球大宗商品价格的走势也进行了问卷调查。调查结果表明，59% 的专家预期 2016 年下半年全球大宗商品价格将呈现 "动荡" 态势；29% 的专家预期全球大宗商品价格将呈现 "上涨" 态势；12% 的专家预期将呈现 "下降" 态势。总体而言，接近三成的专家预期 2016 年下半年全球大宗商品价格仍将保持上行态势。

英国公投 "脱欧" 可能引发欧元区通货紧缩。那么，2016 年下半年欧元兑美元汇率（$/Euro）走势如何呢？为此，我们也对这一问题进行了问卷调查。调查结果显示，77% 的专家预期 2016 年下半年欧元兑美元汇率 "呈下行态势，欧元小幅贬值"；14% 的专家预期 "呈震荡态势"；6% 的专家预期 "呈上行态势，欧元小幅升值"；3% 的专家预期 "呈下行态势，欧元大幅贬值"；没有专家预期 "呈上行态势，欧元大幅升值"。总体而言，超过 3/4 的专家预期 2016 年下半年欧元兑美元汇率将呈现下行态势，欧元小幅贬值。

二、对 2016 年中国宏观经济主要指标的预测

根据国家统计局 2016 年 7 月 15 日发布的初步核算数据，2016 年中国第 1 季度和第 2 季度的国内生产总值（GDP）同比均增长 6.7%，上半年 GDP 累计增长 6.7%。那么，2016 年中国国内生产总值（GDP）增速如何呢？调查结果显示，59% 的专家预期全年 GDP 增速在 "6.5%~6.7%" 之间；20% 的专家预期在 "6.4%~6.5%" 之间；19% 的专家预期在 "6.7%~6.9%" 之间；1% 的专家预期在 "7.0% 以上"；1% 的专家预期在 "6.3% 以下"。因此，八成的专家认为 2016 年中国经济仍将呈现进一步下滑的态势。

2016 年上半年，中国居民消费价格指数（CPI）同比上涨 2.1%，涨幅与第 1 季度持平。那么，2016 年中国居民消费物价指数（CPI）的变化趋势如何呢？调查结果显示，61% 的专家预期 2016 年中国 CPI 增长在 "2.1%~2.5%" 之间；31% 的专家预期在 "1.6%~2.0%" 之间；6% 的专家预期在 "2.6%~3.0%" 之间；1% 的专家预期在 "1.5% 以下"；1% 的专家预期在 "3.1% 以上"。考虑

到 2016 年上半年 CPI 同比上涨 2.1%，因而超过 2/3 接受调查的专家认为 2016 年下半年中国物价水平将呈现一定的上升态势；但也有超过三成的专家认为 2016 年下半年中国物价水平将呈现下降的态势。

2016 年上半年，中国工业生产者出厂价格指数（PPI）同比下降 3.9%。那么，2016 年中国工业生产者出厂价格指数（PPI）的增长态势如何呢？调查结果表明，67% 的专家预期 2016 年中国 PPI 增长在 "−3.8%～−2.8%" 之间；15% 的专家预期在 "−2.7%～−1.7%" 之间；14% 的专家预期在 "−3.9% 以下"；3% 的专家预期在 "−1.6%～−0.6%" 之间；1% 的专家预期在 "−0.5% 以上"。考虑到 2016 年上半年 PPI 同比下降 3.9%，因而有 86% 接受调查的专家认为 2016 年中国 PPI 降幅将逐渐收窄。

截至 2016 年 6 月 30 日，1 美元兑换人民币按中间价计约为 6.6312（期末数）。那么，2016 年年末人民币兑美元汇率中间价的变动趋势和幅度如何呢？调查结果显示，44% 的专家预期按中间价 2016 年年末人民币兑美元汇率在 "6.6～6.7" 之间；32% 的专家预期在 "6.7～6.8" 之间；19% 的专家预期在 "6.5～6.6" 之间；3% 的专家预期在 "6.9 以上"；2% 的专家预期在 "6.4 以下"。因此，超过三成接受调查的专家认为 2016 年人民币兑美元汇率将呈现一定的贬值趋势，但也有超过二成接受调查的专家认为 2016 年人民币兑美元汇率将呈现一定的升值趋势，有超过四成接受调查的专家认为 2016 年人民币兑美元汇率将趋于稳定。

2016 年上半年，人民币汇率指数（CFETS）在保持基本稳定的基础上小幅贬值。6 月 30 日，人民币汇率指数（CFETS）较上年末贬值 5.86%。那么，2016 年下半年人民币汇率指数（CFETS）呈现怎样的变化趋势呢？我们也对此问题进行了问卷调查。调查结果表明，51% 的专家预期 2016 年下半年人民币汇率指数（CFETS）"贬值预期缓和，且贬值低于 5.86%"；27% 的专家预期 "继续贬值，且贬值超过 5.86%"；20% 的专家预期 "在合理均衡水平上基本保持稳定"；2% 的专家预期 "呈现一定的升值趋势"。总之，有接近九成接受调查的专家认为 2016 年下半年人民币汇率指数（CFETS）将继续呈现贬值态势。

2016 年上半年，中国固定资产投资（不含农户）总额约为 258 360 亿元，同比名义增长 9.0，增速比第 1 季度回落 1.7 个百分点。那么，2016 年中国的固定资产投资名义增速如何呢？问卷调查结果表明，50% 的专家预期 2016 年全年固定资产投资总额比 2015 年名义增长在 "8.1%～9.0%" 之间；40% 的专家预期在 "9.1%～10.0%" 之间；5% 的专家预期在 "10.1%～11.0%" 之间；3% 的专家预期在 "8.0% 以下"；2% 的专家预期在 "11.1% 以上"。考虑到 2016 年上半年中国固定资产投资比上年名义增长 9.0%，因而超过五成接受调查的专家认为 2016 年下半年中国固定资产增速将继续保持下滑态势，但也有 47% 的专家认为 2016 年下半年中国固定资产投资增速将保持上升态势。

2016 年上半年，中国房地产开发投资为 46 631 亿元，同比名义增长 6.1%，增速比个 1 季度回落 0.1 个百分点。那么，中国房地产投资扩张对民间投资有何影响呢？问卷调查结果表明，61% 的专家预期中国房地产投资扩张对民间投资有"消极影响，房地产扩张抬高了土地和资金成本，挤出了民间投资"；30% 的专家预期有"积极影响，房地产扩张能够为民间投资提供推动力与新机遇"；9% 的专家预期"无影响"。总体而言，超过六成接受调查的专家认为中国房地产投资扩张挤出了民间投资。

2016 年上半年全国固定资产投资（不含农户）同比名义增长 9.0%。其中，民间投资同比增长 2.8%，增速比 1~5 月回落了 1.1 个百分点。民间投资增速与全社会投资增速之间的差距呈现逐月拉大的趋势。那么，2016 年中国民间投资增长速度如何呢？调查结果表明，69% 的专家预期 2016 年中国民间投资增长速度在"2.1%~3.0%"之间；19% 的专家预期在"3.1%~4.0%"之间；8% 的专家预期在"2.0% 以下"；3% 的专家预期"4.1%~5.0%"之间；1% 的专家预期在"5.0% 以上"。总之，考虑到 2016 年上半年民间投资同比增长 2.8%，因而有超过二成的专家认为 2016 年下半年民间投资增速将呈现上行态势。

民间投资增速的持续下滑，导致民间投资占全部投资的比重由上年的 64.2% 下降至 61.5%。那么，造成民间投资增速继续回落的原因有哪些呢？调查结果表明，80% 的专家认为是"民营企业对经济和后市信心不足"；77% 的专家认为是"缺少有效投资标的，宏观环境低迷，加上传统制造行业萎缩，以及利润的下降，导致民间资本可以投资的具有盈利前景的有效标的不多"；66% 的专家认为是"新型融资难、融资贵，诸多政策相关因素导致的银行信贷更多流向国有企业或回流金融体系导致了对民间资本的"挤出效应"，加上诸多民营企业不时暴露的债务违约问题让民营企业融资更难、更贵"；59% 的专家认为是"第三产业等领域至今仍被管制，投资领域受限制，有效投资渠道较窄或不畅，投资审批手续烦琐以及因此滋生的各类玻璃门、弹簧门、旋转门较多"；36% 的专家认为"房价持续上行挤压了实体经济的发展空间，挤占了民间投资"。此外，还有 5% 的专家提出了其他观点，如民营经济（企业）定位模糊，并且鼓励民间投资的政策及措施也多为短期、局部、救济性的，因此并不能达到提振民间投资信心的预期效果；经济整体稳定性不足，潜在风险过大；国内投资环境变差，资本外流加剧；国有企业的垄断地位对民营企业投资的挤出效应；国家统计局统计口径的调整等。

根据 2016 年 7 月 15 日国家统计局发布的 2016 年上半年国民经济运行报告，

"三去一降一补"成效初显。2016年上半年，原煤和粗钢产量同比分别下降9.7%和1.1%。工业企业和商品房库存出现积极变化：5月末，规模以上工业企业产成品存货同比下降1.1%。此外，工业企业资产负债率及成本均有所下降。那么，中国目前工业部门去产能情况如何？我们也对此问题进行了问卷调查。调查结果表明，60%的专家认为"去产能速度偏慢，影响供给侧结构性改革"；19%的专家认为"去产能速度适中，状况良好"；8%的专家认为"去产能速度过慢，产能过剩问题严重"；7%的专家认为"去产能速度偏快，需要进行微调"；6%的专家认为"去产能速度过快，需要审慎而行"。总之，有接近七成接受调查的专家认为中国目前工业部门去产能速度过慢，可能会影响中国的供给侧结构性改革。

2016年上半年，中国社会消费品零售总额累计为156 138亿元，同比名义增长10.3%，增速与第1季度持平。那么，2016年中国社会消费品零售增速如何呢？调查结果显示，57%的专家预期2016年中国社会消费品零售名义增长在"10.3%~10.8%"之间；34%的专家预期在"9.7%~10.2%"之间；5%的专家预期在"10.9%~11.4%"之间；2%的专家预期在"11.5%以上"；2%的专家预期在"9.6%以下"。考虑到2016年上半年中国社会消费品零售名义增长10.3%，因此，超过六成接受调查的专家认为2016年中国社会消费品零售增长将会呈现一定的上升趋势。

2016年上半年，中国出口总额64 027亿元，同比下降2.1%，降幅比第1季度收窄3.6个百分点。那么，2016年中国出口总额增速如何呢？调查结果显示，33%的专家预期2016年按美元计价的中国出口总额增长在"－2.5%~－2.1%"之间；33%的专家预期在"－2.0%~－1.0%"之间；19%的专家预期在"－2.9%~－2.5%"之间；9%的专家预期在"－3.0%以下"之间；6%的专家预期在"－0.9%~0.0%"之间。由于2016年上半年按美元计价的中国出口总额同比下降2.1%，因此调查结果表明，超过六成接受调查的专家认为2016年下半年中国出口增速将持续保持下滑态势，但仍有接近四成的专家认为2016年中国出口增速将保持上升趋势。

三、中国未来可能采取的宏观经济政策措施

2016年6月末，中国广义货币供应（M2）余额为149.05万亿元，同比增长11.8%。那么，2016年中国广义货币供应量（M2）增速如何呢？问卷调查结果表明，45%的专家预期2016年M2比2015年增长在"12.1%~12.5%"之间；39%的专家预期在"11.0%~12.0%"之间；11%的专家预期在"12.6%~13.0%"之间；5%的专家预期在"13.1%~14.0%"之间。考虑到2016年中国

广义货币供应（M2）同比增长11.8%，因此调查结果表明，超过六成接受调查的专家认为2016年下半年M2的增长将保持上升态势，这意味着2016年下半年中国政府将可能持续保持适度宽松的货币政策。

2016年上半年新增人民币贷款规模为7.53万亿元，同比增加9 671亿元。那么，如何评价新增人民币贷款的流向呢？调查结果表明，75%的专家认为"没有改变民间投资'融资难、融资贵'的现状"；75%的专家认为"刺激了房地产市场的扩张"；57%的专家认为"保证了基础设施领域的投资扩张"；53%的专家认为"没有进入实体经济，导致了投资增速持续下滑"；50%的专家认为"加速了国有及国有控股企业的投资增长"；48%的专家认为"信贷扩张因货币政策传导渠道不畅，其效应难以发挥"。此外，还有1%的专家提出了其他观点，如贷款数字不能反映实际情况，因为有很多贷款是借新债还旧债。

自2016年5月1日，中国开始全面推行"营改增"。那么，中国这项政策对经济的影响效果有哪些呢？我们也对此问题进行了问卷调查。调查结果表明，65%的专家认为"全面推行'营改增'，将会降低企业税负，促进企业创新，推动经济转型升级"；60%的专家认为"全面推行'营改增'，将会推动服务业特别是研发等生产性服务业的发展，有力促进产业分工优化，拉长产业链，带动制造业升级"；59%的专家认为"全面推行'营改增'，降低了全国财政收入，6月全国财政收入同比仅增长1.7%，为2016年以来的最低增速，'营改增'减收效果开始显现"；41%的专家认为"全面推行'营改增'，将会降低实体企业的融资成本，助力整体经济效率提升"。此外，还有6%的专家提出了其他观点，如效果不明显；有利于解决部分社会就业问题，引导就业逐渐从非正规部门向正规部门转移；许多行业企业税收名义下降，实际上升，企业负担更重；降低税负效应未充分体现；主要为了增加中央税收比重，企业减税效果不显著；有利于外资等。

2016年5月末，全国规模以上工业企业资产负债率为56.8%，比上年同期下降0.5个百分点（据相关统计，如果使用非金融机构的负债率数据，工业企业资产负债率上升至约150%以上）。企业负债率的高企加大了金融机构的风险。在供给侧结构性改革的背景下，如何通过控制杠杆水平和优化杠杆结构有效化解高杠杆债务风险，对于解决企业债务问题非常重要。那么，有哪些可行的政策建议呢？调查结果表明，81%的专家认为是"财政政策和货币政策要共同维护好去杠杆的宏观环境，通过减税和提升投资效率、创造公平竞争环境来增强企业去杠杆的活力和能力，同时大力推广PPP吸引民间投资"；65%的专家认为是"建立多层次的资本市场，大力发展各类资本市场和股权融资工具，同时吸引各类自有资金投资权益类市场"；64%的专家认为是"将深化企业改革和降杠杆结合，如推进员工持股或做债转股等，政府在创造环境方面降成本和减税负，打破预算软约束和刚性兑付"；60%的专家认为是"应用市场化、法制化原则推进债务重组"；41%的专家认为是"强化供给侧结构性改革，通过激励有效的创新和有效的社保体系提升企业可持续发展的能力"。此外，还有7%的专家提出了其他观点，如完善企业制度，降低经营成本；完善投资制度，强化投资失误问责制；采取结构性税收，即对金融收益征税、对实体收益减税；需要政治体制改革相配套，必须解决党政机构层叠臃肿办事效率低下的问题；管理观念、方法和手段创新；吸收非保本的理财资金重组企业债务、率先在高净值客户中推行，允许其投资优先股、次级债、可转债等长期资本工具；加大让"僵尸企业"破产的力度；让"僵尸企业"破产清算；所谓民营化是造成企业杠杆比率上升的一个根本原因等。

四、"十三五"期间中国平均经济增长率预测

此外，我们对"十三五"期间中国年均经济增长率的可能区间也进行了问卷调查。调查结果显示（见表16-2），41%的专家预期在"6.3%~6.5%"之间；39%的专家预期在"6.6%~6.8%"之间；14%的专家预期在"6.0%~6.2%"之间；6%的专家预期在"6.9%~7.0%"之间。因此，多数专家认为"十三五"期间中国经济增长仍将保持缓慢下行态势。

表16-2　　　　课题组与116位专家对中国主要宏观经济指标
预测结果之比较

2016年主要宏观经济指标	课题组预测（%）	专家预测区间及比例（%）	
		区间	比例
实际GDP增长率	6.63	6.5~6.7	59
CPI增长率	2.01	2.1~2.5	61
PPI增长率	-3.19	-3.8~-2.8	67
社会消费品零售总额增长率	10.3	10.3~10.8	57
		9.7~10.2	34
固定资产投资总额增长率	8.97	8.1~9.0	50
		9.1~10.0	40
按美元计价的出口总额增长率	-6.01	-2.0~-1.0	33
		-2.5~-2.1	33

本次问卷调查共有 116 位专家参与。他们是（按姓名汉语拼音排序）：柏培文、常欣、陈昌兵、陈建宝、陈昆亭、陈浪南、陈磊、陈梦根、陈守东、陈学彬、陈彦斌、陈甬军、陈志勇、戴魁早、邓翔、范从来、高波、郭熙保、郭晓合、韩兆洲、贺京同、黄先海、靳涛、简新华、蒋永穆、金祥、赖德胜、李春琦、李建伟、李军、李实、李雪松、李英东、林学贵、刘凤良、刘建平、刘金全、刘穷志、刘仕国、刘晓欣、刘云中、刘志彪、马颖、逄锦聚、庞晓波、邱崇明、邱东、瞿宛文、任保平、任若恩、宋立、邵宜航、沈坤荣、石刚、史晋川、苏剑、孙巍、汤吉军、田如柱、汪昌云、汪红驹、汪同三、汪义达、王诚、王大树、王国成、王海杰、王继平、王今朝、王立勇、王洛林、王美今、王曦、王永钦、王跃生、文传浩、吴信如、肖兴志、谢攀、徐一帆、许文彬、许宪春、鄢萍、杨澄宇、杨春学、杨翠红、杨瑞龙、杨志勇、叶实升、易宪容、殷醒民、于立、于左、袁富华、臧旭恒、张东辉、张立群、张连城、张龙、张明志、张茉楠、张平、张屹山、张曙光、赵昕东、赵振全、赵志君、郑超愚、郑挺国、钟春平、周立群、周泽炯、朱保华、朱建平、朱启贵、庄宗明。参加本次问卷调查的专家学者来自财政部财政科学研究所、财政部综合司、国家发展和改革委员会、国家统计局、国务院发展研究中心宏观经济研究部、国务院发展研究中心社会发展研究部、国务院发展研究中心发展战略和区域经济研究部、商务部研究院、中国国际经济交流中心、中国社会科学院财经战略研究院、中国社会科学院金融研究所、中国社会科学院经济研究所、中国社会科学院世界经济与政治研究所、中国社会科学院数量经济与技术经济研究所、中国科学院预测科学研究中心、经济参考报、天则经济研究所、台湾"中研院"、台湾"中华经济研究院"等机构，以及安徽财经大学、北京大学、北京师范大学、北京航空航天大学、重庆工商大学、东北财经大学、东北师范大学、对外经济贸易大学、复旦大学、福建师范大学、河南大学、湖南大学、华东师范大学、华侨大学、华中科技大学、吉林大学、暨南大学、江西财经大学、兰州大学、辽宁大学、南昌大学、南京大学、南开大学、清华大学、山东大学、陕西师范大学、上海财经大学、上海对外经贸大学、上海交通大学、首都经贸大学、四川大学、台湾大学、天津财经大学、天津商业大学、武汉大学、西安交通大学、西北大学、西南财经大学、厦门大学、浙江大学、浙江财经大学、浙江工业大学、郑州大学、中国人民大学、中南财经政法大学、中山大学、中央财经大学等高校。

图书在版编目（CIP）数据

中国宏观经济分析与预测. 2017 年：激活民间投资与重塑
增长动力／中国季度宏观经济模型（CQMM）课题组著.
—北京：经济科学出版社，2017. 6
（厦门大学宏观经济研究丛书）
ISBN 978 - 7 - 5141 - 8047 - 3

Ⅰ. ①中… Ⅱ. ①中… Ⅲ. ①中国经济 - 宏观经济分析 - 2017
②中国经济 - 宏观经济 - 经济预测 - 2017 Ⅳ. ①F123. 16

中国版本图书馆 CIP 数据核字（2017）第 117856 号

责任编辑：齐伟娜　初少磊
责任校对：杨晓莹
责任印制：李　鹏

中国宏观经济分析与预测（2017 年）
——激活民间投资与重塑增长动力
中国季度宏观经济模型（CQMM）课题组　著
经济科学出版社出版、发行　新华书店经销
社址：北京市海淀区阜成路甲 28 号　邮编：100142
总编部电话：010 - 88191217　发行部电话：010 - 88191540
网址：www. esp. com. cn
电子邮件：esp@ esp. com. cn
天猫网店：经济科学出版社旗舰店
网址：http://jjkxcbs. tmall. com
北京季蜂印刷有限公司印装
710 × 1000　16 开　23 印张　450000 字
2017 年 6 月第 1 版　2017 年 6 月第 1 次印刷
ISBN 978 - 7 - 5141 - 8047 - 3　定价：56. 00 元
（图书出现印装问题，本社负责调换。电话：010 - 88191502）
（版权所有　翻印必究　举报电话：010 - 88191586
电子邮箱：dbts@ esp. com. cn）